普通高等教育"十一五"国家级规划教材　 高等院校通识课教材

U0783454

大学生
心理健康教育

第三版

黄希庭　郑　涌◎主编

华东师范大学出版社

·上海·

图书在版编目（CIP）数据

大学生心理健康教育／黄希庭，郑涌主编. —3 版.
—上海：华东师范大学出版社，2020
ISBN 978 - 7 - 5760 - 0246 - 1

Ⅰ.①大… Ⅱ.①黄… ②郑… Ⅲ.①大学生—心理
健康—健康教育 Ⅳ.①G444

中国版本图书馆 CIP 数据核字(2020)第 094272 号

大学生心理健康教育(第三版)

主　　编　黄希庭　郑　涌
责任编辑　范美琳
责任校对　王丽平　时东明
版式设计　俞　越
封面设计　卢晓红

出版发行　华东师范大学出版社
社　　址　上海市中山北路 3663 号　邮编 200062
网　　址　www.ecnupress.com.cn
电　　话　021 - 60821666　行政传真 021 - 62572105
客服电话　021 - 62865537　门市(邮购)电话 021 - 62869887
地　　址　上海市中山北路 3663 号华东师范大学校内先锋路口
网　　店　http://hdsdcbs.tmall.com/

印 刷 者　上海昌鑫龙印务有限公司
开　　本　787 毫米×1092 毫米　1/16
印　　张　17.75
字　　数　361 千字
版　　次　2020 年 8 月第 3 版
印　　次　2025 年 8 月第 14 次
书　　号　ISBN 978 - 7 - 5760 - 0246 - 1
定　　价　49.00 元

出版人　王　焰

序

《大学生心理健康教育》一书自 2004 年 6 月出版以来,深受广大读者的喜爱,迄今已历经 19 次印刷。时代在发展,心理学知识在增长,为了不辜负广大读者的厚爱和期盼,我们与华东师范大学出版社商定,继 2009 年 9 月第二版后,再次修订。本次修订的原则如下:

(1)学术理念正确。本书体现出激发大学生以辩证的态度看待世界,对待自己与他人、社会的关系,对待过去、现在和将来,对待顺境与逆境,成为自爱、自立、自信、自省、自强,幸福的进取者的教育与自我教育理念。

(2)结构体系完备。新增"大学新生适应"和"社团活动与心理健康"两章,一则密切联系大学生活实际,突出新生适应这一焦点问题,二则参加社团活动也是大学生心身健康成长的必要条件。全书共十七章,涵盖了大学心理健康教育的一般问题,大学生活与心理健康,以及大学心理健康的自我维护,涉及大学生心理健康教育各主要方面。

(3)内容近时实用。尽量采用 2010 年以后发表的新资料,并尽量多吸收国内专家的新成果;每章开头以实例引入,"专栏"和"复习思考题"都力求联系大学生实际;提出的教育对策要促进大学生心理健康和预防心理疾病。

(4)文字通俗易懂。抽象概念均有实例说明,可读性强。

总之,本书既含理论分析,同时更注重实用性,旨在促进和维护大学生的心理健康,有助于大学生立志、成才、创业。强化教育与自我教育是本书与心理健康咨询类教材的一个主要区别。本书各章执笔者如下:第一章,黄希庭;第二章,陈幼平;第三章,谭小宏;第四章,郑剑虹;第五章,张志杰;第六章,黄蓓;第七章,李媛、黄曼娜;第八章,郑涌;第九章,钟慧;第十章,王晓刚;第十一章,何嘉梅;第十二章,肖崇好;第十三章,吴继霞、王昕;第十四章,刘凤娥;第十五章,黄辛隐;第十六章,吴薇莉;第十七章,张永红。最后由我们统稿、定稿。

2016 年 12 月,国家 22 部委联合发文《关于加强心理健康服务的指导意见》，明确提出高等院校要积极开设心理健康教育课程，开展心理健康教育活动；重视提升大学生的心理调适能力，使其保持良好的适应能力，重视自杀预防，开展心理危机干预。2018年7月，中共教育部党组印发了《高等学校学生心理健康教育指导纲要》，强调心理健康教育是提高大学生心理素质、促进其身心健康和谐发展的教育，是高校人才培养体系的重要组成部分，也是高校思想政治工作的重要内容。2018年11月，10部委印发的《全国社会心理服务体系建设试点工作方案》指出"高等院校要完善心理健康教育与咨询中心（室）建设，按照师生比不少于1：4 000配备心理专业教师，开设心理健康教育课程，开展心理辅导与咨询、危机干预等"。本书的修订工作也是在这一系列文件精神的指导下完成的。

党的二十大报告指出，"青年强，则国家强。当代中国青年生逢其时，施展才干的舞台无比广阔，实现梦想的前景无比光明。"新时代大学生应努力成长为堪当民族复兴重任的时代新人，同时也应积极面对诸多压力与挑战。"生逢其时"的大学生该如何破除压力，承担新时代的历史使命？希望大学生朋友们能通过这本书，吸收到心理健康教育方面的知识，进而正确认识自己，克服成长障碍，充分发挥自身潜力，成为幸福的进取者！

黄希庭　郑　涌

2023年5月于西南大学心理学部

目 录

第一章 绪 论

请先浏览在研究中收集到的两名大学生被试对于"我"的过去、现在与未来的造句反应：

例甲

姓名： ×××

性别： 女

年龄： 19 岁

画圆测验结果：

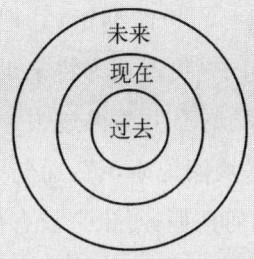

自我同一性状态量表得分：99

我过去……

不懂得珍惜时光，日子总是过得迷迷糊糊。

不懂得抓住机会，让良机稍纵即逝。

性格内向，不爱结交朋友。

对亲人对自己的爱体会不深，对他们的关怀不够。

爱读文学作品，领略、感受不同的人生。

我现在……

要珍惜时光，专心致力于我的学业，为将来打好坚实的基础。

培养自己的社会工作能力，不做只会读书的"呆子"。

性格开朗，朋友很多。

和家人关系和睦，以我的成绩回报父母的养育之恩。

为将来设计蓝图，愿以血汗营造成功之路。

例乙

姓名： ×××

性别： 男

年龄： 21 岁

画圆测验结果：

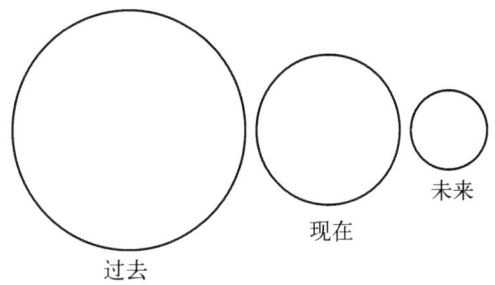

自我同一性状态量表得分：78

我过去……

最大的优点是与同学、老师相处得很融洽。

学习成绩不算很差，学习很顺利，不会感到特别吃力。

生活很有规律。

玩耍起来很专心，玩得很痛快。

从没有想到我会有现在这种情形。

我现在……

感觉什么事都不如意。

最大的不如意乃是学习成绩一落千丈。

和同学相处不是很融洽。

感到很委屈，竟然有同学怀疑我的人格。

对将来没有任何把握，对未来没有信心。

我将来……

可能是事业上的成功者,也可能是一个平凡的人,但我会做好我自己。

做人有自己的原则,不因外界环境轻易动摇。

拥有一个自己的空间,闲暇之余,读书、看报、绘画、写字……

争取到音乐学院学钢琴,继续深造(如果可能的话)。

带父母到处旅游,让他们幸福、快乐。

我将来……

只求一份能糊口养家的普通工作。

只求平平淡淡地生活,做一个平凡得不能再平凡的老百姓。

分析这些句子,不难看出,甲生重视眼前的时光,对未来抱有积极的期待,并把现在与过去相对照,对现状感到满意;又把现在视为将来的起点,句子"我现在为将来设计蓝图,愿以血汗营造成功之路"集中体现了现在与将来的这种关联。乙生觉得过去最为美好,对现在"感觉什么事都不如意",对未来不抱希望,"只求平平淡淡地生活",而句子"我过去从没有想到我会有现在这种情形"和"我现在对将来没有任何把握,对未来没有信心"显示了过去、现在与将来的分裂。画圆测验结果和自我同一性状态量表得分也印证了这种分析。

在当今社会,随着生活节奏的加快、社会竞争的加剧,以及多元文化和价值冲突的加深,人们的心理健康问题日益突出。与此同时,学生的心理健康及其教育问题也越来越受到来自学校、家庭和社会等方方面面的重视。近年来,大学生杀人事件、重大校园命案屡见不鲜,如1994年底至1995年底,清华女生"铊"中毒案;1997年5月,北京大学"铊"投毒案;2007年6月,中国矿业大学校园投毒案;2004年,马加爵杀害4名同学;2012年12月,安徽医科大学图书馆命案;2013年4月,复旦大学投毒案,等等,这些案例在某种程度上反映了当下大学生心理健康教育的缺失。

大学生作为一个正在接受高等教育的青年群体,既代表着先进青年的精神风貌,更预示着国家和民族的未来,因此大学生的心理健康状况如何就有着特别重要的意义。现在,大学生们也普遍意识到,现代社会的竞争已不单纯是智力和体力的竞争,更重要的是心理素质,是心理与人格的较量。但究竟如何衡量心理健康,如何看待心理问题,如何增进心理素质,如何提高自身应对心理困扰的能力,对于这种种问题,大学生们还存在不少疑虑和困惑。本书旨在培育大学生自尊自信、理性平和、积极向上的健康心态,促进学生心理健康素质与思想道德素质、科学文化素质协调发展。

第一节 心理健康的含义

谈到健康,传统上人们只知道或只关注生理健康,这种对健康的理解一直是人们的主导观念。其实,人体是一个复杂的系统,健康和疾病是由多种因素而不是由单一的因素引起的。而现在,人们已普遍把心理健康也归入"健康"的范畴。

一、健康的概念

早在 20 世纪 70 年代,恩格尔(Engel,1977)发表了一篇著名论文,提出健康和疾病是生物、心理和环境社会因素交互作用的结果,即健康和疾病的生物心理社会模型。之后,1989年世界卫生组织(World Health Organization,简称 WHO)将其在宪章中的健康定义进一步修改为"健康不仅是身体没有缺陷和疾病,而是身体上、心理上和社会适应上的完好状态"。由中共中央、国务院于 2016 年 10 月印发并实施的《"健康中国 2030"规划纲要》,也明确将"促进心理健康"作为"塑造自主自律的健康行为"的一部分。可见,健康和疾病是个体的生物因素、心理因素和环境社会因素交互作用的结果,如图 1-1 所示。

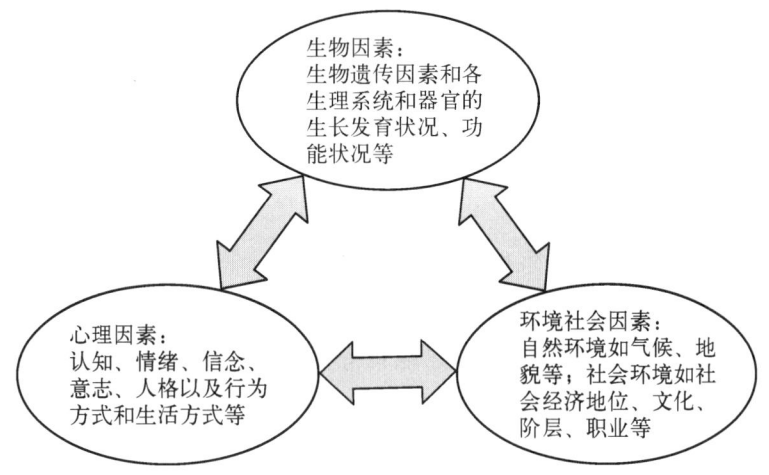

图 1-1 健康和疾病的生物心理社会模型

健康和疾病是一个连续体,彼此交叉重叠。健康和疾病位于连续体的两个端点,不同个体或同一个体在不同时期的健康状况,都处于这个连续体上的特定范围内。也有学者把这个连续体分为健康状态、病理状态和亚健康状态(即诱病状态)。健康状态和病理状态处于连续体的两端,而亚健康状态居于两者之间。所谓亚健康状态是指个体身心处于疾病与健康之间的一种健康低质状态。当亚健康状态的诱病因素积累到一定程度时,便会转化为疾病;相反,如果保健措施得力就会转化为健康。因此,或生病或健康,个人的主观能动性是起作用的。心理因素不仅是健康和疾病的可能后果，也可能是导致健康和疾病的原因。

二、心理健康的概念

(一) 心理健康的标准

早在1946年，第三届国际心理卫生大会指出，心理健康是指"身体、智力、情绪十分协调；适应环境，在人际交往中能彼此谦让；有幸福感；在工作和职业中能充分发挥自己的能力，过有效率的生活"。之后，国内外许多学者从各自关注的不同角度，论述了心理健康的标准。对于什么是心理健康的标准，至今没有一个统一的、公认的说法。综合各家的见解，可以将心理健康的标准归纳为以下几点。

1. 智力正常，认知完整

智力是人的观察力、记忆力、思维力、想象力和专业操作能力的综合，它是人正常生活最基本的心理条件，也是心理健康的主要指标。一般认为智商低于70分以下为智力落后，智商在80分以上是心理健康的基本条件。心理健康的人能与现实保持良好的接触，能对环境作出客观的观察，进行有效的适应，而不是歪曲现实环境。心理不健康的人却往往对现实缺乏完整的认知，杯弓蛇影，心神不宁。

2. 积极的自我观念

心理健康的人能够体验到自己的存在价值。他们了解自己的长处与短处，并对此有适当的自我评价，不过分自我炫耀，也不过于自我责备；即使对自己有不满意的地方，也不妨碍其感受自己较好的一面；他们悦纳自己，同时也觉得自己能为他人所接纳。心理不健康的人，则缺乏自知之明，或者自高自大，目空一切；或者只看到自己的缺点，对自己总是不满意，由于理想自我太高，与客观现实相距甚远，因而总是自责、自怨、自卑。例如有人会对自己说："我不如期望中漂亮，我真是一无是处。"心理健康的人则会告诉自己说："我虽然不如理想中漂亮，但我仍有不少优点，我是快乐的。"再有，心理健康的人既有遵循社会行为规范的愿望，也不会过分压抑自己，能实在而坦然地看待自己。另外，一个人自己眼中的"我"和别人眼中的"我"是否一致也是一个重要因素，两者愈趋于一致，显示心理愈健康；若不一致，则容易造成心理困扰。总之，一个心理健康的人由于有积极的自我观念，"理想自我"与"现实自我"、"应该自我"与"实际自我"、"镜像自我"与"真实自我"之间通常是协调一致的；即使有矛盾，也不会对其心理健康构成威胁，反而有可能促进自我的发展。

3. 悦纳他人，人际关系和谐

心理健康的人悦纳自我，也乐于与人交往，既能悦纳自我也能悦纳他人，认可他人存在的重要性和作用，因而也能为他人和集体所接受，人际关系融洽。朋友可以满足个人的安全与归属的需要，满足爱与被爱的需要；朋友能替自己分忧解愁，有助于心理健康。在人际交往中，一个心理健康的人对待他人，尊重、信任、赞美、喜悦等正面态度总是多于仇恨、猜疑、嫉妒、厌恶等负面态度;他们不一定有许多朋友,但一定是有一些与之亲近的朋友。良好的人际关系既反映出一个人的社交能力和"宜人性"的特质,同时也是心理健康的标准之一。因为他在与人交往时感到舒服自在,感到安全可靠。一个心理健康的人,其个人思想、目标、行动能融入社会要求和习俗,能重视团体需要,并能有效调控为他人所不容的欲望。

4. 面对并接受现实

每一个人都是从过去经现在走向未来的。心理健康的人能够面对现实、接受现实,而不会沉湎于过去或陷入不切实际的幻想之中。他既能吸取过去的经验,也能正视现在、规划将来;既能重视现在,也能权衡过去、现在与未来的关系,预见即将来临的问题和困难,并事先设法加以解决。而心理不健康的人往往以幻想代替现实,没有足够的勇气去接受现实的挑战,常常抱怨自己生不逢时或责备环境不公而怨天尤人,对未来十分悲观。当然,心理健康的人也会遭遇挫折,也有面对失败的时候,但他对各种经验,无论成功与失败的经验都能持开放的态度;当其面对失败与挫折时,他既不会否认或推诿,也不会因此而否定自己,而能将其视为自身经验的一部分,坦然面对,从容应对。

5. 能调节情绪,心境良好

心理健康的人能恰当地协调自己的情绪,其心情以喜悦、愉快、乐观、满意等积极的情绪状态为主,虽然也会有沮丧、愤怒、悲伤、恐惧等消极的情绪状态,但不会长久持续。他的情绪表达是适度的,控制恰如其分,不会太过或不及;情绪如果不加以控制或过分压抑都有损于心理健康。心理健康的人当然不是没有七情六欲,重要的是他在情绪方面能恰当地估量并表现得合乎情境。疏解消极情绪对心理健康尤为重要,如果不加以调控,经常以消极的情绪和态度看待人生,不仅情绪上会愈加郁闷和沮丧,而且会感到压力越来越多、越来越重,身心不堪重负。因此,心理健康的人,心境通常是开朗的、乐观的。

6. 热爱生活,乐于学习和工作

心理健康的人珍惜和热爱生活,并享受人生的乐趣,而不会视生活为负担。他乐于学习,积极工作,在学习和工作中施展才能,并从学习和工作成绩中得到满足和激励。对学习和工作的投入,能使人获得成就感并提高自我价值感,有益于心理健康。乐于学习和工作,既反映出一个人的学习和工作能力,同时也是心理健康的一个重要指标。一个心理健康的人,是热爱生活、乐于学习、勤于工作的人。

7. 人格完整独立

人格是个体的才智、情绪、愿望、价值观和习惯行为方式的有机整合。心理健康的人能够有效地处理各种能量,使之不产生对立和冲突,保持人格完整、协调、和谐。当产生心理压力和欲求不能满足时,其统一的人生态度使自我保持相对稳定性,不依附或者盲从于他人,能果断地决定自己的发展方向。随着人生阅历的丰富和生活的磨炼,心理健康的人,其人格会更加完善。

(二) 心理健康是一个动态的过程

一个人的心理是健康的或是不健康的,很难作出非此即彼的、简单而明确的界定,因为心理健康本身是一个动态的过程:它可能因个体自身的发展而变化,也可能因个体所处环境的不同而不同。这样,就有大量的所谓亚健康状态存在。就一般人群而言,据学界一般的看法,真正称得上心理健康的只占 10%—15%,真正有心理问题或心理不健康者只占 5%—10%,而八成左右的人都处在亚健康状态。从个体心理的发展来看,心理健康也是一个动态的过程,既存在由健康向不健康转化的可能,也存在由不健康向健康转化的可能。

专栏 1-1

大学生心理健康的标准问题

在衡量一个人的心理健康状况时,仅仅把握住心理健康的特质或区别出心理异常的表现还不够,还要考虑到衡量的标准,即采用什么样的立场。立场不同,即使是同样的表现,也可能得出完全不同的结论。从实际情况看,针对大学生的心理健康问题,存在下列几种不同的标准。

① 常态分布的标准。所谓常态分布,在统计学上是指由次数分布绘成的中央高起,平均分向两端逐渐下降,形成两侧对称类似钟形的曲线,即通常所说的"两头小、中间大"的分布情况。心理学研究表明,绝大多数的心理品质或属性在人群中都是符合常态分布的。如智力,特别愚笨和特别聪明的人总是少数,而大多数人都介于这两种极端之间;再如内—外向这种性格特征,特别内向孤僻和特别外向乐群的人也总是少数,而大多数人也是介于这两种极端之间。在看待心理健康的问题上,若按照常态分布的标准,即认为处在两种极端情况的表现就是不健康的表现,而与大多数人一致的表现就是健康的表现。这种标准有一定的道理,因为一个人的某种或某些心理表现若与大多数人不一致,则难免要承受更大的心理压力,从而更容易出现心理问题。但这种标准可能将一些虽说出位但积极的表现排除在健康的范畴之外,因而有其消极的一面。大学生从整体上讲就是积极进取、个性张扬的,因而用常态分布的标准来看待大学生的心理健康,可能使大学生更显得格格不入。

② 心理成熟的标准。按照心理成熟的标准,个体心理健康与否,取决于他的心理与行为表现与其年龄阶段特征是否吻合,如果是基本一致的,就看作是健康的;如果滞后或超前,就是不健康的。这种标准考虑到了学生的年龄特征,在教育过程中很有意义,但容易忽视学生的个体差异。大学生一般处在青年初期和中期,正是从青少年向成人过渡的关键期,各种心理与行为表现都还不够稳定,使用这种标准时就更要加以注意。

③ 社会规范的标准。按照社会规范的标准,凡是合乎社会规范的心理与行为表现就是健康的心理表现,反之就是不健康的。对大学生来说,就是要看他的心理与行为表现是否符合大学生的行为规范。这种标准的理由似乎很充分,如果一个人在生活中总是制造麻烦、人际关系恶劣、处处与社会作对,确实很难想象说他的心理是健康的。但是,这

种标准很容易流于简单和片面,忽视个体心理的真实感受,缺乏对人性的关注和对个性的尊重。

④ 心理适应的标准。个体与环境的关系不是固定不变的,在不同的环境下,对同样的事物,个人会因环境的不同而作出不同的调适。因而心理适应者有满足感,心情愉悦,而不会无端地感到恐惧、抑郁、焦虑等。通常心理适应的好与坏是以个体与环境是否能取得和谐的关系而定的,其要点有三。其一,个人的心理环境与实际环境相一致。所谓心理环境是指个人因实际环境所产生的看法、想法和意念。个人的心理环境如果与实际环境相一致、相吻合,就会产生适当行为以应对其所处的环境。其二,能够依据实际环境调节自己的反应。环境适应良好者,对事件的处理,不会仅受制于一时一地的影响,而能考虑到广阔的时空因素,并随时调节自己的反应。其三,个体与环境是双向互动的关系。个人在某种情境下,必须改变其行为,以顺应环境的需要;有时必须改变环境,以符合个人的需求。大学生从中学进入大学,也可以说已经初步迈入了社会,有着广泛的适应内容:学习的适应、人际关系的适应、恋爱及性的心理适应,以及为即将步入社会做好心理准备,等等。因此,以心理适应的标准来看待大学生的心理健康,有很强的现实意义。不过,实际在运用这种标准时,由于其含义不够明确和具体,相对来说不像另外几种标准那样容易把握。

综上所述,当我们对同样的心理问题或现象得出不同的结论时,要考虑到所持标准的不同。当前的大学生心理健康教育,应该更多地提倡生活适应这种标准,其实这也是前述世界卫生组织的健康新定义中所倡导的基本精神。

三、心理异常的类别

与健康的心理相对的,是一些异常的心理或称心理障碍。从实际情况看,一些人长期以来受到某种心理障碍或异常心理的折磨,十分痛苦,但遗憾的是,他们不知道这是怎么回事,或者苦于无处求助。另一种情况是,一些人从报刊或书本上读到有关心理异常的知识,就硬与自己联系起来,以致整日忧心忡忡、惶惶不安,唯恐自己心理有毛病,由此也造成很大的心理困扰。还有一种情况,有些人心理方面一旦有一些异常的表现,就十分紧张,没有道理地担心这种异常现象会越来越严重,患上精神病。鉴于以上种种情况,这里将一些常见的心理异常分门别类地作简要的介绍,以便读者对此有一个比较客观和恰当的判断,但心理病症往往是比较复杂的,不可简单地"对号入座",必要时可以去找心理医生咨询与诊治。

(一) 神经症

神经症也称神经官能症或精神神经症。这是一组没有明显的器质性原因的较为严重的精神障碍,是由于个人的环境精神压力与人格因素交互作用所致。其病态比较复杂,且患者大多还能应付必须面对的现实问题,所以在日常生活中,除了部分有明显躯体症状的患者外,大部分患者是以痛苦的主观体验为主。尽管这种痛苦有时可以达到十分严重的程度,然而却难以被他人所觉察和理解。神经症可分为焦虑症、抑郁症、强迫症、恐怖症、疑病症和神经衰弱等。

1. 焦虑症

焦虑症是以发作性或持续性情绪焦虑、紧张为主要特征的一组神经症。虽然正常人也会有焦虑,但焦虑的程度适当,而不伴随其他心理活动异常和相应的躯体症状,且当足以引起焦虑的事件过去之后,焦虑情绪通常也就自动解除了。焦虑症患者的焦虑情绪往往不是由现实情况所引起的,且常伴有躯体症状。急性焦虑症患者会突然感到心悸、喉部梗塞、呼吸困难、头昏、无力,常伴有紧张、恐惧或濒死感;检查可见心跳加快、呼吸急促、震颤、多汗等躯体症状。慢性焦虑症患者长期处于焦虑状态,常为一些小事而苦恼、自责,对困难过分夸大,遇事常往坏处想,对躯体不适特别关注,注意涣散、记忆不佳、兴趣缺乏,常失眠多梦。

2. 抑郁症

抑郁症是以持久性情绪低落为特征的神经症。虽然正常人也有情绪低落的时候,但持续的时间一般不会太久。抑郁症患者的抑郁情绪可能持续数月乃至数年,常表现为心情压抑、态度悲观、怨天尤人、自我评价降低,对周围事物兴趣索然,对前途感到失望。此外,还常伴有植物性神经功能失调,如胸闷、乏力、疼痛等。由于觉得生存缺乏意义,对生活感到失望甚至绝望,抑郁症患者有时会放弃求助,严重的甚至出现自杀行为。

3. 强迫症

强迫症是以强迫症状为中心的一组神经症。所谓强迫症状是指患者主观上感到有某种不可抗拒或不能自行克制的观念、意向、情绪和行为的存在,它们或单一地出现,或夹杂在一起出现。患者虽然也认识到它们是不恰当或毫无意义的,但是难以将其排除。正常人也或多或少有一些强迫性的观念或行为等,但强迫症患者为了排除这些令人不快的观念或行为,有着严重的心理冲突并伴有强烈的焦虑和恐惧。

4. 恐怖症

恐怖症是指患者对于某些事物或特殊情境所产生的十分强烈的恐惧,且这种情绪与所引起恐惧的情境和事物通常很不相称,有的甚至让别人很难理解。患者虽然明知自己的害怕不合理,但是难以自我控制,从而极力回避引起恐惧的事物或情境,导致严重的情绪和行为退缩。恐怖症名目繁多,可分为见人恐怖症、动物恐怖症、自然现象恐怖症、环境恐怖症、观念恐怖症等。

5. 疑病症

疑病症也称臆想症,是一类表现为对自身健康状况过分关心,深信自己患了某种躯体或精神方面的疾病,经常诉述某些不适,但却与实际健康状况不符合的神经症。患者常四处求医,迫切要求治疗;医生对疾病的解释往往不能消除其固有的成见。

6. 神经衰弱

神经衰弱是以高级神经活动耐受性低、过度兴奋且不能产生保护性抑制为特征的一类神经症。神经衰弱的症状很复杂,往往是心理症状和躯体症状夹杂在一起,常见的有心烦意乱、情绪过敏、忧郁、焦虑、头痛、睡眠障碍、记忆力衰退、疑病等,躯体症状如心悸、心慌、多汗、出气不畅、胸闷、腹胀、腹泻或便秘、尿频、月经失调等。

(二) 人格障碍

人格障碍也称病态人格,是指不伴有精神症状的人格适应缺陷,这种患者对环境有相当严重、根深蒂固且难以更改的、不适应的反应,其人格构成与行为模式对自己、对社会来说都是不被允许的、不得体的。所谓不伴有精神症状的缺陷,是指在没有认知障碍或没有智力障碍的情况下出现的情绪反应、动机或行为活动方面的异常。人格障碍一般始于童年或青少年,持续到成年甚至贯穿终生。常见的人格障碍类型有反社会型、偏执型、回避型、依赖型、表演型等。

反社会型人格障碍,其特点是缺乏道德感和内疚感,没有怜悯心、同情心,行为受原始欲望支配,脾气暴躁,挫折承受力低,情绪活动呈爆发性,行为冲动,对他人和社会冷酷无情,往往目无法纪,且不能从挫折和惩罚中吸取教训等。

偏执型人格障碍,其特点是思想、行为固执,敏感多疑,心胸狭隘,自我评价过高,不接受批评,情绪不稳,易冲动,善诡辩,富有攻击性,服饰、打扮常不合习俗等。

回避型人格障碍,其特点是行为退缩、自卑,面对挑战采取逃避态度或无能力应付,受到批评指责后常觉得自尊心受创伤而十分痛苦,羞怯,害怕社交活动等。

依赖型人格障碍,其特点是缺乏必要的日常自理能力,总是求助于他人,过分依赖他人,很幼稚地顺从,总是怀疑自己可能被别人拒绝,在任何方面都很少表现出积极性。

表演型人格障碍,其特点是自我中心,感情用事,情绪不稳定,爱自我表现,爱幻想,常以想象代替现实,生活在想象的情境中。

(三) 性行为变态

性行为变态是指与生殖没有直接联系,在寻求性满足的对象或方法上与常人不同,且违反当时的社会习俗而求得性满足的性行为活动。它与病态人格有一定的联系,但又有所区别。一方面,性行为变态可能是病态人格的一种表现,它们可能有病原学上的联系;另一方面,性行为变态又不一定具有病态人格的一般特征。性行为变态者对于正常的性生活通常没有要求,甚至心怀恐惧,其变态的性行为常带有强迫性、反复性,受惩罚后也会感到悔恨,但终究难以自控。性变态的表现形式十分多样,其中暴露癖、恋物癖、窥阴(淫)癖等是相对容易被人发现的几种。

（四）行为偏离

行为偏离是指在没有智力迟滞和精神失常症状的情况下与其所处的社会情境和社会要求相违背，在行为上明显地异于常态。行为偏离问题多发生在青少年身上，例如吸毒行为、酗酒行为、重度吸烟行为、拉帮结伙行为、敌视权威行为、施虐行为、盗窃行为、诈骗行为等。

（五）适应不良综合征

适应不良综合征是以环境适应困难为中心特征的一系列身心不适的症状。多见于儿童、青少年，尤其是在转到一个新环境之后。患适应不良综合征的学生常表现出厌学心理和逃学行为，并伴有紧张、退缩、恐惧、疼痛、强迫等多种心身疾病或神经症的症状。

（六）心身疾病

心身疾病是指那些心理因素在疾病的发生和病程演变中起主导作用的躯体疾病。中国医学认为，喜、怒、忧、思、悲、恐、惊"七情"中任何情志失调都可伤心，而心伤则引起脏腑功能失调。从现代心理学理论来看，心身疾病或心身障碍是个体在压力状态下所出现的某种情绪和动机冲突，通过心理影响生理的途径，以身体各个器官系统的病变而表现出来，如可能引发原发性高血压、心脏神经官能症、冠心病、心律失常、消化性溃疡、胃肠神经官能症、神经性厌食、支气管哮喘、肥胖症、糖尿病、甲状腺功能亢进症、紧张性头痛、偏头痛、风湿症、癌症等。

（七）精神病

精神病是最为严重的一类心理异常。精神病患者的整体心理机能瓦解，不仅心理活动本身的各个方面的协调一致遭到破坏，而且机体与周围环境的关系也严重失调。精神分裂症是最常见的精神病，患病率约为 0.3％—0.7％，起病多在青春期及成年初期，病程多迁延。其症状复杂多样，较常见的有思维障碍、联想散漫、知觉扭曲、情绪错乱、动作怪异，存在被操纵感和洞悉感等，患者常常生活在自己幻想的世界中，甚至以幻想代替现实，完全脱离现实。精神病可分为急性和慢性两种：急性起病急，预后较好；慢性起病慢，预后较差。躁狂抑郁症是另一种常见的重度精神疾患，以原发性情感情绪障碍为主要临床表现，且具有发作期和完全正常的间歇期反复交替出现的现象。

（八）创伤后应激障碍

创伤性事件如袭击、强奸、家庭暴力、抢劫、暴力恐吓和车祸的频繁发生使得创伤后应激障碍已经日益成为公众最关注的焦点问题之一。在一般人群中有 75％ 的人暴露于各种类型的创伤事件中,而在这部分人之中有 25% 的人发展为创伤后应激障碍,而且有 50% 没经过治疗的创伤后应激障碍在今后的生活中将表现出各种症状。创伤后应激障碍始见于 1980 年版的《美国精神障碍诊断与统计手册》(第 3 版)(DSM－III),是指异乎寻常的威胁性或灾难性应激事件或情景的延迟和/或延长的反应,或为一个人经历了异乎寻常的、几乎对所有人都会带来明显痛苦的事件后所发生的精神障碍。其特征性症状为反复重现精神创伤事件,努力回避易使人联想到创伤的活动和情境,以及觉醒程度增高等三方面,情感、思维、行为和生理反应等症状贯穿于其中。

专栏 1－2

心理障碍的病原学

病原学是探讨引起人体致病原因的一门基础医学学科。例如,探讨心理障碍为什么会发生,它是怎样起源的,它怎样影响思维、情绪和行为……从而有助于找到创新的治疗方法,并加以预防。对于心理障碍病原学的探讨,有三种研究取向:生物学取向、心理学取向和社会文化取向。

1. 生物学取向

从现代遗传学和生物学的角度出发探讨心理障碍的生物学因素,即探讨脑内结构异常、生化过程以及基因影响与心理障碍的联系。人脑是一个非常复杂的器官,包含约 1 000 亿个神经元,维持着有机体的精密平衡。脑组织的损伤或疾病会导致器质性精神障碍。例如,铅和汞会损害大脑,引起幻觉、妄想和情绪失控。含铅壁画会将粉末状的铅释放到空气中。孩子们可能在玩含铅的玩具后吸入或摄入含铅粉末。使用铅釉陶瓷、含铅的焊接水管,饮用被汞污染的饮用水等均会导致器质性精神障碍。当代脑成像的研究成果有助于研究者探明心理障碍与特定脑变异之间的联系;行为基因学的研究成果有助于研究者识别特定基因与心理障碍之间的联系。

2. 心理学取向

心理学取向注重心理因素如童年经历、潜意识、冲突,学习和强化、认知评估等,将这些视为心理障碍的根源,主要有下列三种模型:

① 心理动力学模型。该学派的创始人弗洛伊德认为个人的行为源自人格的三种成分(本我、自我、超我)之间的相互作用。本我由一切与生俱来的本能冲动组成,它遵循享乐原则,要求立即满足而不考虑道德和现实。自我则奉行现实原则,既要满足本我的需求又要确保个体的健康和生存,因而既要应对外部世界,同时又要在超我的指导下进行。超我是社会禁忌和内化了的道德。本我、自我、超我三者的矛盾冲突如果无法得到解决,就会导致心理障碍的产生。这些心理冲突大多在潜意识中进行,是由本我的非理性寻求快乐与超我强加给人的内化道德的争斗所引起的,而自我只是这一冲突的仲裁者。弗洛伊德认为心理障碍主要是五岁之前男孩的恋母情结、女孩的恋父情结没有得到解决所导致的。

② 行为主义模型。行为主义心理学家依据经典条件作用和操作条件作用的原理,只

关注可观察到的行为,认为变态行为和健康行为都是通过学习与强化而获得的。他们不注重内部的心理现象和早期童年经验,而注重现时的行为和维持行为的现时条件或强化。心理障碍症状的出现是由于个体学会了自我挫败行为方式或不被社会接受的行为方式。对于那些不被社会接受的行为或变态行为的环境事件,研究者或治疗师通过改变那些伴随事件,以消除变态行为。

③ 认知模型。认知心理学家关注个体内部的认知加工,如注意、记忆、思维及其对行为的影响。对于心理障碍的成因,不同的理论家强调认知的不同方面,如期望、认知、评估等。例如预期有两种,一种是个体对行为所带来的结果的预期,称为结果预期;另一种是个体对于自己完成某行为可能性的预期,称为效能预期。结果预期与效能预期是不同的。例如一个对狗患有恐怖症的人,他可能知道触摸一条小狗不会带来什么不好的结果(结果预期),但是对于自己能否完成这一动作却怀有负面的认知(效能预期)。因此治疗恐怖症就是改变患者的自我效能预期。又如,我们总是在评估发生的事情和自己的行为;有些评估是有意识的,而另一些则是自动的无意识的(这叫自动思维)。例如在上台演讲时,小张的想法是"如果我不能表现得十全十美,我就是个失败者。别人肯定会看出我紧张了,这次演讲我一定失败了"。这样的评估通常是自动的。正是这种自动评估引发了焦虑和恐惧。治疗时要患者内省自己的自动思维的内容,然后对自动思维进行重新评估,发现其中可能存在的、造成负面情绪并影响行为的非理性思维,再加以矫正。

3. 社会文化取向

与前两种取向不同,社会文化取向强调,外部的社会因素是导致心理障碍的原因。从家庭到广泛的社会经济因素都属于社会文化因素。英国的一项大规模的精神疾病原因调查发现,妇女、城市居民、失业者,以及分居、离婚或丧偶的人群患抑郁症或焦虑症的比例较高;城市中的精神病患者比例高于农村;失业者中酒精成瘾的比例大约是在职人员的两倍,而失业者中药物成瘾者比在职人员高出五倍;少数族群或社会经济地位低下的人群比其他社会阶层的人群更可能产生抑郁、悲伤、精神分裂症或药物滥用等问题(Jenkins et al.,1997)。不少研究也发现社会文化因素是导致心理障碍的一个重要原因。

第二节　大学生心理健康的特殊性

一、大学生的心理健康状况

(一) 大学生心理健康总体水平偏低

大学生的心理健康状况一直受到多方关注。早在 20 世纪 80 年代,原国家教委以 12.6

万名大学生为对象做过心理健康调查,结果发现 20.23％的大学生有着不同程度的心理障碍。90 年代一项对全国 6 大区 16 所院校大学生的 SCL－90 抽样测查结果显示,22.4％的大学生在该项测查中至少有一项呈现出心理障碍状况(黄希庭、郑涌,1999;详见表 1－1)。其后王建中和樊富珉(2002)对北京市大学生的测查,以及王君等(2006)对安徽省大学生的测查也发现,大学生的心身症状以人际关系敏感、强迫、偏执、敌对、抑郁等问题较为严重。大多数研究者认为,大学生存在很多心理问题,并通过研究证实 SCL－90 各因子得分显著高于1986 年正常人常模(焦玲艳等,2007)。甚至有资料表明,大学生中有心理障碍或疾病的高达30％左右,远远高于其他年龄的社会群体(王河,2005)。一项全国范围内的大样本调查显示,大学生 12 种人格障碍亚型的阳性检出率在 1.2％—27.6％之间。大多数的调查结果显示,我国大学生的心理健康状况令人担忧。从总体水平看,在校大学生出现心理问题的比例在三成左右,而存在较严重心理障碍的约占一成。

表 1－1　528 名大学生在 SCL－90 中各项心理障碍检出率分布(%)

	性　别		年　级		科　别		重点/非重点		总　体
	男	女	高	低	文	理	重点	非重点	
强迫	9.1	8.6	9.5	8.8	10.6	9.0	9.9	7.3	8.9
焦虑	8.2	9.9	16.0	7.0	9.7	9.1	8.9	8.8	8.9
精神病性	6.7	7.3	8.5	6.8	10.6	6.3	7.5	6.7	7.2
偏执	7.0	4.0	8.5	5.4	9.7	5.7	6.6	6.7	6.6
抑郁	5.8	7.3	8.5	5.7	9.7	5.4	6.6	6.2	6.4
敌意	6.7	4.0	7.5	5.4	5.3	6.3	6.6	5.7	6.3
恐怖	4.6	8.6	7.5	5.4	6.2	5.7	6.9	4.2	5.9
人际敏感	4.3	4.6	8.5	3.4	5.3	3.9	5.1	4.2	4.7
躯体化	4.0	4.0	4.2	3.9	5.3	3.9	4.8	3.6	4.4

(二) 大学生并非心理障碍的"高危人群"

由于不少调查显示大学生的心理健康状况不及同龄其他群体(樊富珉、王冰,1999;纪宏,1999),加上有关大学生情感困扰、人际冲突、自杀以及因心理疾病而休学、退学等的种种报道,似乎在人们的印象中大学生是心理障碍的高危人群。但在得出这个结论之前,以下几点需要认真考虑:其一,多数调查数据是通过 SCL－90 取得的,但该量表编译自国外且多年来未加修订,而且症状取向的测查不足以反映大学生心理健康状况的全貌。其二,大学生受教育水平较高、智力水平较高、抱负志向也较高,他们在进行症状自评时,在 SCL－90 上超标可能有其独特的含义。以表 1－1 中超标最为严重的"强迫"一项为例,强迫意向的核心是完美主义倾向,这在某种意义上是符合大学生心理发展的特点的(杨眉,1999)。其三,大多数研究只是针对部分大学生,尚不能代表全国大学生心理健康的变化状况。有研究对1986至2010年间237项采用SCL-90的研究报告进行了横断历史的元分析,结果表明,25年来大学生的心理问题逐渐减少,其中偏执、人际关系、抑郁、敌对因子变化较明显,即大学生心理健康的整体水平是逐步提高的(辛自强等,2012)。因此,将大学生视为心理障碍"高危人群"的结论是不适当的。虽然当今大学生面对诸多的挑战,但不能忽视的是他们也面临更多的机遇,大部分大学生还是积极向上,努力进取的。当然,在解放思想和面临人生选择的时候,心理学应该提供应有的支持。

二、大学生的阶段特征与心理健康

(一) 大学生群体的特殊性

1. 高教育水平群体

我国当代大学生的年龄在17—24岁之间,处于青年中期,正在接受高等教育。在心理特征上有共同性,在影响心理健康的因素上也有共同性。这是一个具有较高的文化素养的群体。他们可能更加重视心理健康问题,更加强调自身修养。但大学生的个性千差万别,在遗传素质、行为习惯、文化素养、兴趣爱好、抱负追求等方面都各不相同,因而所遇到的心理健康问题也有很大差异。

2. 高智商群体

许多研究显示,大学生的平均智商约在110分左右,高出一般人群10分左右。大学生一向被看作是聪明的,而一定的智商水平也是心理健康的基本保证;但高智商不等于高智慧,有时反而因此更易产生心理健康方面的问题。有调查显示,人们的快乐度与智商呈弱的负相关,这可能是因为较高智商者更难为人们所理解,因而更容易体会到"高处不胜寒"的悲凉。

3. 高自我价值感群体

大学生的抱负水平高,更看重自己,自我评价一般高于同龄其他群体。这种积极的自我观念对心理健康有促进作用,但如果自我评价不切实际、过高,一味追求难以达到的目标,则更容易受挫导致心理疾病。加上大学生的人生经历及社会实践经验都还欠缺,挫折容忍力低,遭遇困境也就很容易影响心理健康。

4. 高压力群体

大学生承受着来自各方面的生活压力。首先,他们是同龄人中的佼佼者,人们对他们寄予了更大的期望,有来自国家和社会的,更有来自家庭和学校的。这些期望既可以化作动力,也可以造成心理压力。其次,当今社会的快速变迁,特别是在择业与就业上的一系列变化,使他们面临多种选择,也带来更多的心理压力。再者,在大学生群体中,相互间的竞争随时随地、有形无形地展开着,这也给他们带来了沉重的精神压力。面对上述种种压力,如果不能正确地看待和恰当地应对，就可能对心理健康造成损害。

（二）大学生活的特殊性

1. 围墙效应

校园曾被看作是"世外桃源"，一道围墙把大学与现实社会分隔开来，学子们在校园里安心地接受教育，而与现实社会明显脱节的教育使得他们的心理愈发脆弱。如今，随着高校体制的改革，一道道校园围墙在市场经济大潮的冲击下，变成了一个个的门面。与此同时，变幻不定、光怪陆离的现实景象也使学子们的心理变得躁动不安。由于大学在推倒围墙、面向社会教育的同时，一系列的教育措施，包括心理健康教育与干预措施并未及时跟上，使得大学生的心理健康突如其来地面临着更多的考验。李虹和林崇德(Li & Lin，2003)的研究表明，大学校园压力包括学习压力、个人压力和消极生活事件，校园压力对大学生的心理健康有负面影响，而与心理问题呈正相关。

2. 延缓偿付期

延缓偿付期是新精神分析学家埃里克森(Erikson，1968)提出的一个用以说明青年暂时延迟确定自我身份的一个特殊阶段。大学时代是从心理上、社会上不尽义务的时期，这个时期的大学生"靠父母养活"，经济上得到帮助，不直接接触生产活动和社会活动，一心一意地学习。加上年轻的大学生自我意识发展尚未成熟，对自己的兴趣爱好和才能并不完全了解，他们必须克制自己，避免过早地确定自己的身份或确定自己应是一个什么样的人。因此，大学生经常为自己的前途感到困惑和苦恼其实是正常的，也应该辩证和发展地看待大学生的心理问题。李红娇等(2017)对某高校筛查出的764名有心理问题的大学生做了4年的跟踪分析，结果显示他们的心理健康水平是随着年级增长而逐年提高的。

总之，上述大学生的特殊性，对于心理健康的影响同时具有积极和消极两个方面，关键在于如何引导。从某种角度说，大学生心理健康方面存在的问题，也正是其要想有所成就所必须付出的一种"代价"。作为新时代的大学生，对此应该持一种积极的态度。

专栏 1-3

大学生应该如何面对自身的"心理问题"

尽管这些年来，人们对心理健康的认识已逐渐加深，心理健康教育也越来越普及，但对于发生在自己身上的心理问题，有不少大学生还是觉得难以启齿，常常不知所措。例如，在对待心理咨询的态度上，大学生就表现出了这种犹豫不决的矛盾心态。早前一项对大学生的调查显示，当"自己遇到心理困惑、不适"时，愿意寻求心理咨询帮助的同学只占约 1/4，半数以上的同学持"说不清"的态度，还有近 1/5 的同学明确表示"不会"寻求心理咨询帮助；相比之下，当自己的同学、朋友或亲属有心理问题时，有一半的受访者表示会动员他们去做心理咨询(黄希庭、郑涌等,1999)。可见大学生们在对待他人心理问题的态度上比对待自己的更为理性,一旦涉及自己时则表现得优柔寡断。近年来,随着各方对心理健康教育的重视程度和心理咨询普及程度的提高,这一情况有所好转,但社会文化的影响仍然有其根深蒂固的一面,大学生们在对待心理问题时仍然存在诸多落后的观念和误区。那么,正确的做法应该是什么呢? 一般而言,要把握好以下几点:

① 坦然面对。出现心理问题虽不是什么好事,但也完全不必如临大敌、疑神疑鬼。一些同学可能在情绪上出现一些困扰,或者在身体上出现某些不适,就担心忧虑,甚至害怕长此以往会得精神病等疾病。其实,心理也跟身体一样,在人的一生中难免会出现这样或那样的问题,实在不必大惊小怪、怨天尤人。

② 别急于"诊断"。心理问题本身多种多样,成因往往也很复杂,切忌盲目地从一些书籍上断章取义,或者道听途说,急于"对号入座",认定自己患了什么什么病。弄清问题当然是必要的,但一般而言,大学生的问题还是发展性的居多,很多都是"成长中的烦恼",实在不必自己吓自己。

③ 转移注意。心理问题往往有这么一个特点,就是你越是注意它,它似乎就越是严重。所以,建议你不要老盯住自己所谓的问题不放,不要过分关注自我,而应把注意力转移到你的学习、生活、工作的方方面面。当然,有自己感兴趣的事情并全力投入是很有利于心理健康的。

④ 调整生活规律。很多时候,只要将自己习惯了的生活规律稍加调整,就会给自己整个的精神面貌带来焕然一新的感受,不少所谓的心理问题也就随之轻松化解了。

⑤ 不要讳疾忌医。就像得病了要去看医生一样,对于严重的、难以排解的心理问题,如果条件具备,大可寻求专家的帮助。

三、大学生心理健康的常见问题

(一) 环境应激问题

1. 学校环境的变迁

学校环境对大学生,尤其是新生有重要影响。对于新生来说,他们面临着的是陌生的校园、生疏而又关系密切的新群体。多数学生首次远离家门,离开长期依赖的父母以及其他的亲人、朋友和熟悉的环境,意味着今后将开始独立生活,对众多的问题要自己拿主意,自己动手解决。所有这些都会给大学生带来不同程度的环境应激。当这种应激超过一定限度时,大学生就会产生心理健康问题,出现失眠、食欲不振、注意力不集中、焦躁、头疼、神经衰弱等症状,环境适应更加困难,甚至可能擅自离校。一项对上大学前、后生活事件与大学生心理健康关系的研究表明,影响大学生心理健康的生活事件均为负性生活事件,生活事件能解释大学生心理健康总体水平变异量的 30.1%;上大学后的生活事件对大学生的心理健康总体水平的影响约占 27.4％，上大学前的生活事件的影响约占 2.6％（杨莉、胡竹菁，2005）。

2. 学习条件和方法的变化

这种变化主要表现在两个方面。第一，许多大学生在入学前是当地的学习尖子，家长、老师都对他们呵护备至，在同学中也备受尊重，自我感觉良好，信心十足。但在集中了各地学习优等生的新群体中，他们可能不再是校园中的宠儿，学习上也可能不再是优等生了。假如对此现实不能恰当地接受和对待，就会造成心理健康问题，表现为自信心降低，有自卑感，甚至会出现强烈的嫉妒心理和攻击行为，从而使其更难顺应现实。第二，是学习方法不当等造成的学习困难，比如在新的大学课程中仍沿用已不适用的中学学习方法，结果导致学习成绩不理想。如果忽视对学习方法的探讨，使自己在学习问题上疲于被动应付，心理上承受较大压力，则会出现焦虑、紧张等情绪反应，而这些反过来又会严重影响自信心，带来情绪苦恼及自我否认等心理问题。

3. 生活习惯的变化

南、北方学生的换位就学等带来饮食方面的显著差异和生活习惯的不适应，会造成部分学生的环境应激。如果不能在短期内顺利适应，心理应激便会影响到正常的学习、睡眠等活动，造成心理健康问题。另外，随着学生家庭经济情况的改善，大学生中女生攀比衣着打扮，男生抽烟饮酒，追求享乐，各种名目的聚会及游玩费用逐渐上涨已越来越普遍。部分经济能力有限而又爱面子讲虚荣的学生很容易因此产生心理问题，如严重的自卑、忧虑、紧张等，甚至引发违纪违法行为。

（二）与自我有关的不适应

1. 理想自我与现实矛盾的不适应

大学生作为同辈中的佼佼者，步入大学后很自然地会设计出完美的自我和美好的未来。然而现实的种种障碍会阻碍"理想自我"的实现，这一矛盾若处理不好就会严重影响自己的心理健康。虽然大部分学生能试图努力重建被现实排斥的自我，重新树立起自己的人生目标，但也有部分学生企图逃避与现实的矛盾冲突，或者用攻击的方法发泄对现实的不满，或者消极颓废、不求上进、沉溺于玩乐放纵，还有的学生甚至可能因此产生自杀的念头。

2. 自我发展的不适应

处在大学阶段的青年人自我意识增强，并有着强烈的充实自我、发展自我和强化自我的需求。但在追求自我发展的过程中，有的同学顾此失彼，没能达到期望的目标，并因此产生了不良心理反应。还有的同学过分放大了自我的"劣势"，忽略了自我的优势，且由于害怕暴露自己的弱点而采取了回避和压抑的心态，性格变得孤僻、多疑、嫉妒，产生严重的烦恼和恐惧不安等。

3. 自我定向混乱

自我定向是青年期的重要课题之一,对某种社会职业的选择,个人终生目标及其展望的形成以及人生观的建立,通常需要在这一时期完成。在这个过程中,部分大学生的自我定向会陷入混乱,产生心理健康问题。他们在多元化的价值体系中很难找到自己的目标及人生观,失去了生命的存在感,不知道自己究竟是什么,结果使自己陷入苦闷甚至绝望之中。

(三) 人际关系及人格问题

1. 人际交往中的障碍

在大学阶段,个体独立地步入了准社会群体的交际圈,大学生们尝试人际交往,试图发展这方面的能力并对此做出评估,为将来进入成人社会做准备。在这一过程中,部分学生会遭受挫折,或表现为因自我否定而陷入苦闷与焦虑,或因企图对抗而陷入困境,并由此产生了心理健康问题。

2. 人格中的不完满

大学生的人格特征在遗传和后天因素的影响下已基本成型。部分大学生存在一些不良的人格特质,这些不良特质一方面严重影响着他们的学习、人际关系、社会性活动以及进一步的发展和自我完善;另一方面个体在意识到这些不良特质及其后果却又无力改变的情形下,会表现出消极的心理防御反应及自我否认,从而给自身的健康发展造成严重影响。

(四) 与性有关的不适应

1. 性意识的困扰

大学生的性生理已发育成熟,与之相伴随的性心理也基本成熟。大学生或多或少都存在一定程度的性意识困扰,如性吸引、性幻想、性梦、常想到性问题,以及与之对抗的对性的压抑。这种困扰通常只带来一般程度的不安和躁动。但达到严重的程度,尤其是在夹杂了一些不科学的性观念的情况下,就会产生心理问题,从而影响学习、生活、休息等各个方面。

2. 对自己身体意象的不适应

处在青春期的大学生,对自己的身体意象极为关注。当个体不能接受自己的身体意象(如肥胖、身材矮小、相貌怪异、有某种残疾等)时,会产生强烈的自我否定、与周围的对抗态度和情感反应,甚至会引发攻击性、逃避性或病理性的行为,从而构成心理问题。

3. 性行为困扰

在未婚大学生中,性行为大多为两性之间的一些边缘性性行为,如爱抚、接吻、拥抱等,也有部分学生有性交行为。这类行为,尤其是性交行为,很容易给当事人造成诸多心理压力,严重的也会导致心理问题。

（五）其他

1. 网络成瘾

在 2018 年世界卫生组织发布的新版《国际疾病分类》中,游戏障碍(即通常所说的网络游戏成瘾)被列为精神疾病。实际上,游戏成瘾是网络成瘾的最常见和最主要问题,除了游戏成瘾,其他类型的网络成瘾问题同样不容忽视。由于大学生不规律的作息和不科学的用网习惯,大学校园已然成为网瘾的重灾区,大学生在遭遇情感危机、学习危机、就业危机等时,往往把网络作为宣泄情绪、逃避现实的工具,导致对网络的过度依赖。网络成瘾不仅严重危害大学生的身心健康,也对家庭、社会和国家造成巨大的危害。

2. 攀比心理

近年来,关于"校园贷"引发的悲剧案例屡见报端。校园贷,又称校园网贷,是指一些网络贷款平台面向在校大学生开展的贷款业务。"裸条借贷"、"暴力催收"、"高利放贷"等与"校园贷"相关的负面事件令人谈之色变。从大学生的角度来看,这背后反映的是大学生消费观念的转变,如今大学生受到当今社会的影响,私人消费中的品质、形象消费所占比重越来越大。不少商家为了赚取更多的利益,进行极具诱惑力的宣传,推崇物质消费,极大地影响着学生的消费观念。大学生不仅好奇心强、追求个性独立,而且很容易受到外界的影响而产生模仿和从众心理,许多大学生心理不够成熟,存在虚荣攀比消费的念头,容易冲动,为满足一时的消费欲望而进行网络贷款(陶杨、刘顺,2017)。

第三节　大学生心理健康教育概要

一、大学生心理健康教育的目标

从广泛和根本的意义上说,教育的总的目的就是要使受教育者的个性得到全面发展。但就大学生心理健康教育而言,其具体的目标是要形成、维护和促进大学生的心理健康,从而为他们的全面发展提供良好基础。为此,从教育者的角度说,可以将大学生心理健康教育的目标分为发展性目标与补救性目标;从受教育者的角度说,又可以分为当前目标与长远目标。当然,这两种区分本身是密切联系在一起的。

（一）发展性目标与补救性目标

大学生心理健康教育的发展性目标是要对大学生的心理素质和心理健康进行有目的的培养和促进,使他们的心理素质不断优化,形成健康的心理,从而能适应社会,健康地成长和良好地发展;补救性目标则主要是针对少数在心理上出现问题的学生,是治疗性的和矫正性的。两种目标结合在一起,是为了增进全体学生的心理健康,提高大学生的学习与生活质量。

(二) 当前目标与长远目标

大学生心理健康教育的当前目标往往是针对大学生个体当前存在的问题,如失恋、学习成绩差、被同学轻视、感到人生空虚无聊,等等,开展及时的心理疏导,以解除当事人即时的心理困扰;长远目标则往往涉及大学生心理素质的提高和健康人格的塑造,使他们有机会重新认识自己、接纳自己,进而欣赏自己,克服成长障碍,使自己的潜能得到充分的发展。在心理健康教育过程中,当前目标与长远目标应当有机地结合起来。

专栏 1-4

幸福进取者模型

心理健康是有层次性的,大致可分为心理疾病或障碍、心理机能正常和人格健全三个层次。如果我们把心理健康看作是一个连续体,那么连续体的一端是最差的心理健康状态,即心理障碍或心理疾病;而它的另一端是最佳的心理和行为状态,即健全人格;连续体的中间属于心理机能正常或亚健康状态。健全人格是个人最佳心理和行为的有机整合,幸福进取者就是健全人格者。

那么幸福进取者具备哪些优秀品格呢? 黄希庭领导的学术团队经过 30 多年的研究发现,幸福进取者具备正确的价值观、积极的自我观以及追寻未来梦想的优秀品格。正确价值观是幸福进取者最核心的信念。因为价值观是人们用来区分善恶、好坏、美丑的标准并指导行为的信念系统,它通常是充满情感的,并为自认为的正当行为提供充分的理由。我们评价一个人是否成功,不能只看他的能力与成绩,也不能只看他是否进取。一个人如果具有正确的价值观,他的能力越强、成绩越大、越进取,那么他对社会的贡献越大;相反,他的价值观是邪恶、很坏的,他的能力越强、越进取,那么他对社会的危害就越大。价值观是灵魂,它规定着人们的心理和行为,决定着我们选择怎样的生活方式来度过自己的一生。积极自我观是幸福进取者较核心的理念。具有积极自我观的个人能正确处理自我与他人、自我与群体、自我与社会、自我与国家、自我与自然环境的关系,并且以积极的态度来看待自己。积极的自我观是个人不断进取的动力,其中自爱、自立、自信、自省、自强等主要成分在幸福进取人格养成中扮演着重要的角色。追求未来梦想的优秀品格,如好学、善思、谨慎、节俭、勇气、感恩、慷慨等优秀品格则属于幸福进取人格的表层结构,是人们比较容易看得见的、与前两种品格相比低一个层次的品格。这些优秀品格使得幸福进取者不断去追寻梦想,实现梦想。图 1-2 是幸福进取者模型的示意图。

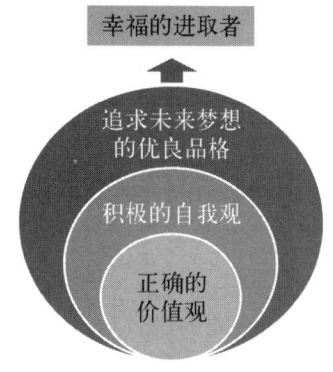

图 1-2　幸福进取者模型示意图

　　幸福进取人格是个人先天与后天交互作用的结果,其中后天养成的成分较大。幸福进取者在生命的不同阶段所表现出来的积极进取的特点是不同的。"金无足赤,人无完人",幸福进取者也会有缺点和不足,他们会客观地加以评价:对于自己可以改正的缺点,他们努力加以改正;对于自己无法改正的缺点(如生理缺陷),他们则乐于接纳。

二、大学生心理健康教育的原则

(一) 系统性原则

　　人的心理是一个十分复杂的系统,心理健康教育也应遵循系统性原则。从心理健康教育的对象,即大学生来看,他们的心理具有系统性,他们的知、情、意、行紧密联系,心理倾向、心理过程和心理特征相互影响,心理因素和生理因素交互作用,构成一个有机的整体,"牵一发而动全身",因此不能孤立、静止地看待学生的心理问题,不能"头痛医头、脚痛医脚"。从心理健康教育与其他教育的关系来看,心理健康教育是教育系统的一部分,应同学校的其他教育相结合,应渗透到各"育"之中,寓于各科教学之中,寓于大学生的课外活动和校园文化活动之中。从学校与社会的联系上看,学校、家庭和社会对学生心理健康的影响相互制约,必须协调三方面的力量,形成一种合力,多角度、多层次地培养和促进学生的心理健康。

(二) 发展性原则

　　心理健康本身是一个动态的过程。大学生正处在从青少年向成人的过渡时期,也正是积极实践心理健康的阶段,这种发展变化的特点尤其明显。在实施心理健康教育的过程中,就要以发展的眼光看待学生的心理健康问题。要看到大学生的心理健康问题大多是发展性的而非障碍性的,即使在一定时期出现了某些典型的病理性症状,也不要过早地、盲目地下结论。另外,按照发展性原则,学校心理健康教育不仅是针对有问题的学生,也要针对所谓表现好的学生,因为良好的心理健康状态并非是一成不变的。

(三) 主体性原则

　　心理健康教育的目的是为了培养学生良好的心理素质,学生自己是心理健康发展的主体。因此,在心理健康教育的过程中,应充分调动学生参与教育活动的积极性和主动性。离开学生的主动参与和自觉努力,学校心理健康教育的种种努力都是枉费心机。人都有理解自己、不断走向成熟、产生积极的建设性变化的心理潜能,心理健康教育就是要启发和鼓励学生发挥这种潜能,促使其心理成长,而不是一味地说教、劝导和指示。

（四）平等性原则

在心理健康教育中，老师应以平等尊重的态度对待学生，特别是那些心理上不够健康或有心理疾病的学生。大量的心理健康教育和心理咨询实践表明，在教育者和受教育者之间建立一种相互信赖的关系，营造和谐的心理氛围是进行心理健康教育的必要前提，而只有以平等尊重的态度对待学生，学生才能向老师打开自己的心扉，后续的心理健康教育措施也才能奏效。

（五）多样性原则

学生的个性是丰富多彩的，心理健康问题本身也是复杂而多样的。因此，心理健康教育在形式上应该是灵活多样的，在内容上应该是开放的。为此，在实施心理健康教育的过程中，老师除了注意形式上要富于变化以外，还应注意鼓励、引导学生表达不同的内心体验、感受和看法，并充分肯定其合理性。事实上，就心理健康教育的许多具体内容而言，丰富多样的表现方式和解决问题的方法都可以是合理的、有价值的。

（六）保密性原则

保密可以说是对心理咨询与治疗工作者的一项基本而普遍的要求，也最能体现心理学工作者的职业道德。保密性原则同样适用于学校的心理健康教育，保密既是教育者与受教育者双方建立相互信赖的关系的基础，又关系到学校心理健康教育工作的声誉。

（七）防重于治的原则

学校毕竟是教育而非治疗的机构，学校心理健康教育理应贯彻预防重于治疗的原则。首先要在学校广泛开展心理健康教育工作，以保障大多数学生的心理健康。此外，还应注意加强对学生常见心理障碍的分析和研究工作，以及对个别学生的危机干预，以利于早期发现和早期诊治。

三、大学生心理健康教育的途径

大学生心理健康教育不仅是学校教育，也是个人教育、家庭教育和社会教育的综合体现。因此，针对新时代背景下大学生的心理特征，并结合我国学者对大学生心理健康教育的研究，可从以下几个方面加强教育。

（一）培养大学生自我教育的能力

自我教育的基本构成分为正确认识自我、积极悦纳自我和主动调控自我三个部分，自我教育能力是大学生心理健康水平发展的源泉和动力。大学生作为接受高等教育的群体，应该树立社会主义核心价值观，以社会主义核心价值观引导自我，促进人格的完善。

（二）注重家庭教育

家庭是大学生生活的第一场所,家庭教养方式、家庭结构、榜样示范作用等对大学生心理健康的影响是直接的。家庭是培养大学生心理素质最重要的基地,家庭教育也是学校教育的基础。家庭本身所肩负的特殊使命对大学生而言是非常重要的,家庭教育对大学生行为习惯、生活方式、人格发展、人生追求、人生态度等都具有作用。另外,家长要树立正确的教育观念,以一种新的视角看待新时代背景下的大学生。现在的大学生与以前存在一些不同,由于互联网技术的发展,他们会接触更多的思想,会面临更多的诱惑,也会体验不同的时代特征,当面对发展迅速、多元文化世界的时候,父母的民主关怀、健康和谐的家庭环境对大学生而言是至关重要的。

（三）完善学校教育

大学生日常生活在学校,因此学校教育是必不可少的。比如,普及心理健康知识、建立心理咨询机构、组织学生参加社会实践活动、营造良好的校园氛围、将心理健康教育渗透到教学中、建立大学生心理健康档案、加强预防干预等,这都是学校教育可以继续做的。当然,结合当下学生的特点,创新宣传方式是必要的,可以举办心理健康教育月、"5·25"大学生心理健康节等形式多样的主题教育活动,组织开展各种有益于大学生身心健康的文体娱乐活动和心理素质拓展活动,不断增强心理健康教育的吸引力和感染力。同时,高校要建设一支以专职教师为骨干、以兼职教师为补充,专兼结合、专业互补,相对稳定、素质良好的心理健康教育师资队伍。

（四）维护良好的社会环境

大学生的健康成长离不开优良的社会环境。社会环境包括文化传统、拷贝世界、网络等。近年来,网络新闻、社会舆论等充斥着大学生的生活,但其中的负面信息带给大学生的影响确实不容忽视。对于这一点,相关职能部门应该弘扬中国优秀文化传统,加强引导,培育自尊自信、理性平和、积极向上的健康心态。除了对大学生直接进行心理健康教育,对社会大众也应该普及心理健康知识,社会大众由于不了解一些心理健康知识也有可能酿成一些悲剧。

复习思考题

1. 名词解释：健康,心理健康,心理障碍。

2. 请举例说明健康和疾病的生物心理社会模型的合理性。

3. 谈谈你对心理健康标准的理解。

4. 结合所在大学实际,提出开展大学生心理健康教育工作的建议。

扩展阅读

1. 黄希庭,郑涌.大学生心理健康与咨询(第 2 版)[M].北京:高等教育出版社,2007.

2. 郑希付,王瑶.健康心理学(第二版)[M].上海:华东师范大学出版社,2013.

3. [美] 谢利·泰勒.健康心理学(第 7 版)[M].朱熊兆,等,译.北京:中国人民大学出版社, 2012.

第二章 大学生心理健康教育的生物基础

小李是一名大一女生,家境比较富裕,自幼聪明好学,常被周围人夸长相漂亮。她从幼儿园起学习舞蹈,一直是所在学校的文艺骨干,学校的大型文艺表演活动几乎每一次都参加。上大学后,小李想参加学院舞蹈队却被淘汰,她怎么也想不到自己会被淘汰,不能接受这个事实。后来同学告诉她可能是因为她的身材不理想,长得有些胖。从此,小李就特别在意自己的体貌形象。

一次在大街上,小李遇到几年不见的初中好友,邂逅时好友间少不了相互打量,小李又听到了自己不高兴听到的话:"你长胖了好多啊!"从此,小李开始怀疑自己是不是真的太胖了。一个月前的双休日,小李回家,母亲的同事和她打招呼:"小李,回来啦,长这么高了,不认识了哟!"母亲接过话不经意地调侃:"长高了,长胖了,没有以前漂亮啦,变成了一个丑女儿!"听到母亲的话,小李的心情一下子糟透了。当天晚上,她站在家里的穿衣镜前照来照去,越照越自卑,觉得自己确实太胖了。

近一个月来,小李因不满意自我体貌形象,经常反复照镜子。偶然一次听宿舍对门毕业班的女生聊天说到现在找工作不容易,尤其是女大学生不好找工作,应聘工作时,姣好的身材相貌比学历、能力更实在。因此,小李更加为自己的状况忧虑:"现在我每天都要反复照很久的镜子。我也不愿意出现在公众面前,特别不愿意上体育课,不愿意在同学面前,特别是异性同学面前跑步、做操,好像大家都看着自己的体貌缺陷。不愿意与那些漂亮的或身材苗条的同学在一起,不愿意听别人议论身材长相之类的话题,而当别人议论时又怀疑是在议论自己。"由于总想着这些事,小李上课听不进去,学习效率也下降了,由此感到烦恼、焦虑与孤独。(冯秀云,2007)

我们每个人的生理状态,从外在的体型、容貌到内在的大脑结构功能甚至神经细胞的活动特点等,都影响着我们的心理活动和情绪反应。随着大学生在生理发展方面逐步定型,一些学生对自己的体型和仪表非常敏感,他们可能因为不能正确看待自己的生理特点而出现心理困扰。但生理基础对我们心理健康的影响还远非如此。在生活中,你是否有过类似的体验和疑问:为什么秋冬季节人更容易抑郁?为什么有时候情绪会战胜理智?为什么有人具有超强的空间记忆?为什么学习时,环境噪音会对记忆产生影响?为什么女性更善于情绪识别和记忆,却不善于进行负性情绪的调节?为什么吸烟、上网等一旦上瘾就很难戒掉?……
本章在一般性地介绍了心理与行为的生物基础后,进一步分析心理异常的生物基础,进而从
大学生的生理特点的角度探讨大学生的心理健康教育问题。

第一节 心理与行为的生物基础

心理是大脑的机能,大脑是心理的物质基础。我们进行任何心理活动都离不开大脑这
个人类所独有的器官的支持。人的大脑从背面看来,就像一个核桃,包括许多的沟和回,划
分为不同的区域。这些不同的区域和沟、回都与特定的心理功能相关。而人脑又是由大量
的神经元组成的,在大脑皮层和联合区有 120 亿到 150 亿个神经元;小脑有 700 亿个神经元。
神经元的功能是接受和传导刺激,但这些连接和传导都是非常复杂的。脑的活动实际上就
是一系列神经元之间信息的相互传导,其传导的性能受到神经元的形状及其相互之间的化
学物质神经递质等因素的影响。人的心理活动非常复杂,每一个心理现象都是大量的神经
元共同反应、多个脑区之间协同作用的结果。

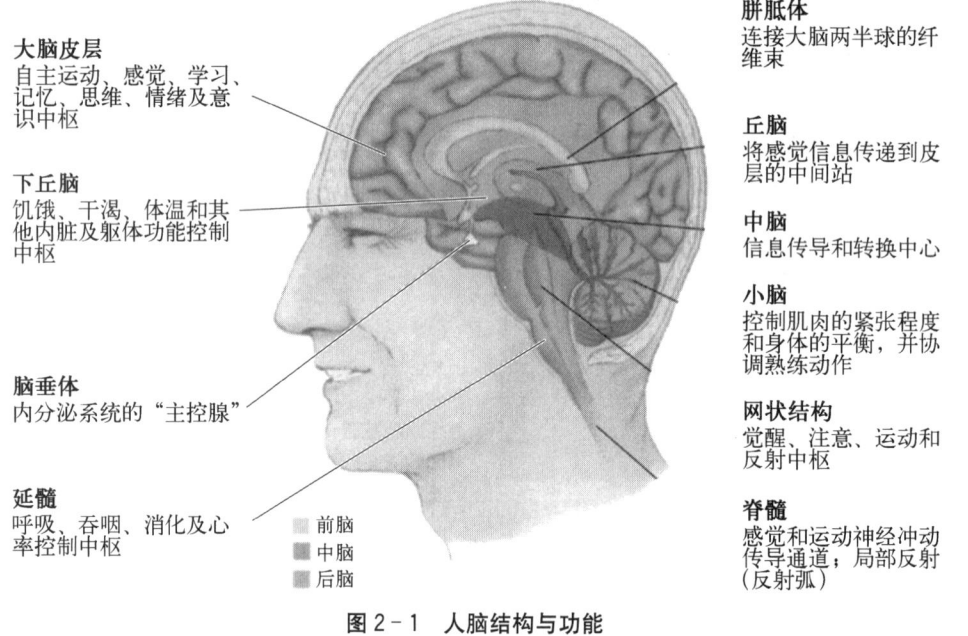

大脑皮层
自主运动、感觉、学习、记忆、思维、情绪及意识中枢

下丘脑
饥饿、干渴、体温和其他内脏及躯体功能控制中枢

脑垂体
内分泌系统的"主控腺"

延髓
呼吸、吞咽、消化及心率控制中枢

胼胝体
连接大脑两半球的纤维束

丘脑
将感觉信息传递到皮层的中间站

中脑
信息传导和转换中心

小脑
控制肌肉的紧张程度和身体的平衡,并协调熟练动作

网状结构
觉醒、注意、运动和反射中枢

脊髓
感觉和运动神经冲动传导通道;局部反射(反射弧)

■ 前脑
■ 中脑
■ 后脑

图 2-1 人脑结构与功能

一、认知活动的生理基础

(一) 注意

注意是心理活动对一定对象的选择和集中。注意的选择需要边缘叶和大脑额叶的参

与,还与海马以及与之联系的尾状核有关。临床研究表明,这些组织受到损伤时,患者的选择性注意会产生严重障碍。例如,中心线附近深部肿瘤的患者并不表现出认识、动作、言语或形式逻辑过程的明显障碍,但心理过程的选择性却遭到破坏;患者高度分心,很快中断主动的有目的的行动。

注意的另一特性为警觉。人要想把注意力集中到精神生活的某些方面,必须处于警觉状态。警觉是与警戒或唤醒紧密相连的一种注意形式,指注意在一定对象上的强度特征,网状激活系统功能在此起到了重要作用。此外,其他脑区可能也参与了注意的警觉功能。如对脑损伤患者注意维持和警觉功能的探讨发现,脑损伤患者存在注意维持和警觉功能受损;而由于患者脑损伤部位涉及多个脑区,损伤程度相近者病变部位并不一致,说明参与注意维持与警觉功能调节的脑区并不局限于某一部位(张慧丽、恽晓平,2007)。

总之,注意和多个脑区相联系,它既不是某一脑区的特性,也不是全部脑区的功能。它是通过一系列脑区的神经网络活动来实现的。

(二) 感知

感觉是人们对客观事物个别属性的反映,知觉则是对其各种属性的综合反映。感知是个体认识世界的第一步。人的各种感觉器官将所感受到的感觉刺激,通过感觉冲动沿着神经通路将信息以物理化学的方式传到大脑皮层相应区域,从而使人对周围环境的存在有感知、有认识。

感觉信息首先被传递到大脑相应的初级感觉区,此时引起简单粗糙的感觉,如手脚发麻、针刺感,看到闪光、火星或听到"沙沙"、"咝咝"等声音。如果初级感觉区被破坏,大脑则无法形成感觉,从而发生"视而不见"、"听而不闻"等现象。

感觉信息的进一步加工是在初级感觉区附近的感觉联络区。只有在这里,信息才升华为具体"成形"的感知。如果初级感觉区保留,而感觉联络区有损害,则患者能感受到感觉信息,但不具体,不"成形",因而也就不能理解。如枕叶初级视觉中枢完好,而相邻视觉联络区受损,则患者虽然并不失明,但看不懂。

对感觉联络区产生的"成形"感觉,大脑进一步进行综合,并与经验对照比较,最后产生有声、有色、有情的复合感知。这就是感觉总联络区的功能。感觉总联络区(感觉联络区的联络区)位于颞上回后部和角回前部。当感觉总联络区受到刺激时,可产生复杂的幻觉,如童年情景在眼前重现,亲友谈话片段或乐曲旋律的重新体验等。这种旧境"重现"、"重演",有声有色,栩栩如生,甚至包括当时的感情色彩、思维反应都丝毫不变地一起伴随出现。所以通过感觉总联络区,人产生的知觉才是完整的、丰富的。

(三) 记忆

记忆是对信息的识记、存储和再现,也就是包括"记"和"忆"两个方面。在脑结构层面,生理心理学的研究表明,与记忆有关的脑结构主要有海马、颞叶、杏仁核,等等。海马是人类及哺乳动物大脑边缘系统的一部分,是大脑中记忆的发源地,它在新记忆向永久记忆转化方面起关键作用。在学习即识记过程中,条件刺激与无条件刺激之间时间上的耦合会引起海马中的神经元发生源发性的放电变化。研究表明,如果在学习(识记)后,使用强噪音或者电休克干扰海马三突触回路中的长期增益效应,将会对学习和记忆发生干扰(朱敏,2018)。另外,海马还与空间记忆有关。经验丰富的老司机往往有着非常强的空间位置记忆能力,其海马后部比普通司机海马后部的体积更大,且在回答空间问题时海马的激活水平更高(Maguire et al.,2000);复杂的空间表征与海马后部灰质体积更大有关,可能会以新的空间记忆和海马前部灰质体积为代价(Maguire et al.,2010)。其他与记忆有关的脑结构还包括:颞叶,主要是颞下回,在视觉辨别学习记忆中具有重要作用;杏仁核(由几个神经核组成的复合体)在恐惧记忆中起着非常重要的作用。

在神经元层面,学习和记忆过程中的变化主要表现为神经元突触结构的改变,这一改变为其功能的可塑性提供了物质基础。早在 20 世纪 60 年代中期,罗兹维格等人(Rosenzweig et al.,1972)对大鼠进行了"丰富化环境"和"贫乏化环境"的经典实验,解剖结果发现,在丰富化环境中生活的大鼠不仅在乙酰胆碱酯酶方面含量高,而且大脑皮质的重量也大。这表明学习经验或许能改变脑的解剖结构。

在分子层面,学习和记忆与神经递质、核酸和蛋白质密切相关。对训练后的小鼠进行测定,发现其脑内核酸含量、前庭核蛋白合成量、海马和视皮质合成蛋白量均显著增加(龚云,2000)。这说明,核酸和蛋白质是学习和记忆的必要物质基础。有对小鼠的研究发现,其大脑突触中 164 个蛋白质能够在突触中稳定存在数周到数个月的时间,这为长期记忆以及学习能力提供了前提(Heo et al.,2018)。

(四) 思维

思维的神经学基础非常复杂。即便是一个极其简单的前角运动细胞也约有 10 000 多个突触,一个大脑皮层神经细胞的突触可以多达 300 000 个。所以即使是很大范围的脑的切除或脑皮层的破坏也不会使思维活动完全丧失,但大脑某一局部的病变可影响思维的某一方面。思维活动在大脑皮层上占有广泛的区域,包括颞叶的绝大部分和除了负责运动和感觉以外的所有大脑皮质。如左侧半球颞上回后部是司管词句记忆的,这一部分的损伤会导致言语听觉记忆障碍。这种病人记不住用口语表达的问题,因而连很简单的口算题都很难解决。如果算题以书面方式呈现,情况会稍微好些;但是由于在解决问题时仍然需要中间的言语环节,所以,病人要完成解题的整个推理过程非常困难。又如,左侧顶—枕区系统的损伤会引起同时性综合能力的严重破坏。病人虽能记住算题,并主动尝试解题的方法,但由于不能理解逻辑—语法结构(如不能理解"甲的苹果是乙的两倍"或"甲的苹果比乙多两个"等基本的逻辑条件),因而仍不能解答算题。在思维活动中,额叶的活动尤为重要,特别是前额叶部,被认为是人类的高级智能活动部位,也是人脑和猴脑的主要区别所在。当额叶损伤,个体将丧失解决复杂问题的思维能力,比如制定计划、综合信息进行判断推理,等等。

要完成复杂的思维活动,离不开多个脑区的协同作用。对创造性的研究显示,假设检验主要激活了左侧前额叶、前扣带回、小脑和丘脑等区域;顿悟思维激活了双侧额叶、前扣带回、颞叶、顶下小叶和小脑等脑区;创新设计多与颞叶、前扣带回、前额叶和丘脑有关;定势和批判思维则主要与右侧前额叶、前扣带回和丘脑有关(沈汪兵等,2015)。

言语思维活动是人与动物的主要差异,所以对思维的脑机制问题,难以利用动物模型进行实验研究。思维的脑机制的研究在过去进展得非常缓慢,它与其他研究领域如学习、记忆相比还显得十分幼稚,有待进一步发展。

二、情绪活动的生理基础

(一) 情绪的脑结构基础

麦克莱恩(Maclean,1952)提出了情绪脑的概念。情绪脑即边缘系统,众多研究表明,边缘系统在情绪的发生中起重要作用。如刺激杏仁核可产生恐惧感觉,杏仁核受损伤后的病人对恐惧、愤怒等情绪识别有困难,这些表明杏仁核参与了负性情绪的加工。近来有研究认为海马在情绪行为的背景调节中起关键作用,海马损伤的个体会在不适当的背景中表现出情绪行为,且海马损伤的体积与特质焦虑等负性情绪呈正相关(Davidson et al.,2000)。临床发现,切除扣带前回的病人失去了恐惧情绪,在社会活动中变得冷漠无情。说明扣带前回可能对负性情绪的评价起主要作用(Eisenberger et al.,2003)。还有人用尖端埋藏在下丘脑的电极对未麻醉的动物进行逐点刺激,发现动物有两类行为反应:一是斗争,如发怒的模式(怒吼、发"咝咝"声、耳朵后倒、竖毛等);二是逃避,如恐惧的模式(扩瞳、头左右转动,最后逃走)。刺激动物的下丘脑时,动物也出现愤怒和恐惧行为。因此,下丘脑被认为是支配愤怒和恐惧的中枢。

(二) 中枢神经递质与情绪的关系

有人把中枢神经递质称作大脑的基本"调料",大脑内分泌的神经递质不同,人的心情"味道"会发生改变。如人体内5-羟色胺水平越低,自我情绪控制差,且会更加愿意去表达自己的情绪感受,女性大脑分泌的5-羟色胺比男性的少,所以女人更情绪化(曾立华等,2018)。愉快时肾上腺素排出量最高,不愉快时稍低,安静时最低。看风景片时,尿中肾上腺素(epinephrine,简称EP)和去甲肾上腺素(Norepinephrine,简称NE)的排出量均降低;看攻击性影片和戏剧片时,肾上腺素排出量增加,去甲肾上腺素无变化,而看恐怖片时肾上腺素和去甲肾上腺素排出量均增加。在适当的情绪压抑条件下,个体血液和尿中的肾上腺素都比无威胁条件下明显提高,并且可以稳定在相当高的水平。看来人的情绪压抑与血液和尿中肾上腺素水平增高有关。

三、人格特征的生理基础

人格特征包含了个人所特有的思维、情感和行为模式，它表征着一个人独立于他人、区别于他人的特性总和。人格特征的发展不仅受到环境的影响，也受到遗传因素的重要影响，阐明人格遗传的生物学基础对于认识人格的形成和发展、正常人格的培养和异常人格的干预非常重要。有关人格的生理基础的证据主要表现在三个方面。

（一）人格特征的行为遗传学基础

双生子研究表明，在许多人格特征上同卵双生子的一致性相关比异卵双生子更高（平均相关系数分别为 0.50 和 0.30），而且即便是分开抚养的双胞胎也具有相当相似的行为模式（Bouchard et al.，1990）。而有关收养的研究表明，虽然收养子出生后不久就和他们的养父母生活在一起，但他们之间的相似性却极低。另一方面，尽管他们和他们的生父母分开了，在他们之间仍有中等程度的相关。同时，收养子与其亲生兄弟姐妹之间也比跟他们有收养关系的兄弟姐妹之间有更多的相似（Loehlin et al.，1985）。这些情况说明了遗传在人格特质中扮演着重要的角色。

（二）人格特征的脑结构基础

临床证据表明，脑的局部损伤会导致人格和行为的改变（陈敏等，2003；马光瑜等，1999）。如扣带前回损伤的病人表现出维持社会关系的能力和在社会背景中做出有用的决定的能力的损害（Damasio，1994）。而且，在这个区域有早期损害的病人表现出毕生社会习俗适应能力低下（Anderson et al.，2000）。近年来，研究者采取多种研究方法来考察人格的大脑差异，进一步发现，大五人格中的宜人性与颞上回面积存在显著正相关、与左顶上小叶的沟深存在显著负相关；外倾性与左枕颞外侧回的体积存在显著负相关；16PF 中的有恒性与后扣带回体积存在显著负相关、与右侧额下回眶部皮层表面积呈显著负相关，紧张性与右侧颞横回的平均曲率呈显著负相关，自律性与左侧额上回体积、面积以及中央前回的面积呈显著正相关（李宏，2017）。

（三）人格特征的神经化学基础

一项研究考察了内、外倾正常个体脑内四种神经化学物质（乙酰胆碱复合物，肌醇，α-氨基酸，氨-乙酰天门冬氨酸）的浓度在扣带前回的差异。结果发现，内倾者在扣带前回的三种神经化学物质的水平（乙酰胆碱复合物，肌醇，α-氨基酸）显著高于外倾者（徐世勇等，2005）。这一结果在一定程度上说明内倾者的唤醒水平高于外倾者，为人格的心理生物理论提供了神经化学方面的依据。神经心理学家克洛宁格（R. Cloninger）强调神经递质在人格特征中的作用,认为一元胺神经递质是人格特征的基础。三种重要的神经递质分别对应三种人格特质:多巴胺——新奇寻求,血清素——伤害避免,去甲肾上腺素——奖赏依赖。低水平的多巴胺、血清素、去甲肾上腺素分别导致了新奇寻求、伤害避免、奖赏依赖。根据克洛宁格的解释,人们追求新奇、激动和刺激是对低水平多巴胺的一种补偿行为。血清素与伤害避免、去甲肾上腺素与奖赏依赖的关系也是这样。克洛宁格的理论也有助于解释酒精依赖症等精神病性行为,认为造成酒精依赖的原因是多方面的,有的是通过饮酒产生新奇寻求的快感来补偿低水平的多巴胺,有的则是为了缓解伤害带来的持续压力和焦虑。

总体来说,人格的生理机制非常复杂,基因、大脑结构、激素以及脑内神经化学物质都可能与人格有关。同时,遗传和环境在人格形成中的交互作用也异常复杂:是生物基础决定了人格的形成与发展,还是人类行为的改变也会引起生理基础的改变?目前还没有定论。

四、社会行为的生物基础

(一) 性取向

有关性取向基因影响的研究可追溯到艾森克(Eysenk,1964)的报告,该报告发现同卵双生子成年后同性恋行为发生的一致率显著大于异卵双生子。另一些关于男同性恋者(Bailey & Pillard,1991)和女同性恋者(Bailey & Bell,1993)的双生子研究也发现,在每一个个案中,同卵双生子是同性恋者的可能性是异卵双生子的两倍以上。对男同性恋者家族史的考察发现,在家族中母方的同性恋亲戚比父方更多(Hamer et al.,1993)。这表明同性恋基因也许在X染色体上(儿子经常从母亲那里获得)。再研究被试从母亲那里继承来的基因,结果发现大多数男同性恋者的X染色体上都有一块相似的区域,这在一定程度上表明了同性恋的基因基础。一直以来,人们都非常不解:虽然同性恋者不能生养后代,但他们却没有一代代地逐渐消失,其原因何在?而如果同性恋基因是在X染色体上,就能解释这一点。也就是说,男人和女人一样都携带X染色体,因此这种基因能一代代传递而不在行为中反映出来。但是性取向的发展是一个复杂的课题,可能与性别决定基因、性激素和脑的性别分化等有关。但较近的分析表明,内源性发育障碍(包含始自受精卵的个体发育过程中的基因、激素、脑的性分化和母体免疫机制之间,多环节作用的协调一致性机制)和性翻转(性器官表型与基因型相反的现象)的发生概率远不足以解释当代社会性少数群体的发生率。当代社会性少数群体的主要成因是外源的环境和社会因素通过表观遗传机制、脑内奖励/强化系统、人格特质或素质以及神经信号和遗传信号间交流的分子生物学基础而发生作用,构成其间接的生物学根源(沈政,2016)。

(二) 人际吸引

基因相似性会影响人际吸引。拉什顿(Rushton,1988)对一些夫妇进行血检验,发现具有性卷入的夫妇的基因标记有50%是一样的,而若把这些人随机配对(而不是让他们自己选择伴侣),则他们只共有 43% 的基因标记,差异非常显著。进一步的研究还发现,那些有孩子的夫妇共有 52% 的基因标记,没有孩子的夫妇仅共有 44%。这说明人们也许更容易被那些与自己有相似基因的人吸引,并发生性卷入。当然,这种吸引影响也并不只限于两性之间。在日常生活中,人们往往倾向于同那些与自己相似的人建立友谊。拉什顿(Rushton,1989)对彼此是亲密朋友的配对男性进行重复研究(所有这些人都是异性恋者,所以这些友谊没有性的成分),发现配对朋友的基因标记有 54% 的共同之处,而随机配对的人仅有 48% 的共同之处。这再次表明了基因相似性在一定程度上导致了人际吸引。显然,人类的伴侣选择不是随机的,人们往往根据各种特征来选择伴侣。在通常情况下,与自我的相似性是影响择偶的重要特征(Buss,1985)。

(三) 攻击行为

攻击是一种常见的社会行为。尽管攻击行为和多种因素有关(如家庭熏陶、社会环境以及自然气候等),但不少研究表明,攻击行为也受到生物神经基础的影响。这方面的证据表现在:首先,遗传学的研究表明,异卵双生子在攻击分数上未达到显著相关,而同卵双生子在攻击分数上有相当显著的相关(Rushton et al.,1986)。其次,在神经结构上,通过动物、患者和正常人的研究发现,与攻击行为相关的脑区主要是颞叶、前额叶皮质和下丘脑等。颞叶功能障碍可能是人的暴力攻击行为产生的基础。脑磁共振成像(magnetic resonance imaging,简称 MRI)显示,暴力行为个体(已被诊断为反社会人格障碍者)的前额叶灰质体积较正常人小(Raine et al.,2000)。在脑外伤病人中,前额叶损伤者有攻击行为,表现为易激惹、易怒、冲动攻击;刺激人类和猴子的眶额和前额叶皮质腹外侧能抑制愤怒和攻击行为。再次,攻击行为也与激素有关。对男性罪犯的研究表明,睾丸激素高的犯人比睾丸激素低的犯人更多地违反监狱的规定,并在监狱里更具有控制性(Dabbs et al.,1987);且高浓度的血浆睾酮与攻击行为的增加密切相关(Dolan et al.,2001)。最后,多种神经递质如 5-羟色胺、去甲肾上腺素、多巴胺等对攻击行为也有调节作用。可见,不同的神经解剖结构和脑区、神经递质系统、激素以及遗传因素与攻击行为之间都存在相关。但攻击行为是生理—心理—社会—物理因素相互作用的结果(李宏利、宋耀武,2004)。

总之,任何的心理与行为表现都有其神经生理基础和生物遗传性表现。专栏 2-1 是一个有趣的例子,可以很好地说明这一点。

专栏 2-1

笔迹形成的生理基础

笔迹是人类书写活动的结果,书写是大脑的反射活动,大脑是笔迹形成的物质基础。从书写的生理机制来看,它是大脑对外界刺激作出的应答性反应。即:书写的产生是客观世界的各种刺激作用于视觉、听觉和其他感受器,并由相应的传入神经传到中枢——大脑,经大脑一系列的心理、生理综合分析过程,才得以发出指令,然后再由相应的传出神经将指令传至效应器——手,最终使书写动作得以进行。书写的顺利进行有赖于大脑的极其复杂的各个机能系统间的协调活动,其中任一环节的功能障碍,都会使书写的进行受到影响。

① 书写对运动中枢的依赖性。运动中枢位于中央前回一带和大脑内侧的旁中央小叶前部,这一区域不仅是躯体骨骼肌运动的最高中枢,也是人体感觉的最高中枢。运动区对骨骼肌的支配是左右交叉的,即大脑左半球运动中枢支配躯体右侧肌肉的随意运动。在运动区皮质中,手指所占的区域几乎比整个下肢区域都大,手的运动依赖于运动中枢发出的指令和电化学传导。书写的进行,牵动了手指、手掌、手腕、小臂、肩胛和后背等30多个大小关节和50多块肌肉的运动。当皮质运动中枢受损时,对侧躯体就会发生运动障碍。即假如左脑运动中枢受伤,右侧肢体就会丧失运动能力,右手就不能进行书写了。

② 书写对语言中枢的依赖性。书写活动的进行和个体的语言活动是密切相关的。作为书写材料的文字,是在语言的基础上产生的,并只有依附于语言才能存在,因而是语言的重要辅助材料。人的言语活动包括了说、听、看、写几方面,其中书写活动有听写、抄写、自发写字等类型,无不依赖于语言中枢。言语皮质区各个部位不同程度的损伤,必然对言语活动和书写活动造成影响。例如:视运动性语言中枢受损后,病人出现书写困难,如"失写症";感觉性言语中枢损伤后,患者能听到别人讲话的声音,但听不懂别人说话的含义,即言语理解障碍,听写能力同时受损;言语视觉中枢受损后,患者没有视觉障碍,其他语言功能也正常,但看不懂书面语,即以往习得的辨别文字符号的能力丧失,患者的抄写、听写及自发写字的能力也随之丧失。除了上述区域外,大脑联络皮层、皮下结构,特别是基底神经节和丘脑底部等,都与言语、书写功能有关。如果许多次级感觉皮层受损,病人会出现"皮层失语症"。这时病人可以复述别人的话,却不能理解其含义,也不能自发地用正确语言表述自己的意思,即病人丧失了自发写字的能力。

③ 神经系统的结构和机能对笔迹的影响。个体从上一代那里获得包含在脱氧核糖核酸(DNA)中的遗传信息,并根据遗传信息形成肉体,遗传信息决定了大脑皮层细胞配置和细胞层结构的个体差异。苏联心理学家通过研究发现,人的大脑皮层细胞配置特点及细胞层结构特点影响着人的高级神经活动的特点。书写活动与整个神经中枢有关,尤其与大脑的关系最为密切,它是脑神经、肌肉等器官协同操作的结果。高级神经活动类型的特点影响着书写活动的特点,并通过这一结果——笔迹形成的特征反映出来。

④ 内分泌腺机能对笔迹的影响。内分泌腺包括许多腺体,如脑下垂体、甲状腺、副甲状腺、胸腺、副肾上腺、性腺等,腺体分泌的激素过多或不足都会影响神经信息传递的电生化机制,从而对书写的进行也有一定程度的影响。如甲亢病人由于甲状腺激素分泌过

多,引起基础代谢率增高、血量增加、血流加快,产生暴躁易怒、情绪反应强烈等一系列生理、心理变化。这时,病人书写的字迹字体明显增大,棱角增多,落力加重,锋利的笔画也相对增多。可见,内分泌腺的机能对笔迹的形成有着不同程度的影响。

⑤ 身体外表对笔迹的影响。个人往往把自己的体格、容貌、身体的姿态特征与其他人相比,总希望自己比别人更好。对自己体态的评价,或者来自周围的各种评价,对个性的形成和发展均具有重要影响,这些影响也会从笔迹特征里反映出来。积极的补偿的结果是:字体秀丽,错落有致;而消极感受的结果是:字体复杂,笔画曲折、纷繁。可见,身体外表对个性形成有影响,并间接地对笔迹特征的形成产生作用。(郑晓星,1995)

第二节　心理异常的生物基础

所谓异常就是指与正常不同的情形,在心理健康领域,异常心理主要包括心理障碍和心理疾病。心理障碍主要是指神经症、人格障碍等中度心理问题;心理疾病主要指精神分裂症等重度心理问题。

一、关于神经症

(一) 行为遗传学研究

大量的双生子研究和家系研究都表明,遗传与焦虑(马震祥、刘玉局,2006)、抑郁(刘耀中等,2015)、强迫(王振等,2003)等神经症的发病有一定的联系。以焦虑症为例,对人类家谱的调查发现,广泛性焦虑患者的一级亲属发病危险性显著高于对照组(马震祥、刘玉局,2006)。根据双生子调查,同卵双生子的同病率为50%,焦虑素质为65%;而在异卵双生子中,同病率仅为4%,焦虑素质仅为13%,两者有明显差异。动物研究也发现,新生的小狗有的胆大,有的胆小,也说明焦虑、恐惧情绪可能与遗传因素有关。但也有人观察到同卵双生子中具有焦虑素质的人,由于不同的生活条件和精神因素,发病的多少和程度也不一样。因此,可以将焦虑症理解为环境和遗传因素共同作用的产物。具有焦虑症遗传或体质因素的人,具有更大的易损伤性,在较小的精神紧张刺激下也易发病。

(二) 神经生理学研究

来自神经解剖、神经生理以及近期神经心理和功能成像等的相关研究证据揭示了脑功能障碍和神经症的关系。如强迫症病人眶额皮层、扣带前回皮层的过度激活可能会导致错误识别功能和对行为结果预期的情绪与动机评价的增高;背外侧前额皮层的活动减弱损害了对信息加工的认知整合能力。以上这些皮层信号在控制行为活动程序的尾状核进行整合。而强迫症病人的强迫性观念和行为很可能由与这些结构相关的神经网络中的一个或多个环节的功能障碍所致（蔡厚德，2006）。

巴甫洛夫学派则根据高级神经活动类型特点和实验性神经症的研究资料，提出基本神经过程、兴奋和抑制过程的过度紧张导致高级神经活动的功能紊乱而产生神经症。如神经类型属于弱型或强而不均衡型的人，较容易产生神经症。以癔症病人为例：癔症病人的神经活动，尤其第二信号系统的活动是弱的，所以它调节控制的第一信号系统和皮质下系统的活动就相对地增强。由于第一信号系统的机能与具体形象的感知有关，皮质下部位与情绪活动有关。所以癔症病人往往表现为情感强烈鲜明，形象性思维突出，且具有生动、丰富的幻想。在强烈的精神因素影响下，癔症病人的大脑皮质进入抑制状态，而皮质下出现脱抑制，所以在临床上可见情感暴发及痉挛发作现象。如果大脑皮质的抑制过程向皮质以下部位扩散，可产生深度抑制状态，以至"不动"，形成癔症性木僵。而由于大脑皮质容易产生诱导抑制，所以那些与病人意识中占主要地位的概念相矛盾的外界刺激就被抑制，而在意识中占主要地位的那些概念，因受到情感的强化而特别强烈，这样就出现意识范围缩小的癔症性病理表现。同时，癔症病人的皮质机能较弱，原来的兴奋灶也较弱，因此旧的兴奋灶容易被新的当前的刺激所抑制，故当前只有新的刺激所产生的兴奋灶在活动。由此也可解释癔症病人的易受暗示性。

（三）生物化学研究

某些内分泌或代谢方面的异常可能也与神经症的发病有联系。如下丘脑—垂体—肾上腺皮质轴功能亢进和脑内单胺能神经递质系统功能异常可能与抑郁的发生有关（Nestler et al.，2002）；强迫症患者脑内乙酰胆碱、去甲肾上腺素的活动显著降低，5-羟色胺活动显著升高，说明脑内神经递质乙酰胆碱、去甲肾上腺素、5-羟色胺可能参与了强迫症的发病（韩国玲等，2007）。焦虑症病人往往存在血内皮质醇含量的升高：有焦虑症状的病人，皮质醇含量较恢复期高25%；精神病患者处于焦虑和抑郁状态时，皮质醇含量增高50%。如果静脉注射皮质醇，使血浆皮质醇含量很快上升，则发现受试者并不会很快出现焦虑，但对焦虑的倾向加强。这说明焦虑可能是由于皮质类固醇增多而引起神经化学变化所造成的。另一种焦虑症的生化解释认为，血浆皮质类固醇含量上升，可反馈性地使生物胺去甲肾上腺素和5-羟色胺更新加速，其中特别是5-羟色胺机能活动过盛，这可能与焦虑的发生有关。研究苯丙二氮杂䓬类药物抗焦虑作用的神经生化机理，也发现药物的抗焦虑作用与抑制脑内去甲肾上腺素、5-羟色胺的更新特别是5-羟色胺的更新率有关。

近年来，有关细胞因子与抑郁的关系也日益受到关注。细胞因子是免疫细胞分泌的生物活性蛋白，它们充当细胞之间的信息传递者，不仅协调免疫反应，而且参与神经化学和神经内分泌调节过程,已被看成神经调质。有研究发现抑郁症常有炎性分子的增高,说明抑郁症的发生可能与免疫激活导致细胞因子分泌增多有关。其机制被解释为细胞因子通过作用于大脑,造成单胺类神经递质、下丘脑—垂体—肾上腺皮质轴及神经可塑性改变,从而引起抑郁症的发生(林文娟等,2008;王东林、林文娟,2007)。

二、关于人格障碍

对人格障碍生理基础的研究表明,人格障碍受到遗传因素的影响。目前已经筛选出多巴胺受体基因、5-羟色胺基因及单胺氧化酶 A 基因等与人格障碍的发生有一定的关系。尽管所得的研究结果尚不完全一致,但为今后的研究指明了方向,为人格及人格障碍的基因定位研究打下了基础。

另外,人格发育不全,也制约于脑的唤醒水平低下、边缘脑功能低下和外周自主神经系统的机能不足。在注射肾上腺素后,人格障碍者血压的收缩压上升、心率增加更显著。同时,在安静状态下,人格障碍者的皮肤电低于对照组;而在进行某项操作活动时,人格障碍组的皮肤电活动增加得不明显;操作活动结束后,人格障碍组的皮肤电活动下降得比安静时的水平还低;重复刺激时,人格障碍组的皮肤电反应适应得较快。这说明人格障碍的自主神经系统功能低下。

但人格障碍的成因是很复杂的,包括生理、心理以及社会文化的因素。有人从发展病理心理学的角度提出"代际—脑—经验模型"来解释边缘性人格障碍的病理机制,认为人格障碍患者往往具有上代基因遗传所决定的易感素质(如情绪和冲动行为失调的神经生物易感性等);同时,儿童大脑发育过程的重要时期中出现的长期不良经验,如身体、性或心理的虐待,会给儿童带来脑神经生化系统和结构的不良改变,尤其是下丘脑—垂体—肾上腺皮质、自主神经系统和边缘系统的改变,从而增加了边缘性人格障碍及其众多共病的易患性;上述两方面的因素交互作用,逐渐形成人格障碍的脑神经生物学基础,在与特定不良刺激的交互作用下发展为特定人格障碍(梁耀坚等,2006)。该观点虽然是针对边缘性人格障碍的独特性提出的,但为我们理解其他人格障碍的病理机制提供了一个思路。

三、关于精神分裂症

(一) 遗传学研究

遗传在精神疾病的发生中占有重要位置。如家系研究发现,精神分裂症患者亲属中的患病率显著高于一般人群;并且血缘愈近,亲属患病愈多(郑世梅等,2000)。对双生子的研究也表明,精神分裂症同卵双生子的同病率比异卵双生子的同病率高出许多(Franzek & Beckmann,1998)。在寄养子研究中,将父母精神均健康的子女与精神分裂症父母寄养出去的子女在长大后进行对比,后者子女中精神分裂症的患病率明显升高。近年来,随着现代分子遗传学的发展,有关的研究已发现,至少有 17 个染色体区域上的遗传标记与分裂症有关(Riley & Mcguffin,2010)。但由于这些研究的重复性较差,至今尚未发现导致精神分裂症的主要的、特异性的易感基因,至于各基因的致病机制以及致病风险就更复杂了。

(二)脑形态学改变的观点

随着计算机断层扫描技术和功能核磁共振等技术的广泛应用,事实说明,精神分裂症患者的脑结构变化与其发病之间的确存在关联。首先是脑室大小的变化,这被公认为是精神分裂症患者中最肯定的结构异常。温伯格等(Weinberger et al.,1979)的研究发现,慢性精神分裂症病人的侧脑室比正常人大两倍之多,但这些病人的脑脊液压力正常,说明脑室扩大并不是由于脑压增高所致,而是由于脑萎缩所造成的。另外,由于前额叶异常会影响工作记忆,从而导致行为组织的混乱以及执行功能、概念思维和记忆形成的认知功能损害,因而额叶异常被认为是精神分裂症主要症状出现的根源。在临床中,的确观察到精神分裂症患者的整个额叶的灰质容量和白质容量更少,或者说额叶灰质密度下降(邹然,2007)。这一结果提示精神分裂症的大脑结构异常与患者早期神经发育异常有关,从而为早期发现精神分裂症提供了脑结构异常的证据。相关的研究也集中在颞叶上。颞叶的功能主要与记忆、情绪控制等有关。不少研究发现,精神分裂症患者往往存在颞叶体积缩小,灰质密度偏小以及形状上的异常(如海马头部的内凹畸)(易艳红、薛志敏,2006);进一步证实了精神分裂症存在神经病理性改变。而且颞叶的缩小甚至发生在儿童期发病的精神分裂症患者中,这也为神经发育的异常学说提供了佐证。需要指出的是,这些研究发现尚未被大量研究所重复。

(三)多巴胺假说

这种假设认为精神病(阳性)症状反映了体内过多的多巴胺(一种神经介质)。当多巴胺过多时,神经系统的某个特定部分的传导就会太快。随着传递的信息过多,相应的交流就会受到干扰。这个假设虽是推测出来的,但也被一些治疗精神分裂症的生物化学研究所支持。精神药理学研究发现,正常人服用一些药物,如苯丙酪氨酸、左旋多巴和利他灵等(动物实验证明,这些药物能引起脑内多巴胺类神经物质功能增强),如果药物剂量足够大或服用多次,可引起幻觉、妄想等类似精神分裂症的阳性症状。已经缓解的精神分裂症病人,服用这些药可导致疾病复发,症状不明显的精神分裂症病人服用这些药可使病情迅速恶化。一些使精神分裂症症状消除的药物也表现出降低了大脑中可使用的多巴胺水平的特性。很显然,这些药物消除精神分裂症的疗效和它们阻止大脑使用多巴胺的能力是相关的。这些发现再次表明精神疾病是生理性的。

总体来说,虽然生物因素影响精神分裂症的发病,但社会、心理及环境因素对精神分裂症的发生同样也有着不可忽视的作用。因此,对精神分裂症的病因及发病机制的阐明,需要总结多学科的研究成果,进行综合分析。

第三节 大学生的生理特点与心理健康教育

一、大学生的生理发展特点及其对心理的影响

大学生从入学到毕业约在 18—22 岁左右,处于青年中期,其生理特点也随年龄增长而发生很大的变化,处于从身体发展的第二次快速生长期进入稳定生长期的阶段。我国大学生生理发展的特点及其对心理的影响主要表现在四个方面。

(一) 身体发展方面

大学生体格迅速发育,突出表现为体重和身高的增加,骨化逐渐完成,肌纤维变粗,横向发展。肌肉中的水分逐渐减少,蛋白质、脂肪、糖和无机物的含量逐渐增多。肌肉的横断面、肌肉重量和肌肉力量都明显增加,接近成人水平。身体形态日趋稳定,男生变得喉结突出、声带加宽、发音低沉、肩部增宽,胸部前后扁平、须毛丛生、显得壮实。女生乳房突出、声带变长、嗓音尖细、臀部增大、肢体柔而丰满。大学生身体发育达到高峰后逐步定型,这对其心理产生了一些特殊影响。例如,由于遗传基因,有的男学生身体不高,经常焦虑,似乎身高与"男子汉"的称号相关。有的女学生常因体胖、脚大而忧虑,不愿意参加体育锻炼。由此产生自卑、忧虑、苦闷的心理,影响其自我概念以及人际交往和学习生活。又如,一些有身体机能发育缺陷和慢性疾病的大学生,依赖性强、自理能力差;而周围人际关系(包括家族成员、老师和同学)也倾向于对其产生过分照顾或嫌弃两种态度,结果往往使其形成病态人格。

(二) 生理机能方面

大学生内脏机能迅速增加,主要表现为:① 肺活量的增加。有资料表明,青年中期呼吸频率每分钟约为 16 次左右,男女大学生平均肺活量分别是 4 124±552 ml 和 2 871±390 ml;② 心脏容量和动脉血管口径的比例加大。大学生心脏重量约为 300—400 g,心脏容积达到 240—250 ml,心跳频率每分钟 65—75 次,血液量占体重的 7%—8%,每搏输出血液量约为 60 ml。对绝大多数男女生来说,心脏系统可以承受各项激烈的体育锻炼活动。处于青年期的大学生,其生理机能已达到健全程度,体力在迅速增加,精力十分旺盛,他们对于各种活动都会表现出强烈的好奇和兴趣,并跃跃欲试,以显示和释放自己的能量。但由于大学生的主要任务是学习,学习占用了大量的时间,因此大学生很难做到随心所欲;同时,大学生的成人

感促使其外在表现要矜持、稳重,这可能也会使他们处于压抑之中。

(三) 神经系统方面

大学生神经系统趋于健全,其主要表现为脑神经纤维的长度和厚度均在增加。据有关测验表明,女青年在 20 岁左右时、男青年在 20—24 岁时脑的重量达到最重。此时,脑神经活动兴奋和抑制趋向平衡,但兴奋性仍然很高。神经系统是人体发育最早、最快,成熟最早的系统。大学生正处在脑细胞建立联系的上升期,经过教学训练,特别是专业学习,皮层细胞活动量迅速增加,脑回深化,联络神经纤维开始充分发挥作用,使大脑接收信息、传递信息、综合信息的能力大大提高,并趋于成熟水平。这一切为大学生思维的高度发展奠定了物质基础。所以大学时期是大学生智力水平增高、记忆功能增强、抽象思维获得重大发展、分析综合能力明显提高的时期。

(四) 性生理方面

大学生体内各种激素的分泌开始进入活跃状态,生殖器官及性功能迅速成熟,性意识逐步增强,更加明确地意识到两性的差异,对异性产生关注、吸引和爱慕的情感。但是,由于性激素分泌旺盛,往往会通过反馈增强性的兴奋性,而此时大脑皮层的调节功能还不能完全与此相适应。这种不平衡状态往往会影响大学生的情绪,使大学生比较容易冲动,甚至出现不理智的行为。

二、大学生生理特点与心理健康维护

(一) 正确认识自己,了解并接受自己的生理特点

自我认识包括个体对自己的生理状况、心理特征以及自己与他人关系的认识。其中,对生理状况的认识包括自己的身高、体重、容貌、性别及体型特征和神经系统类型等方面。随着大学生在生理发展方面逐步定型,一些学生对自己的体型和仪表特征非常敏感,因不能正确看待自己的生理特点而出现了一些心理困扰。对这部分学生,要特别注意引导其学会认可、接受、悦纳现在的"我"。如因个子矮而感到自卑的同学要认识到个子的高矮是由种族、遗传、健康状况、营养条件、地理环境等决定的,纯属自然的差别,无可非议,在评价一个人的因素中,智能、情操、品格因素更重要,起主要作用。在生活中逐步学会综合个人的智能、情操和人格特点,进行自我评价。

(二) 了解心理的生理基础,采取合理方式提高学习效率

1. 根据神经活动类型制定学习策略

按照巴甫洛夫学派的观点,神经类型可划分为四种基本类型,即兴奋型、灵活型、安静型

与弱型。不同的类型分别在大脑神经细胞经受长时间强有力的兴奋或抑制的能力、兴奋过程或抑制过程强度上的平衡性，以及兴奋过程和抑制过程相互交替的容易程度或速度三个方面存在差异。具有兴奋型和灵活型特点的学生在学习时常常表现为精力充沛，在紧张的学习和工作之后只需要短时间的休息就能恢复精力；能够一下子关心很多事物；对新教材特别感兴趣并充满学习热情，但在复习旧教材时，明显地表现出缺乏兴趣。而弱型的学生在经过一段时间的学习后，很容易感到疲劳；对简单的作业都要沉思和准备；在学习新教材时常常感到困难和疲劳，但在复习旧教材时，思维具有惊人的准确性和明晰性。从记忆的效率来看，神经系统强型的人识记数量多且识记难度大的材料时效果较好；神经系统弱型的人对大量有意义的文章，记忆效果较好。在动觉记忆方面，对于不复杂的任务（如再现切线几何图形的长度），弱型的人比强型的人记忆要好；而在复杂情景（再认迷津结构）中，强型的人比弱型的人记忆要好。在一项模拟空中交通控制任务的技能学习实验中，研究者的确发现不同神经类型的个体表现出不同的学习特点；但该影响主要表现在任务学习训练的前期，当被试操作熟练后，神经类型的影响就不显著了（武慧新，2016）。大学生应根据自身神经类型的特点及由此决定的个性行为特点，扬长避短，探求适合自己的学习方法和策略，以最大限度地提高学习效率。

2. 合理饮食，提供必要的养分

为了保持较好的学习记忆状态，可以在日常饮食中多摄入富含胆碱的蛋、鱼、肉、大豆等食物，以提供必要的养分，应对繁重的学习任务，保持充沛的学习精力。但高脂高糖饮食则会导致学习记忆能力的减退，探究能力的下降（王奕智、刘利，2016；吴磊，2017；张煜等，2017）。对大学生的研究发现，以鱼贝类及蔬菜类为主食的学生要比以肉类为主食的学生记忆商数高（叶思娟、林思仁，2015）。另外，有对动物的研究发现，茶叶中最主要的活性物质茶多酚能够参与神经元保护，降低乙酰胆碱酯酶的活性，增加乙酰胆碱的含量，改善学习记忆功能（李宇鹏等，2018）；尽管该研究还没有在正常人类被试中获得验证，但至少提示我们也许经常饮茶也是增进记忆的一个不错的选择。

3. 适当运动，增强记忆能力

研究表明，运动可以提高学习记忆能力，通过运动增加大脑的容量（灰质和白质），可以活化血管，促进血液流动，促使机能平衡（Motl et al.，2011）。动物研究发现，运动诱发了海马体的变化，包括促进神经细胞的生长、突触发生、神经保护、神经之间的相互连接和脑源性神经滋养因子的变化。但如何锻炼，选择哪种强度的锻炼才能提高学习效率呢？在运动时间方面，有研究发现，每天学习后 4 小时再运动有益于大脑的健康，可提高机体的长期记忆（Van Dongen et al.，2016）。在运动的强度方面，较一致的研究结果表明，中等强度的运动训练能够提高学习记忆能力（刘利等，2019；罗炯、欧阳一毅，2018；王加鹏等，2018）。如何界定中等强度，通常以运动心率作为分级标准：小强度有氧运动负荷为个体的 50%—59%最大心率,中等强度有氧运动负荷为个体的 60%—69% 最大心率,大强度有氧运动负荷为 70%—79% 最大心率,其中最大心率等于 220 减去年龄(220－年龄)。

4. 选择安静的学习环境

噪音对学习的负面影响已得到不少研究的支持。如有研究发现,高噪音环境下,新生大鼠突触素的表达减少(郑妍妍,2012);海马区 γ-氨基丁酸合成减少(汤艳等,2008),使得神经元突触抑制效应减弱,长时程增强(LTP)诱导和维持受损,从而使其学习记忆能力下降。另有研究发现,低水平的潜伏抑制作用有利于创造性思维的产生。所以在实践中备受推崇的"头脑风暴"并非是创造性思维产生的有效方法,因为他人在场以及噪音和压力的存在导致大脑皮层激活水平的增加,从而抑制了创造性思维的产生(王颖、欧阳文珍,2007)。因此,在安排学习计划的时候,大学生应考虑到学习环境的因素。

(三) 多参加体育锻炼,保持积极情绪

情绪是客观刺激物影响大脑皮质活动的结果。在情绪活动中机体所发生的外在表现和内在变化是与神经系统多种水平的机能联系着的,是大脑皮层和皮层下中枢协同活动的结果。通过体育运动,如跑步,疾走,游泳,打羽毛球、排球、篮球,踢足球,骑脚踏车,登山等能加强心搏,促进血液循环及消化系统的新陈代谢,使大脑得到充分的氧气和营养物质,能使大脑皮层的兴奋和抑制恢复平静,从而达到改善不佳心情的目的;同时,运动锻炼还有利于预防和治疗各种心理障碍如抑郁症等(秦永亭等,2018;王飞英等,2018)。在治疗方面,运动锻炼比药物治疗和心理治疗更有优势。无论是有氧运动还是无氧负重运动训练,在短期治疗和长期保健中都比较有效,并且具有剂量效应,中高强度的训练对抑郁的治疗往往更加有效(Balchin et al.,2016)。而什么样的运动对情绪改善更有益,有研究称,对改善焦虑而言,相对于慢跑和正念训练,太极对改善状态焦虑有显著效果(毛雪晨,2018);而对调节抑郁状态而言,相对于太极拳,羽毛球和舞蹈两种运动对抑郁的干预效果更优(秦永亭等,2018)。所以,运动有助于情绪改善,促进心理健康,但我们也要根据自己的不同状态选择合适的运动类型。如前所述,个体在从事自己感兴趣的事情的时候,大脑变化会使情绪发生良性变化,因而在选择运动方式的时候,可以根据自己的身心状况以及个人兴趣来进行选择。总体来说,挥拍类(如羽毛球、网球等)运动、各种有氧运动对于保持良好的情绪状态都是非常有益的。

复习思考题

1. 解释:基因,遗传。

2. 如何看待人格特征的生理基础?

3. 如何看待社会行为的生物基础?

4. 结合个人实际,谈谈如何根据大学生的生理发展特点维护心理健康。

扩展阅读

1. 沈政,林庶芝.生理心理学[M].北京:北京大学出版社,2014.

2. 马毅等.大学生生理健康教育[M].北京:清华大学出版社,2018.

3. [美] 戴维·巴斯.进化心理学[M].熊哲宏,等,译.上海:华东师范大学出版社,2007.

第三章 大学生心理健康教育的人格基础

> 来访者是某高校大一学生,因经常要求调换宿舍而被辅导员介绍来咨询。该生来自农村,排行最小,上有三个哥哥,爸爸和三哥的脾气都很暴躁,从小经常打骂他。高考落榜后,该生到某地区一所学校复读,一位老师经常在课堂上对他冷嘲热讽,他认为老师经常借课堂的内容来影射他,而同学们也都跟着嘲笑他,使他心理受到创伤。上大学后,他刚好与来自该地区的同学分在同一宿舍,但他仍与同学相处不好,认为同学都排斥自己,因此常与舍友发生矛盾,晚上不回宿舍而选择睡到宿舍大门的电梯口。他很希望上大学后能学到真正的知识,但上课时却总认为老师所讲的内容是在讽刺他,和其他同学也相处不好,总觉得同学把他当成怪物,不喜欢自己。(黄婕,2010)

来访者在咨询过程中手指不停地动,似乎还有些紧张,而且所说的内容也有所保留,最后他更是一再要求咨询师对他所说的一切保密。来访者最突出的问题是敏感和猜疑,觉得别人无意中说的话就是在针对他,这是明显的人格缺陷。心理学中所谓的人格,大体相当于我们平常所说的性格。心理学对人格的研究颇为丰富,这是因为对于人格的研究能够增进人们对人性的理解;并且,人格与心理健康的关系密切。临床心理学的大量研究发现,同样的压力、打击等精神刺激发生在不同人格特征的人身上时,他们的表现、程度、结果却各不相同。也就是说,人格是通过影响一个人对压力事件的反应而对心理健康产生影响的。本章将专门讨论人格与大学生心理健康教育之间的一些问题。

第一节 人格与健全人格

一、人格及其特征

人格是从英文"personality"翻译过来的,该词源于拉丁文的"persona",原意是指希腊罗马时代戏剧演员在舞台上扮演角色时所戴的假面具,它用来表现剧中人物的身份和性格。

在我国京剧当中也有大花脸、小花脸等各种脸谱,表现各种性格和角色。例如:在京剧脸谱中,红脸代表忠义,白脸代表奸佞,黑脸代表刚强……心理学沿用其含义,把一个人在人生舞台上扮演角色时表现出来的种种行为和心理活动都看作是人格的表现。其含义是指一个人表现于外的、给人以印象性的特点和生活中所扮演的角色以及与此角色相应的个人品质、声誉和尊严等。人格是个体在行为上的内部倾向,它表现为个体适应环境时具有动力一致性和连续性的自我,是个体在社会化过程中形成的给人以特色的身心组织(黄希庭,2002)。

(一) 人格的整体性

人格的整体性是指人格虽然有多种成分和特质,如能力、气质、性格、需要、动机、态度、价值观,等等,但在一个现实的人身上,它们并不是孤立存在的,而是错综复杂的;它们相互联系、交互作用组成一个有机的整体。正常人的行动并不是某一特定成分(如性格或能力)运作的结果,而是各个成分密切联系、协调一致所进行的活动。人格的整体性表现在人格的内在统一性上,人格的统一性是人格健康的标志,一个失去了人格内在统一性的人,他的行为就会经常由几种相互抵触的动机支配,是一种人格分裂的现象,会形成"二重人格"或"多重人格"。

(二) 人格的稳定性

人格的稳定性是指个体的人格特征具有跨时间的持续性和跨情境的一致性。个人的行为中偶然表现出来的心理特征和心理倾向不能表征一个人的人格。如:一个内向寡言的大学生,平时严肃认真,不苟言笑,但经过精心准备和多次练习,他也可以在某次晚会的节目中表现得活泼开朗。在这里,他的人格特征是内向严肃,而活泼开朗则不是他的人格特征。人格的稳定性源于孕育期,经历出生、婴儿期、童年期、青少年期、成人以至老年。随着年龄的增长,儿童时代的人格特征往往变得日益巩固。由于人格的稳定性,我们可以通过人格特征的描述来推论一个人整个一生的人格状况。人格具有稳定性并不意味着人格是一成不变的,人格也具有可塑性。它随着现实环境的变化也会发生某些变化。正在形成中的儿童的人格还不稳定,容易受到环境影响而发生变化。成年人的人格比较稳定,但对个人具有决定性影响的环境因素和机体因素也有可能改变个人的人格,如移民异地、严重疾病、严重挫折等有可能影响某些人格特征的变化,如自我观念、价值观、信仰等。这在现实生活中是常常可以见到的。

(三) 人格的独特性

人格的独特性是指人与人之间的心理和行为是各不相同的。也就是说,人的人格是由某些与别人共同的或相似的特征,以及完全不同的特征错综复杂地交织在一起构成的,具有独特性。由于人格结构组成的多样性,使每个人的人格都有自己的特点,正所谓"人心不同,各如其面"。在日常生活中,我们随时随地都可以观察到各具个性的大学生个体,他们各自的能力、气质、性格、动机和价值观等都不尽相同。当然人与人之间在人格上也有共同性,人格是共同性和差异性的统一。当然,人格的独特性并不排除人们在心理和行为上的共同性。同一民族、同一阶级、同一群体的人们具有相似的人格特征。例如,许多研究表明,不论是中国的华人,还是新加坡、马来西亚等地的华人都有很多相同的人格特征。虽然人格心理学家也研究人的共同性,但他们更重视人的独特性。

(四) 人格的社会性

人格的社会性是指由于社会化把人这样的动物变成社会的成员,人格是社会的人所特有的。社会化是个人在与他人的交往中掌握社会经验和行为规范,获得自我的过程。通过社会化,个人获得了价值观、自我观念等人格特征。人格既是社会化的对象,也是社会化的结果。如果婴儿的社会接触被剥夺,就不可能成长为真正的人。例如,1920 年,印度一位牧师辛格在狼窝里发现了两个小女孩,她们从小被狼叼走,在狼群中长大,像狼一样生活。她们被救出来以后,小的约 2 岁,很快死去了。大的约 8 岁,经过悉心照料和教育,两年学会了站立,四年学会了 6 个单词,六年学会直立行走,并能讲出 40 个单词,到 17 岁临死时,她仅仅具有相当于正常儿童 4 岁时的心理发展水平。人格的社会性并不排除人格的生物性,人格也受个体的生物性的制约。人格是在个体的遗传和生物性的基础上形成的。人的自然的生物性不能预定人格的发展方向,然而它却构成人格形成的基础,影响着人格发展的方向和方式,影响着某些人格特征形成的难易。

二、健全人格的模式

健全人格,也称完美人格、理想人格,是生物进化所赋予人的本性在充分发挥时所能达到的境界,是个人最佳心理和行为的有机整合,也是人类应该追求的价值目标。自从 20 世纪 50 年代以来,西方很重视研究人的潜能,这给心理学领域带来又一次重大变革,并因此越来越重视对健全人格等方面的研究。很多心理学家根据他们的临床经验,运用心理测验等方法,对高健康水平的人进行了研究,提出了不少健全人格的模式。

(一) 马斯洛的"自我实现者"模型

美国人本主义心理学家马斯洛(A. H. Maslow)强调人的自我实现。他认为,自我实现是一种过程而非结果。马斯洛研究了那些能够充分发挥自己才能,全力以赴地工作,并把工作做得最出色的人。根据自己的长期观察,马斯洛概括出自我实现者具有以下特征:良好的现实知觉;对自己、他人和现实表现出高度的接纳;有自发性和率真;以问题为中心;有独处的需要;高度的自主性,不受环境和文化的支配;高品位的鉴赏力;对普通生活的新鲜感;常常有高峰体验;能与他人建立持久深厚的友谊;具有民主的性格结构;强烈的道德感和独立的善恶判断能力；善意的幽默感；富有创造性；不受现实文化规范的束缚。

（二）奥尔波特的"成熟者"模型

美国心理学家奥尔波特（G. W. Allport）认为，健康人是在理性和有意识的水平上活动的，对激励他们活动的力量完全是能够意识到的，是可以控制的。他认为健康人的视线应该指向当前和未来的事件，而不是指向童年的事件。他把心理健康水平高的人称为"成熟者"，根据多年在哈佛大学的研究，奥尔波特从"成熟者"身上归纳出七个特点：具有持续的自我扩展能力；人际关系融洽；情绪上有安全感并能自我接纳；具有客观感知现实的能力；具有客观认识自我的能力；以问题为中心并发展出问题解决技术；具备统一的人生哲学。

（三）罗杰斯的"功能充分发挥者"模型

美国人本主义心理学家罗杰斯（C. R. Rogers）认为，人类的基本动机是实现自我的成长与发展，人性是美好的并且具有无限发展的潜能。罗杰斯强调，健全人格不应理解为人的状态，而应理解为过程或趋势。罗杰斯把"功能充分发挥者"的优秀特征概括为五个方面：他们的社会经验都能进入意识领域，对一切经验持开放态度；协调的自我；以自己的内在评价机制来评价经验；自我关注；乐意给他人以无条件的关怀，能与其他人高度协调。

（四）弗洛姆的"创发者"模型

人本主义哲学家和精神分析心理学家弗洛姆（E. Fromm）认为，每个人都有充分利用自己潜能成长和发展的固有倾向，由于社会本身的压抑和不合理，很多人未能达到心理健康的状态，病态的社会产生了病态的人格。他强调社会变革在产生大量健康者或"创发者"方面的重要性。弗洛姆认为"创发者"有四个方面的特征：创发性爱情，这是一种自由、平等的关系，相爱的双方都可以保持他们的个性；创发性思维，创发性的爱会使人意识到与被爱者有密切关系，意识到关怀被爱者；有真正的幸福体验，即身心健康，个体各种潜能得到实现的状态；以良心为定向系统，"创发者"有一种特殊的良心，弗洛姆称其为"人本主义良心"，它引导人们实现个性的充分发展和表现，并使人获得幸福感。

（五）皮尔斯的"立足现实者"模型

德国心理学家皮尔斯（F. S. Perls）认为，健康的人生活在眼前、当下，即此时此地。也就是说，人格健全的人应该是充分地理解并坚定地立足于自己的现实情境。皮尔斯认为，立足于现实的人具有下列七项人格特征：生活在此时此地；了解并接纳自己的现状与特点；能够坦率地表达自己；不干预别人的生活；能够与自我和世界保持密切的联系；生活不受外在环境的影响；不以幸福为人生的目标。

专栏 3-1

我国传统文化中的理想人格思想

理想人格也叫人生境界,是指人们一生所追求的自我完善的目标。我国古代有很多关于理想人格的论述,特别是影响中国几千年的儒家文化。从《周易》开始,中国古代的一些思想家,如儒家的代表人物孔子和孟子以及道家的代表人物老子和庄子都设计出了自己的理想人格模式。

燕国材(1994)认为《周易》是中国古代心理学思想之源。他将《周易》中的理想人格思想概括为以下 18 项心理特征:天人合一的主客观念;奋发有为的积极态度;自强不息的进取精神;仁义礼智的完整道德;谦虚逊让的美好德行;诚信不欺的正直精神;不怕困难的坚强意志;自我节制的调控能力;持之以恒的坚持精神;与人和乐的积极情感;与人和同的待人态度;光明磊落的宽广胸怀;认真负责的工作态度;刚柔并济的处事方法;胜不骄、败不馁的正确态度;趋时守中的处世原则;革新创造的变革精神;特立独行的完善人格。

《周易》设计的儒家理想人格模式有两个层次,即低级层次的"君子"和高级层次的"圣人"。一般来说,君子必须具备仁、义、礼、智四德,圣人也一样,但在智的修养上,圣人要高过一般的君子。

孔子关于理想人格模式塑造的学说,主要表现在:发愤立志,笃行实践;仁智并进,全面发展;敢于负责,乐于奉献;拒绝平庸,追求不朽。从他的言论来看,教育的目的就是培养君子,即塑造出仁、义、礼、智相统一的理想人格。孟子提出"富贵不能淫,贫贱不能移,威武不能屈"和"穷则独善其身,达则兼济天下"的养浩然之气、做巍巍之人的理想人格思想。总之,仁、义、礼、智的统一是儒家崇尚的理想人格。

与儒家积极进取思想不同,道家主张清净无为。在先秦道家代表人物老子的理想人格思想中,无为是首要内容。无为是指一切顺其自然,遵循自然的规律,而不能强求。无为就不会有失败。无为则首先要守弱,因为坚强会带来害处,而柔弱则有益无害。而且要不积累,不争取。老子曰:"我有三宝,持而宝之。一曰慈,二曰俭,三曰不敢为天下先。慈故能勇;俭故能广;不敢为天下先,故能成器长。"

道家的另一位代表人物提出了理想人格的下列标准(郑雪,2001):① 无情,即不动感情,保持心境平和,不为喜怒哀乐等情绪困扰;② 无己,即不考虑自己,不追求功绩,不追求名誉;③ 无所持,即不求名利,也不追求德行与才智,完全从人世生活中解脱出来;④ 无用,就是要把自己当成一块废料,没有任何用处,才可以过自由自在的生活;⑤ 不以人助天,即不要从事人为的努力,不从事任何人为的变革。

儒家提倡积极有为,治国平天下的理想境界;道家则主张消极无为、出尘遁世。儒家和道家的理想人格一阳一阴,相反相成,构成了数千年来中国文人的人格内在的矛盾统一。

三、健全人格与心理健康

健全人格是心理健康的基础,也是心理健康的良好表现。人格特点会影响一个人对待事情、对待他人的观念和态度。我们在日常生活中常常会见到两类人。一类人面对困难和挫折总是试图逃避、畏缩不前,对批评非常敏感,很容易受到伤害;他们总是显得灰心丧气,觉得生活中只有痛苦和失败,对前途也是悲观失望。而另一类人则不同,他们在面对困难时总是勇敢地迎接挑战,把战胜困难当作提高自己的途径;即使结果很不理想,他们也坦然地面对现实,对前途充满信心,对生活充满希望。我们也可以看到,有些人对别人处处提防,敏感多疑,要么时时以自我为中心,要么对人尖酸刻薄;而另一些人对他人则热情大方,胸怀坦荡,与别人相处融洽。人格健全者能正确地待人处事,不仅使自己身心愉悦,很好地完成各项事务,而且能让别人生活得更愉快。但是一些人格不健全者就很容易导致心理健康方面的问题。

大量研究表明,各种精神疾病特别是神经官能症患者往往都有相应的特殊人格特征。例如,强迫性人格的特征为谨小慎微、求全求美、自我克制、优柔寡断、墨守成规、拘谨呆板、敏感多疑、心胸狭窄、事事容易后悔、责任心过重、过分苛求自己等,容易导致强迫性神经症。再如,与癔症相联系的人格特征则为易受暗示、情感多变、易激动、好幻想、自我中心、爱自我表现等。与精神分裂症相联系的人格特征是依赖性强、胆小、犹豫、孤僻、敏感、好幻想、内向等。

第二节　人格与健康的关系

人格与健康的关系已经成为当今时代的一个主要问题。据美国《科学》杂志报道,威胁现代人生命的重要疾病,多数是没有传染性的。目前死亡率最高的是心脏病、癌症、意外事故、脑动脉疾病和自杀等。可以说,人类死亡和疾病的危害主要来自个人自身的行为和生活方式。

一、人格—健康关系模型

很早就有临床医生发现,抑郁质妇女比多血质妇女更易于患癌症。20世纪40年代产生的心身医学,已将人格与心身疾病相联系进行研究。60年代,随着压力理论的发展壮大,人格—健康研究又出现了新的高潮。目前,该领域已形成了几种主要的人格—健康关系模型,即压力中介模型、健康行为模型、体质倾向模型与疾病行为模型(郭永玉,2005)。

(一) 压力中介模型

这种模型产生的基础是 20 世纪 60 年代的心理压力理论。该模型理论认为,客观事件虽然有引起压力的潜在可能,但它本身并不会给人带来压力。心理压力的产生与个体对客观事件的评价有关:当环境事件被评价为耗费或超出其个人资源、具有威胁性时,就会产生心理压力及与之伴随的生理唤醒。随后,个体会做出一些认知与行为反应来应对这些身心反应。个体的评价与应对都可能导致其生理机制发生变化,包括神经内分泌系统、肾上腺及免疫系统等,进而导致疾病的出现。而人格在此过程中则被假设对每一进程都有影响,进而影响人的健康。首先,人格的认知与动机方面可以影响个体对环境事件的评价;其次,评价之后应对行为的选择,也可能会因人格的不同而不同;最后,在由应对反应所引发的生理唤醒上,人格也可能产生影响。在这种模型中,人格因素只是作为一种单纯的中介变量而存在,并影响压力的产生,继而影响人的健康。

(二) 健康行为模型

压力中介模型强调以人格因素为中介的压力—疾病关系,并以此来说明人格对健康的影响。与此相对,健康行为模型则认为,这种影响并不是主要在压力过程中实现的,而应该与个体健康行为质量有关。不健康的行为,如抽烟、酗酒、暴饮暴食等都会增加各种疾病发生的可能性,这已是医学上的常识;而且,已有研究发现,坚强、神经质及敌意等人格变量也都与各种健康、不健康行为的发生有关(Wiebe & Smith,1997)。于是,健康行为模型便应运而生。这种模型的基本观点是,人格与健康之间的联系是通过人格影响人们对健康行为的选择而产生的。

(三) 体质倾向模型

针对前两种模型,该模型认为人格与健康之间并不存在直接的因果关系,它们更可能因为都受第三变量的影响而产生联系,这个第三变量就是遗传体质。个体由于受基因等遗传素质的影响,在体质上就会带有先天倾向性,如有的孩子似乎天生就对陌生情境有高度生理唤醒的反应倾向,而有的孩子则天生神经敏感性较低,显得比较迟钝。这些体质倾向会影响到很多病理生理过程,包括交感神经反应性加强的压力反应或副交感神经反应性抑制的压力反应,它们会进一步影响疾病的发展以及我们观测到的个体人格的行为、认知、情绪等方面。例如,如果一个人生来神经敏感性就很高,那么他患相应疾病的可能性也就很高;而且这种遗传素质还会影响甚至决定着他人格的形成与发展。所以,体质倾向模型可以说比健康行为模型更强调人格与健康之间没有直接的关系,它们之间联系的产生是由生理遗传素质导致的一种"附带现象"。

(四) 疾病行为模型

这里所谓的疾病行为与前面所述的健康行为并不是一对相反的概念,也就是说,它并不是引起疾病的行为。在疾病行为模型中,疾病行为指的是当人们察觉到自己患病时所采取的一系列行动,包括症状报告、请假、看病及自己服药等。这种模型认为,疾病是机体所呈现出来的、能客观测量的病理生理过程,如高血压、备案的器官疾病等。所以,人格被假设为影响的是疾病行为而不是疾病本身。

二、人格类型与心身健康

(一) A 型人格与冠心病

A 型人格,也叫 A 型行为模式,即易患冠心病的人格类型,是指个性急躁、求成心切、善进取、好争胜的一种性格。A 型人格的概念本来并不带有好或坏的判断,它之所以成为心理学研究的问题,主要是由于 A 型人格与易患心脏病的关系。A 型人格的人的心理与行为主要特征是:① 时间观念特别强,对时间有紧迫感,常常感到时间不够用并因此产生压力;② 长期的亢奋状态,常常同时思考或做两件事情,总是设法把工作日程安排得满满的,每天大部分时间都处于紧张状态;③ 雄心勃勃,竞争性强,追求成就,有较强的事业心,力求达到更高标准,勇于承担责任;④ 遇到挫折变得具有敌意和攻击性,对他人怀有戒心,缺乏耐心和容忍力。与之相对应的 B 型人格的主要特征是:悠闲自得,不易紧张,一般无时间紧迫感,不喜欢争强好胜,有耐心,能容忍等。研究认为,A 型人格不是一个整体,而是一个多维度的结构,其中的某些因素与冠心病有联系,被认为是导致冠心病的有毒元素,如"忙碌—投入因子"、"强烈追求因子"、"敌意"和"个人知觉到缺乏控制力"等。

(二) C 型人格与癌症

C 型人格,即癌症倾向性格。在日常生活中,我们常常会遇到一些不如意或者是不公正的事情,很多人会由此而抱怨、发泄等。但是,C 型人格的人的心理和行为的特征是:很难公开表达自己的情绪,谨言慎行,常常自责,极怕失败;患病不肯求医,对人有戒心,没有很密切的人际关系;认命,认为生活无意义、无价值、无乐趣;和家人有很深的隔膜,有心事不向人倾诉,情绪不安时找不到倾诉的对象。也可以这样说,要是对某些错误做出惩罚时,C 型人格的人往往是惩罚自己,而不是惩罚别人。许多研究都证实了 C 型人格是导致癌症倾向的性格因素,虽然一些结论尚有待于进一步研究,但对某些结论有比较一致的看法,例如,研究认为对愤怒的压抑、抑郁与癌症的发生和导致治疗失败有直接的联系等。对于 C 型人格导致癌症的原因,学术界的看法认为:C 型人格会严重妨碍体内的免疫功能,使这种功能不能充分发挥抗癌的作用。

（三）内控观与外控观

在日常生活中可以看到，有的人相信任何事情都由自己控制，将成功归因于自己的努力，把失败归因于自己的疏忽。这种个人命运由自己控制的信念，称为内控观。内控观者具有强烈的自觉控制感。有的人相信任何事情都由外界控制，将成功归因于幸运，把失败归因于外界影响。这种个人命运受外因控制的信念，称为外控观。外控观者缺乏自觉控制感。

（四）乐观主义与悲观主义

乐观主义被定义为一种认为生活中通常发生好的事情而不是坏的事情的信念。它是抵抗压力、维护健康的一个重要人格变量。乐观的人对生活有积极的期望，能使自己更好地应对压力，从而以更为健康的方式享受生活。虽然我们有时乐观有时悲观，但是一个人乐观或悲观的程度是比较稳定的，因此研究者将其看作是一种人格变量。乐观主义者比悲观主义者有一些明显的优势，乐观主义者往往给自己设置更高的目标，并相信自己能够达到那些目标。乐观主义者体验到更多的积极情感，报告较低的压力水平和较少的心身症状（Taylor et al.，2000）。乐观与心身健康的关系已经得到大量研究的证实（Carver & Scheier，1999）。

第三节 大学生的人格特点与心理健康教育

一、大学生常见的不良人格

大学生当中的一些常见不良人格品质包括自卑、孤僻、自我中心、嫉妒、依赖、偏激等，这些不良的人格品质会影响大学生的心理健康，严重的还会导致心身疾病，危害社会。

（一）自卑

大学生的身心发展处于一个敏感时期，他们会因为学习、生活、家庭、外貌、性格和人际关系等方面受到挫折而产生自卑心理。对大学生自卑心理的一项调查发现，从性别来看，女生的自卑程度高于男生；而从年级来看，大三学生的自卑感程度最强（黄倩等，2018）。自卑这种消极的自我评价或自我意识，对心理健康和个性发展危害很大。怀有自卑心的人，对自己的能力和品格评价过低，看不到自己的长处或优势，处处觉得低人一等。有较强自卑感的人，往往悲观失望，总觉得别人瞧不起自己，丧失信心，处世消极。

（二）孤僻

大学生群体中或多或少存在着一部分较为孤僻的大学生。孤僻多见于性格内向的大学生,其主要表现是不合群,不喜欢交往,对周围的人怀有戒备心理或厌烦情绪,平时喜欢独来独往,疑心较重,神经过敏。孤僻的大学生不喜欢向同学和朋友倾诉自己的一些不良情绪,当这些情绪不断积聚起来之后就容易引起严重的心身疾病。

(三) 自我中心

自我中心是指个体优先倾向于自己而非他人的人格特点。"以自我为中心"的大学生做事情完全从自己的角度和自身的需要出发,而不会去考虑他人的需要和感受,主要表现为自私和自负。自私的人在处理事情的时候往往首先考虑这件事对自己有没有利益,好处大不大,而对同学和朋友碰到的困难、烦扰,对集体的事情漠不关心。自负的大学生一般表现为自以为是,任性固执,听不进别人的意见,甚至蛮不讲理。他们总是认为自己是正确的,自己没有缺点,总觉得别人老是和自己过不去,和自己作对。

(四) 嫉妒

近年来,由于一些大学生无法正确处理嫉妒心理而引发的事故越来越多,使得学界对大学生嫉妒心理的研究越来越广泛(罗贤、蒋柯,2016)。嫉妒者总把他人在才能、地位、境遇或相貌等方面的优越视为对自己的威胁,因而感到忧虑、愤怒和怨恨,于是往往采用贬低甚至诽谤他人的手段来维护自己的自尊心和虚荣心,以求得心理上的平衡。嫉妒心有严重的危害性,嫉妒常潜藏在个体的内心,嫉妒者总是有意无意地掩盖它,结果使嫉妒者终日处在被揭露的焦灼不安、备受折磨的痛苦中。

(五) 依赖

大学生普遍存在身心发展不平衡,心理成熟落后于生理成熟。多数大学生在大学期间开始逐渐摆脱对成人的依赖,成长为独立的个体。但是,部分大学生依然存在着依赖心理,在生活上无法独立,在心智上还没有走向成熟,更不要说在经济上对父母的依赖了。

(六) 偏激

偏激在认识上的表现是看问题绝对化,片面性很大,要么就全好,要么一无是处;在情绪上的表现是根据个人的好恶和一时的心血来潮去论人论事,缺乏理性的态度和客观的标准;在行动上的表现则是莽撞行事,不顾后果。偏激在大学低年级学生中更为常见。

任何人都不是十全十美的,大学生作为正在趋于成熟的优秀群体,其人格特质的一些方面也或多或少地存在这样那样的一些问题。大学生只有充分地了解自己的人格特征,了解自己人格特性方面存在的问题,才能针对自己的不足和缺陷,在生活实践中不断加以改造和完善。

二、大学生健全人格的自我培养

(一) 自立意识的培养

高自立意识的大学生在行为上表现出较多的自主行为与自控行为,他们能较好地安排自己的生活计划,对挫折与困难能主动地进行自我调节与控制,他们能积极参加学校的各种社团活动和其他形式的集体活动。在遇到困难时,他们能采取更成熟的应对方式。已经形成的自我意识具有动力性,能够推动个体的行动。高自立意识的大学生对自己有着比较积极的认识,能更积极地投入生活和学习;人际关系也更为和谐。通过一定的训练活动,如团体辅导等,还可以提高大学生的自我概念,改善大学生的社会自立意识。

(二) 自信心的培养

坚定的自信心会带来顽强的毅力,可以使人们最大限度地发挥聪明才智,蔑视困难和失败。培养自信心的关键是要肯定自身存在的价值,学会客观地分析自己,既要看到自己的长处,也要了解自己的不足。具备了良好的自我信念才能充分发挥自己的潜能,迈向成功之路。

(三) 保持自尊

自尊的人渴望表现自己,进取心强,关心自我形象,对平等有强烈的要求;热爱真理,尊重客观现实;既不孤芳自赏,也不随波逐流,能接纳和信任他人。正因为如此,自尊心能使人采取积极的生活态度,成为推动人不断进取的巨大动力。

(四) 有自制力

在正确的学业动机和目的支配下的大学生,会激励自己勤奋学习,同时也会抑制和阻止无关活动或杂念的干扰。一个人在集中精力完成某项特殊任务时,在自制力的作用下,能排除干扰,抑制那些不必要的活动。自制力强的人,能够选择正确的活动动机,调整行动目标和行动计划;也能理智地控制自己的欲望,分别以轻重缓急去满足那些社会要求和个人身心发展所必需的欲望,对不正当的欲望坚决予以抛弃。

(五) 培养乐观向上的生活态度

人格健全的大学生一般积极追求上进,有自己的目标并努力去实现它,并在此过程中追求自我价值的实现。而且人格健全的大学生往往比较乐观,乐观是我们每一个人都应该具有的生活态度。乐观的人常常能看到生活中光明的一面,对前途充满希望和信心。因此,大学生应当积极进取,树立远大理想和志向,努力奋斗,乐观地看待未来。人格健全的人能够在积极进取中,通过自己的努力实现理想,从而体验到成功的快乐,享受到生活的快乐,成为一个幸福的人。

专栏 3-2

积极心理学的启示

20世纪以来,主流心理学的任务主要是治愈人的心理创伤和精神疾病,关注的焦点也总是和抑郁、焦虑、恐惧等负面特质联系在一起,而很少关注勇气、乐观和希望等积极特质。进入21世纪,美国心理学家塞里格曼(M. Seligman)发起的积极心理学运动打破了这种不平衡性。积极心理学呼吁人们应该像关注人类的缺点一样关注人类的优势和力量,像关注治疗心理疾病一样关注积极心理健康,以及像关注弥补缺陷一样关注建设美好生活。积极心理学主张心理学要以人实际的、潜在的、具有建设性的优势、美德和善端等为出发点,提倡用积极的心态来对人的心理现象(包括心理问题)作出新的解读,从而帮助所有人最大限度地挖掘自己的潜力并获得幸福的生活。积极心理学在其理念的指导下,主要致力于对积极人格特质、积极情绪、积极人际关系和积极组织的研究(孟晓梅、张海钟,2011)。

积极人格又称为性格优势,是积极心理学的核心研究领域之一,指的是反映在个体的认知、情绪以及行为等各个心理层面的积极特质。积极人格具有下列特点:积极人格有利于自我实现;积极人格由其道德价值所决定;一个人发挥出积极人格,并不影响周围人发挥同样的积极人格;对于积极人格的反义词,通常只能想到贬义词;积极人格是类特质的;每种积极人格各不相同,不可拆分组合;具有某些积极人格的典范能帮助我们更好地理解该积极人格;一些积极人格某种程度上是天生的;某些人可能完全缺少某种积极人格;积极人格是可以培养和发展的(刘翔平,2018)。

表 3-1 积极心理学的六大美德及 24 种积极人格

美德	积极人格	缺失该优势	该优势的反面	该优势过度
智慧	创造性	从众	平庸	怪癖
	好奇心	无兴趣	乏味	病态的好奇/好管闲事
	判断力	无反省力	轻信	愤世嫉俗
	好学	自满	保守(正统)	无所不知
	洞察力	目光狭窄	愚笨	洞察力过度
勇气	勇敢	惊恐/胆小	懦弱	愚勇
	毅力	懒惰	无助	强迫
	诚实	虚假	欺骗	正义/正直
	热情	克制(禁欲)	死板	多动、过度活跃
仁爱	爱	孤僻/自闭	孤独/回避	煽情
	善良	冷漠	残忍/均值公德心	爱心泛滥
	社交智慧	感觉迟钝	自欺	心理呓语

(续表)

美德	积极人格	缺失该优势	该优势的反面	该优势过度
公正	团队合作	自我中心	自恋	沙文主义
	公平	党派性/小团体偏见	偏见	超然
	领导力	屈从	分裂性/故意破坏	极权主义
节制	宽恕	残忍无情	报复	姑息放任
	谦虚	自尊不足	骄傲自大	自我贬损
	谨慎	刺激寻求	鲁莽冒失	过分拘谨
	自制	自我放纵	冲动	压抑
卓越	美感	漠视	幸灾乐祸	势利
	感恩	个人主义	既得权利	逢迎讨好
	幽默	无幽默感	严厉	滑稽
	乐观	现实导向	悲观	盲目乐观
	灵性	失范	异化	狡黠

(采自 http://www.360doc.com/content/18/0127/22/410279_725634980.shtml)

复习思考题

1. 解释：人格，健全人格。

2. A型人格和C型人格者各有哪些特征？

3. 联系实际谈谈大学生常见的不良人格品质有哪些？

4. 大学生健全人格的培养可以从哪些方面入手？

扩展阅读

1. 黄希庭.人格心理学[M].杭州：浙江教育出版社,2002.

2. 赵静波.人格与健康[M].北京：人民卫生出版社,2009.

3. 杨眉.健康人格心理学——有效促进心理健康的9种模式[M].北京：首都经济贸易大学
出版社,2016.

第四章　大学生心理健康教育的文化基础

案例导入

　　家境普通的小舒进入大学之后,觉得周围同学花钱都比自己多,他很羡慕别人想买什么就买什么。一次和同学去酒吧玩,小舒觉得那个"世界"很新鲜,人们在酒吧里都玩得很开心,于是和酒吧的老板商量留下做兼职,晚上兼职可以挣到比其他同学做兼职多两倍的工资,而且去酒吧消费的人大多出手阔绰,小舒希望自己也能像他们一样,多享受生活。一学期之后,看见周围的同学们都有笔记本电脑,只有自己没有,他也想要买个笔记本电脑,回家的时候就跟妈妈提起。妈妈觉得学习上用不到电脑,暂时不买,等到大二了再说。被妈妈拒绝后,小舒在使用手机浏览网页的时候,偶尔发现了校园贷的广告。广告宣传很诱人,小额贷款,小舒觉得自己完全能够负担,如果生活费不够还贷款的话,平时不上课还可以打工。就这样,小舒开始了借款和还款的艰辛历程。开始小舒还能勉强维持还款,但是后来发现还不上的时候,他就又找别的平台借钱,借款就像滚雪球一样,一下子从几千块滚到了十几万。小舒在咨询室回忆说,那段时间他每天晚上都不睡觉,去酒吧打工,就怕早晨九点,因为九点一到各种催款的信息就来了,他觉得自己都要崩溃了。也不敢跟家里人说,也怕被同学知道。即使白天,他也魂不守舍,每天觉得自己脑子里在想"怎么还钱"。半学期的时间,小舒一下子瘦了20多斤,吃不下饭,睡不着觉,看着其他同学无忧无虑地上课,去食堂吃饭,小舒觉得他们都生活在天堂,而自己生活在地狱。两个月时间,他头发几乎都白了,此时依然不敢求助,每天默默承受这巨大的压力。他说:"我看着阳台,就想跳下去结束算了。这日子不知道什么时候是头。有一次,我都拉开了窗户,我们宿舍一个哥们刚洗漱回来,看见我探身子,扔了脸盆,就拉住了我。他抱着我,大喊其他同学,他们几个把我拽了回来。"同学们告诉了班主任,然后学校联系了家长。小舒的妈妈开始帮他还款,亲戚朋友开始劝他不要再借钱。经济负担消失了,妈妈开始一天十几个电话联系他,在学校同学们始终陪着他,可是他开始逃课、厌学、回避他人,只想自己在宿舍躺着,时常跟妈妈发脾气,觉得什么都不想做。(李立等,2018)

　　大学生大众文化中的享乐主义、消费主义观念解构了传统文化中勤劳节俭的美德,大众文化传播中的消极影响给人们带来的是欲望陷阱,这对包括小舒在内的满眼充斥诱惑而又很难依靠自身收入来满足的一部分大学生群体的心理健康造成了负面影响。校园贷是最近几年才出现的面对大学生的网络借钱贷款平台,这种贷款平台对像小舒这样的大学生有很强的吸引力。人的心理与行为是遗传和环境交互作用的结果。环境因素中,最重要的是文化的影响。不同的生态环境塑造了不同的文化,而不同的文化又以其独特的社会化模式影响着个体的心理。因此,从某种角度说,文化由人创造,但又时刻作用于人的心理。本章首先探讨了文化的心理学意义,然后分析了文化对心理健康的影响,最后从大学生文化特点的角度探讨了大学生的心理健康教育问题。

第一节　文化的心理学意义

一、文化的内涵

文化作为社会学、人类学、民族学、历史学等许多学科研究的重要内容,有着非常丰富的内涵。古今中外的学者都对此做过多种解释。在中国,"文化"一词最早见于西汉刘向的《说苑》一书:"凡武之兴,为不服也,文化不改,然后加诛。"(王锳、王天海译注,1992)这里的"文化"有文治教化之意。在西方,首先对文化作出界定的是泰勒(泰勒(Tylor)著/连树声译,2005)。他在《原始文化》(1871)一书中认为,文化是"包括知识、信仰、民俗、道德、法律、习俗以及作为一个社会成员的人所习得的其他一切能力和习惯的复合体"。至今,这仍是一个经典的定义。克罗伯和克拉克洪(Kroeber & Kluckhohn,1963)曾提出另一种定义:文化包括各种通过符号来习得和传播的、外显或内隐的行为模式,它们构成了人类群体的独特成就,其中包括体现在人工制品方面的成就。我国社会心理学家沙莲香(1988)在考察了人类学和社会学的文化定义后,从文化的恒常性出发,提出"所谓文化是凝聚在有关民族的世世代代的人身上和全部财富中的生活方式之总体,因而是形成民族性格的东西"。可见,文化的概念可从不同的角度来进行理解。一般而言,我们把文化理解为人类在社会历史活动过程中所创造的物质财富和精神财富的总和,从广义来看,它指人类社会的全部遗产,囊括社会生活的全部领域;狭义的文化则指观念形态的文化,仅限于人类的精神创造及其成果。

二、文化对人的心理和行为的影响

文化对人心理的影响是全方位的,不仅人格、情感和社会心理深受文化的影响,而且文化也会对知觉、记忆、思维等认知过程产生作用(Pawlik & Rosenzweig 著/张厚粲主译,2002)。如在认知方面,许多研究表明,来自集体主义文化的人倾向于表现出一种整体的认知方式,这种认知方式反映在记忆、归因方式和分类模式等过程中。研究发现,与个体主义文化的北美学生相比,集体主义文化的日本学生对刺激物的背景表现出更大的关注,表现出更为整体的记忆(Masuda & Nisbett,2001)。认知归因也存在文化差异,个人主义文化中的个体对行为原因的解释更倾向于内在特质,而集体主义文化中的个体则表现出更强的情景归因(Li et al.,2015)。一项有趣的研究发现,对照片中游在最前面的那只鱼进行归因判断,美国人更多从内部力量进行归因,例如回答:"那条鱼是领袖。"中国参与者更倾向于外部力量的归因,例如回答:"那条鱼被其他鱼追逐。"(Morris & Peng,1994)

在社会心理方面,集体主义社会中的人比个体主义社会中的人具有更高的从众率,集体主义者不仅表现出更多的顺从和从众行为,且他们认为从众是很有价值的。在东亚集体主义文化背景中的被试较少出现社会惰化现象,而事实上他们在团体中表现得更加努力(Pawlik & Rosenzweig,2000/2002)。对群体规范的研究发现,强调个体主义的群体规范,往往使得个体之间的差异提高而群体之间的差异降低;而提倡集体主义的群体规范,则导致群体之间的差异提高,个体之间的差异降低(Jetten et al.,2006)。由于西方个体主义国家的个体强调自我和竞争,主张个人目标和利益高于集体目标和利益;而东方集体主义国家的个体关注自身的责任和群体内成员的需求,强调集体目标和利益大于个人目标和利益。因此,个人主义文化中会有更多的利益冲突和竞争,而集体主义文化则更强调合作和互利行为(宋有明等,2018)。

在情绪和情感心理方面,与个体主义文化相比,集体主义文化中的人的情感更多地基于对社会价值的评估,并随相应的社会价值的变化而变化;其情绪和情感表现更多地反映现实情况而非个体真正的内心世界(Mesquita,2001)。微笑作为一种可传递情感或情绪的非言语信号,往往蕴涵着许多文化的特定含义。东方文化圈的日本人的微笑甚至比美国人还要多,但其过多的微笑是为了掩饰生气、尴尬以及其他消极情感,在日本文化中这些情感的直接展露常常被认为是粗野和不妥当的(Tavris & Wade,1997)。

自我的文化差异多年来一直是心理学研究的热点。在个体主义的西方文化中,自我被看作是一种人格特质的集成,是个体内在固有的本质,这是一种独立的自我观;而在集体主义的东方文化里,自我和他人的边界具有渗透性和转换性,即自我被理解为与他人相互依赖且会随情境而改变,这是一种相互依赖的自我观。在一项对日本人和美国人的比较研究中,美国人报告说他们在不同的情境中自我的改变只有5%—10%,而日本人则报告说有90%—99%的改变(Tavris & Wade,1997)。研究发现,集体主义文化中的人比个体主义文化中的人对自己更为了解,特别是对道德和利他情景中自己的行为表现有着更为精确的自我预言(Balcetis et al.,2008)。甚至在自我表征方面,中国人对自我和母亲判断时,在内侧前额叶的激活上并无显著差异;而西方人有显著差异。这说明中国人在自我表征过程中将母亲也看作自我的一部分,西方人则是将两者分开看待。即使在神经水平上,母亲也是中国人集体主义自我的一个组成部分(Zhu et al.,2007)。

正因为个人的心理和行为在很大程度上被某一既定的文化所影响,不同文化中人们之间存在显著差异,所以我们在考虑人的心理的发生、发展和心理健康的问题的时候,也不能脱离对文化因素的考虑。

专栏 4-1　　　　　　　　　　　中西方自我的差异

汪凤炎和郑红(2015)提出了中国人的自我和西方人的自我存在五个方面的差异。

① 自我在大小上的差异。西式自我是纯粹的个我,西方人讲的自我只包括他自己,是真正意义上的个体自我、独立自我;而中国人的自我是小我或大我,不但包含个体我,还包含形形色色的社会我。西方人对自我的理解侧重于自己对自己的独立认识;中国人则强调在人与人之间的关系上来理解自我,在中国人心目中,没有与他人的交往也就没有了我。

② 自我结构上的差异。主要表现在三个方面:第一,中国人的自我除了包含我的名字、职业、性格等一般的自我内容外,更强调同他人的关系;而西方人讲的自我只包括他自己。第二,中国人深受孔孟思想的影响,在中国人“我”的观念里,“超我”的成分占有很大的比例,而“自我”的成分较少,基本上排除“本我”的地位;在西方社会,人们深受基督教原罪教义的影响,在西方人的“我”的观念里,本我、自我和超我三分天下,各有其一,在此基础上,主张一个正常人,其本我、自我和超我三者之间要协调发展。第三,中国人论自我,重在讲身体我和理想我,少讲心理我和现实我;西方人论自我,重在讲心理我和现实我,少讲身体我和理想我。

③ 研究自我角度的差异。西方文化一向推崇个人主义,喜欢分析思维和主客二分式思维,这样,西方人在研究自我时选取的是个体的角度,并喜欢将自我作二元的划分,如划分为身体自我和精神自我、主体我和客体我等。而中国文化没有明显的主客二分式思维和分析思维的传统,而擅长于整体思维和辩证思维。因此,中国人在认识自我时,是将“我”的身心视作一小宇宙,将“我”与周围环境视作一大宇宙,从整体上来剖析这两个宇宙及其相互关系。在中国人心中只有一个“关系中的自我”,并且其自我认识常常与自我心性修养联系起来。

④ 无我与重我的差异。由于儒家文化是一种社会本位文化,加上中国历经 2 000 余年的封建统治,以及在经济上的自给自足的小农经济特点,造成中国人多讲社会我或“无我”,表现出明显的压抑自我的色彩。西方在中世纪后,工商经济的兴起、资产阶级民主制度的建立以及宗教信仰的自由为西方人的发展创设了一个民主的文化环境,这种文化提供了个人自由发展的广阔天地,强调个人的价值。这样,近现代西方人多讲个体我,显示出重我的特色。

⑤ 对自我最高境界追求态度上的差异。在中国人心中,自我修养的最高境界是天人合一。从儒家的“天人合一”,到道家的“天地与我并生,万物与我齐一”,到佛家的“涅槃”,追求的都是这种最高的自我修养境界。 从一定意义上说,追求这种最高人生境

界是中国传统文化的一大特色。相比之下,西方只有某些学派(例如人本主义)对此做过探索,影响并不大。

第二节　文化差异与心理健康

一、文化差异与心理健康观念

自20世纪初心理卫生运动兴起以来,有关心理健康或心理卫生的定义,就是一个持续争论的问题。究其原因,除了不同学者所持的立场、学科训练背景和价值观不同之外,另一个重要的原因在于文化背景的差异。生活在不同文化中的人,由于特定的文化的影响,其看问题的角度、思维方法、情感体验、行为模式都浸润着所在文化的特点。人们总觉得本文化群体的生活方式是理所当然的,而对于别的文化可能不习惯、不适应、不理解,甚至觉得荒谬和野蛮。凡是符合所在文化的行为,通常被认为是正常行为,反之,则被认为是异常。譬如,在一种文化中被看作是过度依赖或过度自我中心主义的行为,在另一种文化中可能是良好行为;又如癔症性意识分离状态这一神经症的典型症状,在许多原始民族中就通常被认为是巫师、祭司所应该具备的正常行为。

从中世纪起,基督教教会就掌管了西方的精神和社会领域,医学则被贬黜到了只配考虑生理疾患的地步,这使得医学被迫只能专注于治疗个体的躯体疾病,而不能过问精神疾患。在工业革命时期,科学主义的影响使医学关心技术的进步胜于关心人和社会的和谐发展。长期以来西方医学以生物医学模式为基础,强调通过科学和实证的方法获取知识,以便具有客观性。因此,西方医学一直致力于揭示疾病的病因、诊断和治疗上的普遍真理。正是在这样的文化背景之下,西方的现代心理健康观念具有其自身的显著特点。例如,把肉体和心灵看作是彼此独立的部分,强调疾病中身体的首要性,心理健康长期不受重视;心理健康服务受生物医学模式的影响很大,重视治疗,轻视预防,重视疾病产生与治疗的生理因素,忽视心理社会因素;医学技术不断精湛和发达,且带有个人主义色彩,以至于现代西方心理健康的主要标准是个体情绪的快乐,而对心理健康的道德方面重视不够,忽视个体精神的需要,尤其是对人生意义的追求。

与西方文化相对的东方文化,尤其是以儒道互补为主体构架的中国传统文化,强调人与自然的和谐、人与社会的和谐、人与人之间的和谐以及人自身的身心和谐。儒家所强调的"和为贵"集中体现了这种和谐的思想。孟子所说的"天时不如地利,地利不如人和"则强调了和谐的人际关系在社会生活中的重要作用。可以认为,中国传统文化中体现的心理健康标准,可以用一个"和"字来概括。具体表现为四个方面。① 主张身心兼顾、养心为主的心理健康观,即认为人的生理与心理是相互依赖、相辅相成的,既要保养身体,又要保养精神,二者缺一不可,但在二者的关系中,突出养心的首要作用。② 主张动静结合、以静为主的心理健康观,即注重通过以静制躁、精神内守来保持人的心理的恬淡平和状态,同时也强调适当的运动对心理保健的重要性。③ 主张防治兼顾、以防为主的心理健康观,强调既要注意疾病的治疗,也要注意防患于未然,但更为强调未病先治,预防为主,以提高对心理疾病的免疫力。④ 主张心德合一、以德养心的心理健康观,即主张心理健康和道德修养有机地结合在一起,并强调通过道德修为来促进心理健康。我国传统的这种心理健康观具有辩证性、整体性、系统性的特点,有其合理性,但也忽视了对心理疾病产生的生理因素及科学机理的探讨,此外,因偏重道德境界的完善而忽视日常情绪的技术性调适,甚至把日常情绪冲突视为"小人"之举,日常心理卫生并没有受到足够的重视。

二、文化差异与心理异常

(一) 文化差异与心理异常的分布

许多研究表明,在精神疾病的总患病率方面,城市比乡村、发达国家比发展中国家、高文明程度的民族比原始民族要高,各社会内部患病率也随着时代的变迁有增高的趋势。的确,文明程度越高,生活节奏加快,紧张情绪增强,心理异常的比例也就会随之增加。无论是早期人类学家的研究,还是现代跨文化精神病学的研究都支持这一观点。有文献表明,从 1982 到 1993 年,我国心理疾病的总患病率从 12.69‰ 上升到 13.47‰,病人总数达到 1 600 万。其中,精神分裂症从 1982 年的 5.69‰ 上升到 1993 年的 6.55‰。我国国家卫生计生委 2017 年公布的数据显示,我国精神心理疾病患病率达 17.5％,其中抑郁障碍患病率 3.59％,焦虑障碍患病率是 4.98％。最近一项对辽宁省成人精神障碍流行病学的调查发现,辽宁省精神障碍的总现患率为 14.05％,其中,女性 12.93％,男性 15.47％;30—50 岁及 60 岁以上年龄段是多种精神障碍的高发年龄;酒精使用障碍(2.29％)和抑郁障碍(2.28％)是患病率最高的两种精神障碍(王哲等,2017)。改革开放 40 年,总体上我国的精神疾病发病率呈上升趋势。究其原因,可能是因为改革开放以来,我国社会发生了急剧的变化,从农业社会迅速进入到工业化社会,急速的工业化带来紧张状态,导致更多心理问题的产生。

文化环境不只是影响心理异常的总患病率,也影响心理异常各病种的分布。早在 20 世纪初,有人就发现在爪哇地区躁郁症少见,而急性精神状态却是新几内亚及马来人中最为多见的病种。就是在文明社会中,不同的民族、国家或地区,其心理异常的病种情况也不同。如居住在云南省山区的基诺族是我国人口较少的少数民族之一,该民族的饮酒情况及其相关精神卫生问题严重,酒精依赖综合征和使用酒精所致的精神病性障碍的患病率高,接近国内报道的最高水平;对其30年的精神病学追踪研究发现,基诺族精神疾病普遍增加,烟酒问题仍很突出(姚坚等,2015)。基诺族的饮酒行为及相应产生的精神问题显然与其文化传统有关,而近年饮酒情况及其相关精神卫生问题的恶化则与其经济发展而导致的社会压力增加有关。此外,心理健康问题的类型也和文化适应程度有关,西化程度低的人更多地表现出与文化有关的症状,而西化程度高的人表现出更多的西方心理问题类型(张劲梅、陈斌,2008)。上述研究进一步说明了各种心理异常及其病种的出现和各地区、各民族社会文化背景间的密切关系。

(二) 文化差异与心理异常的症状表现

精神病的临床研究表明,幻觉的内容无论怎样古怪离奇,都是病人曾经感知过、经历过的事物;同样,妄想作为一种歪曲的观念,不管怎样荒唐,也都是病人曾经体验过、思考过的,并且与特定的社会文化相关联。

文化不仅制约着心理异常的表现内容,而且还影响心理异常的表现方式。与西方人相比,中国人的心理疾病,特别是抑郁症,更多地以躯体症状的方式表现出来,如头疼、头晕、失眠、注意力不集中、全身乏力等,而这往往被诊断为神经衰弱。因此,在国际社会普遍取消神经衰落这个疾病类型的情况下,目前还在使用的《中国精神障碍与分类诊断手册(第3版)》中仍然保留有"神经衰弱"这一具有中国文化特色的精神疾病。因为,在中国文化背景下,采用神经衰弱而非抑郁症等其他精神疾病的名称,更容易被大众接受,患者也可以免受歧视和压力。

(三) 文化差异与心理异常的解释

无论是在古代的东方还是西方,对于心理异常现象大都从神秘主义或超自然的角度进行解释,最多提到的是鬼神附体。但在具体的解释过程中却存在文化差异。例如,古代埃及人、早期的希伯来人和希腊人把鬼神分为"好的"和"坏的",采用何种神灵来解释人的异常行为,取决于那些有症状的人们的具体表现。如果症状表现为宗教的或神秘的、重要的角色,则被认为是"好"神灵附体;但通常的情况并非如此,则被认为是"坏"鬼神附体(钱铭怡,2006)。而在我国古代民间,一般是对鬼神做了明确的区分的,即鬼是坏的,神是好的,一旦有人出现心理和行为异常,往往被认为是魔鬼附体,而非神仙,即便病人自称是王母娘娘下凡;而神仙附体者,往往被当作能治病的巫师来看待,而不被认为是心理异常者。

当然,在古代的东西方,也有从非神秘的角度来理解心理异常现象的,即从个人的躯体或心理的因素进行解释,这种解释同样带有文化的特色。如古希腊医生认为心理异常是体液异常导致的,提出了体液病理学说;到了18世纪,西方医学把异常心理现象直接归因于生物学因素,提出了生物精神病学;到了19世纪末,弗洛伊德创立心理分析之后,心因性解释逐渐成为一个真正的研究领域。我国中医则认为心理异常是阴阳失调造成的,并把生理因素与心理因素联系起来，即所谓"肝在志为怒，心在志为喜，脾在志为思，肺在志为忧，肾在志为恐"；儒家认为心理问题是因人的生物性欲望和道德之间存在矛盾冲突，而使道德信念不能实现造成的（即欲望与德性的冲突）；佛家和道家则认为是因人的欲望太多而导致了痛苦、焦虑、恐惧等诸多心理问题。

（四）文化差异与心理异常的对待及治疗

不同文化背景的人们，对心理异常有不同的理解和看法。因此，对其态度和处理方法以及求助行为，甚至心理治疗方式也有所不同。一般而言，文化较为发达、文明程度较高的社会都把心理异常者视为病人，并给予较好的治疗和照顾。但在另一些文化群体中，因受宗教、迷信、愚昧观念的影响，人们往往把心理异常看作是魔鬼附体的表现，因此在态度上，对病人是蔑视、歧视并予以虐待；在处理上，或者放任不管，或者采取饥饿、毒打、火烧、水淹等残酷手段。当然，也有人认为心理异常是患者与鬼神沟通的表现，患者是它们的"代言人"，因而把心理异常者奉若神明。这两种情况多出自文化程度较低、文化较落后的社会当中。

文化差异也影响了个体对待自身心理问题的方式，如包括中国在内的东方文化国家，由于传统伦理文化的标签作用，对心理疾病有普遍的、突出的羞耻感，因而往往把心理问题躯体化（如视为神经衰弱）或否认自己存在心理疾病；而在西方国家，人们一般能坦然面对心理问题，并积极寻求专业人士的帮助或治疗（景怀斌，2002）。

第三节　大学生的文化特点与心理健康教育

一、影响大学生心理健康的文化因素

（一）中国传统文化的影响

中国传统文化是以儒家文化为主流，包括道家和佛家文化在内的各种文化实体和文化意识。传统文化是肇始于过去、融透于现在、直达未来的一种意识趋势和存在，是业已积淀于人们心里并深刻规范、支配人们思想和行为的东西。中国传统文化对于大学生的心理健康和心理素质起着潜移默化的作用，其积极影响首先在于，中国传统文化有助于大学生形成和谐的人际关系。儒家提出的"己欲立而立人，己欲达而达人"，以及"己所不欲，勿施于人"的"忠恕之道"，反映了儒学强调在人际交往中的理解和换位思考。孔子则提出"仁者爱人"的主张，把"爱人"作为正确处理人际关系的主要手段和最高道德原则。其次，儒家文化有助于大学生形成积极进取的精神和不怕困难挫折的心理素质。儒家文化是一种积极入世的文化，以"修身齐家治国平天下"为人生纲目，同时提出"见贤思齐焉，见不贤而内自省也"。孟

子说："故天将降大任于斯人也,必先苦其心志,劳其筋骨,饿其体肤,空乏其身,行拂乱其所为,所以动心忍性,曾益其所不能。"又说："富贵不能淫,贫贱不能移,威武不能屈。"最后,中国传统文化有助于大学生调节心理,保持心理平衡。在中国传统文化中,有许多内容对大学生保持心理平衡、维护心理健康有着积极的作用。如儒家的"中庸",墨家的"兼爱"、"非攻",道家的"自然"、"无为",佛家的"缘"、"报应"和"命定"等。许多民间保健术,如坐禅、气功以及其他放松入静的技巧,也都体现了这种思想。

中国传统文化中也含有可能妨碍心理健康,导致心理疾患的缺陷,主要表现在以下几个方面。首先,中国传统文化的社会价值取向推崇个人服从于整体,容易形成"非个性化"的自我结构,从而造成大学生人格上的依赖性、求同性以及自我的萎缩,甚至产生自卑自怜、自轻自贱的意识。其次,中国传统文化强调"慎独"、"自省",具有明显的封闭性、内倾性和自律性,这种文化特点对心理健康不利,极易造成个人对自己心理和行为的压抑。最后,中国传统文化讲究伦理道德,这种社会规范和要求使得人们普遍从心理上追求德性的完善,往往把心理疾病与道德品质联系在一起,认为心理有问题就是道德品质有问题,不利于大学生的自我成长。

(二) 现代文化的影响

40 年的改革开放所形成的现代文化意识对中国大学生心理结构的内容、行为和应对方式产生了巨大而深刻的影响,使大学生的思想行为出现了许多新的动向,表现出纷繁复杂的思想观念和行为方式,也在一定程度上影响了大学生的心理健康。现代文化对大学生心理健康的积极影响主要表现在:第一,个人主体意识增强。当代大学生不盲从权威,不一味顺从和依赖老师和家长,能够根据自身的特点寻找各种可以发挥个人才能的机会,并依靠自身的力量解决问题,具有较强的独立性、自主性和批判性。第二,具有外向性和开放性的特点。改革开放后成长起来的大学生,与其父辈的自我压抑、封闭内向的性格相比,更外向、开朗,更具有强烈的开放意识,表现出对新事物的浓厚兴趣和接受能力。第三,竞争意识增强。在现代文化熏陶和市场经济洗礼下的当代大学生,具有很强的竞争意识,他们一般不喜欢循规蹈矩、按部就班地工作,喜欢承担富有挑战性的任务;他们做事不退避、忍让,而是当仁不让,希望通过与他人竞争来展现自身的能力和才干。

现代文化对大学生的心理健康也产生了一些负面的影响。第一,奉行个人主义和自我主义。最近的一项调查研究发现,大学生在文化价值观上,表现出明显的和较强的个人主义倾向,新生较二年级学生,来自沿海地区的学生较来自内陆地区的学生,表现出更高的个人主义倾向(范蕾、樊葳葳,2016)。奉行个人主义和自我主义的结果是容易产生对集体的冷漠情绪,导致离群、孤独、人际冲突等心理问题。第二,实用主义流行。与个人主义相伴随的是实用主义的流行,实用主义被庸俗理解为是否实惠,是否对自己有利、有用,实用原则成了许多大学生的主要价值趋向和行为准则。最近一项调查发现,在"你认为大学生实用主义价值观存在是否合理"的回答中,绝大多数的同学都选择"很正常,合乎常情"(廖声丰、马韶华,2017)。实用主义流行的结果是导致一些大学生产生了心浮气躁、空虚焦虑、易冲动等不良心理。第三,拜金主义和享乐主义。改革开放后,随着人们物质生活水平的提高及受西方文化思潮的影响,拜金主义和享乐主义在中国迅速滋长,并成为一些大学生的理想和追求,结果导致恶性竞争、目标缺失、好逸恶劳、失落等心理问题的出现(弓静,2014)。

(三) 家庭文化环境的影响

良好的家庭文化环境对个体的心理健康有积极的影响,而不良的家庭文化环境则不利于个体的心理健康和良好心理品质的形成。如研究发现,大学生的自强意识与亲密型、成功型、知识型的家庭环境之间存在显著或十分显著的正相关(郑剑虹、黄希庭,2007)。在家庭文化环境中父母的期望是一个重要的变量。父母对孩子的期望既可以成为孩子成长的动力,也可以成为压力,影响孩子的心理健康。一项较大样本的调查研究发现,父母对大学生生涯发展的期望对大学生的生涯决策困难具有显著的正向预测作用,即大学生感觉到父母对其职业选择中的自主发展、取得高的成就地位、职业的安全舒适以及与专业的符合度等方面的期望越高,大学生的生涯决策就越困难,表现为悲观、焦虑和自我认同低(李栩等,2013)。另一项对父母期望、教师期望和青少年自身期望的比较研究表明,与其他两类群体对青少年的期望相比,在父母的期望内容中最不重视青少年的人格发展,且对青少年的道德发展和独立性也强调得最少(陈侠等,2009)。这与当代大学生道德意识薄弱不无关系。

父母的文化程度及其相应的社会阶层归属也是家庭文化环境中的另一个重要变量。父母文化程度高,其家庭的社会、经济地位一般也相对较高,属于较高的社会阶层;反之,社会阶层归属相对较低。有相当多的研究表明,贫困大学生的心理健康水平显著低于非贫困大学生(陈雯等,2008;吴洪艳、赵玉芳,2007),贫困大学生除了经济上的困难,还存在许多诸如自卑、焦虑、抑郁和人际关系紧张等心理问题,并且这些问题要较普通大学生更为突出(罗香群,2016),而绝大部分的贫困大学生都来源于较低社会阶层和文化程度的家庭,如偏远山区的农民家庭和城市下岗工人家庭。这类家庭文化环境对大学生的心理造成了较大的压力,容易使其产生自卑、忧郁、离群等不良心理。

二、大学生心理健康教育的文化思考

2001年3月教育部颁布了《关于加强普通高等学校大学生心理健康教育工作的意见》,心理健康教育正式纳入高校人才培养体系。十多年来,高校心理健康教育取得了丰硕的成果,成效显著,但也存在许多问题,即在实施心理健康教育和心理咨询时,过度采用西方的心理咨询理论与技术,存在心理健康教育的文化缺失问题。事实上,无论是心理健康教育的价值取向和心理保健的基本策略方面,还是心理问题类型、精神疾患的临床表现、对待心理问题的态度、求助行为与心理保健与治疗方式等具体方面,不同文化区域和文化群体的人们,以及不同文化个体间,都存在不同程度的差异。

在大学生心理健康教育中,一方面,应合理地借鉴欧美心理健康的理论与制度。最近两年,国家非常重视国民的心理健康教育,先后于 2016 年 12 月和 2018 年 11 月颁布了《关于加强心理健康服务的指导意见》和《关于印发全国社会心理服务体系建设试点工作方案的通知》,心理健康服务工作和心理健康教育工作从学校扩展到全社会。但由于历史的原因,心理健康事业在我国的发展还比较落后,不管是人才培养的数量和质量,还是人们对心理健康的认识、心理疾病的态度、心理健康素养的提升以及心理咨询与治疗工作的开展,仍然存在许多问题与不足,并且进展缓慢而艰难,这有其深刻的文化原因。借鉴发达国家心理健康的理论与制度,尤其是其中跨文化适应性强的技术,显然是十分必要的。另一方面,在引进的过程中,必须考察其文化适应性,切实促进心理健康教育事业的本土化。因为它主要是在美国兴起和发展的产物,其理论基础存在文化局限。例如,美国主流社会心理学各领域充斥着美国白人社会占统治地位的三个核心文化主题,即个人主义、理性主义和自由主义,而社会心理学的研究反过来又强化了这些核心文化价值。有心理学史研究者甚至指出,西方心理学的大多数问题只有在西方历史的、地理的、经济的、军事的和科学的背景范围内才是有意义的问题(墨菲、科瓦奇(Murphy & Kovach)著/林方、王景和译,1980)。显然,以这种成果为基础的心理咨询运用于非欧美白人群体时,若不注意文化方面的调适,极易造成偏差。因此,大学生心理健康教育的建设,要切实针对我国大学生心理健康教育实际存在的问题,充分挖掘、整理和弘扬我国在心理健康教育方面的优秀传统和历史智慧,运用合理的研究方法,建构自己的理论和技术。此外,在进行大学生心理健康教育时,既要考虑传统文化与现代文化的影响,更要考虑传统文化与现代文化相冲突对大学生心理健康的影响,只有在继承我国优秀传统文化的基础上,吸收现代文化或西方文化中有关心理健康教育的先进理论和技术,才能促进我国大学生心理健康教育的健康发展。

专栏 4-2

我国心理咨询与治疗工作进展缓慢的文化原因

第一,中国传统文化强调慎独、自省。这固然造就了中国人的坚韧性格,但也使人们形成了仅仅依靠自身的力量来化解个人内心矛盾的习惯,从而阻碍着人们科学地认识心理健康以及以更加积极和多样的方式去促进个体内心的和谐。尽管自省有时候可以通过改变认知而达到内心的平衡,使得问题化解,但它的作用和效果往往与问题的性质、个体的性格特点、文化修养有重要的关系。

第二,中国传统文化造就了人的封闭心态。中国人普遍欣赏的性格特点是老成稳重,其中包含知足、忍耐、不轻举妄动、不好冲动、感情不外露、言语不多等成分。而这与心理咨询所要求的敞开心扉、宣泄情感是格格不入的。此外,诸如爱面子、不愿在人前表现自己的弱处、观点深藏等人格特质,显然阻碍了人们毫无戒心地向一个素不相识的人袒露心扉、诉说衷情、寻求帮助。

第三,中国传统文化强调群体取向而忽视个人的价值、尊严、权利,这往往造成个人隐私权的淡薄,以及喜好窥探和议论他人隐私的陋习。个人隐私的公开往往有损于个人在群体中的地位以及在人际交往中的形象,甚至个人前途。这使得重人际关系者往往留意在内心构筑起坚硬的保护壳,不轻易让他人闯进个人内心的隐私世界。这当然就难以接受主要通过个人隐秘的尽情诉说来寻求致病根源,以达到疏解和治疗目的的心理咨询。

第四,中国文化中的权威人格也影响心理咨询的有效进行。中国传统文化对自我定位的要求是在各种关系中完成的,关系中又以权威和传统为标准来判定,这使得绝大多数人的行为遵从权威,形成了所谓的"权威人格",即对上服从,对下威严,顺从与支配、依赖与权威相互依存。这对心理健康教育工作和心理辅导的开展,有着极大的限制。一方面,从心理健康教育辅导者的角度来说,如果辅导者不自觉地端起"权威"的架子,会极大地影响辅导的效果,从而导致辅导难以深入而停留在问题的表面。如在辅导的过程中,辅导者如果戴上权威的面具躲在专业角色的后面,就会在很大程度上影响对学生的倾听、关注、反应和投入,容易出现教训、劝导、说服、指责、批评等情景,学生体会不到理解和接纳,而感受到不信任、不尊重、欠缺同感和了解,使其更自卑、紧张、焦虑、不安。辅导者不自觉的权威意识令他用自己的标准来判断学生的问题,不能放下主观的态度去体验学生的倾向和经历,而是要求学生听从他的建议、主张和安排,其结果可能是导致无效的咨询。另一方面,传统文化中的权威取向也决定了中国人的保守和依赖。中国人多欠缺独立和自主,这种保守依赖的心理对来访者的成长有很大的妨碍。如果来访者把咨询者看作专家和权威,就会期望从他们那里得到解决危机和困难的良方,从而放弃自我的努力。来访者的依赖心理是他成长过程中的一个障碍,而咨询者的权威意识会强化来访者的依赖心理,咨询者的权威感越强,那么来访者的依赖心理就会越重,来访者将很难认识和发现自己的力量和资源,一直停留在接受求助的层面,即使咨询者帮他解决了某个具体问题,以后遇到其他的危机,来访者仍然会因为未能发展出自身的能力而感到无能为力。

复习思考题

1. 解释:文化。

2. 概述集体主义文化与个体主义文化中的个体心理差异。

3. 简述中国传统文化对大学生心理健康的影响。

4. 简述现代文化对大学生心理健康的影响。

5. 结合个人实际,谈谈家庭环境对心理健康的影响。

扩展阅读

1. 汪凤炎,郑红.中国文化心理学(第五版)[M].广州:暨南大学出版社,2015.

2. 王仕民.文化视域——大学生心理健康教育[M].广州:中山大学出版社,2013.

3. [美] 埃里克·希雷,等.跨文化心理学:批判性思维和当代的应用(第 4 版)[M].侯玉波,
等,译.北京:中国人民大学出版社,2013.

第五章 大学新生适应

案例导入

　　李萍(化名)是一位大一新生,在上大学之前没有集体生活的经验,一切学习之外的生活都由父母照料。她的学习成绩很好,老师很喜欢她。父母也以李萍的学习成绩为骄傲,李萍考上大学之后父母很高兴。可上大学后,李萍学习成绩好这一优势不复存在了,在学习和生活的压力之下,李萍感到自己处处不如别人,尤其是她觉得自己不如同宿舍的3个本地同学能说会道。她与别人交流少,感到很孤独,很寂寞,觉得自己万分痛苦,快要发疯了。

　　入学当年的12月,李萍找到辅导员请假,说自己近一个月来情绪低落、头痛、心慌,担心期末考试,上课注意力难以集中,记忆力下降、食欲下降、睡眠不好。李萍说:"军训完正式上课后,我认为自己应该有优异的成绩和突出的表现,没想到自己就像透明人一样,感受不到任何人的重视。同学们都自顾自地学习、生活、参加社团和活动,宿舍里的其他室友都是本地人,彼此很快就熟悉了,自尊心迫使我不愿意主动跟她们交往。马上要期末考试了,我怕自己会挂科,怕自己考不好,不知道该怎么跟爸妈交代,他们都以我能考上大学为骄傲,挂科了多丢人……我很怀念以前的高中生活。"

　　伴随着一年一度的高考结束,大学校园又将迎来一批朝气蓬勃的新同学。他们满载着对大学生活的无限向往来到大学校园,开始新的人生阶段。从高度紧张的中学生活到丰富多彩的大学校园,伴随着生活环境、学习环境、人际环境等一系列的变化。这些变化会给大学新生带来巨大的挑战,从而容易产生各种心理矛盾和心理反应。因此,尽快适应大学生活是所有新生面临的首要问题之一。面对新的变化和挑战,大学新生应该相应做出积极有效的调整和应对,为今后的大学学习和生活奠定一个良好的开端。

第一节　适应与心理健康

一、适应与心理适应

适应是来源于生物学的一个名词,用来表明能增加有机体生存机会的那些身体上和行为上的改变。心理学中用来表示对环境变化作出的反应(朱智贤,1989)。瑞士著名心理学家皮亚杰(J. Piaget)认为,智慧的本质从生物学来说是一种适应,它既可以是一个过程,也可以是一种状态。有机体在不断运动变化中与环境取得平衡,这种平衡可以概括为两种相辅相成的作用:同化和顺应。适应状态则是这两种作用之间取得相对平衡的结果。这种平衡不是绝对静止的,某一水平的平衡会成为另一水平的平衡运动的开始。如果机体与环境失去平衡,就需要改变行为以重建平衡。这种平衡—不平衡—平衡的动态变化过程就是适应。

心理适应是人们从心理学角度对适应的解释。一般指个体不断使自己的行为符合外界情境的要求,并能获得更好发展的过程,包括感觉适应、行为适应、认知适应和人格适应。① 感觉适应是指感觉器官的灵敏程度依赖于其感受外界刺激的适当范围,表现为对刺激的适应性变化。感觉适应是最低层次的心理适应。② 行为适应可分为主动适应和被动适应,被动行为适应是个体改变自己的行为或态度以适应外部环境的要求,而主动适应则是主动发挥自身的主观能动性,尽最大可能去改变环境,使之符合自己的发展需要。③ 认知适应是个体适应机制在内部心理加工环节上的心理设计。④ 人格适应是个体具有充分发挥自身人格特征的特色和优势的功能,与社会情境交互作用,解决适应问题,从而达到与环境的和谐平衡状态。它在心理适应中起到调节和维护的作用。心理适应从感觉、行为、认知到人格适应,这个过程每个环节不是孤立的,而是整合在一起的,每个环节适应的成功体验都可以作为下次适应的经验,它们共同发展为适应能力。

二、适应与心理健康

个体适应良好是心理健康的重要体现之一,判定一个人是否心理健康要看他的行为是否和社会环境相协调,或他的人际关系是否恰当,对社会实践和社会关系的态度是否符合社会要求等。每个人的成长过程都要经历无数次环境的变化,从家庭到学校、从中学到大学、从学校到社会、从原生家庭到建立新的家庭等。当进入新环境后,人们容易在短时间内出现一系列生理、心理方面的不适应,例如失眠、恐惧、焦虑、孤独感等心理健康问题。此时,为了尽快恢复心理平衡,人们可以学习并应用一些积极的适应方式,例如认同、补偿、升华等。因此,适应在个体发展和成长中起到重要的作用,良好的适应能力是个体保持心理健康的重要方法。

此外,经历不同的学习、生活环境有助于个体不断地提高和丰富自己的人生观、价值观、世界观。但是有些人因为适应能力较差而放弃很多机会去尝试改变原有的环境,不敢走出自己的心理舒适圈,这样有可能导致个体的社会化水平发展缓慢。因为随着生活范围的扩大和变化,不同环境下对个体的要求不断改变和提高,通过面对和解决不同环境中的繁杂问题,能够建立起更稳定、成熟的思维和人格。例如,经过四年大学生活后,许多同学可以独立思考问题、更主动和乐观地解决问题,与高中时代面对问题容易情绪化、不知所措的自己判若两人。这就是适应新环境带给我们的积极影响。因此,适应可以促进个体的心理发展,实现自我成长。

三、新生适应与大学生发展

大学阶段是青年学生个人成长的关键时期,也是人生重要的转折点。大学一年级是个体独立迈入全新环境的开端,也是经过紧张高考之后的松弛阶段。面对新的环境,大学生们需要调整自己的角色,规划自己的未来,主动地融入大学生活中。在这个过程中,大一新生容易表现出各种适应不良,例如生活、学业、人际关系等。有些学生由于中学时除了学习什么都由父母代劳而独立生活能力较差,有些学生怀抱着"上了大学就可以自由自在地玩了"的错误观念导致学业问题,还有些同学性格比较内向,短时间内难以建立良好、亲密的人际关系等。调查表明,大学新生心理适应有一定的规律性,新生心理适应与心理健康水平是密切相关的(钟向阳、张莉,2009)。

新生的适应问题并不是长期存在的,一般经历一个月左右的大学校园生活,大多数同学可以很好地适应大学学习和生活,学会了照顾自己的生活起居,为自己安排了丰富的课余活动,结识了新的朋友……但是,也有一些同学需要更长的适应时间,因此产生心理压力,对自己产生负面的评价,久而久之容易形成自卑心理。大学是青年学生生活的新起点,每个学生初入大学都会发现自己存在着很多缺点,同时也有很多优点。正视自己,积极地适应大学生活,都会有所收获。无论是专业知识和技能,还是人际交往和社会实践能力,规划好自己的目标,都能实现自己所期待的成长和发展。

专栏 5-1

适应取向的健康信念量表

健康信念是个体持有的一套关于预防疾病、维护健康、力求达成最佳生活状态的观念系统,是人们所坚信的健康生活观念。它包含个人对什么是健康、影响个人健康水平的因素、增进健康的方法、健康的重要性等问题的看法。信念不同于一般观念,人们采纳一些观点并不仅仅是为了理解世界,同时还是为了满足心理和社会生活的需要。因此健康信念能影响个体对信息的理解和建构,进而指导其行为,指引自己的生活方式和对环境的适应。已有大量研究证实,持不同健康信念的个体会导致不同的健康状况。

随着我国物质文明、精神文明、生态文明建设的发展,国民的健康信念也在发生变化。下表是苏丹和黄希庭(2015)编制的一种贴近民众、贴近时代,适合我国成年人的健康信念量表,其中包括德性修养、健康行为习惯、无疾病征兆、适应和享受等四个维度,每个维度下又包括若干题项。该量表目前还没有常模,但已可用于自测,因为对这些题项的相信程度,能在一定程度上反映出个体的适应与心理健康状况,这对于心理健康教育与自我教育很有参考价值。

德性修养	健康行为习惯	无疾病征兆	适应和享受
与人为善	运动锻炼	不容易得病	适应环境
感恩	保持规律的作息时间	没有疼痛	享受生活
帮助他人	饮食规律	体检各项指标合格	生活充实
宽容	营养均衡	没有任何疾病	生活自立
有道德	劳逸结合	气色好	充满激情
淡泊名利	戒除致病习惯	没有心理疾病	人格完善
信任朋友	疏解压力		
关爱家人	保持良好心态		

第二节　大学新生适应的常见问题

从中学到大学的转变,不仅仅是从一种生活环境进入另一种生活环境的变化,更要面对全新的学习方式、生活方式、人际关系的挑战。李晓彧等(2009)对上万名大学新生进行调查研究,结果表明,大学新生的适应状况整体良好,学习存在明显的适应不良;大学新生适应和心理应激、人格存在显著的相关;人格在心理应激和大学新生适应间存在中介效应。大学新生在不同程度上会遇到各种各样的校园适应问题,涉及生活、学习、人际、情绪等诸多方面。

一、生活适应方面

大学新生刚刚步入大学校园时,脱离了父母的照顾,独立生活能力较差的学生面临的第一个适应问题就是生活适应问题。比如有些学生不会收拾宿舍、不会洗衣服,不懂得合理支配生活费等,导致基本生活质量严重下降,不仅自己生活得不舒心,更容易影响人际关系和学习成绩。所以大学阶段要求学生学会做人,其中很重要的一点就是首先学会照顾好自己。很多大学生在生活上的硬伤表现为以下几个方面。

（一）独立生活能力弱

进入大学,意味着远离父母和家乡,进入一个全新的环境。但很多学生在中学时由家长对自己的生活全权负责,安排好了一切。这些学生习惯了父母的照顾,生活能力和经验严重不足,突然需要自己独立生活,生活安排难免会顾此失彼、手足无措。虽然大学教育一直在提倡大学生要自立自强,自主安排学习生活,遇到问题先自己解决,同时培养善于求助别人协助自己解决问题的能力,但实际上,有些大学生仍然不能很好地解决自己的问题。例如,有些大学生每个月回一次家,把自己的脏衣服、床单被罩带回去给父母洗;有些大学生缺乏基本的营养与健康常识,不清楚怎样吃好一日三餐,导致营养不良或食物中毒等现象。独立生活能力看上去是非常小的事情,但是作为一个人来讲是非常重要的,我们必须学会和掌握。

(二) 不习惯集体生活

很多学生中学时没有在学校住宿,没有集体生活的经验。进入大学后,一个宿舍里住6—8人,共享同一个相对狭小的空间,每天朝夕相处,同吃同住等成了生活必不可少的一部分,曾经不是问题的事情也成了问题。有些学生习惯了自己一个人住一间卧室,难以忍受宿舍里拥挤又相互开放的环境。比如,有些学生由于不习惯在室友面前做一些换衣服等比较隐私的事情,产生了很大的心理压力。宿舍里每个人的卫生习惯和作息时间不同,也会对一些学生产生困扰。有的人爱干净,有的人不主动打扫卫生;有的人喜欢宿舍整齐,有的人到处乱放东西;有的人早睡早起,有的人深夜不睡……这样一来,晚睡的同学开着灯,发出的声音也会影响早睡的同学,干净整洁的同学看不惯生活邋遢的同学,但是每个人的生活习惯一时难以改变,所以有些学生会因为生活习惯相差太多而要求换宿舍,也有的导致神经衰弱,甚至休学、退学。

(三) 缺乏良好生活习惯

很多同学饮食习惯不太好,比如一日三餐不规律、长期食用垃圾食品、靠外卖度日等,在家时有家长约束限制,到了大学里终于摆脱了束缚。但是长此以往会对身体造成一定的危害,影响身体健康和成长。大学生仍处于生长发育期,饮食营养状况直接影响身体健康和学习效率。目前有很多大学生营养状况较差,有些同学为了追求变瘦而盲目节食,导致营养不良;相反,有些同学无节制地暴饮暴食,导致肥胖。除了饮食习惯,有些同学的不良生活起居习惯同样影响正常的大学生活。中学时学校有统一的管理和安排,学生的起居习惯都比较合理。大学生活中,由于课程安排差异性较大,可自由支配的时间较多,部分大学新生就会放纵自己。他们在晚上非常活跃,即使熄灯后也要跟舍友继续"卧谈",导致白天精神不好,在课堂上昏昏欲睡。甚至有些同学通宵看小说、打游戏,白天逃课在宿舍睡觉。因为把时间都花在了上网娱乐上,没有时间按时吃饭、看书学习、体育锻炼,长此以往不仅影响学习成绩,更消耗了自己的身心健康。

(四) 缺乏理财能力

步入大学,很多学生有了自己的第一张银行卡,有些家长会一次性给孩子一个月或一个学期的学费和生活费,需要大学生独立计划如何支配这笔钱。很多学生由于计划不当,甚至没有计划,有了钱就恣意地买衣服、买化妆品、请同学吃饭、为游戏充值……还没到月底就早早地成了"月光族";有的同学为了在同学面前讲排场,穿名牌、用名牌、吃大餐,过度消费,甚至出现挪用学费、网络贷款等行为。

二、学习适应方面

学习是大学生的主要任务,也是大学生活的重要组成部分。大学生进入大学校园后,会明显感受到大学生活与之前学校生活的不同,其中很重要的一点就是大学的学习时间更自由,对于这种可以自主掌握的生活节奏,很多学生会不太适应。很多同学明白高考的目的是考高分上一所好大学,那么大学学习的目的是什么? 高考之后过度放松的结果就是一些学生进入大学后丧失了学习目标,不知道为什么上大学,不知道该学什么,缺乏学习目标和学习动机。还有一些同学对大学生活有不切实际的幻想,认为大学学习生活轻松美好,想看书的时候看书,想玩的时候可以玩,但现实中发现有的专业课程难度比较大,考试挂科后才开始反思大学学习生活该如何度过。大一新生的学习适应问题主要包括以下四个方面。

(一) 缺乏学习动机

进入大学后,部分新生会产生松懈心理,认为考研和就业都离自己还远,不能及时制定学习目标,并调整学习状态。对于自控能力和独立自主意识较差的学生,容易受到外界不良因素的影响,出现盲从和厌学现象,导致学习动机不强。比如,有些学生听信网上一些网友鼓吹的"学习无用论",把不认真听讲、逃课当作自己"能力"的体现;有些学生不知道学习专业知识的意义,抱着"60分足够,61分太累"的错误想法应付大学学习,对所学专业提不起兴趣,也不知道自己为什么要学习。

(二) 学习目标不明确

大一新生刚刚步入大学这一人生新阶段,对于是否考研、就业方向等问题还没有深入思考,学习目标不明确。在这种情况下容易出现两类学生:第一类学生每天为了学习而学习,他们的身影经常出现在自习室、图书馆,问他们为什么学习他们也回答不上来,或者他们的答案就是"作为学生当然应该学习";第二类学生则完全相反,他们的身影永远匆匆忙忙地出现在各种各样的校内活动和校外实践中,或者完全享受生活,逛街购物、上网娱乐,总之他们的生活里没有任何与学习有关的事情。

(三) 学习方法不当

由于大学教学课时少、进度快、容量大、专业难度高,所以课堂教学以提纲挈领为主,老师课堂上的讲解主要围绕重点、难点和疑点展开。课程性质和教学方法的改变令不少大学新生一时难以适应,找不到好的学习方法。还有很多学生平时没有学习计划,不及时复习课程内容,临考试之前通宵达旦、废寝忘食,美其名曰"临阵磨枪,不快也光"。长期"临阵磨枪"高压式的学习,不仅导致学生学习效率低、效果差,而且有损身心健康。

(四) 学习成绩不理想

每到期中测试或期末考试,就会有学生因为学习成绩不理想而产生挫败感,加重压力和自卑感。这些学生中的一部分高中时学习拔尖,但是进入大学后发现身边的同学都有比较强的学习能力,再加上个人学习方法不当或学习自制力差,导致学习成绩不好。面对挂科等学习成绩不理想的情况,有些学生给自己施加了过多压力,长期超负荷学习,过度用脑,不注意劳逸结合,容易导致精神疲乏,对学习感到厌烦。还有一部分同学则习以为常,把挂科当成家常便饭,最终无法顺利毕业。

三、人际适应方面

良好的人际关系对个人身心健康、生存发展、成长成才都非常重要。中学阶段,学习是生活的最主要内容,人际关系比较简单;进入大学校园后,人际交往对象增加、范围扩大、要求更高,成为大学生活必不可少的组成部分,但是有 50% 以上的大一新生对自己的人际关系不满意,所以在大学入学适应中经常面临一些人际适应问题。

(一) 自我认知偏差

大学生的自我认知容易出现两种偏差,会影响学生正常的人际交往——低认知偏差和高认知偏差。低认知偏差是个体在人际交往中由于某种生理、心理上的缺陷或其他原因导致过低评价自己而产生的消极心理状态。大学生产生低认知偏差的原因有很多,比如感觉自身的生理条件、家庭背景、经济条件等不如别人,或者学习、才艺特长、集体活动能力等比较平庸,从而自尊心受损。低自我认知偏差严重时会导致孤僻、离群,给大学生的学习和生活带来很大的精神负担。高认知偏差是由于高估自己、过分自信而在人际交往中贬低别人、抬高自己所带来的交往障碍。高自我认知者在人际交往中往往不懂得尊重别人,对人不能以诚相待,只考虑如何炫耀和抬高自己,不考虑交往对象的感受。所以他们的朋友通常很少,在社交中不受欢迎,容易被孤立。

(二) 内心压抑

刚进入大学校园时,学生对一切都是陌生的,孤独时仍然会跟高中时的好朋友联系,但是由于距离和时间等实际原因,曾经形影不离的好朋友都在不同的新环境中忙碌着各自的事情。大学新生开始面对以前不认识的新同学,大家可能来自不同的地域,有着不同的成长经历和背景,彼此之间不熟悉,交往程度不深。加之大一新生正值青春期,心理上原本就有"闭锁性"的特点,自我保护意识较强,与新同学之间存在心理上的距离感,交往比较谨慎。

(三) 缺乏人际交往经验

从高中到大学,很多同学在学习上已经具备了很强的能力,但是在人际交往能力上,大一新生本身缺乏独立人际交往的经验,不习惯和周围人交流,因此交往时容易遇到各种问题。大学生活是集体生活,在班级里、宿舍里可能聚集着全国各地的同学,由于地理差异、家庭条件差异、性格差异、生活习惯差异,不是所有同班同学、同宿舍同学都能成为好朋友,并且很多学生习惯了与父母一起生活时父母处处让着自己,到了大学里也仍然以自我为中心,不习惯主动和他人交往。

(四) 不善于解决人际矛盾

人人都向往融洽和谐的人际关系,但由于不善于沟通交流、彼此不熟悉、缺乏理解等原因,在与新朋友的人际交往中必然会出现各种矛盾。特别是大学生生活在集体宿舍,每个人的生活习惯、处事方式、目标理想等方面都存在差异,很容易在舍友之间产生摩擦和碰撞。

四、情绪适应方面

许多大学新生在中学时都是学习尖子,是家长、老师和同学眼中的佼佼者,而升入大学后,在人才聚集的新环境中,每位同学都很优秀,一些学生会失去原来"佼佼者"的地位,不再被大家关注。面对这种新环境、新竞争,这些学生原有的优势会被削弱或消失,原有的心理平衡状态也会被打破。一部分学生开始对自己的能力产生怀疑,认为"己不如人"。这种心理容易产生压抑、凄凉、孤独的情绪,严重影响大学生的学习和生活。

第三节　促进新生适应的途径

个体的适应能力,是在新环境中、在解决各种适应问题的实践中逐渐培养起来的。大学新生为了尽快适应全新的生活环境,应该积极培养自己的适应能力,认识自我、认识环境,找到当前的自己与环境要求之间的差距,主动调节自己来适应新的环境。大学生活只有短短的四年时光,为了在大学校园里更充分地学习和发展,新生应尽量缩短适应时间,尽早地享受大学生活带给我们的成长。

一、正确认识和评价自我

上大学之后,大多数学生都面临着重新认识和评价自己的问题。在这个过程中,很多学生或多或少会有一些挫败感。上大学之前,每个人在自己所读的高中都是相对优秀的学生,是家长、老师值得骄傲的"佼佼者"、"好孩子",是同学羡慕的"别人家的孩子"。但是到了大学,众多"佼佼者"汇聚到了一起,自己变得平庸无奇,不再是老师关注的焦点,学习成绩也不再是自己的优势。因此,很多学生进入大学后,可能会出现从未有过的自卑感。其实,这种自卑感大多是来源于父母的期待,来源于他人的评价。越背负着他人的期待就越无法适应新的生活环境,大学新生要学会根据自己的实际来认识自己。

每一个大学新生都应该做好成为"普通人"的心理准备,原因有以下两方面:第一,从高中到大学,比较对象发生了很大的变化,通过高考进入同一所大学、同一个专业的同学之间的学习能力相差不大。第二,中学时期,同学之间比较的内容相对单一,学习成绩好就是好学生,但是大学校园里的生活更加丰富多彩,对学生的评价也不仅来源于学习成绩,组织领导能力、表达沟通能力、才艺爱好、体育运动特长等,都可以成为闪光点。上大学后我们会发现,可能自己的学习成绩很好,但是在其他方面不如别人,有的同学在迎新晚会上大放异彩,有的同学善于沟通,成了大家信服的班干部……这样一比较,自己的优点好像也被忽视了。所以,无论学习成绩多么好、无论自己如何多才多艺,我们都不可能做到每一方面都超过别人,要学会接纳自己。

摆正心态后,我们要做的是正确地认识自己。抛开之前的所有赞美、鼓励、支持,或者是批评、嘲讽,重新给自己定位,发现自己的优势和劣势,客观分析哪些缺点是自己想改变、并且可以改变的,哪些优势是自己要继续发展、发扬的。当我们进入全新的大学校园,不可避免地会与身边的同学进行比较,如果发现自己不如别人,不要采取生气、嫉妒、发脾气等方式来逃避问题,而要静下心来好好想一想,我们之间的差距到底是什么? 这方面的差距重要吗? 我该如何才能在这方面取得进步?

正确地认识自己和改变自己是一个长期的过程,不可能一夜之间就完成自我认识并发生改变。所以要有一个直面差距而奋起直追的过程,采取逃避、自我欺骗等方式是没有用的,因为自己的不足和与别人之间的差距不会因为逃避而消失。当然,我们要对自己进行合理预期,将有限的时间和精力用在自己认为重要和喜爱的事情上,不要处处与人比较,要知道每个人能做的事情并不多,要做好就更不容易了。

二、认识和适应环境要求

(一) 正确认识和评价大学环境

许多中学生对大学生活的认识都来源于小说、电影、电视剧中的描绘,这些文学影视作品中会忽略大学生每天的日常学习和活动,而浓墨重彩地渲染谈恋爱、吃喝玩乐等情节。因此,很多大学新生怀揣着不切实际的幻想来到大学校园,认为大学生不用学习,每天生活都很丰富多彩,人和人之间都很好相处,室友之间一下子就能成为最亲密无间的朋友……可真正步入大学校园后才发现,除了这些美好的梦想破碎了之外,大学生活还有很多的不尽如人意之处,比如夏天宿舍、教室里都很热,冬天又很冷,比不上家里冬暖夏凉;很多大学的新校区都建在郊区,远离市区,对于渴望接触大都市生活的学生而言,每天面对几乎与世隔绝的荒凉环境,内心的落差很大。每年新生报到时,都能听到一些学生的抱怨,甚至难过到落下泪来。大学校园毕竟是集体生活的场所,不能像每个学生的小家庭一样让每一位学生习惯和舒适,所以大学校园的物理环境可能会让很多新生感到失落,需要学生去适应。

对于大学生而言,比物理环境更重要的是学校的人文环境,包括学校的规章制度、语言环境、人际环境等。大学生进入大学校园不是来生活享乐的,而是要学习成长,因此作为大学新生首先要了解所读大学的组织管理和规章制度等,做到遵守校规校纪,在学校允许和支持的范围内促进自己成长成才。其次,正确认识和适应大学校园的语言环境,保障交流顺畅。在大学校园里,老师和学生都应用普通话进行交流,由于部分地区基础教育薄弱,导致新生入学时普通话水平不高,还有一些学生由于地方方言与普通话差异较大,在短时间内难以学习和掌握普通话,这都会在一定程度上阻碍新生之间正常的人际交往,久而久之,容易给学生的自尊心和自信心带来负面影响。所以对于普通话交流不顺畅的学生而言,要尽早练习,不断发现错误并及时纠正,不要因此而产生畏难情绪。最后,大学校园中的人际环境比高中时更复杂、更独立。刚进入大学时,同学之间彼此都不认识,此时大学新生应主动与他人建立积极的交往,扩大自己在新环境中的交往范围。大学生活中除了学习,还要参加很多社团活动,所以大学生的交际范围不应仅仅停留在班级同学上,还应该包括高年级的学长学姐、其他专业的同学、兴趣爱好相投的朋友、可以一起用家乡话聊天的老乡,等等。与各种各样的人建立人际关系,是大学生适应大学生活的必经之路,在这个过程中也有助于大学生提高人际交往能力,提高个人修养水平,做到全面发展。

需要强调的是,无论我们如何准确地了解和预设大学校园生活,都会有很多考虑不到的事情和意料之外的事情发生,这时需要大学生保持开放的心态去面对。每个人都不可能让周围所有的人都喜欢他,更不可能改变周围的大环境,所以对于周围人的各种评价,无论好的坏的,都应该以理性、开放的态度去对待。一些学生通过网络、书籍等方式对大学生活做足了功课,努力成为班级里最品学兼优、多才多艺的学生,认为自己一定会得到所有老师和同学的喜爱。但是,现实生活往往与我们想象的有差异,我们只要坚定自己的信念,做自己认为正确的选择,对外界的评价保持开放,试着接受他人和环境,不试图去要求别人一定要认可自己,也不尝试去改变别人,这样我们对自己的认识才会越来越符合实际,对现实社会的适应能力才会逐渐提高。

(二) 主动适应大学环境的要求

大学从生活环境、学习环境到自我培养发展的目标上,都与中学时期有很大差异。从生活上而言,大学生面临着个人脱离父母的独立生活,同时又要适应大学的集体生活方式。大学新生需要面临许多中学时期不曾考虑的问题,比如如何安排上课之外的空余时间,如何照顾好自己的身心健康,如何建立良好的人际关系,等等。大学生要调整心态,提前思考如何安排大学生活,使之充实,遇到问题主动面对和解决,不逃避。

在学习环境上,大学的学习和中学的学习差异很大,过去老师和家长时时刻刻都监督着学生,假期补课、晚上上晚自习,学生的学习动机也比较单一而强烈——考上好大学。进入大学后,辅导员和任课教师都给予学生很大的时间自由,老师主动与学生沟通的机会比较少。所以大学生要学会不断调整自己,适应大学期间的学习特点,学会自我管理,遇到不懂的问题主动请教老师,通过提高主动性和自觉性来适应大学的学习环境。

在大学期间,无论学校的培养目标,还是学生的自我发展目标都更加丰富和多样化。除了学习好专业知识和专业技能之外,大学生还需要完善人格的成长,培养健康良好的生活习惯,培养人际交往能力、组织管理能力等,还可以根据个人兴趣爱好发展一些才艺和特长。很多大一新生认为自己刚刚进入大学,还不需要考虑是否考研、未来的职业规划,其实大学四年时光转瞬即逝,往往在懵懵懂懂的时候享受了自由、轻松的大学生活,转眼就到了大三,其他同学已经开始准备考研或者明确了职业规划,自己仍然茫然不知所措,到那个时候会产生心理压力和焦虑感,愈发地无法合理规划未来。往往对未来缺乏职业规划的大学生,在步入社会后更容易适应不良,社会成就也普遍低于职业规划明确的大学生。

三、培养独立能力

大学生活是每个学生离开父母、独自成长的开始。青年阶段的主要任务也是实现独立、自立,这是完成从小孩转变为成人的需要。调查发现,家庭环境与大学新生的学校适应能力有密切关系:男生的适应能力较女生强,家庭条件相对差的学生学校适应能力强;家庭的亲密度、知识性、娱乐性、组织性与学生学校适应能力呈正相关,家庭的矛盾性、控制性与学校适应能力呈负相关(赵燕鹰等,2005)。还有调查发现,大学新生的心理韧性可分为低韧性—支持(19.8%)、中等韧性—低协助(33.1%)和高韧性(47.1%)等三个潜在类别,前者在学习适应、专业适应、人际适应和情绪适应等方面均优于其余两组。

大学生要不断学习和培养自己独立面对生活的能力,从照顾自己的饮食起居到完成专业知识学习、专业技能培养;从建立新的良好的人际关系到规划自己的未来职业发展,这些内容都超出了家长和老师可以帮忙做决定的范围,每个学生都要开始考虑为自己未来的人生负责。大学生的独立能力反映了他对未来生活是积极主动规划的,还是消极逃避的,独立自主能力强的学生在大学生活和毕业后的人生发展中往往都会更顺利一些。

独立生活是一个人成长和成熟的必经之路,经过独自面对各种生活问题的锻炼,大学生会更深刻的理解生活的意义,确定未来的人生规划,增强自信心。

复习思考题

1. 解释:适应,心理适应,自卑,焦虑,自我认知。

2. 结合实际,谈谈大学新生需要适应的内容有哪些?

3. 结合实例,谈谈大学新生适应不良有哪些表现?

4. 如何更好地适应大学生活? 你是如何做的?

扩展阅读

1. 杨玉宇.大学生心理适应与发展[M].北京:科学出版社,2014.

2. 姚斌.大学生心理健康与自我发展[M].北京:北京师范大学出版社,2014.

3. 尤小红,吕玉,掌海啸.大学新生适应心理辅导[M].北京:中国石化出版社,2018.

第六章 学习与心理健康

案例导入

宁宁(化名),女,22岁,大三学生。宁宁来自农村,家里有三个孩子,但因为宁宁小时候身体不好,所以父母对她有点溺爱,从不要求她做什么,宁宁也一直很听话。父母从不问成绩,父母也很少叫宁宁去学习。从小到大,宁宁的很多东西都是父母安排的,她对成绩一直没有什么概念,觉得只要不是太差就好。从小学到初中,宁宁的老师中总有人是她们家的亲戚,所以老师比较关注宁宁,她的成绩一直都很好。高中时,宁宁第一次有了自己的手机,从此就开始沉迷于手机,看小说,聊QQ,成绩开始下降。所以在调班的时候,宁宁被调到了差一点的班级。之后宁宁又放下手机努力学习,但是没有赶上去,没能进入之前的班级。宁宁觉得很大一部分原因是之前的班级里插了老师的亲戚,人够了。而她自己没有人脉,努力也没有什么用,就放弃了学习,一直沉迷于手机。高三也没努力,所以觉得考上大学很幸运。

上大学之后宁宁很少把时间和精力放在学习上。宁宁觉得现在上学也就是为了以后能找个好一点的工作,学校和专业都不是自己选的,感觉现在所学的知识在生活中很难运用,对以后找工作没什么大的帮助。宁宁从不旷课,按时交作业,期末抓紧时间复习(虽然效率不高),其中很大一部分原因是不想挂科,因为不想交重修费,想拿助学金和奖学金。宁宁只要心情不好的时候就不愿意听课,而且对有些课的内容不感兴趣,上课的时候会玩手机,注意力分散。宁宁没有什么学习方法,她将自己的学习成绩归因于试卷的难易程度、运气等。宁宁没有明确的学习目标,对未来没有规划,很迷茫。(李琴义,2018)

在大学阶段,学习仍是大学生的主要任务。与中学阶段不同,大学学习有着很强的目的性、自主性与选择性,大学生不单纯是为了学习而学习,而是为了兴趣而学习,是为了未来而学习,为了成长而学习。宁宁由于学习动机不足、缺乏适宜的学习方法、对所学专业缺乏兴趣、焦虑水平有点高、归因偏差等原因,出现了一些学习心理问题。大学阶段由于学习任务难度的加大和学习知识数量的激增,以及就业竞争压力等外因,加之大学生自身学习动机、学习策略和方法、学习兴趣和学习情绪等方面的内因,使得他们出现了一些学习心理问题和心理障碍,不仅不同程度地影响了学习效率和学习效果,而且还不同程度地影响到他们的学习心理健康。由于这些特殊的学习压力,大学生可能出现一些心理健康问题,包括厌学、对所学专业不感兴趣、考试焦虑、存在由学习竞争带来的心理压力、存在学习动机问题、学习定位迷惑、学习无能感、自卑、书呆子现象、失眠症、学习强迫症等。本章将围绕大学生学习心理的特点、学习对大学生心理健康的影响、大学生常见的学习心理问题进行介绍和讨论，并进一步对大学生学习心理问题的教育对策提出建议。

第一节　大学生学习的一般问题

一、学习与大学生的学习

(一) 学习的概念

学习一词，我国古代文献中早就有之。孔子说："学而时习之，不亦说乎?"又说："学而不思则罔，思而不学则殆。"孔子的这一观点，在一定程度上揭示了学习与练习、学习与情感、学习与思维的关系。但长期以来，人们对学习仍无一个统一的概念。

许多心理学家、教育学家和哲学家从不同的观点角度提出了学习的定义。桑代克(Thorndike,1931)认为，人类的学习就是人类本性和行为的改变，本性的改变只有在行为的变化上表现出来；加涅(Gagné,1977)认为，学习是人类倾向或才能的一种变化，这种变化要持续一段时间，而且不能把这种变化简单地归为成长过程；希尔加德(Hilgard,1987)认为，学习是指一个主体在某个现实情境中的重复经验引起的，对那个情境的行为或行为潜能变化。不过，这种行为的变化不能根据主体的先天反应倾向、成熟或暂时状态(如疲劳、醉酒、内趋力)来解释。联合国教科文组织在 1996 年所作的《教育，财富蕴藏其中》报告中指出：学习是指个体终身发展、终身教育的理念。

学习的概念有广义与狭义之分。从广义上讲，学习是人和动物在生活过程中通过实践训练而获得的由经验引起的相对持久的适应性的心理变化，即有机体以经验方式引起的对环境相对持久的适应性的心理变化。在这个定义中，体现了四个论点：① 学习是动物和人共有的心理现象，虽然人的学习是相当复杂的，与动物的学习有本质区别，但不能否认动物也是有学习的；② 学习不是本能活动，而是后天习得的；③ 任何水平的学习都将引起适应性的行为变化，不仅是外显行为的变化(有时并不显著)，也有内隐行为或内部过程的变化，即个体内部经验的改组和重建，这种变化不是短暂的而是长久的；④ 不能把个体的一切变化都归为学习，只有通过学习活动产生的变化才是学习，如由于疲劳、生长、机体损伤以及其他生理变化所产生的变化都不是学习。

人需要学习，只有通过学习才能达到自我完善与自我发展的目标。《三字经》上说："玉不琢，不成器。人不学，不知义。"这就从一个侧面说明了学习对人的重要性。

（二）大学生学习的特殊性

大学生学习是学习的一种特殊形式。学习是大学生的主要任务,大学生正处于智力发展的高峰期,记忆力、观察力、思考力、逻辑思维能力与创造性都有很大的发展。大学生学习既不同于儿童的学习,也不同于成人的学习。大学生学习既有一定的专业性、目的性和探索性,又有深刻的社会意义,表现出广泛的兴趣和各种各样的学习方法。大学生学习有其特殊性:其一,大学生的学习是一种特殊的认识活动,目的在于掌握前人积累的文化、科学知识,即间接的知识,在学习中会有发现与创造,但其主要内容还是学习前人积累的知识与经验;其二,学生的学习是在教师的指导下,有目的、有计划、有组织地进行的,是以掌握系统的科学知识为前提的;其三,学生的学习是在较短时间内接受前人的知识与经验,重要的是间接经验的学习与掌握,学生的实践活动是服从于学习目的的;其四,学生的学习不但要掌握知识经验与技能,还要发展智能,培养品德及促进健康个性的发展,形成科学的世界观。

二、大学生学习心理的发展变化

由于大学生处于一个特定的年龄区和人生阶段,他们的人生观、价值观和个性心理特点随着时代的变化发生着巨大的变化,因此大学生的学习心理特点也在发生着相应的变化。

（一）大学生学习动机和学习兴趣的变化

有研究认为,当前大学生的学习心理特点表现在四个方面。① 个人事业心强,社会责任感弱。随着改革开放的不断推进,西方的个人主义也走进了国人的内心,一时间,追求自我价值的观念得到推崇。大学生本来就是接受和传播新鲜事物最快的群体,因此,表现出来的就是追求个人的成功,而忽略了很重要的社会责任。② 学习兴趣广泛,专业兴趣淡化。社会上层出不穷的事物以及这些事物所带来的潜在的商机与职位吸引着大学生的眼球,大学生拥有灵活的头脑,表现在学习上就是虽然兴趣广泛却淡化了对本专业的兴趣。③ 求知欲望强烈,厌学情绪普遍。④ 重视考试分数,不满考试现状。大学的教学模式与考核制度让学生不得不重视考试的结果,但是大部分学生认为考试的形式、内容有待改进(张运生、王国英,1996)。

还有研究发现,社会转型期大学生的学习心理特点大致可分为三种类型。① 愿望型。愿望型是这个时期最普遍的学习心理,学生都知道学习的重要性,都抱有多学知识、学好知识的愿望,可是大多数学生缺乏动力,所以他们的学习心理停留在愿望层面上。② 应试型。不少学生仍是应试教育的产物,全部学习实际上仍是考试、及格、分数几个字,应试教育的核心是死记硬背,应试型的学习心理就是死记硬背型的学习心理。③ 经验型。经验型也叫习惯型或传统型,指根据过去的经验来判断和处理后来的学习活动(陈兰等,2015)。

（二）学习态度和自主性的发展

有人分析了新世纪大学生的学习特点，发现当今大学生的学习态度和自主性总体上有了更好地提升，具体表现在四个方面。① 大学生有自己安排时间的习惯。一是因为大学里的课程安排表现出课程少、同科目连上等特点，学生有比较多的课余时间；二是随着年龄的增长，大学生开始计划自己的人生。所以，学生对自己的时间进行整理安排也是一个比较突出的特点。② 在选课方面，希望自己有更多的自主权。大学生越来越希望高等教育能实现"民主"，即学生参与公共课和专业课的选择及确定的过程。③ 论坛讲座吸引学生。论坛讲座一般是精华的浓缩，学生总是会被主讲人绘声绘色的演讲吸引，也可以自由发表意见，这正好满足了学生那种"平等"的愿望。因此，这个时期的论坛讲座总是会吸引学生参加。④ 课外科技活动逐渐引起重视（汪一鸣、王静，1998）。

（三）学习心理特点随年龄和年级变化而变化

大学生的学习心理特点存在着一定的年龄差异。赵毅和曹克广等人（2001）研究发现，一年级大学生的学习心理特点为：① 学习愿望强烈但学习动机不足。刚进入大学的学生一般都怀揣着"鸿鹄之志"，但是面对陌生的环境和几乎全新的教学模式，再加上还没有清晰的"未来计划"，学习动力不足是大学新生另一个比较突出的学习心理特点。② 学习的生理条件具备但心理条件不足。也就是说他们的智力没有问题，但是心理准备不足。③ 学习的自觉性较好但情绪波动大。大学新生保留了高中时养成的学习习惯，有较好的自觉性；在新的环境中，学习、生活、恋爱、娱乐等各种问题围绕在新生的身边，随之而来的便是复杂的情绪体验。

二年级大学生的学习心理特点为：① 目标和学习态度出现了差异。② 学习兴趣与学习热情处于全盛时期。他们已经适应了大学里学习、生活等各方面的环境，并且摸索出了自己的一套学习方法，大学二年级是学生学习兴趣最浓厚、学习热情高涨的一个时期。③ 独立学习能力日益增强，学以致用的意识不断发展。

三年级大学生的学习心理特点为：① 学习目标、学习态度、学习兴趣定型化。因此有些学校或院系都是从大学三年级才开始分专业。② 普遍存在失落感、缺憾感和紧迫感。有些学生后悔自己没有把握大学前两年的时间，现在什么技术也没有学到；有些学生已经开始计算毕业的日子，总希望能有更多的时间来准备就业。③ 专业是否符合个性特征的认识明朗化。经过两年多的磨合，有些同学意识到自己并不适合自己的专业，也有些学生对自己的专业产生了更加浓厚的兴趣，明确了考研的方向。

总体说来，大学生的学习心理状态和学习水平大致可以分为几个不同的层次：① 最低层次，即学习心态和学习状态都较差，经常处于考试焦虑和缺乏明确的学习动机甚至厌学的学习心态之中，没有良好的学习策略，机械被动式地完成学习任务，勉强能应付学习和考试；② 中间层次，即学习心态和学习状态中等，有较明确和强烈的学习动机及较大的学习兴趣，学习认真积极,能较好地完成学习任务,考试成绩较好;③ 最高层次,即学习心态和学习状态健康良好,学习目标非常明确、学习动机强烈、有旺盛的学习热情和浓厚的学习兴趣,积极进取、不怕困难,学习不仅是一种任务而且是一种乐趣,他们不仅能较好地完成学习任务,而且能够发现式地学习、探究式地学习、创造性地学习。

专栏 6-1

成功创造型大学生的心理特点

创造性是指有利于成功地从事创造的个性特点。从操作上讲,是指若干成功的创造者具有的趋向共同的个性特点,包括创造性人格特点和创造性能力特点。关于创造性人格的研究始于 20 世纪 50 年代,卡特尔和德雷夫达尔(Cattell & Drevdahl,1955)对一些科学家进行 16 项人格因素测验,发现他们比一般人更加内向、聪明、刚强、自律、多愁善感和勇于负责;吉尔福德(Guilford,1966)归纳出创造能力的六个主要方面:敏感性、流畅性、灵活性、独创性、再定义性(指善于发现特定事物的多种用途)、洞察性。

国内张庆林等(张庆林、谢光辉,1993;谢光辉、张庆林,1995)对大学生的创造心理特点进行了专门研究。研究对象是在 1992 年"中国大学生实用科技发明大奖赛"上获奖(从特等奖到三等奖)的 32 名大学生,其中男 28 人,女 4 人。调查结果发现,大学生创造发明的人格特征主要偏向是低乐群性、高敏感性、高独立性和高自律性。该研究还与我国成年创造者及美国成年创造者的研究结果(Cattell & Butcher,1968)做了比较,结果如表 6-1 所示。从中可见,三个样本的创造者具有两个方面的共同人格特征,即低乐群性和高独立性。经过这三项研究的共同确认,可以比较肯定地认为:低乐群性和高独立性是创造性人格特征;排除了影响人格形成力量最大的社会文化因素的影响,跟创造性活动表现出最为密切的关系。与此相反,怀疑性和紧张性在三个样本中都与常模没有显著差异,也就可以比较肯定地认为,这两种人格因素跟创造性活动没有关系。再者,三个样本之间存在一定的文化差异:美国的创造发明家的聪慧性、恃强性都显著地高于一般美国人,而在世故性方面较低;而中国的发明家则具有较高的自律性。

表 6-1 中美创造者 16PF 测试结果比较

	乐群性	聪慧性	稳定性	恃强性	兴奋性	有恒性	敢为性	敏感性
美国成年创造者	−	+	0	+	−	0	+	+
中国成年创造者	−	0	+	0	0	+	−	0
中国大学生创造者	−	0	0	0	0	0	0	+
	怀疑性	幻想性	世故性	忧虑性	实验性	独立性	自律性	紧张性
美国成年创造者	0	+	−	0	+	+	0	0
中国成年创造者	0	−	0	−	0	+	+	0
中国大学生创造者	0	0	0	0	0	+	+	0

由于 16PF 量表较少涉及人的需要、动机、兴趣、人生观等个性倾向性因素,该研究在对 32 名创造型大学生的测验中,补充了自编的关于个性倾向性方面的调查。总体来看,创造型大学生具有积极的个性倾向性。他们的人生目的主要是"为社会"和"为事业"。他们说,人活着应该是为了"为造福他人尽一份力"、"能为他人做点什么"、"振兴国家"、"在消费掉食物的同时,创造出更美好的东西"、"创造价值"、"完成一番事业";他们最强烈的愿望多是不断创造和改善工作条件;他们的兴趣指向主要是学习、思考、工作和创造;他们对待艰辛的态度主要是"以苦为乐"和坚持。

第二节 大学生的学习与心理健康的关系

学习不仅是学生的天职,更是人之所以为人的重要标志之一,曾有人将学习的需要和生存的需要相提并论。所以,关于学习心理学的研究非常广泛,几乎每个心理学派都会对学习提出自己的见解,对"学习"的定义自然也就非常丰富。既有广义的定义,认为学习是生活中非常普遍的现象,是个体与外界环境的互动过程中产生的行为表现或心理的持久变化,从咿呀学语到掌握各种深奥的科学知识,从蹒跚学步到掌握各种复杂的运动技能,涉及生活的各个领域;也有相对狭义的定义,认为学习过程是指学生在教学情境中通过与教师、同学以及教学信息的交互作用,获得知识、技能、态度的过程。本节中我们将学习放在学校这个背景下,采用的是相对狭义的定义,以方便深入地探讨大学学习对大学生心理健康的影响。

一、学习对大学生心理健康的影响

(一) 学习对大学生人格的影响

人格是指一个人才智、情绪、愿望、价值观和习惯的行为方式的有机整合,它赋予个人适应环境的独特模式,包含着一个受到过去影响并对现在和将来产生影响的建构。它是各种稳定特征的综合体,这种独特的模式既是个体社会化的产物,又影响着个体和环境的交互作用。学习对于大学生人格的影响可以从下列几方面加以阐述。

1. 对气质性格的影响

人的气质主要受先天的影响,但是性格却是在后天与社会的互动中慢慢建立形成起来的。性格是指个人对现实的稳定的态度和习惯化了的行为方式。对一件事情的态度很大程度上受到认知广度与深度的影响,大学阶段恰恰是对很多专业和领域的学习过程,这种认知上的改变自然会对大学生对待事物的态度产生影响。例如,以前不喜欢数学的同学通过对高等数学的学习发现了其中的魅力,进而对数学的态度产生了一百八十度的转弯;曾经很讨厌历史的同学,因为深刻地了解了历史学的系统知识,发现自己突然爱上了这一门给人智慧的学科……由此可见,学习不仅影响了大学生的态度,进而还影响其行为方式。

2. 对自我过程的影响

自我过程包括自我认知、自我体验和自我控制。大学学习的选择性给了学生自由决定是否选择某些科目的权利,很大程度上,学什么、怎么学都是由大学生自己做主的,这对他们的自我认知产生了深远的影响。通过选择科目不断尝试新的领域,通过对专业的学习更加系统地认识某个领域,通过实践亲身体会某个领域是否适合自己……这都会影响到学生对自己的认识:我是一个什么样的人?我喜欢什么,不喜欢什么,适合什么,不适合什么?慢慢都有了一个答案。对自我的认知随着认知结构的丰富,也愈加完整了。同时这种自由还对自我控制提出了更高的要求。如何做到主动学习、经受住各种娱乐休闲的诱惑将是大学学习过程中的一个难题,也正是通过不断拒绝诱惑、合理安排时间,自我控制感才不断得到加强,自我控制能力才会相应提升。

3. 对认知风格的影响

认知风格(也称认知方式)是指个体在认知过程中所表现出来的习惯化的形式。认知风格多种多样,如场独立和场依存、思索型和冲动型、整体型和分析型。不同的专业甚至一个专业的不同领域都会对学习主体的认知风格产生影响。如学习建筑或者工程力学的同学会倾向于分析型认知风格,学习文学的同学可能更倾向于整体型认知风格;对急诊感兴趣的同学可能是冲动型认知风格,而擅长内科的同学可能更倾向于思索型认知风格……专业的影响是深远的,这在很多"职业病"的笑话中也可见一斑,但是需要强调的是,认知风格并没有好坏之分,不同的专业、领域、职业可能需要的认知风格完全不同。

(二) 学习对大学生情绪意志的影响

学习是大学生生活中最重要的任务之一,因此它的过程和结果都会影响到学生的情绪。同时,大学学习要求更强的自主性、选择性,这对学习主体的意志力也会产生影响。具体来看,情绪的产生是与需要和动机紧密相连的。大学生在学习过程中所接触到的更加专业、兼顾广度和深度的系统知识会对其认知内容产生较大的改变,正是这种对周围事物更为深刻和广泛的认识引起学习主体需求的改变:通过专业课和通选课,可以较为深刻同时也广泛地了解一些专业的内容,从而对自己喜欢哪个专业或者专业的方向有了更为理智的判断,也就自然地对不同的领域有了不同的需要。所以说,大学学习的广度和深度会影响主体的需求结构。可能正是通过学习园艺知识,某生发现了自己的爱好,从而决定献身园艺事业,这时对园艺知识的学习就成为该生重要的社会需求或高级需求。

大学学习的自主性和选择性既给学习主体提供了检验自己意志力、自我控制水平的机会,也对主体提出了提高自控力和意志水平的要求。正是由于时间和自由度的增加,外界监督的减少,大学生必须通过自己的努力和自控力来完成大部分的学习任务,此时学习成绩和结果的好坏与主体自控能力和努力的相关程度增加,成绩可以较大程度地反映自控能力的高低。一个每天按时上课、保质保量完成作业、主动学习相关知识的同学所获得的成绩和一个经常逃课、抄袭作业、从不将课余时间花在学习上的同学取得的学习结果肯定是完全相反的!正是这种高度相关,使得大学学习对意志力提出了高要求,为大学生培养更高的意志水平提供了可能。以意志力当中的自信举例,能够在学习活动中获得好成绩可以带来自信心的提高,自信心的提高又可以反过来促进学习的进步。这说明学习和意志情绪其实是一种相互影响的关系。

(三) 学习对大学生社会适应性的影响

从社会的角度来看待学习对大学生心理健康的影响,不难发现其中也存在着密切的联系。首先,大学是学生跨入社会前的最后一道关口,其教学的主要目的就是为社会培养高素质的专业性人才。其学习的内容主要是为大学生进入社会担任一定的社会分工和工作而设计的,特别是如果学生在专业学习和综合实践部分可以顺利地完成学习任务并主动积极地"化知识为生产力",将对其尽快地融入社会起到非常重要的作用。其次,大学教学的一大特色是"团队合作"。这种强调团队集体作战的教学方式不仅仅使学生在课题进行中实践了所学知识、锻炼了创新能力,更重要的是在一个以专业学习为主要任务的团队中与成员互动,很大程度上影响着一个人的人际交往能力。在课题过程中可能会碰到以后进入社会工作后会遇到的一系列问题,可以说是以后工作的一次预演,如何分工协作、如何处理摩擦、如何妥协与坚持,对大学生人际交往能力都将是一个考验或者说锻炼的机会。可以说,无论从大学的学习目的还是大学学习的方式,都强调社会适应性的培养。这可以说是大学学习不同于其他阶段学习的最大特色之一。

二、大学生学习心理问题及原因分析

(一) 学习动力缺乏问题

大学生的学习动力缺乏,是指学习没有内在的驱动力量,没有明确的学习方向,无知识需求,更无学习兴趣,厌倦学习,尽力逃避学习。这也是某些学生常说的"学习没劲头"。这种学习动力缺乏主要表现在:① 无明确的学习目标。学习只为应付考试或尽快完成学业,因此在学习上不求甚解,只是死记硬背,不会把所学知识融会贯通,更不会对学科作深入研究。既无长远目标,也无近期目标,极少调整学习方法,对自己在大学期间及每个学期究竟要达到什么要求,心中无数。② 学习无计划。每天的时间怎么安排、学习什么、学习多少内容、如何在多门课程中合理分配时间和精力,对这些问题不做打算。过一天是一天,做一天和尚撞一天钟。没有适合自身的职业生涯规划方案,也没有系统的学习体系。③ 学习动机弱。无成就感,无抱负和理想,无求知欲和上进心,没有压力和紧迫感。既不羡慕那些学习成绩好的同学,也不为自己虚度年华而惭愧。不积极摸索和改进学习方法,难以适应紧张、繁忙的学习情境,对学习成绩不佳不以为然。④ 学习无兴趣。不明确专业学习的意义,未能将自己的学习与国家、民族的振兴相联系,对专业学习缺乏兴趣。对学习活动提不起劲,上课纪律松散,不愿意听讲,对老师布置的作业和相关任务拖拉,漠然置之。甚至产生厌学、弃学的消极情绪,使学习不能坚持下去。

(二) 学习动机强度问题

学习动机对学习活动起着发动、维护和推进作用,但并不意味着学习动机强度越大学习效果就越好。心理学研究认为,学习动机过强,不论是内部的抱负和期望过高,还是外部的奖惩诱因过强,都会使学生专注于自己的抱负和外部奖惩,而不是专注于学习,因而在实际上阻碍了学习。学习动机过强的主要表现有三个方面。① 成就动机过强。有的大学生成就动机过强,急于取得成就并超过他人,所树立的抱负和期望远远超过自己的实际能力和潜力。只盼成功,担心失败,给心理上造成很大压力,以致欲速则不达。② 奖惩动机过强。对奖惩考虑过多,一心只想获得奖励,避免受到惩罚。奖惩动机过强的大学生大多是被动学习,以考试为中心,紧紧围着老师转,上课小心翼翼记笔记,下课认认真真对笔记,考前辛辛苦苦背笔记。这类大学生考试得分往往较高,但学得呆板,不能举一反三,灵活应变能力不强,知识面不够宽广。③ 学习强度过大。有些大学生不会合理安排学习时间,每天用于学习的时间过长,不善于休息,常常处于过度疲劳状态。同样地,缺乏动机或动机强度过弱,大学生不能专注于学习,注意力不能集中,学习行为不易发生和维持。研究表明,大学生学习投入水平越高,心理健康状况越好,自杀意念越少产生,但学习投入过分,大学生的心理健康和自杀意念问题也值得关注和重视(巢传宣、周志鹏,2019)。

(三) 学习策略问题

大学生学习心理的另一突出问题是学习方式不当。36.9％的学生反映学习的最大困惑是不能适应教与学。大学的教学着重培养学生的自学能力,要求学生具有独立思考的自觉性和研究学习的自觉性。加之大学里课程门类多、课时多,老师讲课又不拘泥于一本教材。这样一来,依旧沿着中学的思维模式和学习方法进行学习的学生便产生了学习适应困难,如听课困难、做作业困难,等等。研究表明,大学生学习适应的主要因素包括学习动机、教学模式、学习能力、学习态度、环境因素等方面(冯廷勇等,2006)。大学生的学习心理问题则主要表现在:9.2％的学生学习"有计划,有时执行",20.3％的学生"有计划,难以执行",16.3％的学生"没有计划";52％的学生课余投入最多精力的是与学习无关的事情;55.1％的学生"有时预习",17.9％的学生"极少预习",5.6％的学生"从不预习";51.0％的学生"有时做课堂笔记",

5.8％的学生"等复习一齐抄"，4.1％的学生"从不做"；在创新学习水平自我评价上，认为"一般"者占52.2％，认为"差"者占10.2％（许佩卿、叶瑞祥，2008）。大学的学习特点与中学有很大不同，大学学习具有自主性、专业性、广泛性和探索性等特点，课程的数量和难度都加大了，记忆性的知识减少，理解性的知识增多，这需要大学生具有较强的独立思考问题、解决问题的能力。而部分大学生还使用中学期间养成的学习方法，难以适应需要自觉的学习意识和创新精神的大学学习生活。

（四）学习焦虑问题

学习焦虑是指大学生由于不能达到预期目标或不能克服障碍的威胁，致使自尊心、自信心受挫，或失败感、内疚感增强而形成的一种紧张不安、带有恐惧的情绪状态。心理学研究表明，学生在学习过程中，保持适当的焦虑是必要的，它可以激发斗志，增强学习效果。但过度的学习焦虑却是有害的，会对学习产生非常不利的影响。一些大学生以往都是"佼佼者"，现在还想保持"尖子生"的地位，使他们长期处于冲突与痛苦中，精神过于紧张，学习上焦虑不安。还有一些学生因为背负着家长的较高期望或一定的经济压力，面对着巨大的学习压力而整天"一筹莫展"。大学生严重的学习焦虑表现为学习压力大、精神长期高度紧张、思维迟钝、记忆力减退、注意力涣散、情绪烦躁、郁郁寡欢、精神恍惚、学习效率下降。

（五）学习倦怠问题

学习倦怠是指连续学习之后，在生理、心理方面产生劳累，致使学习效率下降，甚至出现健康方面的问题，使之不能继续学习的一种异常状态。学习倦怠分为生理和心理两种。心理倦怠的症状是精神涣散、感知迟钝、注意力不集中、情绪不安、忧郁、厌烦、学习效率下降。生理倦怠表现为肌肉痉挛、功能失调、动作不协调、眼球发疼发胀、腰酸背痛、麻木、打瞌睡等。其中，心理倦怠是学习倦怠的主要表现形式。学习倦怠是一种保护性抑制，通常情况下，经过适当的休息即可恢复，但是经常过度的学习倦怠，会使大学生对学习产生厌恶和烦躁情绪，学习效率大大降低。造成学习倦怠的原因主要是：对学习活动缺乏兴趣；学习时间过长，不注意劳逸结合；学习内容难度较大；睡眠时间长期不足等。很多大学生在学习压力下没有找到更有效的学习方法，只有通过学习时间的无限延长来达到预期目的，久而久之，"事倍功半"，反而更加重了学习心理压力。调查表明，大学生轻度学习倦怠的检出率为23.5％，中度为43.0％，高度为7％（李永鑫、谭亚梅，2007）；当前大学生的专业承诺水平不高，学习倦怠的水平较高，情感承诺是当前大学生学习倦怠的最重要的预测变量（连榕等，2005；连榕等，2006）。

（六）考试焦虑问题

考试焦虑是指由于担心考试失败或渴望获得更好的分数而产生的一种忧虑、紧张的心理状态。多数大学生在面临重要考试时都会产生一定程度的考试焦虑,这是正常的,但过度的考试焦虑对大学生的学习和身心健康危害很大。考试焦虑是一种负面的情绪状态,会给人带来痛苦的反应,它既可能是一种暂时性情绪状态,又可以持续发展成为焦虑性神经症。

(七) 学习自卑问题

进入大学后,学生的自我意识增强,自尊感特别突出,如不能正确地进行自我评价则会导致自我意识失调。有的大学生虽经一再努力,但成绩总是不能提高,因而丧失了进取心;有的由于学习成绩太差,主观上又不努力,在学习上一再受挫,像泄了气的皮球,再也鼓不起学习的勇气;有的觉得考研无望,竞争无资本,因而自甘落后,自我轻视,自我消沉。自卑心理产生的原因有的与家庭教育方法不当、社会影响不良有关;有的是由于学校教育失误造成的;有的则因个人智力和非智力因素影响所致。

专栏6-2

大学生学习倦怠的团体动力学分析

大学生学习不仅是个体行为,而且还是团体行为。因此,探究大学生学习倦怠的原因,破解大学生学习倦怠的难题,可以从大学生团体的整体性和团体系统动力学的角度来进行。

① 传统班集体的学习动力功能弱化,大学生的消极从众心理蔓延。班集体是大学生学习的最基本的团体单位,如果班级在建立初期没有确立合理规范的集体学习目标、团体制度等,就很容易导致班集体松散,还可能对班级成员造成消极影响。当下,高校宿舍社区化,学生交往空间网络化、信息化,传统班集体的规范、约束作用越来越弱化,班级凝聚力降低,班集体在学习方面发挥的作用也不如从前,班级内的消极从众心理蔓延。从众心理对大学生既有积极影响,又有消极影响:积极从众表现为同班级、同宿舍的同学彼此鼓励,彼此督促,共同进步。比如高校中出现的"考研宿舍",大家共同争先创优,共同进步,相互传递正能量。消极从众则表现为大学生受同伴消极行为的影响并随大流,如一个班级出现大范围的旷课、抄作业、考试作弊等现象。

② 高校社团等非正式组织活动娱乐化倾向较强,大学生偏离学习目标。高校学生社团活动是对大学生进行素质教育的重要途径和方式,目前高校社团主要有理论学习型、学术科研型、兴趣爱好型和社会公益型四种类型。当下,国内高校中兴趣爱好型和社会公益型社团偏多,如羽毛球协会、篮球协会、舞蹈协会、爱心社等。相较之下,理论学习型和学术科研型社团数量偏少,学生关注度和参与度都不高。

③ 缓解学习倦怠的专业性辅导团队匮乏,团体学习氛围不浓厚。在高校,大学生经常因学习倦怠而产生挂科、违纪、沉迷网络等问题。面对这种情况,大多数辅导员采用批

评教育的方法,但是这种方法的效果并不明显。合理的团体辅导活动可以帮助学生找到学习倦怠的原因,学习新的行为模式,增加学习成就感,更好地认识自我。但是,目前我国高校对于大学生学习倦怠缺少具体的团体干预策略,缓解学习倦怠的专业性辅导团队匮乏,大学生团体学习的氛围不浓。

④ 师生之间缺乏互动交流,大学生学习动力不足。高校的课堂大多是老师在讲台上讲,学生被动地学习,学生和老师之间并没有形成一种良性的互动关系。有学者对近十年国内针对高校师生关系的研究进行了梳理,总结出高校师生关系存在的几大问题:缺乏交流互动,师生关系淡漠化;教学模式单一,师生关系机械化;知识商品化,师生关系庸俗化;师生互信度降低,师生关系自由化(王等等、袁梨清,2016)。受主客观多方面因素的制约,老师很少关注学生的成长,教书育人意识日渐淡化;学生遇到问题也极少找老师交流,师生之间缺乏感情基础,彼此互不交流,互不依赖,互不信任(曹砚辉,2012)。这种状况使得师生之间的关系越来越淡漠,学生学习的兴趣和动力不足(董焕敏等,2017)。

第三节　大学生学习心理健康教育对策

大学生在学习中表现出来的各种心理问题,不仅会严重地影响学习效果,而且也不利于大学生身心的健康发展,因而必须有针对性地进行调节和疏导,培养大学生健康的学习心理。有研究者全面分析了大学生学习心理障碍产生的原因、表现及负面效应,认为应通过加强大学生学习心理健康指导,消除其学习心理矛盾与困惑;切实加强学科建设,消除教源性学习心理障碍;建构"四位一体"的社会支持系统,实现学习心理品质的良性发展;实现与中学学习心理健康教育的衔接,保持健康学习心理品质的可持续发展等措施,促进大学生学习心理健康(吴金昌等,2010)。

一、大学生学习心理的自我调适

(一) 确立适当的学习抱负水平

大学生在进入大学后,就应该根据学习任务的难度和自身的学习基础、学习能力等因素为自己确立适当的学习目标和抱负水平。既要有远大理想又不要"好高骛远"。心理学研究表明,学习目标和抱负水平太高,容易因经常达不到理想的目标而焦虑和丧失自信;学习目标和抱负水平太低,则很难对学习活动的动机起到激励作用,不利于学习水平的提高;只有适合自己的同时又稍高一点的学习目标和抱负水平,才既能对学习活动起到真正的推动作用,同时又不会给学习能力和学习基础有局限性的大学生造成不必要的学习心理压力和心理障碍。比如:英语基础好且学习能力强的学生能一次顺利通过英语四、六级考试,而英语基础差且学习能力较差的大学生从心理上就不要盲目去"攀比",没有必要给自己也确立"必须一次过级达标"的目标,其实只要自己努力学习、善于总结学习规律和有效的学习方法,第二次甚至第三次能通过也应看作是一种成功和超越,应该肯定自己并让自己感到满意。要知道每个人的起点和奔跑的速度是不一样的,跑到终点的时间肯定是有区别的。

(二) 激发学习兴趣和学习热情

"兴趣是最好的老师。"学习兴趣是人们在认知过程中的某种情绪情感的倾向性。学习过程既是理性的又是感性的。在学习过程中不仅要调动理性的心理元素(思维和记忆等)参与,而且要充分调动感性心理元素(兴趣、热情、感知觉、想象等)的参与。其实认识过程本身的特点就是从感性认识到理性认识。而大学生的学习主要是通过听老师讲课和自己阅读的方式来学习前人总结的各种间接的知识经验。因此学习内容大部分是抽象的、概括的。感性资料和感性认识的不足,常常会使大学生感到学习是枯燥和空洞的。因此,大学生应丰富感性认识、多观察自然和社会现象,理论联系实际、多参加科学实验和社会实践活动,使学习不再仅仅是抽象的、理性的、富于逻辑性的,而是形象的、生动的、富有乐趣的。

(三) 注重有效的学习策略和方法

科学有效的学习策略和学习方法是有效帮助大学生积极健康地学习、提高学习效率和成绩、减轻学习压力的重要措施和有力保障。大学生在整个学习过程中,应高度自觉地意识到自身思维认识和整个学习活动的心理状态,学会对认知流程实时监控,学会不断地总结自己的学习经验和策略,学会学习,让自己进入健康高效的学习状态。

(四) 培养良好的学习心境

注意合理科学地安排自己的学习节奏,让学习过程本身像一首歌、一首诗,学会挖掘学习本身蕴涵的乐趣和美,是学习者应当培养的一种较高的学习境界。在进入学习活动之前和学习的过程中积极调整自己的学习心理准备状态,带着并保持一种愉快的心境进入学习和完成学习活动,是保证积极健康的学习心态和良好的学习状态的重要条件。比如我们可以给自己一些积极美好的心理暗示,可以用一段适合自己的美妙的音乐来放松自己的大脑和神经,甚至伴随部分学习过程等。

二、促进大学生学习心理健康

（一）重视培养大学生良好的学习动机

学习动机是引起、维持和改变大学生学习活动的内在动力。研究表明，我国大学生的学习动机由求知进取、集体取向、物质追求、害怕失败、个人成就、他人取向六个因素构成；在性别差异上表现为男生更重视权力地位，女生更关心人际关系（杨渝川等，1996）。学习动机一方面是由学习的外部压力成功内化而来，另一方面来自大学生自身的学习需要。正确而良好的学习动机的培养是保证大学生健康学习心态和良好学习状态的重要方面。大学生不仅应该培养外在学习动机（比如考试成绩良好、得到奖学金等），更重要的是要增强内在学习动机（比如实现自己未来的职业理想、良好的自我发展、贡献社会和人类、报效祖国等）。只有明确了学习目的、确立了正确的学习目标和适当的抱负水平，有效地把外部的学习压力成功地内化为大学生自身内在的学习动力，才能真正把学习变为一种"是我自己需要学习"、"是我自己愿意学习"的活动。大学生自身对学习价值的认同和自身对学习的需要的肯定是大学生把学习转变成"自觉自愿"、有"主观能动性"的学习心理和学习行为活动的重要前提。当学习不再是一种外部的压力而是一种自己的需要的时候，学习将会是一种自觉的满足而不是被迫的要求。这种心态就是一种最健康积极的学习心态，自然也就会带来一种最积极健康的学习状态。教师应把"学习动机的培养和激发"当作一项重要内容，贯穿整个教育教学活动的始终。

（二）大力加强教学改革

现行高等教育的弊端是：专业设置太细、专业面狭窄，造成人才的后劲不足，创造力平平；教学内容整齐划一，忽视了学生中客观存在的素质差异，不利于拔尖人才的脱颖而出，也不利于学生的个性发展；学生对学习内容、学习难度和学习进度没有选择，容易诱发学生厌学、无学习热情和兴趣等问题；格式化的教学内容造成了课程的陈旧老化和教师素质的降低。这些弊病不除，就无法适应社会发展对高等教育的要求，也很不利于学生健康学习心态的形成。

（三）注重教学质量和教学艺术

要提高大学生的学习健康心理素质和水平，提高大学教师自身的师范素质是关键。作为一名大学教师，不仅应该通晓本学科的知识、技能，还应熟练地掌握心理学、教育学等师范类学科的知识规律，以及科学而艺术的教育策略和教学方法，了解大学生的学习心理特点和心理规律，加强"启发式教学"，善于适当采用多媒体教学手段，提升教学语言表达的艺术性、生动性和感染力；正确认识考试的目的，了解考试不是最终的教育目的，而是一种评价和检验学生的学习效果和教师的教学效果的工具和手段；对学生的评价应以表扬和鼓励为主、惩罚批评为辅;积极贯彻"因材施教"的原则,尽量采取个性化教育和教学;鼓励大学生发现问题、探究问题、尝试错误等。

(四) 切实帮助大学生提高学习策略和掌握科学的学习方法

针对某些大学生学习独立性、自主性、计划性较低的现象,教师应加强对大学生学习策略、方法和技巧的辅导。第一,教师应确保学生已了解大学学习过程的自主性、学习内容的丰富性和专业性、学习方式的多样性和学习目的的探索性等特点;教师应"增强学生学习主体意识",督导学生制定合理可行的学习目标与计划,科学有效地利用时间,逐渐摸索出一套适合自己的学习方法。第二,应为学生提供制定学习计划、提高记忆效果、笔记记录与整理、资料查找与利用等具体的学习方法指导。

(五) 注重学生的学习创造性和个性化的优势培养

教育本身的内容就包含一种发展的意义,一种达到一定目的的发展。教育的重要目的之一就是要教会学生在掌握各种社会生活模式和普通生活准则的基础上达到自我实现的目标。最终应使学生能自觉探索和利用新的生存模式达到生活的艺术,也就是具有把握自己生活的能力,成为富有创造力的人。事实上,创造性是一种所有人都可能拥有的能力和个性,是个人健康、成熟的表现,也是个性强大和成长的表现。一个真正好的教师应向学生介绍多种经验,让学生根据现实和具体情况自己去做出选择,特别是不要向学生一味强制性地灌输刻板定型的知识经验和所谓的模式。一般情况下我们都认为每个心理健康、人格健全的人都会根据自然的本身的协调作用去充实自己的内心,去充分发挥自己的价值和创新精神。

(六) 增强大学生学习心理素质和加强心理健康教育

在大学开设心理学必修课和学习心理方面的专题讲座。直接从正面向大学生灌输学习心理学和健康心理学方面的科学知识,增强大学生健康心理素质和学习心理的自我调节控制能力。加大学校心理咨询和辅导的科学性和力度,教会大学生正确对待学习压力和挫折的心理应对策略和心理调适技巧,比如增加对大学生考试前的心理放松和减压技巧的培训和辅导等。

复习思考题

1. 解释:学习,学习倦怠。

2. 大学生学习心理的发展变化有哪些特点?

3. 如何认识学习对大学生心理健康的影响?

4.结合实际分析阐述大学生有哪些常见的学习心理问题?

5.结合自己的实际,举例阐述大学生应如何调适自己的学习心理问题?

扩展阅读

1.徐国立.大学生学习与心理指导[M].北京:中国人民大学出版社,2014.

2.葛明贵.大学生学习心理问题研究[M].合肥:合肥工业大学出版社,2010.

第七章　网络与心理健康

牛师傅家住宝鸡麟游县,2012年10月份,家中最小的儿子小牛"失踪"了。自此父亲牛师傅便开启了异常艰辛的寻子之旅。"儿子上高中时成绩优异,高考成绩也很好,被西安交通大学录取,让我感到很欣慰,觉得儿子是我们家的骄傲。"牛师傅说,儿子不经常跟家人联系,放假过年也从来不回家,自己还是通过老师才知道儿子辍学了。这3年多的时间,儿子究竟去哪了,在干什么,他一概不知。

2016年的大年初一,牛师傅终于打听到了儿子的消息。那时他才知道,沉迷网络从西安交通大学辍学的儿子因结核病扩散至全身而昏倒在网吧。"儿子现在就60多斤,瘦成这样,要是走在路上面对面我都认不出来。"牛师傅说,今年1月的一天,儿子在网吧昏倒,被120送至西安市第五医院,经过检查,儿子初步被确诊为"肺结核"。

"大年初一,儿子被转至西安市胸科医院,随后经过医生询问,儿子说出了详细地址,才联系上村委会,我才知道。"牛师傅说,他问儿子后得知,这3年多儿子主要靠当临时工为生,赚到点钱,就去网吧上网,白天晚上,吃住都在网吧,最严重时一个月都是在网吧度过的。(http://games.sina.com.cn/g/g/2016-02-26/fxpvysv4905623.shtml)

比起过去的报纸、广播、电视等大众媒体,互联网的出现更深刻地改变着人们的工作、社交、学习和生活方式。大学生是感知互联网信息最快的群体,也是移动端APP最大的使用群体,互联网不仅是学习和信息检索的有效工具,迅猛发展的互联网在很大程度上改变着大学生的学习、生活和娱乐方式,给大学生的学习和生活带来了很大的便利,也使大学生的思想受到前所未有的冲击。然而,互联网这一新生事物的出现也带来许多前所未有的问题,影响着大学生的身心健康。它像一把"双刃剑",有的大学生善于利用它,为自己创造了一个又一个奇迹;而有的大学生却沉迷其中,不能自拔,无法正常完成学业。对像小牛这样深陷网络无法自拔的同学来说,网络虽不是毒品,却能麻醉身心,它让人忘却现实的烦恼和痛苦,求得暂时的安宁与超脱;但这种解脱只是暂时的,沉迷于网络更多的是让他们变得抑郁、焦虑、孤独,甚至对身体造成不可逆转的伤害。本章主要从大学生网络心理的一般问题入手,探讨网络与大学生心理健康的关系,并就大学生网络心理健康提出调适和教育建议。

第一节 大学生网络心理的一般问题

一、互联网的基本特征

互联网(Internet)又称因特网,它是将两台或两台以上的计算机终端、客户端、服务端通过计算机信息技术的手段互相联系起来的结果。通过互联网,人们可以与远在千里之外的朋友相互发送邮件、在线聊天、共同完成工作、共同娱乐。自从 1969 年互联网的雏形阿帕网诞生以来,距今不过 50 年左右的时间,互联网已发展成为一个全球几乎家喻户晓的交流工具。世界各地数以亿计的人们正在利用互联网进行信息交流和资源共享。

(一) 网络本身的开放性

互联网的开放性,是互联网强大生命力和活力的源泉。网络的本质是计算机之间的互联互通,以便能够做到信息共享。并且,计算机之间互通的程度越充分,共享信息越多,开放性越高,网络所起的作用就越大。网络正是通过对服务者开放,为用户提供一个开放的接入环境,从而使互联网上的每一个节点,都可以自愿地、轻而易举地为互联网提供信息服务。开放性意味着任何人都能够得到发表在网络上的任何事物,意味着任何个人、任何组织包括国家和政府都不能完全独揽互联网的信息服务。

(二) 网络环境的虚拟性

网络世界是人类通过数字化方式,链接各计算机节点,综合计算机三维技术、模拟技术、传感技术、人机界面技术等一系列技术生成的一个逼真世界,其基本的环境是一种不同于现实的电子网络空间。作为技术世界、人文世界和社会世界共同组成的网络世界是虚拟的,进入网络世界的人,通过网络交往的主体隔着"面纱",以某种虚拟的形象和身份沟通、交流着,交往活动也不再像一般社会行动那样依附于特定的时间和空间。这些都使得发生在人与人之间的网络交往易变、混沌,网络世界中的人际关系也因此充满了不确定性。在网络技术的帮助下,每个人都可以成为"隐形怪杰",其身份、行为方式、行为目标等都可能得到充分隐匿或篡改。但需要指出的是,网际关系的虚拟性与虚假性不同,尽管由于人的恶意操作,虚拟性会堕落变质为虚假。

(三) 网络信息的迅捷性和多元性

互联网每时每刻都在更新和传递着海量的信息,由此互联网也被称为"第四媒体"。

如今,第四媒体的发展正在逐渐占领主流媒体的地位。相比报刊、广播和电视三种传统媒体,网络以其传播迅速、观点多角度等优势,深得人们喜爱。不仅如此,相对于传统的单向媒体来说,网络面向公众,信息是互动传播的,每个人都有可能在网上发表自己的言论,交往范围的不断扩大,丰富了网上的信息量,使人们的各种社会关系向多元化和复杂化方向发展。

(四) 网络关系的互动性

互动性可以说是网络上信息发布的低门槛和信息传播方式灵活性带来的直接结果。事实上,互动性不仅仅体现在传受双方交流的增强,还体现在整个信息形成过程的改变。在一个真正的互动环境中,信息不再是依赖于某一方发出,而是在双方的交流过程中形成的。可以这样说,网络上不再有信息传播控制者,而只存在信息传播参与者。另一个需要指出的是,把网络的互动性简单理解为网站与网民的关系是不够的。事实上,网民之间的互动关系是互动中的一个重要部分,甚至可以说,没有网民之间的互动关系,网站与网民的互动,无论从强度、频度还是效果上看都会是有限的。

二、互联网的心理学解读

(一) 网络与认知

网络文化不仅给人们带来一种全新的生活和学习方式,同时也潜移默化地改变着人们对自身和对社会的认知。网络空间是一个典型的人机结合的复杂系统,它能形成逼真的、三维的、具有一定视听等感知能力的超现实社会。对于很多沉迷于网络的人来说,它更像一个有特殊意义的家。网络摆脱了传统社会的控制,让人用新的视角去接触社会。人们可以不受年龄、性别、相貌、身份等多方面的差异限制,克服各种不同文化的障碍,更直接坦诚地表达自己的主张和感受。正是这种网络的隐蔽性让人们塑造和认识着不同的自我。而且在网络中,通过信息的"克隆",许多信息可以快速高效地呈现在人们眼前,使人很容易在大量的信息中迷失自己,因而不得不对这些信息进行筛选,人们也不得不在速度和空间面前重新审视和认识自己。另外,网络时代的出现使人们的价值观念也发生了深刻的变革,传统的伦理道德不断受到挑战。网络可以掩饰人的真实身份,现实世界的伦理法则不再能有效地实施监控。由此带来的异化,使不同人产生不同认知,导致现实和虚拟的混淆。有的人沉溺其中,被网上眼花缭乱的信息所吸引,很难回到现实生活中,很难看清真正的自我,渐至丧失理性。

(二) 网络与情感

与传统表达方式相比,由于网络的即时性、便利性、匿名性等特点,使得网络成为人们自由阐述观点、抒发情绪、传递情感的一个平台。微博、朋友圈、网上调查、豆瓣的热门无不体现着网络反映人们心声的优势。比如，一个人通过上网，可以把原来想说但受社会称许效应影响而不能说出来的情感表达出来，他可以找到很多和自己在行为和想法上相似的同伴，从而产生一种对群体的归属感。由此可见，网络也会为广大用户带来积极的情绪体验。同样，网络也会给人带来消极的情绪体验。如刘文俐等人（2014）发现过度使用网络的大学生比正常大学生表现出更消极的生理后果、行为后果、经济后果、心理—社会后果，对生活更不满意、更容易感受消极情感，幸福感更低。吕欢（2018）发现，网络成瘾和有网络成瘾倾向的大学生在抑郁、孤独情绪上的得分显著高于网络使用正常者。此外，网络舆论事件会对大学生群体情绪产生复杂而深刻的影响，且严重的负面群体情绪极易导致大学生群体性过激言行从线上走到线下（闫东利、毕日生，2017）。

（三）网络与行为

互联网的出现和发展同样影响着人们的行为方式。网络由于即时性和跨地域性等特征，为人们的生活带来很多便利。如网上学习、网上购物、网上问诊、网上聊天、网上游戏等，让人足不出户也能满足一些基本的生活与娱乐需求。对大多数人来说，他们会受益于互联网的使用，但对一部分人来说，当使用变成滥用的时候，他们就可能会出现病理性的行为问题，如网络成瘾。有研究表明，网络人际关系成瘾者与未成瘾者在社交回避得分上有显著差异，这表明网络成瘾得分高的学生表现出更多的社交回避（王启晨等，2012）。

（四）网络与人际关系

网络人际互动有很多与现实不同的特点，比如网络语言、用户身份的虚拟性等。网络语言中的各种汉字拼音或英文缩写、数字谐音，网络特定的词汇以及网络表情等，都构成了网络文化的一道独特的风景线。网络的人际与现实的人际相比，有很多不同的地方，比如交往的超时空性、交往对象的广泛性和偶然性、交往主体的平等性、交往角色的虚拟化、交往过程的电子文本化，以及交往的弱规范性等。网络人际的优点是可以"天涯若比邻"，但是也容易造成现实生活中的"比邻若天涯"，带来负面影响。如乔木（2012）认为互联网影响下的人际关系显得愈来愈冷漠，网络社交工具也使大学生的现实人际关系在某些情况下变得疏离、间接，大学生的现实交往能力下降，出现了诸如孤独、叛逆等心理问题，产生信任危机；又如，金鑫等人（2017）的一项实验表明，越喜欢网络社交，越容易感到孤独，即正向的网络社交态度对孤独感有直接效应。

三、大学生网络心理的特点

根据中国互联网络信息中心（China Internet Network Information Center，简称 CNNIC）

公布的数据,截至 2016 年 8 月,中国网民仍以 10—39 岁群体为主,占整体的 74.7%。其中 20—29 岁年龄段的网民占比最高,达 30.4%。10—19 岁、30—39 岁群体占比分别为 20.1%、24.2%。与 2015 年相比,10 岁以下儿童群体与 40 岁以上中高龄群体占比均有所增长,互联网继续向这两个年龄群体渗透。最新公布截至 2018 年 6 月底,我国网民规模达 8.02 亿,普及率为 57.7%;手机网民规模达 7.88 亿,网民中使用手机上网人群的占比达 98.3%。2014 年的一项研究显示,每天使用计算机上网四小时以上的学生占 41.5%。通过对低年级和高年级本科生上网时间比较可发现,低年级本科生中,上网一至两小时的学生比例最大;高年级本科生中上网两到四小时的学生比例最大,占 39.7%(杨学玉,2014)。可见,上网已成为大学生生活的重要组成部分。有研究表明,大学生使用网络的需要及满足方式与网络使用的健康方式有密切关系。那么,大学生使用网络时的心态有什么样的特点呢?

(一) 认知方面

1. 尝试心理

网络的互动性和开放性激发了大学生的尝试心理。与被动接受的传统媒介相比,网络有着明显的区别。不管大学生身处何处,只要进入互联网,就可以在统一的平台上以相互平等的方式从事对信息的制造、交流和利用,各种情绪都可得到尽情地表达和宣泄。对于崇尚自由、民主和平等的大学生来说,网络无疑是一个能崭露头角的好地方。在这里,大学生能充分体会到助人的自豪感,不受时空的约束和规矩的限制。

2. 猎奇心理

大学生对新鲜事物充满了好奇,而网络丰富的资源更促发了这种猎奇的心理。互联网把无数局域网连接起来,成为全球最大的信息库,内容涉及社会生活的各方面。这大大拓展了大学生的视野,为大学生带来全新的生活体验,满足了他们的好奇心理。

3. 信息搜集

互联网把人们的生活带入了一个信息爆炸的时代。形形色色的资讯在这里汇集,要查找什么信息都触手可及。数字图书馆、在线课程等的出现大大拓宽了大学生搜集资料和接受知识的途径,满足了大学生不断增长的认知需求。

(二) 情感方面

1. 减压心理

如今社会对人才质量的要求越加严格。许多大学生在就业、升学或自身状况上体会到的压力也较以往大学生有所增加。而网络的隐匿性、开放性等特征给大学生适时转移、倾诉和宣泄自己的负面情绪提供了机会和场所。

2. 娱乐心理

在网上参加游戏、聊天、听音乐、看电影、阅读等已是大学生娱乐的重要方式。大学生具有好奇、追求浪漫、喜欢惊险刺激,对新事物、新信息反应迅速等心理行为特征,而网络的功能正好与这些特征相匹配,因此在网上冲浪成为大学生休闲和娱乐的主要途径之一。

3. 价值体现心理

人需要在社会关系中获得自我价值。而处于青年初期的大学生思想比较活跃,渴望友谊、理解与尊重。随着年龄的增长,生活空间的扩展和阅历的不断增加,大学生对自我价值感的追求表现得尤为明显,而网络为大学生的价值体现提供了便利条件。不论天涯海角,互联网都可以使人们彼此认识交往,并在这种人际互动中获得自信、自尊和自我认同等价值。另外,通过网络这一平台来成就自己的学业、事业,也是大学生实现自我价值的重要手段。

4. 情感表达心理

通过上网寻求人与人之间的相互关心、理解和尊重是潜藏在大学生内心的上网动机之一。他们在网络中结识朋友,获得在现实生活中无法得到的情感交流和满足。在网络中,他们表达情感的主要方式有聊天、建立个人网页、写微博、发朋友圈,在豆瓣和天涯上发表自己的观点和见解等。

5. 逃避心理

由于社会的不协调发展造成了社会中存在各种各样的压力,很多学生为了躲避现实生活的压力都会在互联网中寻求精神寄托。也有很多学生是在现实生活中受到了挫折,因此转向互联网世界的怀抱。

(三) 人际方面

1. 沟通心理

人际交往是大学生身心发展的需要。网上沟通这种新的人际交往渠道为大学生展现自我和接触社会等提供了一个新的平台。通过聊天软件、论坛留言或博客交流等方式,大学生可以海阔天空地畅谈自己的看法,获取别人的观点。

2. 交友心理

随着自我意识的增强,大学生逐步摆脱了对父母、老师的依赖,但同时对同龄人的依赖有所增长,需要在新的环境中获得同伴的友谊。如今,网络作为一种交友工具在高校学生中已经相当普及。

3. 恋爱心理

随着身心发育的日渐成熟,大学生对爱情的渴望和追求自然萌发。而网络为大学生恋爱的自我表露、情感需求带来了新的体验模式。开放的网络为大学生寻找恋爱对象增加了概率,隐匿性则让人能更直接地表达出内心的情感。

第二节　网络与大学生心理健康的关系

一、网络对大学生心理健康的影响

（一）对大学生自我同一性的影响

互联网在帮助大学生获得信息、娱乐和知识资源的同时，也让他们开始重新审视其赖以成长的这个世界，重新进行自我定位。毋庸置疑，网络为大学生展现自我提供了一个广阔的平台。网络的海量信息以及强大的信息搜索功能可以帮助青少年获得有关自我认识方面的信息，从而促进对自我的探索。网络人际交往的交互性以及主体多样性，也使得青少年可以与不同的网民交流，获得不同主体的评价，从而促进对自我的全面认识（欧贤才，2011）。透过它，大学生能够以自主的方式创立自己的价值体系，开拓自己的生存空间，也能以平等的方式与成人世界展开对话，改变自身的处境，这给大学生带来了极大的满足感。而且与传统媒介相比，那种普通民众缺少话语权的情况得到了极大的改变。

但网络环境的虚拟性、网络信息的多变性等，也可能给当代大学生自我同一性的探索带来混乱（毛春梅，2007）。主要表现在三个方面：① 容易产生角色混乱。进入网络人际传播过程中的青少年，自我隐匿的心态会促使他把自己分成若干个角色，尝试各个角色带来的新体验，致使他人对自己产生多种认识，这些认识经反馈会使个体对自己的认识更加模糊，而自我暴露的心态又使得青少年在各种角色扮演中自觉或不自觉地流露出真实的部分自我。这种分裂的心态常常使青少年迷失在自我的扮相与真实之间。另外，这些角色与其在现实生活中的角色之间的冲突可能更加严重。这样，关于自我的认识也就很难正常建立起来，个体在形成一个完整、统一、具有连续性自我的过程中遇到了困难，从而导致角色混乱。② 容易导致现实自我与理想自我距离过大。网络社会中的理想的"我"是不能够与现实社会直接接轨的，这就使它无法或很难在现实社会中实现并与现实中的"我"达成一致。结果使青少年的自我同一性长期处于一种扩散状态，理想和目标过于远大，而个体无法企及的失望和沮丧又使他们一再产生挫折感和失败感，从而放弃对理想的追求，更加沉迷于虚幻世界中。这使得青少年对本来就很困惑的"我是谁"的问题更加困惑，从而给青少年自我同一性的确立带来了更大困难。③ 主观"我"和客观"我"之间矛盾加大。在网络社会中，所有信息都是以数字形式存在的，在这种交往中，人们不断地以这种电子书写的方式建构自己的身份，创造了多个"自我"。网络社会中青少年的"现实自我"与他的"镜中自我"是有距离的，理想的"我"与现实的"我"这二者始终处于一种不一致的矛盾状态中，这种不一致加剧了主观"我"与客观"我"之间的矛盾，即青少年对自己的认识和评价与客观、真实的自我之间的矛盾，致使网络社会中青少年的自我意识难以达到统一。

(二) 对大学生情绪健康的影响

网络交往的虚拟性、安全性和广泛性恰恰迎合了大学生渴望交往而内心闭锁、渴望获得真情而又怀疑真情的矛盾心理。在社会转型期的大学生渴望安宁又普遍缺乏安全感,而中学教育更注重文化知识的传播、积累,往往忽略了学生社交技能的培养,使其社会发展能力滞后,这与他们渴望交往、害怕孤独的心理特征相冲突。虚拟的网上交往给大学生提供了全新的渠道,使他们敞开心扉。由于网上交往仅是文字的流动,个人能保留自我想象的空间,可以不在乎对方的反应,大学生通过聊天倾诉,尽情宣泄内心压抑的不良情绪,缓解心理压力。所以,网络给大学生创造了发泄心中不满情绪的场所和空间。

大学生的情感体验极为丰富、强烈、敏感,也极为动荡、复杂。他们关注社会的发展,也关注自己的切身利益。但由于生活阅历的贫乏,他们对人生充满理想,又脱离现实。情绪起伏较大,很不稳定,容易产生不满足感和焦虑、紧张、抑郁等不良的情绪体验。大学生情感的成熟必须通过社会生活的实践体验得以实现,而长时间的上网阻断了大学生亲身的社会情绪体验。他们沉迷于虚拟世界中,受到网上传播的价值思想的感染。他们往往会花大量的时间和精力去浏览虚假重复的信息,这使得他们的思维方式、行为模式、心理发展等产生了巨大的变化,使其在网络上出现了诸如网络恶搞、人肉搜索、网络纠缠等形式的网络暴力、网络牢骚和网络破坏等负面情绪问题(张朋艳,2013)。

(三) 对大学生社会适应性的影响

大学生社会适应能力是指大学生在与社会环境的相互作用过程中为达到和谐与平衡,而必须具备的顺应、改变、调控环境的能力。它包括人际适应能力、语言表达能力、自主学习能力、应对挫折能力等(张炳兰,2013)。大学生正处在社会性发展的关键期,同时他们又具有使用网络的便利条件。一方面,网络技术的飞速发展和信息传递的快捷,以及人机对话的平等的新型人际关系,有助于启发和引导大学生培养和形成学习、效率、平等、开放等现代观念;网络缩短了人与人之间的空间距离,有助于他们扩大交往的范围;网上新型人际交往方式和社会关系的建立为大学生在现实社会中进行社会交往提供了一种缓冲的空间;网络还为大学生的社会化提供了角色的练兵场。另一方面,网络又是一个虚拟的世界,在网络环境下,人的交往的对象、身份都不确定,这就减弱了青少年的社会角色的获得能力。人们网上交际主要依靠文字或抽象的数字、符号。如果大学生终日沉迷于这种人机对话的模式,会对社会适应行为和能力产生影响,更有甚者,还会患上"网络社交障碍"。正如时下在网络中悄然盛行的术语"宅人族"所表现的那样,他们极少出门,终日穿行于网络世界里,个人生活一团糟,逃避与外界社会的接触。由此可见,网络交往的虚拟性、自由性,很容易导致青少年行为的普遍失范,不利于他们的社会化。

(四) 对大学生时间管理能力的影响

互联网的便捷性的确给我们的生活带来了很多方便。举个简单的例子,在网上查询航班信息和购买机票,会比传统的方法要节省很多时间。但不容忽视的是,互联网也在吞噬着很多人的时间。

作为推动社会进步与发展的重要后备力量,大学生群体的综合素质一直得到社会各阶层的广泛关注,具备"时间管理"的观念与能力也成为大学生综合素质培养的一项重要内容。黄希庭等人(2001)对青少年的时间管理倾向进行了研究,认为它主要包括三个方面的内容。一是时间价值感,即个体对时间的功能和价值的稳定的态度和观念。二是时间监控观,即个体利用和管理时间的能力和观念。三是时间效能感,即个体对自己驾驭时间的信念和预期,反映了个体对时间管理的信心,以及对时间管理行为能力的估计。

缺乏时间管理的能力是沉迷于网络中的人的通病。研究显示,大学生的网络成瘾行为与时间管理能力呈显著负相关,即时间管理能力越强的大学生,网络成瘾的概率越小。反之,时间管理能力越差的大学生,越无法控制上网时间,导致上网时间毫无节制,网络成瘾的概率越来越大(刘惠星等,2012)。

二、由网络引发的大学生常见心理问题

大学生由于阅历浅,社会经验不足,意志薄弱,承受挫折、辨别是非、适应以及自我控制的能力都不强,对自己又缺乏正确而全面的认识,所以容易受到社会上各种思潮的冲击。大学生正处于青春发育后期,心理发育还未完全成熟,在遇到心理冲突和困惑时,网络便成为他们的主要交流工具之一。但在这种环境中的关系多是虚幻的,在网络中得到的安慰也只是暂时的,当离开这种环境后,被安慰、被关心的感觉瞬间消失,导致大学生心理冲突和困惑加剧,长期发展必然产生心理问题甚至疾病。

(一) 网络成瘾综合征

网络成瘾(Internet Addictive Disorder,简称 IAD),临床上是指由于患者对互联网过度依赖而导致的一种心理异常症状以及伴随的一种生理性不适。患者表现为过度上网,每天耗在网络上的时间为六个小时以上。如果没有上网,则表现得萎靡不振或精神颓废。格里菲斯(Griffiths,1999)认为网络成瘾与物质成瘾一样,具有突显性、心境调节、耐受性、戒断症状、冲突性和反复性等核心特点。2008 年 11 月 9 日,我国首部《网络成瘾临床诊断标准》通过专家论证(见专栏 7-1)。这一标准的通过结束了我国医学界长期以来无科学规范网络成瘾诊断标准的历史,为今后临床医学在网络成瘾的预防、诊断、治疗及进一步研究上提供了

依据。根据《中国青少年健康教育核心信息及释义（2018 版）》，网络成瘾指在无成瘾物质作用下对互联网使用冲动的失控行为，表现为过度使用互联网后导致明显的学业、职业和社会功能损伤。

专栏 7-1　　　　　　　我国首部《网络成瘾临床诊断标准》

① 对网络的使用有强烈的渴求或冲动感。

② 减少或停止上网时会出现周身不适、烦躁、易激惹、注意力不集中、睡眠障碍等戒断反应；上述戒断反应可通过使用其他类似的电子媒介，如电视、掌上游戏机等来缓解。

③ 下述五条内至少符合一条：为达到满足感而不断增加使用网络的时间和投入的程度；使用网络的开始、结束及持续时间难以控制，经多次努力后均未成功；固执使用网络而不顾其明显的危害性后果，即使知道网络使用的危害仍难以停止；因使用网络而减少或放弃了其他的兴趣、娱乐或社交活动；将使用网络作为一种逃避问题或缓解不良情绪的途径。

网络成瘾的病程标准为平均每日连续上网达到或超过六个小时，且符合症状标准已达到或超过三个月。

---

1. 网络成瘾的表现

网络成瘾者对互联网的依赖程度严重。最主要表现为无法自我控制上网时间，多沉溺于网聊或网游，几乎不理会现实生活的存在。刚开始时，成瘾者会出现精神依赖现象，到后来发展成躯体上的依赖，出现一系列生理症状，如头昏眼花、疲乏无力、食欲不振等，更为严重的还会产生其他并发症，如心血管疾病、胃肠神经症、紧张性头痛、性情变异等。

2. 网络成瘾的类型

根据 2008 年新出台的《网络成瘾临床诊断标准》，网络成瘾分为五类。

① 网络游戏成瘾，是占网络成瘾比例最高的类型。《中国青年报》2008 年的一项调查结果显示，62.0％的人认为玩网络游戏会上瘾，90.6％的人认为网络游戏影响学业，88.5％的人认为网络游戏影响身体健康。学生是网吧的主要顾客，而在大学周围的网吧里，部分学生无节制地花费大量时间和精力沉迷于网络游戏，严重影响了正常的学业和生活。

② 网络色情成瘾，指沉迷于网络上的色情内容，包括图片、文字、动画、电影和色情聊天等。从大学生的年龄特征来看，他们正处于性生理成熟后的性满足延迟期，易受到网络色情内容的诱惑而导致成瘾。

③ 网络关系成瘾，指过分沉迷于网络上的人际交往所建立起来的关系，并用这种关系取代现实生活中的人际关系。在网络的"虚拟社会"中，人际关系必然有虚拟化的特性。而大学生是一个特别渴望与人交流的群体，由于网络的独特魅力，在大学生中也就形成了网络关

系成瘾的电子隐士族,迷恋网络关系,甚至逃避现实关系,产生"人机热、人际冷"的现象。

④ 网络信息成瘾,指不能自制地在网上搜索过多的对现实生活无太多意义的信息。大学生有强烈的求知欲,对网络提供的信息趋之若鹜。然而过度迷恋网络提供的信息也会影响正常的生活。

⑤ 网络交易成瘾,指过分沉迷于网上购物、拍卖等活动。网络作为一个交易平台,操作便捷,内容丰富,刺激了很多人的购物欲望。但同时也造成了不少人迷恋其中,占用了大量的时间和精力。

3. 网络成瘾的成因

以往研究表明,人格、自我、人际关系、亲子沟通、心理需求满足、主观幸福感和使用体验等多个方面的因素都会影响网络成瘾(魏华等,2018)。总体来说,网络成瘾形成的原因是很复杂且多方面的,有行为、生理生物学、情绪、认知、社会和发展、年龄特征等原因。有关大学生网络成瘾的成因,可以归纳为下列几个方面。

① 网络本身的诱惑。网络有其吸引人的许多特点,如新鲜感、可操作性、虚拟性等。其中最吸引人的特点是它的虚拟性。在网络的虚拟环境中,人的内心准则和社会规范的制约性大大削弱或不复存在,人们的网上行为表现出一种解除抑制的特点,可以随心所欲地发表自己的言论,做出许多平常想做而不敢做的事情。可操作性主要表现在网络游戏上,在网络游戏中可充分发挥人们的主观能动性,使心理得到满足等。

② 大学生自身原因。第一,如今的大学生,大多长期生活在一个相对封闭的温室中,很多大学生生活能力、学习能力、自我控制能力、沟通和社交能力较低,心理脆弱,容易被网络俘获。第二,大学生正处在人生过渡期,还没有形成比较稳定的世界观、人生观和价值观,对新鲜事物的好奇与探究的欲望十分强烈,很容易受到外界的影响而深陷其中。第三,由于大学生活单调,当进入大学后的新鲜感逐渐消失时,大学生会在以学习为主的生活中感到单调乏味,进而通过网络来追求刺激,满足自己的好奇心。第四,大学生渴望友谊和交流,但有的学生性格内向、不善交际、孤独感强,因人际适应不良对现实生活感到无助,因而到网上寻求支持和帮助。国内外调查表明,性格内向敏感、交际困难的人容易上网成瘾。第五,也有的学生因学习成绩下降,学习上无满足感而沉迷网络。进入大学后,由于学习方法、学习内容与高中时大相径庭,从而使部分大学生产生不适应感而导致学习成绩急剧下降,价值感和成就感逐渐消失,进而转入网络,在网络中寻找理想自我,用虚拟的理想自我代替现实自我。

③ 家庭环境的影响。家庭的经济状况和家庭的教养方式不当也是大学生网络成瘾的重要影响因素。第一,经济基础。不少大学生由于家庭经济困难、学习压力和就业压力大等原因,心理负担重,于是他们便开始寻求解脱方式,逃避现实的压力。而网络成为他们逃避现实压力的最好选择。因为网络游戏所营造的是一个虚拟的世界,可以使大学生逃避现实中

的许多不愉快。他们能在这个自己能控制的虚拟世界中得到愉快的体验。一旦迷上网络游戏,成瘾心理的形成就很难避免。第二,家庭教养方式不当。有些父母因忙于工作和生计,仅关注读书和考试,而忽略了与子女的情感沟通,导致父母与子女间出现沟通障碍。许多家长对孩子缺乏教育和关心,对子女的一些不良行为视而不见,一味在物质上满足孩子的要求,而忽视了他们的心理问题,使不少青少年将网络当作发泄情绪的场所。而有的大学生在脱离父母的监管后上网时间更是无所顾忌。

④ 压力和社会支持。2018 年魏华等人选取某高校大学生作为调查对象,在研究中发现压力和社会支持呈显著负相关、与网络成瘾呈显著正相关,社会支持与网络成瘾呈显著负相关。由此可见,压力、社会支持等各种需要是导致使用者网络成瘾的原因之一。例如网络游戏中的"高手"可能会受到万人景仰,而这点在实际生活中可能是体验不到的。网络成瘾者在下网后有可能体会到一种失落,对社会支持的需求会促使其重新投入到网络社会中去。而且,由于上网时间过长,占用了很多社会活动的时间,引起社会退缩行为,如此造成恶性循环,使患者更沉迷于网络而排斥现实的社会活动。大学生作为一个承载社会与家庭高期望值的群体,尤其又身处社会转型时期,自然有来自各方面不少的压力,因此也是网络成瘾问题的高发群体。

(二) 其他网络心理问题

除了网络成瘾外,网络带来的其他心理问题还有网络孤独症、网络人格障碍、网络犯罪倾向等。

网络孤独症指过分关注人机对话,迷恋在网上建立的友谊、爱情,淡化了现实中个人与社会及他人的交往,远离周围伙伴,变得越来越孤僻。网络孤独不同于现实生活中的孤独,网络孤独是以刻意逃避现实社会和疏远人际关系而形成的单向孤独。网瘾者陷于孤独,是因为他们痴迷于网络这一虚拟伙伴,他们将网络视为生活伴侣和社交对象(蒋建国,2013)。有研究发现,随着大学生社交网络使用强度的增加,大学生孤独感的体验也会提高,随着社交网络使用时间的增加以及情感投入的增加,当个体的情感需求不能得到满足时,更易产生孤独感(杨邦林等,2018)。长时间沉迷网上交往,忽略外面丰富多彩的现实生活,会导致人的合作能力和交往能力下降,回到现实生活中就会感到无所适从,出现人际关系冷漠、人际情感萎缩、人际距离疏远,从而感受到强烈的孤独感,出现网络孤独症。患有网络孤独症的学生一般表现为独来独往,缺少团队协作精神,情感过度个人化,社会适应性下降,神情恍惚,远离同学、朋友和亲人,依赖网络来宣泄情绪和表达情感。

网络人格障碍是以人格结构失衡为特征的网络心理问题。长时间处于网上的虚拟人格与真实人格之间的冲突中,可能使大学生对自己的角色认同发生混乱,弄不清到底什么时候是真实的自我,什么时候是虚拟的自我,造成双重或多重人格。另外,网络世界是一个崇尚主体性和个性张扬的社会,网络为人们提供了畅所欲言的空间,同时也为谎言、欺诈提供了便利。网络的匿名性使谎言充斥于网络的每个角落,面对虚拟世界的信息污染、信息过剩、谎言欺骗、色情引诱等,大学生若不能自制,就会沉迷其中。在人机的交流中,有些大学生在被谎言欺骗的同时,也成为谎言的制造者。长期沉浸在谎言和欺骗中,会导致学生心口不一、言行不一,进而出现人格异化。而且,网上过度的兴奋、紧张和疲劳,还会造成学生对现实生活的反应异常,如缄默、孤僻、冷漠、紧张、暴力、缺乏责任感等,进而导致机械化人格障碍。

另外还有网络犯罪倾向。虚拟状态既为网上行为提供了安全的屏障,也给不正当、不道德的行为披上了外衣,从而造成网络社会虚假信息的泛滥及非道德行为的发生。由于某些大学生自我约束能力差,道德自律行为和意识淡薄,在网上容易出现为所欲为的冲动,进而做出一些不道德的行为,诸如:恶意侮辱、人身攻击、网上"多角恋爱"、"黑客"攻击等行为。同时,上网需要一定的花费,如果沉湎于网络生活,又没有足够的钱,也可能诱发学生通过一些不正当的渠道来获取,导致犯罪。

第三节　大学生网络心理调适

一、大学生网络心理的自我调适

(一) 理性看待网络

互联网的出现宣告着人类信息时代的到来。它消除了人类跨地域沟通在时间上的滞后性,拓展了人类的交往空间,深刻地改变着人与人、人与社会的关系。然而,网络在充满自由、平等和开放的同时,又充满着诱惑与陷阱。我们既不能将其视作洪水猛兽,又要清楚地看到沉迷于它会"玩物丧志"。

对大学生而言,应该看到网络只是一种工具,而使用它的人是灵活的。对不良网络行为负责的应该是人,而非网络本身;网络资源是我们不可缺少的财富,对网络的破坏和滥用是对社会秩序的极大干扰,会危及我们每一个人;网络社会并非真实社会,虚拟世界的情感宣泄和满足并不见得使人真正快乐,我们应学会现实生活中的处事方法。无论是夸大网络的积极的还是消极的效果,都不是解决一切问题的灵丹妙药,都只能是陷入极端。大学生只有建立正确的认知,才能全面地看待网络,合理利用网络资源为自己服务,处理好现实与网络世界的关系,避免产生各种网络心理问题。

(二) 讲究网络礼仪

上网作为一种新型人际交往行为,需要我们遵守一种特殊的礼仪。只有当使用互联网的人们懂得并遵守这些规则,互联网的效率才能得到更充分、更有效地发挥。网络礼仪就是指人们在计算机网络上通过电子媒介而体现的、规定的社会行为和方式,是指在网络世界的交往中,以一定的、约定俗成的程序、方式来表示尊重对方的过程和手段(张睫等,2010)。

(三) 遵守网络道德

第一,传播文明,不发布虚假、污秽信息。网络平等开放,任何人都可以涉猎自己所需。若肆意散布虚假、污秽信息,对大众的身心健康都有危害。即使是在网络世界,也要为自己的言行负责,而虚假污秽信息不仅对网友无益,对自己也是一种污染和侵蚀。第二,不盗用别人的网上资源。网络财产虽然虚拟,但也是网民投入大量时间、精力和金钱后换得的,属于特殊的私有财产,我国也将其列入了法律保护行列。盗用他人网上资源不仅为道德所不容,也易使自己产生网络依赖,久而久之,不劳而获的思想就会自由泛滥。第三,不用网络赌博。没有道德约束的网络像一株罂粟,让人深陷其中以致丧失自我。赌博于人于己都有害无益,而在虚拟世界通过赌博来谋取利益同样会遭受法律的制裁。第四,不破坏网络系统。随着黑客技术的不断发展,对网络安全的威胁也在加剧。而当今社会对网络的依赖性也在升高。我们更需从自身做起,不能蓄意破坏网络,而是更好地维护它,使之为大家服务。

(四) 选择网络环境

在网络世界,信息含量十分巨大,各种文化与价值观交织,各种论断莫衷一是,各种诱惑比比皆是。大学生应学会自我主宰、自我约束和自我控制,自觉避免黄、赌、暴力等不良信息,为自己选择健康的网络环境。

(五) 设定上网目标

每次上网前,明确自己的上网目标,并将内容按重要性和紧迫性给予排序。最好列出任务清单,粗略估计出自己的上网所需时间,有效控制任务进度。尤其是针对有网瘾的同学,更需要用这种方法约束自己。比如此次上网大概需要一小时,那半小时后就用不同的方法提醒自己。① 设置时间警示框。如上网 30 分钟后,电脑上自动弹出"您已上网半个小时,距离结束时间还有半个小时,请及时调整您的网上任务进度"等样式的对话框来提醒自己。② 设置手机闹铃。上网时间达一半时用闹铃警示自己,看任务进展到哪儿了,如果完成进度不到一半,就得加快步伐,相应调整网上操作进度。③ 电脑设置上网限时。自己预先限定的时间一到,电脑就自动关机。避免养成在网上随意浏览的行为习惯,提高网上的操作效率。

(六) 培养多样兴趣与爱好

沉迷于网络的人常常喜欢将自己游离于现实社会之外,久而久之,形成了对现实社会的疏离感。而人是社会性的动物,我们最终还是在和社会打交道,所以将自己从隐居网络的状态重新投入到现实社会中来才是理智的选择。而参与社会活动,不仅能体现自己的真实能力,还能锻炼自己,又能帮助戒除网瘾,一举三得,何乐而不为?

兴趣是最好的老师,它带有明显的倾向性。大学生应积极寻找有意义、有兴趣的现实体验来取代网络虚拟刺激,挖掘自我优势,找准自身亮点,用现实的成功感驱除网络的诱惑感。比如参加户外运动,闲暇时光和亲朋好友一起外出郊游、爬山等,离开网络,开阔视野,磨炼意志,同时也能联络感情;又如寻找自己感兴趣的读物或专业书籍等阅读,增加自己的知识,也能转移对网络的依赖;还可以进行体育锻炼,既能强身健体,又能改善心情、淡化网瘾。

(七) 科学规划人生目标

很多大学生网络成瘾是由于觉得大学生活空虚、无聊,没有生活目标和追求所导致的。明确的生活目标是开启人生动力的关键所在,大学生首先要客观、全面地认识和评价自己,弄清楚自己的优势和劣势是什么,才能知道"我可以做什么"和"我应该怎么做"。然后结合自己的个性特点、专业背景、综合能力等认真思考,定位自己的个人理想与人生追求,将社会需要和个人实际结合起来,制定切实可行的人生规划,明确自己大学四年每一个阶段的具体要求,在执行过程中根据实际情况适当地进行调整和修缮,在实现目标的过程中要有克服困难的恒心和勇气。

(八) 寻求社会支持

社会支持是指由他人提供的一种资源,它对于个体的发展与适应有重要的影响。大量研究表明,个体社会支持水平越高,主观幸福感越高,焦虑、抑郁和孤独程度越低,社会适应状况越好。同时,社会支持也会影响网络成瘾,社会支持越高,网络成瘾程度越低(魏华,2018)。

专栏 7-2　　　　　　　　　　**网络游戏防沉迷系统**

2005年10月,新闻出版署发布了《网络游戏防沉迷系统开发标准(试行)》,盛大、九城、金山等7家网络游戏公司在传奇、魔兽世界等最受欢迎的11款网络游戏中试运行网络防沉迷系统。防沉迷系统对玩家上线游戏时间做出限制:3小时以内为绿色时间,玩家在此时段内,一切如常;超过3小时不到5小时,玩家升级速度、经验分值将减半;5小时以上为不健康游戏时间,系统将强制断线,所有经验值归零,玩家将一无所获。休息5小时后,玩家才能重新上网游戏。2007年4月初新闻出版总署与教育部、公安部等8部委联合下发《关于保护未成年人身心健康　实施网络游戏防沉迷系统的通知》，要求国内各网络游戏企业需按照《网络游戏防沉迷系统开发标准》在原有网络游戏中开发防沉迷系统。截至2018年，全国各大网络游戏相继开发防沉迷系统。在2018年两会期间，全国政协委员于欣伟提交《关于加快推动网游分级制建议》，其中要求尽快研究出台强制性分级标准，严格监管和审核游戏开发商、游戏运营商方对分级制度的合规执行情况等。

二、加强大学生网络心理健康教育

除了学生的自我调适之外，高校对维护学生的网络心理健康有着义不容辞的责任。教育不能仅停留在思辨和理论阶段，而应建立科学的网络心理健康教育理论，并采取有效的教育模式和具体方法。

（一）提高学生对网络的客观认识

教育者不要把学生上网看成洪水猛兽，这样当学生遇到冲突时，网络反而会成为一种消极暗示。学校应视其轻重加以正确引导，比如加强学生对网络工具性和资料性的认识，培养学生树立正确的网络观，从而既不依赖网络，也不谈"网"色变，培养大学生健康、良好的网络使用习惯。

（二）加强时间管理教育

学校要培养学生养成良好的时间管理习惯，也就是自我管理习惯。心理健康教育从根本上说是个体自我教育、自我管理、自我完善的过程。事实上，任何教育只有转变为受教育者自身的能动活动，教育目的才可能得以实现。指导学生制定计划，利用时间表规划上网学习和娱乐的时间，并按轻重缓急将上网所需完成的任务列出，在完成学习任务后，方可进行一定时间的娱乐活动，从而更加有效地使用网络。

（三）对学生加强选择性教育

大学生接触网络的基本状况与其他群体明显不同，反映在：地点以校内为主，上网时间因学习的需要而显得没有规律，掌握网络知识的媒介以自学为主，上网内容和动机上表现出较强的主动性和好奇心。针对这些情况，学校应该对学生开展"选择性教育"，即价值选择和网络选择。通过价值引导，教会学生对网络所负载内容的价值性进行合理的判断和选择。一方面，学校应教会学生做网络的主人，充分利用网络提供的信息；另一方面，要让学生认识到网络并不是我们生活的全部，不要在网络中迷失自我。

(四) 根据性别差异有针对地进行教育

众所周知,男性在操作电脑的熟练性、实用性和自发性上都远远高于女性。男大学生对网络游戏的参与程度远远高于女大学生,也更加关注新闻。而女大学生较之男大学生则更加痴迷于网络聊天。针对大学生网络使用的性别差异,学校应有针对性地采取不同的教育措施加以引导。例如组织和开展各种有意义的活动来丰富校园文化生活,让学生参与其中,从而转移他们对网络的注意力并减轻其对网络的迷恋程度;鼓励学生参加各项社会实践活动,建立良好的人际关系,学会正确运用网络促进个人发展。

(五) 开展心理健康课程,重视心理咨询工作

大学校园应结合大学生的生理和心理发展特点及其规律,有目的性、有针对性地开设心理健康专题讲座及相关活动,有计划地培养和提高大学生的心理素质,向学生宣讲心理生理健康知识,充分利用课堂教学、校园广播、报刊、心理健康知识手册等,多渠道地进行宣传。学校要重视并且做好学生的心理咨询工作,积极开展心理筛查,对有心理问题的学生早发现、早关注、早治疗。运用正确的心理咨询方式,科学地规划心理咨询内容。

(六) 加强网络心理咨询体系的建设

要解决大学生的网络心理问题,还必须大力加强现有心理咨询体系的建设,尽快进行大学生网络心理的研究。进一步做好大学生心理档案的建档工作,普及心理卫生知识,做好学生心理咨询的面谈、电话咨询等各项服务。与此同时,开展网上心理咨询,可以从两方面入手。一是利用网络快捷、保密性好、传播面广的优势,开设网上心理咨询,如设立心理咨询网站,传播心理知识,进行网上行为训练的指导,开设在线心理咨询(采用网上心理恳谈等方式)。二是抓住大学生喜欢上网的心理、网络人际交往的心理特征、网络心理问题、虚拟与现实的人际关系的比较等大学生网络心理问题的研究,确立可操作的、有效性强的网络心理障碍咨询体系。

复习思考题

1. 解释:网络成瘾综合征,网络孤独症,网络人格障碍。

2. 结合实际,谈谈大学生网络心理的特点。

3. 网络对大学生有什么样的影响? 应该如何对待?

4. 结合实例,谈谈网络成瘾有哪些表现,并试着分析其成因。

扩展阅读

1. 周宗奎,等.网络心理学[M].上海：华东师范大学出版社,2017.

2. 雷雳.互联网心理学：新心理与行为研究的兴起[M].北京：北京师范大学出版社,2016.

3. [英] 艾莉森·艾特莉尔,[英] 克里斯·富尔伍德.网络心理学：探寻线上行为的心理动因 [M].杨海波,刘冰,译.北京：人民邮电出版社,2018.

第八章　人际关系与心理健康

案例导入

何某,男,华南某师范院校学生。大一的时候,他的一篇标题为"大学头一遭'烦恼事'"的博文引起好友的注意。"……早上 6 点半,我还正在睡梦中。忽然耳边传来一阵乒乒乓乓的声响,把我从睡梦中吵醒。我一睁开眼睛头就开始痛起来,于是非常生气地说:'谁一大早搞什么啊!吵死人!'这时从阳台传来小 A 的声音,他大声嚷嚷:'还早呢?太阳都晒到屁股上啦!'接着继续把洗脸盆盥洗杯什么的摔得乒乓响,还心情愉悦地哼起了小曲……以后怎么跟这种得意小人相处呢?哎!这真是我大学里头一遭'烦恼事'。"

大一时,何某与小 A 结下"梁子",内心趋向自我封闭……到了大二,他逐渐成为宿舍的"边缘人",每每在宿舍都感觉气氛"窒息",尤其是当小 A 在场时。他尝试着写了一封"匿名信"求助辅导员,"……晚上宿舍熄灯后,室友们不住地高谈阔论。不参加,显得不合群,参加吧,第二天头昏脑涨,无精打采,我几次抗议,毫无效果,反而被冷漠排斥……"辅导员结合觉察到现实中何某无心向学,沉迷网络,十分畏惧外出实习,经常逃避回家等诸多状况,确认信是何某写的。于是,他采取"巧遇"的方式安排多次的谈心活动,获知其心态及行为变化的"症结"在于宿舍人际危机感的"日积月累",最后经过多方努力,大四时的何某终于突破缚茧,完成了学业。(苏旭东,2011)

大学生离开了父母和家庭,开始独自面对人生。他们需要与同学、异性、老师等进行各种交往,经常要面对和处理多种多样的人际关系,也渴望被同学喜欢、接纳,希望拥有一段良好的人际关系。何某与小 A 本该是朝夕相处的舍友,却因大一就结下"梁子"而陷入人际困境中。虽然大学生人际困扰的总体水平较低(李彩娜等,2010),人际关系适应状况良好(陶塑等,2019),宿舍人际气氛良好(张建梅,2005),但在人际交往中也可能面临一些危机,且宿舍人际关系甚至成为部分大学生最为苦恼、最难适应的问题(张黎等,2018)。人类心理的适应最主要的就是对人际关系的适应,人们的心理健康水平则有赖于正常的人际交往和社会生活的和谐。友爱、和谐的人际关系可以使人感到温暖、安全、愉快,从而激发人的积极性和创造性;相反,冷漠、排斥、充满敌意的人际关系则使人时时不快、事事不乐,甚至产生焦虑、强迫等神经症状,极大地限制人的发展。相关调查及心理咨询的实践表明,目前大学生人际关系的状况并不理想,这不仅直接影响到大学生们的心理健康,还会广泛地影响到他们在学习期间及将来走入社会后很长一段时间的生活。本章将要介绍大学生人际关系的一般问题,人际关系与心理健康的关系,人际关系心理缺陷的自我调适,以及如何养成健康的人际关系。

第一节　大学生人际关系的一般问题

一、人际关系及其形成

在心理学上,人际关系是指人与人交往互动时的心理距离。从心理联结的不同性质看,两人(或多人)间的人际关系不外乎三大类:① 以感情为基础的人际关系。这类人际关系的特征是,存在于人与人之间的心理性联结靠感情。根据感情性质的不同又区分为两种:一种为亲情关系,指亲子间与手足间的人际关系;另一种是友爱关系,指朋友间的友谊和爱人间的爱情关系。② 以利、害为基础的人际关系。这类人际关系的特征是,存在于人与人之间的心理性联结靠当事人经济、社会、权力、政治诸多方面的利害得失。社会上一切"交易"式的活动,都是以利害关系为基础的。③ 缺乏任何基础的陌路关系。这种人际关系存在于路人之间,彼此间不存在心理性联结。

整个人际关系发展过程大致可以分为五个阶段(Levinger & Snoek,1972),如图 8-1 所示。第一阶段:彼此陌生,互不相识,甚至彼此均未注意到对方的存在。第二阶段:单方(或双方)注意到对方的存在,单方(或双方)也可能知道对方是谁(如同校同学),但从未有过接触。第三阶段:单方(或双方)受到对方的吸引,与对方(或彼此)接近,构成表面接触。在表

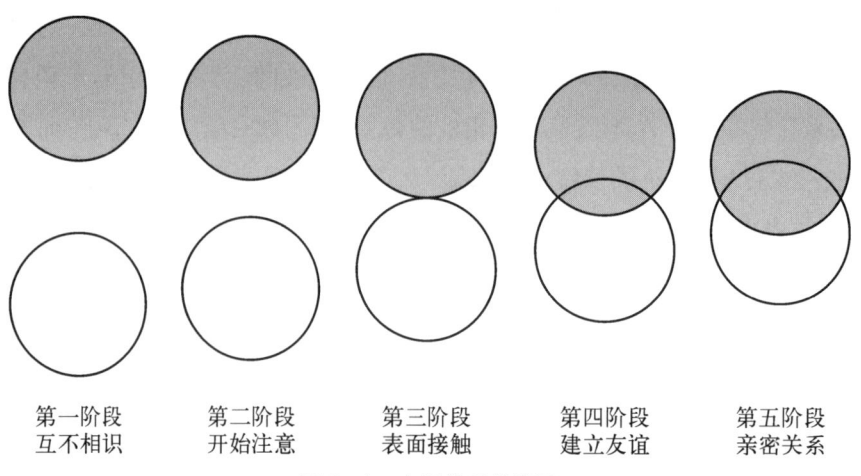

| 第一阶段
互不相识 | 第二阶段
开始注意 | 第三阶段
表面接触 | 第四阶段
建立友谊 | 第五阶段
亲密关系 |

图 8-1　人际关系的发展

面接触时,往往是源于学业或工作上的往来,即使当时单方(或双方)心存情意,但也只是很表面化的人际关系。不过这一阶段所获得的第一印象对于人际关系的发展很重要。第四阶段:双方互动,开始了友谊关系。在此阶段,双方在心理上有一个重要的改变,开始将对方视为知己,愿意与对方分享信息、意见和感情。第五阶段:就朋友间自我表露的程度而言,有的朋友间重在信息与意见的交换,是以事业或学业为基础的友谊关系,有的则更重视感情的表露,在感情上达到相互依赖的地步。人际间的友谊发展到了这一地步,也就达到了"你中有我,我中有你"的境地,成为莫逆之交。

二、影响大学生人际关系的因素

在大学生之间,有些因素影响大学生的人际关系,这些因素一般是个体自身难以选择和避免的,称为客观因素;还有些因素特异地影响大学生的人际关系,即大学生个体之间的心理感受起了决定性作用,称为主观因素(李宏翰、赵崇莲,2004;赵崇莲等,2006;赵崇莲、郑涌,2009)。

(一)客观因素

1. 接近且相纳

俗话说"近水楼台先得月"、"远亲不如近邻"。这说明时空距离是形成密切的人际关系的一个重要条件。因接近机会多而相识,因相识而彼此吸引,最终建立友谊,甚至彼此相爱,是很常见的情况。这种由空间上的接近而影响人际吸引的现象称为接近性。费斯汀格等(Festinger et al., 1950)曾以麻省理工学院已婚学生眷属宿舍的居民为对象,研究他们之间的邻居友谊与空间远近的关系。结果发现,从互不相识到入住一段时间后所结交的新朋友,几乎离不开四个接近性特征:① 是他们的邻居;② 是他们同楼层的人;③ 是与他们信箱靠近的人;④ 是走同一个楼道的人。由此看来,经常见面是友谊形成的一个重要因素。在大学里常见的情况是,由于是同学,或同住一个宿舍,或同在一个学习小组,或同属某个活动团体,或是同乡等原因,经常接触,交往频繁,容易具有共同的经验、共同的话题,从而建立起较为密切的人际关系。

2. 相似或互补

正所谓"物以类聚,人以群分",对某种事物或事件具有相同或相似的态度,具有共同的理想、信念和价值观,感情上就容易产生共鸣,容易形成密切的人际关系。有人(Newcomb, 1961)曾用实验法研究过这个问题。他向自愿参加研究的大学新生提供免费住宿 16 周。在住进宿舍前,研究者先给这些彼此不认识的被试实施态度、价值观和个性特征等的测验,将态度、价值观和个性特征相似或不相似的大学生安排在一间房子里住。然后,定期测验他们对一些事情的态度、看法,以及他们对同房室友的喜欢程度。住宿初期,空间距离是决定彼此交往较多的重要因素;但到了后期,彼此间态度、价值观和个性特征的相似性,超过了空间距离的重要性而成为密切的人际关系的基础。在研究的最后阶段,让这些大学生自由选择住同一个房间时,结果表明,相同意见和态度者均喜欢选择住同一个房间。态度相似性之所以能密切人际关系,可能是由于彼此观点一致,争辩机会较少,人与人之间互相支持,从而使友谊得到发展。

但是,在个人兴趣、专业、特殊才能等方面,多数人又都会有期望他人弥补自身缺陷的心理倾向。因为人在追寻成长的过程中,不可能发展得面面俱到,难免有顾此失彼的遗憾。因此,当自身缺陷而恰为对方所擅长时,就会情不自禁地对其表示好感。例如,学理工科的人,可能爱好文艺但失去学习文艺的机会,如交到长于文艺的朋友,分享其在文艺上的心得与快乐,就可使他对失去的缺憾得到某种补偿,自然也密切了彼此的关系。

相似与互补看似矛盾,其实是针对不同的方面;前者多含有价值取向的意味,后者则多表现为现实的需求。总之,大学生们长期地在一起生活、学习和工作,不可避免地会产生这样或那样的矛盾。但是,如果一方所表现出来的行为,正好能满足另一方的心理需求,则彼此间将产生强烈的吸引力,从而能密切他们之间的人际关系。相反,如果其中一方对另一方表示不友好或不利于另一方的时候,就会引起另一方的不安,双方的友好关系可能中断,甚至会使矛盾加剧。

3. 外表与性格

在一项实验中,给大学生们看三个大学生的照片:分别是外貌有吸引力、相貌一般和无吸引力,让被试在27种个性特征上做出评价,并要求他们估计这三个人未来是否幸福。结果表明,最合人心意的、最幸福的预言都安在外貌有吸引力的人身上。无论男性评价男性,男性评价女性,女性评价男性,或女性评价女性,结果都是如此。这说明,人们喜爱漂亮、英俊的人胜过喜爱相貌不好看的人,而且往往把一切好的特性都安在外貌有吸引力的人身上。而性格本身更是引人注意与令人欣赏的重要条件。性格是个人对现实的稳定的态度和习惯化了的行为方式。本书许多章节都涉及与此相关的内容。在人际交往中,一般说来,一个人如果具有诚恳、坦率、幽默等性格,是比较能够吸引别人注意、获得别人赞赏的。

(二) 主观因素

1. 人际安全

大学生对日常生活中的人际关系能否适应,关键在于个体感受到的人际安全的程度。所谓人际安全是指个体在人际相处和交往中对自身状况保持有利地位的肯定性体验。诉说人际关系不好的大学生往往是人际安全得不到保证的,感到自己被别人欺负、愚弄或嘲笑,也可能是担心自己的弱点或劣势会暴露出来,因此,在特定的环境及人际关系中条件性地局促不安,担心别人询问自己,也不敢主动与别人交往。也就是说,大学生在感觉不到人际安全的情境中,将会自我防御性地退缩或回避。

2. 人际期望

简单地说,人际期望就是个体对人际双方在一定条件下心理、行为的预期和愿望。这些预期纯粹是个体的主观意愿,实际上是一种投射心理。人际情境制约人际期望的内容,个体对老师的期望和对同学的期望是不一样的;人际距离决定人际期望的价值,人际距离越近,个体的人际期望价值越高。所以,虽然人际期望常常是自发的、内在的和无意识的,但大学生在不同的人际关系中有不同内容、不同价值的期望。人际期望与个体的人际关系密切相关,甚至可以这样说,几乎所有人际关系不良都是由个体人际期望造成的。

3. 人际张力

人际张力或称人际应激是指个体在特定人际关系中所体验到的一种心理紧张状态。只要处于这种人际情境之中,个体就强迫性地感觉到紧张、压抑、无奈、无能为力或表现为冲动、偏激、难以克制。人际张力越大,个体越难适应人际关系。一旦脱离某种人际情境,相应的人际张力就自行解除了。然而,大学生的同学关系、师生关系不是随便就能摆脱的,所以有些个体深受人际张力之苦。

从某种意义上说,人际安全、人际期望、人际张力都是个体对特定人际情境的主观体验,三者是互相关联的。人际张力和人际安全是相对的,人际安全是个体人际适应的条件,人际张力是个体人际障碍的诱因,而人际期望是人际安全、人际张力的基础,或者说是内在机制。

4. 人际报复

在大学生的人际关系中,还普遍存在一种微妙的人际报复现象。如果某一个体有意或无意地贬损了另一个体,不管被贬损的个体当时反应如何,那么该个体往往会在以后的某一时候遭到被贬损个体的报复,虽然这种报复可能是无意识的,并且不一定是激烈的暴力行为,但依然是人际报复。人际报复直接增大了人际张力,影响人际关系。

专栏 8-1

一项对大学生人际关系质量的影响因素研究

人际关系是影响大学生心理健康的主要问题之一,也是影响大学生心理健康的关键因素。已有研究表明,大学生人际关系是否和谐受到人格、自尊水平、父母教养方式、价值观等因素的综合影响,而大学生人际关系受阻,主要是由个体的自卑、自负、猜疑、胆小、害羞、嫉妒等主观体验造成的(王瑶,2004;滕兆玮,2005)。为此,赵崇莲和郑涌(2009)采用罗森伯格(Rosenberg)自尊量表、父母养育方式评价量表(EMBU)、大学生价值观问卷、自编"大学生人际关系主观因素问卷"及"人际关系质量量表"为工具,对大学生进行调查研究,以探讨大学生自尊、价值观、父母教养方式及人际关系的主观因素与大学生人际关系质量的关系。

调查以分层随机整群抽样法,分别选取北京、辽宁、广东、广西、重庆、云南、江西、湖南、四川 9 所高校 1—4 年级的本科大学生,共发放问卷 1 137 份,收回有效问卷 1 031 份,有效回收率为 90.68%。性别、年级比例相当。

研究结果发现,自尊、价值观、父母教养方式这三个因素对大学生人际关系的解释率只有 0.256,而大学生人际关系主观因素的四个因子都对人际关系的质量产生影响,其方程解释率为 0.468,远高于前三者的回归解释率。这表明相对于自尊、价值观、父母教养方式来说,大学生人际关系的主观因素对人际关系的影响更为重要。本研究还发现,父母教养方式、价值观、自尊变量对人际关系质量的影响是间接的,主要是通过人际关系的主观因素,即人际安全、人际张力、人际阻抗和人际报复为中介。可以认为,由于影响人际关系的主观因素是指影响大学生个体正常进行人际交往和相处的主观体验和行为,因此,自尊、价值观、父母教养方式对人际关系质量的影响,实际上归根结底都会转化为一种个体本身的主观体验和行为,因而人际关系的主观因素对人际关系质量的直接影响才显得较为突出。这进一步说明了,在学校心理健康教育工作中,应充分发挥人际关系主观因素的作用,有的放矢提升大学生的人际关系质量。

三、当代大学生人际关系的基本特点

大学生的人际关系是指在校期间大学生和周围与之有关的个人或群体的相处及交往中产生的心理关系。大学生的人际关系中,最主要的是同学关系、师生关系及家庭关系等,而同学关系是大学生的一种特殊的人际关系,对大学生直接和间接的影响都相当大。国内对大学生人际关系的心理学研究主要涉及交往对象和交往方式两大方面:

在选择朋友上,大学生一般要求志同道合、互相帮助、互相尊重、真诚相待、富有同情心、有才智等;至于老师,大学生们喜欢具有民主博爱、才智、责任心、自我修养高、可信赖和亲切等特质的。

大学生认为最佳的交友方式是通过认识,在深入了解,甚至经过考验的基础上相互信任,以诚相待。大学生的人际关系是大学生日常生活、学习和工作的一种基本条件和背景,而不同年级、性别的大学生的人际关系又呈现出不同的特点。

第二节　大学生的人际关系与心理健康的关系

一、人际认知与心理健康

人际认知反映的是个人对自己及自己的人际关系状况的了解程度,它是人际知觉的结

果,是人际关系得以形成的理性条件。个体通过知觉了解他人与他人的关系,他人与自己的关系以及他人对自己的反应。个人只有形成了对自己人际关系客观、正确的了解,才能更好地认识自己,调节自己与他人的人际关系。在人际认知方面,大学生常见的影响心理健康的问题主要有以下几个方面的表现。

(一) 过于理想化

大学生生活经历一般不足,缺乏对事物本质的把握能力,故他们对人际的认知过于理想化,易把理想和可能性当作现实,即对人际交往的期望值较高,用理想化的尺度来衡量现实。大学生在进入大学之前,对自己心中理想的大学充满了憧憬,其中就包括对大学里温馨、和谐的人际关系的憧憬。他们赋予大学人际关系以理想、完美的色彩。这使得他们对校园里人际关系的复杂性和多样性缺乏足够的心理准备,易产生诸多困扰(张灵等,2007;张奇勇等,2013)。许多大学生认为朋友间应无话不谈,一旦发现对方有什么事没告诉自己,就觉得不够朋友,甚至有被欺骗、受伤害之感。大学生人际关系中又确实存在着某些不足,故与同龄人相比,大学生对人际关系的满意度似乎更低。

(二) 归因偏差

大学生在认识自己的人际关系,处理自己人际关系中相关的一些事情时,容易呈现出一定的归因偏差甚至错误。一项对大学生人际关系敏感与归因风格的关系研究发现,人际关系敏感组与对照组的失败归因评分有显著性差异。人际关系敏感的大学生在交往失败归因时,倾向于外在归因,并存在"自我服务偏差"现象,在个性特征方面具有情绪不稳定、内向及孤独等特点(姜玉飞等,2005)。另有调查发现,大学生对自己人际关系总体归因偏向于内控性,但对人际关系失败的归因表现出外控倾向;文科学生较理科学生对人际关系的归因更为外控;大四学生在人际交往失败方面的归因与大一、大二的学生存在显著差异,更为外控(董圣鸿等,2002)。正是由于对自己的认知偏见和对他人的消极认识、评价,使许多大学生在自己的人际交往中产生嫉妒、自卑、猜疑、报复等不良心理,极大程度地限制了他们的人际交往,阻碍了他们人际关系的发展,也严重影响着他们的心理健康。

(三) 自我中心

现在的大学生在中小学时期往往是表现出色的好学生,已习惯了接受别人的表扬和肯定。许多人进入大学后仍主观固执,自我意识强,自理能力差,想问题、处理事情往往以自我为中心。他们常常认为自己就是"恒星",别人是"行星",都应该围着他转,关心他们,为他们着想。他们往往会过分关注自我,过分注重自我需要的满足,却忽略或否认他人的需要,并以自我需要展开人际活动,进而以此作为判断和评价人际关系的标准。他们不太注意了解他人的性格、爱好、生活习惯、思维方式等的差异,缺乏宽容精神;认为好朋友就是和自己观点一致的人,就是处处维护自己利益的人,只要别人的思想和自己产生分歧,就把这些人视为"异己",排斥在交际圈之外。现实情况中,有不少同学会要求自己的朋友要百分百地对自己好,如果达不到这一要求,就各奔东西。

(四) 过分苛求

由于大学生的生理、心理还不够成熟,情绪化色彩重,生活经验也不丰富,他们在认知方面往往还存在着绝对化、概括化的误区,即过分苛求自己和他人,追求完美,经常以一时一事评判自己或他人整个人乃至整个人生,缺乏辩证的弹性思维。在交往过程中,这种不全面的认知能力首先表现为从自己的心理出发认识和理解问题,缺乏对对方性格和心理的客观了解,从而很容易产生误解和矛盾。

二、人际情感与心理健康

人际情感反映的是关系的双方在情感上的满足程度,人际关系的变化和发展取决于彼此在情感等需要上从对方那里获得满足的程度。它往往被当作判断人际关系状态的主要指标。情感也是人际关系的基础,没有情感的人际关系是无法维持的。处于青春期的大学生都强烈渴望友谊,迫切需要交友,建立自己和谐、融洽的人际关系。但一部分大学生因缺乏人际交往的相关知识及交流技巧、方法,在自己的人际关系中常易产生受挫感。不少调查都发现大学生对自己的人际关系的满意度偏低,究其原因主要是由于他们在情感上对人际关系的期望值过高,而现实情况又常不尽如人意。与其他人一样,大学生交友的动机也主要有三种:寻求帮助,主要是精神上的;社会支持;寻求共同的兴趣爱好。大学生交友的动机一般较单纯,但若仅为自己的某种欲望或某个目的,采取急功近利的态度,运用一些手段,矫揉造作而不是自然地去结交朋友,就不能形成真正意义上的朋友关系。一些大学生认为交朋友的目的就是为了"互相利用",见到对自己有用、能给自己带来好处的朋友才与之进行交往,而且常是"过河拆桥"。这种贪图财利、沾别人光的不良心理,会使自己的人格受到损害,也不会使自己交到真正的朋友,长此以往也势必会影响到他们的心理健康。还有一些大学生把交朋友当作逢场作戏,朝秦暮楚,见异思迁,处处应付,爱吹牛,爱说漂亮话,与某人见过一面,就说与某人交往有多深。这种人与人交往只是做表面文章,因而没有感情深厚的朋友,也很容易产生孤独感。

三、人际交往与心理健康

人际交往可以说是人际关系最明显的外在表现。一般情况下,人际关系好,行为上则多有亲近表示;若人际关系不佳,则多表现为视而不见。人际交往是建立良好人际关系的基础,通过交往,我们可以得到更多的社会支持,建立充分的安全感和信任感。大量事实表明,大学生人际交往的时间、空间越大,精神生活越丰富、愉悦;而人际关系不良,不合群的大学生常有更多的烦恼或难以排除的苦闷。例如有研究表明,大学生人际信任在成人依恋和人际困扰间有着中介作用(许学华等,2016)。

在大学生的人际关系中,有些人际关系是无法避免的,如同学关系和师生关系。这类人际关系都是自动产生的,也成为个体常规的人际背景。而有些人际关系是能够选择的,如朋友关系、恋人关系,需要个体主动追求才能形成。在自由选择的人际关系中,大学生对朋友的选择将直接影响到他们人际关系的建立与发展。有些大学生受人际认知偏差的影响,在选择朋友时过分注重对方的外貌,只喜欢与长得漂亮或英俊的人交往,认为这样可以增加自身的良好形象;或者特别注重对方的经济状况,只与经济条件与自己相当或比自己更好的人来往,认为这样才不至于降低自己的社会地位,也可以避免自己在交往中吃亏。这种对交往对象的过分挑剔常常使他们失去许多必要的人际关系,也很难长久维持那些不可避免的人际关系。与此相反的是选择朋友不慎重、太随便的现象。有些同学在交友时几乎不看对方的人品、道德、举止言行、素质修养及行为习惯的好坏,胡乱交友,什么朋友都有,这就使一些涉世不深、价值观尚未定型的低年级大学生染上许多不良的道德观念和行为习惯,进而做出许多越轨行为。

大学生人际交往受行为准则的影响,即在特定的人际关系中应该做什么,不应该做什么。由于交往对象在文化、职业、年龄、性别、个性等方面存在着差异,若不掌握不同情境、不同关系下的行为准则,就会使人际关系遭受到不可避免的伤害。人际关系的行为准则为人际间互帮互助提供了机会,也可能成为避免关系破裂的积极因素。大学生的人际关系行为准则视关系的亲密程度不同可分为两类。一类是感情交换和增加亲密程度的报答性行为准则,主要表现为在对方需要时乐于主动帮助,在对方患病时给予帮助照看,提供感情上和精神上的帮助,提供建议、鼓励和指导,对对方的活动表现出关心和兴趣,为对方的成功感到高兴,与对方共享成功的喜悦,注意节日和特殊日子的问候等。另一类是防止矛盾、缓和矛盾、解决矛盾的避免性行为准则,主要有尊重对方的个人私事,不背叛对方对你的信任,不当众评价对方,忠诚、守约,不要有过分的占有欲以及显示出过分的防御性行为等。在大学生的学校生活中,他们总是希望在精神上得到朋友的支持和鼓励,且把这种希望寄托在自己的同学关系和朋友关系上。若大学生不注意合理恰当地运用报答性行为准则,其亲密关系就会受到影响。大学生在人际交往中遇到矛盾、冲突时,应更多运用避免性行为准则。

从交往手段看,大学生在建立和发展自己的人际关系时,除了面对面的交流方式以外,电话、短信、网络等方式也越来越流行。特别是随着网络的普及,如今的大学生已越来越习惯用网络的方式来建立和维护自己的人际关系了。几乎每个在校大学生都有自己的微信、QQ号,他们还常常去自己的网上班级与同学交流,到相应的论坛发表自己的观点和看法。此外,许多大学生还有自己的固定而亲密的网友。这些网上交流的方式补充了传统交往手段的缺陷与不足,对促进大学生的人际关系的建立和发展,促进其心理健康都起到了不可替代的作用。但若运用不当,也会给大学生的人际关系和心理健康带来一些不可忽视的负面影响(黄利会,2008;唐文清等,2018)。

四、人际相处与心理健康

人际相处是指关系双方在一起的时间相对较长、空间相对较近且固定、双方的交往互动频繁且交往活动的种类繁多,侧重于人际心理过程。就大学生而言,人际相处主要是指在校期间长时间地与周围其他人的共同生活,有关系融洽与关系紧张之分,其中最重要的是宿舍人际相处。提到大学生的人际关系,人们更倾向于强调人际交往,而忽略人际相处,其实,人际相处方面出现的心理问题比人际交往方面更复杂、更微妙,对大学生的不良影响也更严重、更持久。宿舍作为大学生在生活以及学习、思想、情感等方面相互交流的重要场所,一方面创造了彼此相处的条件,是大学生友谊形成的发源地,信息交流的重要场所,各种价值观形成的重要条件;另一方面,宿舍成员来自四面八方,个性、脾气、习惯、爱好可能千差万别,磕磕碰碰的事就难免发生,对新生而言更是如此,故宿舍也构成了大学生人际相处中矛盾纠纷的源泉。与室友相处难常有两种情况:一是在宿舍里没有"归宿感",体验不到人际安全,宿舍甚至成了不敢回、不愿回、不想回的令人痛苦而敏感的地方;二是与宿舍中的某个人合不来,产生"疑人偷斧"的心理,看他每个动作,听他每句话都觉得不舒服,但又同处一屋,长久相处十分难受。其实,同学彼此间并没有什么根本的利益冲突,矛盾大多源于一些鸡毛蒜皮的小事或不一致的习惯。如有的同学喜欢早起,可能在别人睡意正浓的时候他就起床,叮叮咣咣的声音吵醒了别人,让人觉得烦;有的同学比较懒,臭鞋臭袜子随处乱扔,熏得大家晕头转向,自个儿还悠然自得;有的人不爱整洁,自己的东西乱扔乱放,不仅自己的空间里一片凌乱,也严重影响"室容";长久地住在一间屋子里,彼此发现对方的缺点会愈来愈多,从而会发生某些不愉快的事情。如果与室友相处不好,会影响心情,进而影响学习,故处于该情境的大学生应重新认识和调整自己的宿舍人际关系。

专栏8-2

一项对大学生宿舍人际关系质量的研究

宿舍是大学生活中重要而有特色的组成部分,宿舍同学朝夕相处,可说是大学生人际关系最基本的构成。许传新(2005)在实证调查的基础上,从宿舍交往、沟通、冲突、主观感受等角度对大学宿舍人际关系质量作出了评估,并对其影响因素进行了考察。

① 大学生宿舍人际关系质量总体上较高。研究发现,大学生宿舍人际关系质量总体上较高,真正独来独往、处于孤立状态、经常发生宿舍人际冲突的只是极少数,绝大多数大学生认为宿舍成员之间都能相互理解、相互尊重、相互信任、相互帮助、相互关心。这

说明大学生虽然远离了能给予他们情感满足的父母、兄弟、姐妹,但宿舍在一定程度上代替了以前的家。

②年级的影响。大学生宿舍人际关系质量随着年级的变化呈现出U形变化趋势,这可能是因为刚入校的一年级学生因远离家乡、亲人和昔日的朋友,易产生孤独感、焦虑感,自己在大学生里的交往面尚窄,这样在宿舍成员彼此间就会产生相互认同、情感沟通的强烈需求,再加上在一起生活的时间不长,对彼此的缺点和不足不十分了解,没有太多的利益竞争和冲突,因此这个时期人际关系质量最高。随着时间的推移,宿舍成员的缺点开始慢慢地暴露出来,彼此间的利益竞争和冲突可能会越来越多,并且宿舍之外的人际关系越来越广泛,这样导致宿舍人际关系质量的下降。大二的时候宿舍人际关系质量降到最低点,而到了大四的时候,宿舍成员会感觉到"分手即在眼前",自然会涌起阵阵惆怅和忧伤,因此会倍加珍惜同在一个屋檐下生活的最后一段时光,导致宿舍人际关系质量的回升。

③经济状况的影响。宿舍人际关系质量最高的是自评经济状况处于中等水平的大学生,其次是自评经济状况处于上等水平的大学生,而自评经济状况处于下等的大学生宿舍人际关系质量最低。这是当前整个社会人际关系经济化倾向在大学生群体中的反映。人际关系经济化的现象,集中表现为经济交往在人际交往中所占的比重越来越大,金钱在交往中起着重要作用:人际交往常常需要和经济"挂钩";在一定意义上,其支撑点就是一个"钱"字;人际交往渗透着等价交换原则。这样一来,大学生人际交往的对象、内容、范围都在某种程度上受到自身经济状况的制约。由于大多数人都认为自身的经济状况处于中等水平,这样就扩大了经济状况处于中等水平的大学生的交往范围,增加了可供交往的对象,因此,他们的宿舍人际关系质量要相对高一些。而那些自认为经济状况处于下等的大学生,由于经济条件的制约,再加上自卑心理的困扰,使得自己的人际交往受阻,宿舍人际关系质量下降。

④是否独生子女没有影响。是否独生子女对大学生宿舍人际交往、人际沟通、人际冲突、对宿舍成员的评价以及总体人际关系满意度都没有产生显著性影响。"常识"所认为的独生子女增加会对大学校园的人际关系产生冲击和影响,这一观点在本项研究中并没有得到证实。

第三节 大学生人际关系心理健康教育对策

人际关系是大学生必然碰到、必须面对的重要问题,是影响大学生心理健康的关键因素之一(黄希庭、郑涌,2007)。健康的人际关系应该有客观、准确的人际认知,适度、恰当的人际情感,和谐的人际交往,以及融洽的人际相处。大学生迫切需要友谊、渴望理解,他们有强烈的交往需要。但是,大学生自尊心强,情绪易冲动,社会经验不足,人际交往能力有欠缺,一些学生还存在人际交往的心理缺陷,这使得不少大学生不能处理好人际关系。一项对大学生人际交往能力现状的调查研究显示,约有四成的学生人际交往能力一般或较差,在人际交往中存在着这样或那样的问题,个别学生甚至存在严重的交往障碍(冯宗侠,2004)。从我国大学生心理辅导多年的实践经验看,人际关系问题也是很常见的(邢秀茶、王欣,2003;俞少华、张亚林,2002)。因此,增进大学生人际交往能力,进行大学生人际关系心理健康教育是很有必要的。

一、大学生人际关系心理缺陷及其自我调适

(一) 自卑

自卑,是指由于一些条件的限制和认识上的偏差,认为自己在某个方面或某些方面都不如别人,而产生的轻视自己、失去自信、畏缩的一种情绪体验。据调查,有 52.43% 的同学认为自己在与人交往中,曾经因为自卑而不愿与人交往(李晓萍、孟祥昕,2000)。在平时大学生的咨询过程中也有一半以上的同学因为自卑而使人际关系失谐。自卑有多种表现方式,退缩或过分地争强好胜是其中最明显的两种。这两种表现都妨碍一个人积极而恰如其分地与他人交往,尤其是过分畏怯、退缩。大量调查表明自卑心理一般多见于新入学的大学生宿舍人际关系中。进入大学后,学生们面对的学习、生活环境都发生了变化。在学习上,大学生们在这人才荟萃的新"家庭"中,出现一种重新分化的格局,中学时期学习上名列前茅的现在可能排在了后面;在生活上,也由中学时代的父母"包办"变成了"自理"。这些变化都可能使大学生产生自卑心理。除此之外,家庭经济状况、社会地位及自身的某些生理缺陷等主、客观原因,也会使大学生感到自卑和脆弱。自卑感一经形成便具有很强的感染性和扩散力,会给大学生之间的相互交往带来不良的影响。在大学生中还存在另一种自卑心理,即掩盖于"自傲"、"清高"的表面现象之下的一种自卑心理。有这种自卑心理的大学生十分渴望与别人交往,渴望得到别人的关心和帮助,但是由于其在某一方面的优势,而不肯放下所谓的"架子"主动地与别人交往,最后给别人造成一种拒人于千里之外的错觉。

一般来说,自卑的人容易消极地、过低地评价自己,总觉得自己在容貌、身材、知识、能力、口才,甚至衣着等各方面不如别人,低人一等,害怕与人交往。克服自卑应从认识、情绪、行为三个方面同时入手: ① 从思想上树立"天生我材必有用"的信念。心理学研究表明,成功者与失意者在智力上并没有显著差别,并不是智商高的人一定能成功。他们之间最主要的差异在自我评价上。② 调节自己交往时的情绪。学会积极的自我心理暗示、自我激励,可以暗地里用语言对自己说"我能行"、"我对未来充满信心"、"再试试"。③ 树立自信,马上行动。正确认识自己,善于根据自己各方面的条件、特长,发挥自己的优势,在发展中增强自己

的自信心；积极参加群体活动，在活动中发现和发展自己的能力，唤起自己的自信心，在积极的心理状态下不断克服自己的自卑心理。真正的自信还需要用行为来表现，故我们可以从容易处入手，如说话训练，先在朋友、熟人面前演练，有把握后再扩大听众群。

(二) 嫉妒

嫉妒是一个人由于嫉贤妒能，对才能、名誉、地位等比自己强的人所产生的不愉快和怨恨的情绪体验。当身边的同学在学习成绩、活动能力、生活条件、外貌形象等方面优于自己时，就可能引起个体产生嫉妒心理。调查表明，约有一半以上的同学承认自己在与人交往中产生过嫉妒心理（曹钰等，2018；李晓萍、孟祥昕，2000）。从心理学角度来看，嫉妒是对超过自己的人感到恐惧和愤恨的混合心理，是自私自利、唯我独尊的一种异常心理表现。嫉妒者其实比其他人更为痛苦，别人的幸福和他自己的不幸都将使他痛苦万分。他们因心灵巨大的创伤或某种无法补偿的缺陷，无力或不敢与强者竞争，或者因为怕吃苦而不想与别人竞争，但又容不下别人的优点与长处，害怕别人超过自己，心理上发生矛盾，失去平衡，便自觉或不自觉地贬损别人以求得心理上的平衡。嫉妒者时刻寻找对他人实施"报复"行为的时机，经常处于精神紧张的"高度戒备"状态。嫉妒心理同自傲、自卑心理一样，是建立良好人际关系的大敌。

嫉妒者由于把别人的优势视作对自己的威胁，怕别人的优势显出自己的低下，从而感到恐惧和愤怒。但他们并不是通过自己的努力去弥补已经存在的差距，而是借助贬低、诽谤、中伤等手段攻击对方，拉对方后腿，以求心理上的满足，认为似乎这样就可以缩短自己与对方的差距。培根说："每一个埋头沉入自己事业的人是没有工夫去嫉妒别人的，能拥有它的只能是闲人。"消除大学生中的嫉妒心理常用的调适方法有：① 加强思想意识修养，树立正确的人生观。因为嫉妒心理受人的理想、信念等个性倾向性的制约，只有逐步树立起高尚的道德情操和献身于社会的崇高理想，才能克服自私自利、唯我独尊的个性缺陷。② 解放狭隘的"自我"。嫉妒的病根在于自私，如果我们克服私心杂念，严于律己、宽以待人，"心底无私"地为别人的进步和优越而高兴，并且见贤思齐，凭自己的奋斗迎头赶上，那么嫉妒心理就无从滋生。③ 积极克服自己性格上的弱点。一般而言，虚荣心强、心胸狭窄、敏感多疑的人容易产生嫉妒心理。加强自己的性格塑造，逐渐形成不图虚名、心胸开阔、坚毅自信的性格特征，对消除嫉妒心理至关重要。④ 正确评价自己，增强竞争意识。承认自己某方面与别人的差距，欢迎竞争，积极参与竞争，努力实现自己潜在的价值，同时注意与他人的竞争应该有所选择和侧重，避免分散精力，作无谓的竞争。

(三) 害羞

害羞又称社交焦虑，是指羞于同别人交往的一种心理反应。表现为腼腆、胆怯、拘谨、动作扭捏、不好意思、脸色绯红，说话的音量又低又小，有时动作还颤颤抖抖，很不自然。害羞是人际交往中普遍存在的心理现象，尤其发生在与异性的交往中，其产生主要是由于个体对安全感的过分追求。李晓萍和孟祥昕（2000）的调查显示，承认自己因为害羞而不敢与人交往的大学生占了一半。很多时候，羞怯就是大学生人际交往中首要的阻碍因素。害羞按产生原因可分为三类。一是气质性的害羞。即生来就有的性格沉静内向，遇到人或事就胆小退缩、思前想后、举棋不定。二是认知性害羞。过分注意自我，注意自己的举手投足，患得患失，所以易受他人的支配，羞于与人交往，缺乏交往的主动性。三是创伤性害羞。由于生活、学业上的挫折和失败经历，而变得小心谨慎，消极被动地接受周围的一切。随着年龄增长，交往的频繁，害羞心理会逐步减弱与消失。但如果过度害羞，就会使人在交往活动中过分约束自己的言行，无法充分表达自己的愿望和情感，也无法与人沟通，妨碍良好的人际关系的形成。

害羞心理往往是在家庭、学校等环境下，在接触朋友、同学等特殊条件下逐步形成的。害羞者真正缺少的是自信，是不相信自己能给别人留下好印象，担心自己说错话，所以干脆不说话。此外，缺少交往活动也是害羞心理产生的重要因素，故大学生可以通过下列途径调适自己的害羞心理：① 树立自信。相信自己有能力以恰当的方式讲述任何事，并能给别人留下良好的印象，相信自己能在交朋友方面比现在做得更好。② 加强交往实践活动。性格懦弱、十分害羞的人，若从事服务业、教育、商业、行政等常需与别人打交道的职业，其害羞心理能在实践中逐步消失。故有害羞心理的大学生也应该在自己的生活中勇于去交朋友，多与他人交谈，多参加自己感兴趣的集体活动，让自己的害羞心理在实践中不知不觉地消失。③ 加强自律性训练。心理的自我暗示可以使自己沉住气，落落大方，不卑不亢地走向交往场合。交往伊始，要多运用自我暗示的方法，多告诫自己"没什么可怕的"，"勇敢些，没什么大不了的"。④ 善于模仿。善于学习有关的学问，注意观察与模仿那些泰然自若、善于交际、活泼开朗的人的言行举止风度。了解更多交往的具体方法，张嘴就不会"丢丑"，不会助长害羞心理，进而一步步走出害羞。

（四）猜疑

猜疑是指没有事实依据而抓住"皮毛"，凭主观想象进行判断推测，只相信自己，却总怀疑他人、挑剔他人的一种不良心理。猜疑心理过重的大学生在人际关系中常表现为生性孤僻、敏感多疑、小心谨慎、戒备心强、对人冷淡，完全处在一个自我封闭的心理防御小圈子中，无端地怀疑别人在威胁自己的名誉、声望、形象，把别人的一举一动与自己联系起来并看成是自己的阻碍。还有不少学生疑心太重，信奉"逢人只说三分话，不可全抛一片心"，一旦遇到一些意外或不顺心的事，不是首先从自身找原因，而是怀疑别人在背后做了手脚。猜疑产生的心理原因主要是受到不恰当的他人暗示或自我暗示。疑心者给人的感觉是心胸狭窄、气度狭小、过分注意自己的得失，他们希望别人相信自己，又怀疑别人看不起自己、不相信自己。猜疑者自身也常常体验到巨大的心理压力，在这种心理状态下，很难与别人进行正常的人际交往，既影响个人潜能的发挥，又影响朋友关系的建立和发展。

一个人猜疑心重，并形成了稳定的心理状态，是令人厌恶的，会导致人际关系紧张，甚至使同学间的亲密关系产生裂痕。猜疑是大学生正常人际交往的拦路虎，从根本上说，要消除猜疑就要努力做到两点：① 培养良好的性格。猜疑者的一般表现是与朋友相处时不坦率，不暴露思想，唯恐真实动机被别人察觉到。故需培养正直、诚实、实事求是的性格，养成根据客观事实来进行推理、判断的思维习惯，克服主观武断地下结论、轻易怀疑别人的习惯。② 提高抱负水平。猜疑往往和一个人的抱负水平低、过分拘泥于生活琐事有关。提高自己的抱负水平，在远大目标的追求中开阔个人的胸怀，倾心于自己所追求的事业，就不会因为人际关系中的琐事而分心了。

（五）孤独

孤独是因缺乏人际支持而产生的寂寞感与失落感，是宁可独处也不与别人交往所产生的一种心理。孤独是一种主观的心理感受，而不一定与外在行为表现相一致。孤独也是大学新生中普遍存在的心理问题。满怀愁绪无可倾诉时，会感到寂寞；生活困难求助无门时，会感到寂寞；失学、失业、失恋后缺少社会支持时，也会感到寂寞。寂寞心态是难免的，也可以说是正常的。若在多人参与的生活环境下，或在众皆欢乐的热闹场合里，仍然深深地感到寂寞，那就是孤独了。大学生感情上的满足，一般不外乎恋爱、家庭、朋友和社会等几方面的来源，如果在这些方面的关系出现裂痕，难免会感到孤独和苦闷。没有人永远不寂寞，但却有人长期寂寞。孤独与独处不同，孤独是心理上的寂寞感与痛苦感，孤独的人是不快乐的，也是不情愿的；独处只是身体上离开别人，而在心理上却未必不快乐，甚至有人甘愿独处，享受宁静中的喜悦。具有高傲、冷僻性格的大学生容易产生孤独感，他们自命不凡，看不上旁人，感觉别人"庸俗"、"不懂人情"，于是索性不愿与人交往，不想依靠别人，也不想别人求助于他。孤独会使人减少社会交往，丧失青春活力，丧失才智以及健全的人格。孤独过甚者，有的试图到神那里去寻求精神寄托，有的酗酒、纵欲、轻生，甚至与社会作对。

据社会心理学家分析，孤独产生的原因大致包括：缺乏社交技巧，与人接触时不能体察别人并适度表现自己；过度自我爱好的立即满足，忽略别人的权益与需求；对人缺乏同情心与同理心，无法获得别人的感情回应；自责过重，与人交往时过分患得患失，因恐惧失败心理的影响而导致对社会活动的退缩与逃避；个性悲观，对人无信心，与人交往不能坦诚相对，不能表露自己的特点，因而无从获得对方的欣赏与尊重。孤独的人一般缺少人际关系，或者说，不能建立亲密的人际关系，故大学生要战胜人际关系中的孤独心理，可以从以下几个方面努力：① 融入集体之中。心中包容整个世界，把个人永远融于集体之中，这样才能正确处理好个人与社会的关系，发挥个人的才智，这也是战胜孤独的根本。② 多参与社会活动。端正参与的动机,不要求立即获得回报,多学习社会能力,并借此机会让别人认识、了解你。③ 改正不良性格。高傲、冷僻、尖酸、刻薄等性格往往会使人与你疏远,应该加以克服和矫正。④ 培养慎独的功夫。失意与独处是人生所无可避免的,应培养自己具有慎独的功夫,以期在个人独处时也不致会有太大的孤独、寂寞之苦。

二、大学生健康人际关系的养成

(一) 充分有效的沟通

人际沟通指人与人之间在共同活动中,彼此交流思想、感情、知识等信息的过程。人们通过沟通来表达感情,解除内心紧张,获得对方的同情和理解。人际沟通不仅是维护和发展人与人之间关系的纽带,而且是个体心理正常发展的基础和必要条件。大学生人际关系中的许多问题都是关系双方缺乏充分、有效的沟通而引起的。生活中很多矛盾冲突刚出现时其实是很轻微的,但矛盾双方却因"面子"及其他一些不必要的顾虑而在彼此间展开"冷战",互不沟通,这些不必要的误会导致了矛盾的一步步升级,甚至是关系的最终破裂。如个体在自己的合理利益遭到侵害时,往往担心人际关系变坏而容忍下来,不能主动表明自己的态度。个体不表态常常并不意味着他能够接受这种情形,其内心是不平衡的。大学生在遇到矛盾冲突时,一定要利用各种条件,灵活运用各种交流手段促进相互间的意见、情感沟通。只有双方间的误会消除了,才能使彼此之间的人际关系向健康、和谐的方向发展。

(二) 把握好交往中的"度"

大学生在人际交往中还需注意交往的"度",包括对交往的广度、深度、频率的把握以及语言、行为分寸的讲究等。交往的广度要适当,既不能过广也不能太窄。过广则容易滥交,既影响交往质量,又会浪费太多精力,影响学习;太窄又有可能错过了许多可交的朋友,使自己眼界狭小,气量狭小,陷于狭小的人际圈子不能自拔。交往的深度也要适当,有的人际关系要深交,有的则只能浅交,甚至拒交,不能一味泛泛而交,也不能跟任何人都成为知心朋友。决定交往深度的主要因素是志同道合,包括共同的理想、追求、志趣和共同的道德水准、人格修养等。交往的频率要适度。即使是好朋友,也不能过从甚密,天天粘在一起,这样既影响彼此的正常生活,也会减弱彼此的新鲜感,反而增加出现摩擦、发生矛盾的机会,妨碍友谊的进一步发展。当然也不能长时间不来往,这样会使原本亲密的关系慢慢变淡甚至消失。

(三) 学会解决冲突

尽管人人都期望朋友之间能够和睦相处,但有时往往事与愿违,朋友之间会发生一些不愉快的冲突。大学生学会自己解决冲突也是促进成长的必备环节。解决冲突的第一步在于使冲突各方保持情绪冷静。对冲突本身进行一次全面客观的分析:引起冲突的事件是什么,冲突的起因在哪里,必要时向别人请教自己的观念是否客观;可能的解决办法有哪些,又有什么利弊,选出对双方都有益的最佳办法,等等。互惠是有效解决冲突的首要原则,寻找将对双方的伤害降到最低、对双方利益最有保障的方法。解决冲突的关键往往在于沟通,学会与冲突的对方恰当、有效地积极沟通,共同协商,以达成相互谅解。学会宽容、学会理解也是有效解决冲突的重要原则。许多冲突都因误解而生,沟通有助于澄清事实,而冲突的最终解决有赖于双方的宽容和理解。

(四) 培养良好的人际相处心态

1. 宽容待人

宽容是不计较而不是软弱,是理解而不是迁就。宽容体现的是情操、修养,学会宽容可以赢得好心情、好人缘和健康的身心与生活。学会宽容应从身边的小事做起。朋友相处难免有一些矛盾和意见,再要好的朋友也不可能在各方面都完全一致。对于矛盾、意见和性格差异,如果不会宽容,就可能阻碍朋友关系的发展。面对非恶意的冒犯,不计较后果,学会宽容地笑一笑,化干戈为玉帛,从而赢得一位朋友、排除一位敌人。倾听别人的辩解是宽容的开始,心理换位是宽容的根本,理解是宽容的核心。

2. 诚信对人

朋友相处要诚实守信。朋友相处的实质是通过朋友双方的交互作用达到精神上的满足。只有在诚实、坦率、守信的关系中,人们才能进行顺利的心理沟通,朋友间才能分享彼此的真实感情,友谊也只有在这种气氛中才能得到充实、健康的发展。相反,如果朋友关系是一种互不公开、互不诚实的关系,朋友双方的心理沟通受阻,甚至互相欺骗、不守信用,这样的朋友关系只能在短期内维持,不可能发展。因此,诚信对人的交友态度,在巩固和发展朋友关系中起着非常重要的作用。

3. 学会幽默

幽默使世界充满微笑,是男人的风度、女人的魅力,是美德与智慧的捷径、知识和能力的展现。幽默风趣的话常使人产生喜悦满足之感,令人久久难忘。大学生要学会幽默,需先注意培养自己敏锐的观察力、丰富的想象力、灵活的应变能力和获得广博知识的能力。在平时生活中与人交谈时,若对方保持沉默,巧用幽默便可打破僵局,使交谈气氛缓和,消除紧张;人与人的相处中出现矛盾时,幽默能起到润滑剂的作用,使人们的相处变得更顺利、更自然。

4. 心理换位

心理换位是指在与人交往的过程中,把自己置于对方的位置上去认识、体验和思考问题,设身处地为别人着想。在人际交往中,心理换位不仅是一种思考方式,也是一种心理品质。大学生之间的矛盾,往往是由于彼此没有注意到对方对自己行为的感受和反应而引起的。虽然这种现象的发生一般都是无意的,但对朋友关系会有不小的影响,应该引起注意。

复习思考题

1. 解释：人际关系,人际安全,人际期望,人际张力,人际报复,心理换位。

2. 影响大学生人际关系的主、客观因素有哪些?

3. 结合自身经历,谈人际关系与心理健康的关系。

4. 试析所在宿舍的人际关系状况。

5. 结合自身特点,提出有针对性的人际关系改进措施。

扩展阅读

1. 郑全全,俞国良.人际关系心理学(第二版)[M].北京：人民教育出版社,2011.

2. [美] 埃伦·伯斯奇德,等.人际关系心理学[M].李小平,李智勇,译.上海：上海教育出版社有限公司,2019.

第九章　恋爱与心理健康

案例导入

　　王某(男)和李某(女)是高中同学,他们一起考上了大学,在同一个城市里,但不在同一所学校,两人的学校相距大概一个半小时的车程。他们俩在高中的时候都忙着高考,关系一般,上大学以后也联系得不多。在上大学半年以后,他们在一次同学聚会中再次相遇了。由于大学压力较小,大家都比较放松,他们见面之后聊起高中时候的事情,一起回忆以前班级上的一些事,并介绍了各自在学校的一些情况,聊得很高兴,慢慢地感觉亲近了很多。王某觉得大家的变化都很大,以前没发觉,现在看着李某觉得还挺有魅力,因此愈发热情起来,李某受此感染也很开心。从此王某经常给李某打电话,聊一些学校里的事,两人的关系渐渐地密切起来,两个月后,两人正式地在一起,成了男女朋友。刚开始的时候,两人的感情进展很快,也很热切,一到周末都在一起,尽管小有吵闹,但两人都很快解决了。相处半年之后,李某发觉王某给自己打电话的次数少了,并且周末来找自己的次数也少了,李某问及原因,王某总是说学校事情多。李某知道事情不对,托与王某同校的朋友打听,才知道最近王某经常与本校的一个女生在一起,还很亲密的样子。李某觉得很生气也很难过,在一个没有提前告诉王某的周末,偷偷去王某的学校,在王某宿舍楼下等了一个下午,见到了王某和一个女生牵着手回来,李某顿时觉得自己受到了欺骗,上去就给了王某一巴掌,并提出了分手。(采自 http://www.docin.com/p-1636000569.html)

　　王某和李某的交往很仓促,甚至有点盲目。由于大学生的心理还没有完全成熟,也没有经过社会的洗礼,对待爱情往往只是为了浪漫、喜欢而在一起,却没有一起经历各种考验的准备。什么是真正的爱情,如何对待恋爱、追求爱情,怎样把握自己、处理好恋爱中出现的各种问题,如何协调恋爱中的各种关系等,是每个远离父母"束缚"的大学生所面临的问题。然而,不少大学生处理不好这些问题,不能发挥恋爱的人格再造作用,也不能从中获得全新的自我体验,反而迷失自我,出现各种心理困惑和问题,影响到自己的人际交往、学习及心理健康,乃至以后的职业选择、事业发展及家庭幸福等。恋爱心理健康无疑是大学生心理健康的一个极为重要的方面。本章将帮助大学生了解自己的恋爱心理特点及恋爱与心理健康的关系,学会调适恋爱问题上难免出现的各种心理困惑。

第一节　大学生恋爱的一般问题

一、爱情内涵的心理学阐释

爱情是什么？"有人认为爱是性,是婚姻,是清晨六点的吻,是一堆孩子,也许真是这样的,莱斯特小姐。但你知道我怎么想吗？我觉得爱是想触碰又收回手。"(杰罗姆·大卫·塞林格)这是一位作家眼中的爱情。一般而言,美好的爱情要经历一个萌芽、开花和结果的过程。男女双方培育爱情的过程,称为恋爱,按进程一般又可分为初恋期、热恋期、恋爱质变期(失恋或结合)。处于恋爱状态的男女双方会产生特别强烈的相互倾慕之情,通常呈现出一些明显的特征:① 恋人之间常有眉目之间的传情和语言的沟通;② 恋人之间有美化对方,只见对方优点而不顾及其他的倾向;③ 恋人有力图完善自己而与对方协调起来的倾向;④ 恋人会在日常的一举一动里表达对对方的关心,有"一日不见,如隔三秋"的思念;⑤ 恋人常会戒备对方会被别人抢走,有独占对方的欲望。

心理学家李(Lee,1977)的研究发现,现代青年男女的爱情关系,不外乎以下六种形式。① 浪漫式爱情,将爱情理想化,强调形体美,追求肉体与心灵融合的境界。② 游戏式爱情,视爱情如游戏,只求个人需要的满足,对其所爱者不肯负道义责任。因而将恋爱对象的更换,视为轻易之事。③ 占有式爱情,对所爱之对象,赋予极其强烈的感情,并希望对方回应以同样的感情;对其所爱,极具占有欲,对方稍有怠慢或忽视,即心存猜疑、妒忌。④ 伴侣式爱情,在缓慢中由友情逐渐演变成的爱情,温存多于热情,信任多于嫉妒,是一种平淡而深厚的爱情。⑤ 奉献式爱情,信奉爱情是付出而不是收取的原则,甘愿为其所爱牺牲一切,不求回报。⑥ 现实式爱情,将爱情视为彼此现实需求的满足,不求理想的追求。"男子娶妻,煮饭洗衣;女子嫁汉,穿衣吃饭"正是这种爱情的典型。

与上述将两性之爱作硬性分类不同,另一种很受重视的爱情理论是由斯腾伯格(Sternberg,1988)提出的爱情三元论。该理论认为,人类的爱情虽复杂多变,但基本上由三种成分组成。① 动机成分。爱情行为背后的动机,对人类而言虽未必全是由于生理上的需求,但绝不能否认,性动机或性驱力以及相应的诱因,如异性之间身体容貌等特征,是原因之一。② 情绪成分。属于爱情的情绪,除了爱与欲之外,可能夹杂着其他的成分,正所谓酸甜苦辣的爱情滋味。③ 认知成分。爱情中的认知作用,对情绪与动机两种成分而言,是一种控制因素。如果将动机与情绪分别视为电流与火花,认知就是开关或调节器,它可斟酌爱情之火的热度,予以适度调节。按斯腾伯格爱情三元论的见解,虽然两性间的爱情形式因人而异,其实都是由这三种成分的不同混合方式所演绎的。他还进一步将动机、情绪和认知各自在两性间主导而发生的爱情关系,称为热情、亲密与承诺,就是说以动机为主的两性关系是热情的,以情绪为主的两性关系是亲密的,以认知为主的两性关系是承诺的、守约的。图9-1所示,是三种不同的爱情成分随时间变化的一般情况。可见,单凭热情的爱情,是维持不久的;理想的爱情应三者俱备,且合而为一。斯腾伯格将这种境界称为"完美之爱"。

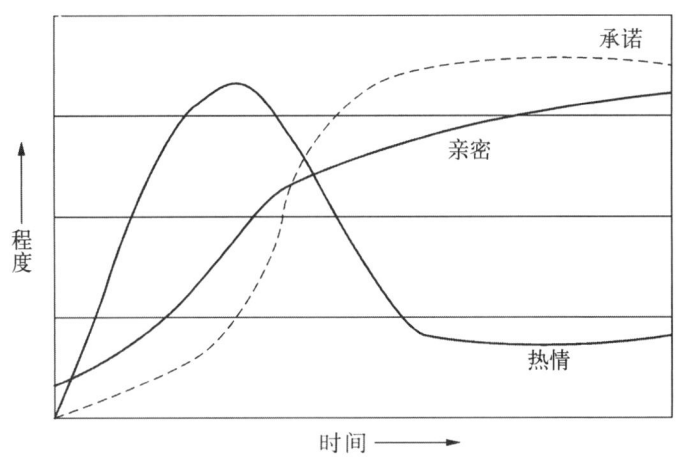

图9-1　斯腾伯格爱情三元论图示

　　尽管对于爱情定义的表述有差异,但基本内容是一致的,主要涉及生物因素、精神因素和社会因素三个方面。生物因素是指爱情产生于男女两性之间,异性相吸的生物本能使人产生性欲,从而具有与之相结合的强烈愿望;精神因素主要是指爱情是一种高尚的情操,健康的爱情会愉悦身心,使人产生美好的心理体验;社会因素指爱情是一种社会现象,一方面受社会道德、法律规范制约,另一方面爱情还将涉及养儿育女、传宗接代的社会功能。

专栏9-1

大学生恋爱的利弊

　　在课堂教学与咨询中,经常有同学问:大学生可以恋爱吗? 恋爱利大于弊还是弊大于利? 这既有个体差异,也有社会环境的影响,后者的影响更大。比如说,在农业社会,年轻人的结婚年龄普遍偏小。而在现代社会,快速的生活节奏与自我发展的双重压力使更多的人先立业后成家。而大学生尽管生理成熟,但承担着繁重的学业任务与未来发展的任务,他们需要更多的时间发展自我。当爱情的脚步走近时,你可能无法逃避,但你拥有选择的权利。但是,大学生恋爱也是一把双刃剑,因为大学的时间是一个常量,你精力的分配将决定你未来的发展。因而是否可以恋爱并非一个绝对的规定,它与个体的身心成熟与社会性成熟有关。最简单的一点是,有恋爱就有失恋,你对恋爱的心理预期与失恋的心理承受力是需要提前考虑的。

　　大学生的爱情有其独特性,主要表现在以下六个方面。一是大学生恋爱的高纯度,纯净、美丽有时甚至显得单纯。多数学生恋爱如同青春偶像剧中的男女主人公,没有现实生活的压力,男女的第一要务就是认认真真地恋爱。而爱情永远离不开坚实的大地,脱离现实生活的爱情必然是"见光死"。二是大学生恋爱的精神特质。大学生在恋人的选择上,更重视精神层面的相互认同,世俗生活中的物质交换、门当户对等不会对大学生构成影响;大学生甚至追求纯洁地爱一次。三是大学生恋爱的冲突性。大学生面临自身发展的压力,如考研、就业、经济、学业、人际关系,恋爱需要大量心理能量,学业压力、成长压力,特别是性压力,对恋爱的双方都是巨大的心理考验。四是大学生恋爱表达的自然与随缘。今天的大学生更多的相信缘分,当面对无法解释的情感纠葛时,学生会以"缘来缘去"解释情感的变化。五是大学生恋爱中理性与感性并存。大学生在选择自己的恋人时,既有感性的冲动,将两人在一起非常快乐的感觉列在重要位置,更有理性的思考,更加考虑双方是否合适。他们对未来生活的规划显得心理准备不足,当面临职业选择等人生重大课题时,恋人常因不能长相守而劳燕分飞。六是大学生爱情的多元化。传统的爱情理念在今天的大学校园里受到空前的挑战,今天的大学生更重视爱情的即刻性,将恋爱作为一项独立的人生任务而非与婚姻等长久的人生目标相连。

二、影响大学生恋爱的因素

影响大学生恋爱的因素主要表现在生理、环境、心理等方面。大学期间,性生理的发育成熟是大学生恋爱的最根本的生理动因;生理发展所引发的心理剧变是大学生恋爱的心理动因;而宽松的校园环境、大学浪漫的人文氛围,以及社会开放的文化渗透和道德伦理规范的约束是大学生恋爱的环境动因。

(一) 生理因素

一个身心健康的人迟早都会对异性产生倾慕爱恋之情,生理动因是大学生恋爱心理产生发展的自然因素。我国当代大学生年龄一般在18—22岁之间,正值青春发育成熟期,即性萌发到成熟的时期,不仅是生殖系统,即性器官和内分泌系统在发育成熟,而且大脑中的性控制中枢与情绪中枢也正逐步成熟,这个时期大学生性本能欲求具有很强大的推动力,男女同学之间相容相悦,对异性产生好奇、好感、亲近的心理需要,出现了想与异性交往的欲望,引发其强烈的恋爱冲动,他们通过恋爱来满足这种欲求。

在这种过程中,生理上的变化以及发育不适,例如第二性征发育不良导致的外形缺憾,引发大学生对身体形象、性器官功能发育的不满和不适,觉得不如己意,希望改变,但又很难改变时,就会产生心理挫折感,引起诸如自卑、焦虑、忧郁等情绪障碍。同时由于保守的传统性教育,以及缺乏完备的性知识,大学生将一些正常的性意识表现,例如常想一些性问题、常出现性幻想、常做性梦、自慰等看作是一种犯罪,出现性意识困扰,引发不同程度的心理冲突,表现为焦虑、烦躁、忧郁、厌恶、内心痛苦不安、恐惧以及道德自责等,部分在此方面困扰严重的学生,出现失眠、注意力分散、害怕与异性交往,并常陷入一种苦闷困扰之中,从而影响其学习、生活等,甚至阻碍其自我的正常发展。

这些情绪障碍、心理反应都对大学生适切恋爱心理的确定造成了影响,可见生理基础是大学生恋爱心理发生发展的根本原因,也协调着大学生恋爱心理的变化以及表现程度,进而影响着大学生恋爱心理的健康发展。

(二) 环境因素

爱情在当今的大学校园不再是讳莫如深的话题,这是社会大环境和大学小环境共同作用的结果,具体表现在以下几个方面:第一,大学生摆脱了高中紧张的学习氛围和面临升学的巨大压力,大学较轻的学业负担和开放、自由的校园环境使得他们有更多的时间与异性接触和交往,就会出现恋爱的行为(畅远鹏,2017)。第二,大学生活不同于高中生活,大学校园里,少了父母、长辈的"束缚"和"监控",家庭对于个体的影响也随之减弱,大学生觉得有了更大的自由与自主,对自己的恋爱问题持有相对较大的主见,可以自主地表达自己的喜怒哀乐。第三,在大学校园中,大学生们朝夕相处在一起学习生活,这既为大学生同学之间深入了解对方提供了近距离和长时间的机会,也为他们发展友谊和培养感情创造了条件。第四,同学中的恋爱相互影响,使得恋爱心理相互感染,活跃了大学生的恋爱心理。高年级学生的恋爱行为,会影响到低年级学生。因此,大学生恋爱之风似一股潮流席卷大学校园。第五,大学浓厚的文化氛围,使大学生可从多种渠道(文学作品、影视、网络、报纸、杂志等)获得有关爱情的诸多信息,现今影视作品大多涉及谈情说爱的内容,而互联网上的信息更是鱼龙混杂,网络上的淫秽色情信息引起学生的好奇。大学生通过电视、电脑、手机获取这些信息,不禁渴望尝试爱情的滋味(王丽丽,2018)。

(三) 心理因素

大学生可塑性强、情绪波动大,面对情感问题的两难抉择,在理想与现实的天平上难以保持平衡。此外,人格特质、自我概念等也都是大学生恋爱心理的重要因素。不同气质类型影响着大学生恋爱的表达方式与程度,以及恋爱心理的发展。性格倾向不同的大学生在恋爱情感体验中所表现的也大相径庭。

三、当代大学生恋爱的现状特点

大学生生理、心理正趋向成熟。此时和异性交往的心理渴望达到了顶峰,大学校园宽松的生活环境也为男女交往相恋提供了便利的客观条件,催生了校园"柔情"。随着高校"恋爱风"高涨,当代大学生在恋爱方面出现了不少新情况和新特点。

（一）大学生恋爱普遍

20世纪90年代以前，大学生恋爱现象还是"犹抱琵琶半遮面"。如今，大学生恋爱越来越普遍和公开化。一项对近万名大学生的调查表明，90%的大学生对大学期间谈恋爱表示赞同（邵昌玉、胡珍，2013）。我国有过恋爱经历的大学生人数逐年增加，但近几年趋于稳定（王丽丽，2018）。研究表明，2000年有56.4%的大学生谈过恋爱，2003年这个比例上升至62.58%；2014年男生中的65%和女生中的50%有过恋爱经历；2015年调查结果显示有68.5%的大学生谈过恋爱。总体来说，我国有过恋爱经历的大学生比例在2/3以上，接近70%（潘啸，2017）。

（二）大学生恋爱低龄化

如今大学生恋爱的一个比较明显的特点是恋爱越来越低龄化。过去是到了高年级才谈恋爱，现在是新生刚入校就谈恋爱，且比例逐渐上升。有很多大学生步入校门时就是成双成对的，其中刚刚步入大学的学生所占的比例将进一半。可见面对宽松的校园和学习环境时，恋爱的大门向大学生早早地开启了（潘露莹，2015）。

（三）大学生恋爱动机多种多样

恋爱动机是产生恋爱行动的内部动力，它由恋爱需要引起，并直接指向恋爱目标。我国长期宣传教育的恋爱动机是要"选择人生伴侣"。如今，一些高校对大学生恋爱动机进行调查发现，大学生的恋爱动机明显具有多元化特点。调查显示，大学生恋爱动机更加多样：精神寄托（60.1%），寻求陪伴（54.6%），物色婚姻伴侣（22.3%），要面子攀比（6.8%），随大流的从众行为（15.8%），丰富恋爱经历（21.8%），寻求刺激（4.3%），驱逐空虚（24.7%），了解和学习与异性相处（21.8%）（朱润萍，2012）。

（四）大学生恋爱讲求短频快

以前学者调查发现大学生恋爱心理不是一成不变的，而是有一个发展的过程。其过程大致可分为萌芽期、发展期、稳定期三个阶段：萌芽期一般为大学一年级；发展时期一般为大学二、三年级；稳定期一般为大学四年级。但当代大学生在校园中演绎着许多鲜为人知的"短频快"的恋爱浪漫故事。在竞争、开拓、进取的时代里，人们往往追求"时间就是金钱，效率就是生命"，这种观念深入人们生活的方方面面，甚至在恋爱上人们也追求快节奏。以往人们把时间当成考验爱情的试金石，而今人们似乎没有那么多的时间、耐心和精力去关注、了解对方，默默等待心灵的碰撞，让恋爱在矜持和叙谈中逐步走向明朗化，而是如同吃快餐食品一样，相识没几天爱情的火花就已"四溅"：出双入对、勾肩搭背、形影不离、亲密无间。恋爱的激情来得快，去得也快，当代大学生有情则爱，无情则散，毫不掩饰。

（五）大学生恋爱考虑较单一

大学里的恋爱是很美好的,但也是很脆弱的。真正从大学恋爱最后步入婚姻殿堂的人并不多,这里很大一部分的原因是大学生在社会责任感、承受力等方面相对不成熟。对于爱情的热情向往和追求使得大学生往往只考虑双方的情感体验,而忽视了一些诸如未来就业发展、家庭背景等现实的因素。

（六）大学生恋爱中性行为增加

当前大学生恋爱的一个新变化和新特点,无疑是性观念上的变化。恋爱不再停留于 20世纪 80 年代的牵牵手,90 年代的搂搂抱抱,而是直接地进入性体验或同居生活。调查结果显示,90 后大学生的性开放程度普遍较高,在恋爱关系中,九成以上的大学生能够接受接吻及更亲密的肢体接触行为,22.2％的 90 后大学生能够接受性行为,17.94％的 90 后大学生甚至可以接受婚前同居生活;与此同时,90 后大学生对于恋人的过往性史也持较为宽容的态度,绝大多数人表示自己并不介意恋人之前有过性行为(刘晨,2015)。一项关于大学生恋人公开同居的态度的调查显示,50.5％的大学生同意公开同居,认为同居是一种婚姻生活的尝试,如果有一天觉得不合适,就可以随时分手,不用顾虑太多(程蓓蓓,2018)。

第二节　大学生的恋爱与心理健康的关系

一、恋爱动机与心理健康

恋爱动机是个体自身为何而进行恋爱行为的一种内在动力。各种各样的恋爱动机,在给大学生带来轰轰烈烈爱情的同时,某些简单化、盲目性的特点势必会影响爱情的健康发展。大学生错误的恋爱动机大致可分为空虚恋、虚荣恋、轻率恋几种。有一部分同学不是因为相互爱慕、为选择终身伴侣而谈恋爱,而是出于生理心理的需要、从众心理及精神孤独的原因盲目恋爱,反映出恋爱动机不纯的问题。空虚恋,指有的同学不能妥善安排课余生活,自我学习意识不强,朋友也不多,导致精神上时常感到空虚、孤寂和惆怅,急于和异性交往,以恋爱填补精神的寂寞。虚荣恋,指有的同学把恋爱当成一种时尚,看到周围的一些同学有了异性朋友,为了显示自己的魅力投入恋情,从而把恋爱看成人生游戏,不能认真对待。还有的同学由于无法接受别人对自己单身的异样眼光,诸如"好像我单身就是怪物"、"没对象是不是有心理缺陷"等,由此滋生虚荣心理,为了不使自己显得落伍,也匆匆加入追求异性的行列。轻率恋,指由于大学生正值身体心理发育阶段,异性的吸引力逐渐增强,为满足心理生理需要而谈恋爱。更有人将在大学谈恋爱视为在经营"恋爱试验田",当成是一种感情的锻炼,恋爱即为"练爱",频频更换恋人,目的仅为积累恋爱的经验(畅远鹏,2017)。

近年来,大学生恋爱趋向低龄化、发展高速化、普遍化,究其原因,主要是出于从众的恋爱动机。有调查显示,近一半的大学生恋爱是为了弥补内心的空虚和孤独,有明显的从众心理,甚至存在同时和几位异性保持多角恋爱关系的现象,使恋爱观趋于复杂(牛丽丽,2010)。由于宽松的校园环境和校园舆论导向的变化:20世纪70年代末至80年代中期,学校对大学生恋爱的态度是"禁止恋爱";90年代初,则演变为"不反对,也不提倡,出了问题要严加处理";现在,已是"承认现实,正面教育,合理引导",并允许已婚者参加高考,甚至在校大学生可以结婚。而当代大学生本身大多数对谈恋爱持一种认同态度,因而越来越多的大学生加入恋爱行列,并且是新生一入校就开始谈恋爱。通过调查数据分析,43.1%的大学生谈恋爱是受到周围同学的影响,为了满足自尊心,或者仅仅是为了打发时间,作为消遣的方式。这样的恋爱动机一定程度上违背了恋爱的初衷,存在着不严肃、不负责任、功利化的倾向(王钊,2018)。在这种情形下,尚未涉足爱河的学生难免感到莫名的心理压力,低年级的学生更多地感到心理不平衡,认为"自己不比别人差,别人行我也行"、"你有我也应有";高年级的学生更多的是产生一种自卑与焦虑,随着年级的增加,恋爱比例也在增加,未谈恋爱的学生内心难免产生惆怅、羡慕之情,于是匆匆效仿,盲目地踏入爱河,认为自己低年级没有谈恋爱是由于缺乏吸引力、没有魅力,如果现在再不谈恋爱,真的表明没有人看得上,"这是一件很失面子的事",因而为了证明自己,表明自己有能力,他们都可能匆匆忙忙地搭上校园恋爱的末班车,想借此平衡心态,减缓焦虑,但常常事与愿违,冲动、轻率使他们陷入两难的境地,更加重了其焦虑感。

二、恋爱观与心理健康

适当的恋爱观不仅对恋爱行为、以后的婚姻和家庭生活具有导向作用,并且也是良好个性品质形成的基础,反之不仅阻碍爱情的健康发展,也会危及大学生健康心理的形成和发展。应该说,大多数大学生对于恋爱是严肃认真的,但不能否认部分大学生的恋爱价值观中存在种种不良的倾向。

现在有不少学生抱着一种"过程体验"的态度谈恋爱,把恋爱看成是积累经验的过程,并不考虑恋爱与将来婚姻、家庭的相互关联与递进,恋爱对于他们来说并不是寻觅终身伴侣,而仅仅是寻找一种两性情感生活中的满足与人生体验,在选择爱情的时候漠视自己所应承担的未来责任,真正以婚姻为目标的恋爱在大学生中大约七个人中才有一个。这种只图一时的激情感觉,认为婚姻并不一定是"恋爱的结果"、"恋爱是为积累经验"的恋爱价值观在许多大学生中颇为流行,无论恋爱成功与否就当是积累经验;而且认为这种恋爱可以带给人快乐与和谐。然而以这种观念投入恋爱,迟早会体验到这个过程的空虚与茫然,更何况这种恋爱并非那么容易地"挥一挥衣袖,不带走一片云彩",可以说,这种观念不仅易伤害他人,也贻害自己,对心理健康的危害不容小觑。此外部分大学生在择偶时,相互攀比炫耀,注重对方的容貌、身材等外表条件,以及家庭、社会关系、经济状况等利益条件,将之作为选择恋人的筹码,认为这些条件是不可改变的,是可以衡量的,而内在美则是看不见摸不着的,是不管用的。例如,《广州女大学生价值观调查红皮书》(2010)显示,59.2%的大学生愿意嫁给富二代,因为"可以少奋斗很多年"。还有的甚至将爱情作为交换条件来达到自己的某种目的,因而择偶时"老少皆可"、"美丑皆宜",只要他(她)能帮助自己获得所想得到的。这种扭曲的恋爱价值观不仅会使恋爱进入一种误区,也会让自身心理蒙上一层灰尘,危及身心健康。

此外,在恋爱观上,部分当代大学生认为"爱情至上",将爱情放在人生第一位,将爱人与被爱视为人生的一切,认为"没有爱情,生命也就没有色彩"。于是成天沉溺在情爱中,对周围的一切都漠然视之,往往在二人相处时纵情享乐,一旦失去爱就精神萎靡。由于恋爱耽误时间过多,学习不扎实,面临考试不及格,甚至留级、退学的危险时,有的会做出过激行为,有的严厉自责,给自己莫大的压力,带来无尽的不安、焦虑。同时这类恋爱价值观也易使其恋爱中的独占欲膨胀,而与同学产生人际冲突或淡化正常的人际关系,诱发人际交往障碍,产生情绪困扰、性格孤僻,在心灵深处萌发不良反应,严重影响大学生的心理健康。

三、恋爱道德与心理健康

爱情理应是高尚的,这也要求大学生恋爱必须具有恰当的恋爱道德观。不良的恋爱道德观,不仅其恋爱行为会玷污爱情的纯洁,而且会危及学生自身的身心健康。大学生恋爱中本应遵循的道德是:以爱为基础,以高尚情趣为恋爱发展的动力,在恋爱中相互尊重各自选择的自由与权利以及人格,同时信守责任,恋爱时双方忠贞专一、真诚相待,注重恋爱的健康交往。然而在当代大学生的恋爱中,不乏缺乏恋爱道德的表现。部分大学生对待恋爱的态度随意,漠视忠贞专一,有的朝秦暮楚,见异思迁;有的不断变换恋爱对象,大搞人生游戏;有的热衷于"三角恋"、"多角恋",视爱情为儿戏,对爱情极不严肃。更有甚者,只考虑自己而不尊重别人的意愿,强迫或诱骗对方接受自己的爱情;有的又因失恋不能自拔而陷入对对方无休止的纠缠或报复中;有的自我封闭、意志消沉,甚至"看破红尘"而轻生。这些不良的恋爱道德观势必会破坏恋爱在这些大学生心目中的纯洁性、严谨性、持久性和高尚性,进而形成一种只重个人体验、忽视恋爱道德责任、崇尚及时行乐的"杯水主义",诱发扭曲与放纵的恋爱。这些不仅破坏校园风气,而且严重损害大学生未来追求美好爱情和美满婚姻、幸福家庭生活的生理基础和心理基础。

四、恋爱挫折与心理健康

恋爱经常不是一帆风顺的。对于大学生而言,如果在恋爱问题上处理不当,就会引发恋爱挫折。恋爱挫折是恋爱过程中因为矛盾、阻力和障碍而产生对恋爱排斥、不满、冷漠和猜疑等不良心态,形式上表现为表白被拒、恋爱中矛盾和失恋(张翠莲,2015)。恋爱挫折将会使当事人精神上受到不同程度的刺激,进而产生不良的心理,甚至诱发心理疾病,危及身心健康。恋爱挫折在大学生恋爱中是比较常见的现象,表现在恋爱的不同阶段。有调查显示,涉及恋爱的大学生中,有过恋爱挫折的高达93.4%(刘志翔、毛丹,2010)。

(一) 失恋

大学生在校期间,除了师生关系、同伴关系之外,更重要的是两性之间的恋爱关系,它对大学生的意义已不仅是恋爱本身,而且是大学生自我价值感和自我评价的重要来源和基础。可想而知,失恋会给当事人带来剧烈的心理创伤,使人处于抑郁、焦虑、自卑、悲愤甚至绝望的消极情绪中,失恋对于大学生心理健康的影响肯定是其人生中最为严重的心理挫折之一。调查显示,面对失恋,有44.42%的同学能理性对待,很快走出不良情绪,40.57%的同学受失恋的不良影响持续时间较长,需要花较长的时间走出失恋阴影。还有15.01%的同学不能冷静面对失恋的现实,因此影响正常的学习和生活。由此看出部分同学能理性对待失恋并能调节失恋造成的负面影响,但还有不少的同学受失恋不良影响较大,小部分同学不能理智对待失恋。面对分手,大部分人经过一段时间之后都可以理性对待失恋的事实,而且从中获得了宝贵的情感经验。然而,有少数人心理承受能力低,难以摆脱失恋的痛苦,长期生活在失恋的阴影之下(畅远鹏,2017)。不少学生在失恋时出现失控和反常的心理,会产生极度的孤独感、绝望感和虚无感,有的人会持续意志消沉,沉迷酒精、游戏等不能自拔,荒废了学业,极端的甚至会走向轻生的道路(黄慧绮,2015)。

(二) 单恋

单恋也是大学生恋爱中常见的一种恋爱挫折。恋爱应是两人之间的感情心灵交流,但如果只是一方投入感情,而另一方毫无感情,或是根本不想与之进行这种交流,这就形成了单恋。单恋通常包括两种形式:一种是由内心爱慕对方并无法表示出来或已被对方拒绝仍痴情不改的单恋,另一种是把与对方的交往、友谊认为是"有意"或"暗示"而产生的"爱情错觉"。无论哪种单恋形式都是一种畸形的恋爱,一种臆想型恋爱情结。这部分大学生常常沉湎于自我幻想或想象的虚幻情境中难以自拔。在心理上表现出由于痴情而对单恋对象产生强烈的关注、幻想、焦躁和冲动。然而这一切都是在对方毫无觉察或者得不到对方认可和接受的情况下产生的,由此引起单恋大学生内心的痛苦和强烈的冲突;部分大学生碍于周围环境和心理压力,对自己内心深处的情感和暗恋感到难以启齿,不敢向对方诉说,这种闭锁心理更加深了他们的苦恼,很容易产生心理障碍和心态失衡。

(三) 恋爱纠葛

恋爱纠葛是大学生恋爱的又一种恋爱挫折,主要是指恋爱时因某些主观因素或客观因素引发的欲罢不忍、欲爱不能的感情冲突与内心强烈的矛盾,它给恋爱中的大学生带来一系列的情感危机,引发极度紧张、不安、忧郁、焦躁、恐惧等不良情绪。如有的学生因恋爱遭到家庭反对或周围人的非议,显得心烦意乱、坐立不安、焦虑、抑郁;有的因恋人之间出现矛盾、误解或猜疑而忧心忡忡;有的因陷入"三角恋"或"多角恋"的漩涡中,因不知如何摆脱这种局面而焦躁不安、恐惧;有的在热恋时由于"第三者"闯入导致双方出现感情危机,而为此感到不安、痛苦等。这些恋爱纠葛、情感危机使大学生心理上遭受严重挫折,有的会无法控制自己的思想、行为以及情感,不能正常地学习生活,甚至会精神崩溃,并导致自杀等恶性事件和诱发性精神疾病。

第三节　大学生恋爱心理健康教育对策

有心理学家曾根据恋爱中对爱情的追求,把爱情分为健康和不健康两大类(国分康孝著/王铁钧译,1990)。不健康的爱情表现在:① 过高地评价对方,将对方的人格理想化;② 过于痴情,一味地要求对方表露爱的情怀,这种爱情常有病态的夸张;③ 缺乏体贴怜爱之心,只表现自己强烈的占有欲;④ 偏重于外表的追求。而健康的爱情表现在:① 不过分痴情,不咄咄逼人,不显示自己的爱情占有欲,能够充分尊重对方;② 将爱情给予对方比起向对方索取爱情更使自己感到欢欣,并以对方的幸福为自己的满足;③ 是双方彼此独立的个性的结合。下面,分别从大学生自身和教育者两个方面,阐述如何促进大学生的恋爱心理健康。

一、大学生恋爱心理困境的自我调适

(一) 提升爱与被爱的能力

有的大学生没有谈恋爱或恋爱时常失败,就总认为自己被别人瞧不起,认为自己对异性没有吸引力,因此害怕在异性面前出错,不敢与异性坦然交往,以为这样的回避就能减少与异性接触,从而保护自己的自尊心免遭损害,同时在众人面前极力掩饰自己内心的失落与痛楚。使大学生出现这种恋爱心理困境的原因主要在两方面。其一是大学生的自我评价偏差。大学生的自我意识正处在发展成熟阶段,尽管他们一向被认为是很自信的,但他们同时也表现出对他人的评价很敏感,并把这些看法作为自我评价的一部分;而有的学生往往过于关注别人对自己怎么看,却从未认真考虑过自己如何给自己一个客观的评价。其二是由于大学生的认知偏差,对恋爱吸引力缺乏科学的认识,产生了误解。有的学生认为人们在择偶时更倾向于外貌等生理特征,殊不知当代大学生无论是男生还是女生,在择偶时的确要考虑外在魅力这类特征,但才能、人品、性格、兴趣爱好、相互感情、心理相容更具吸引力。因此,具有这种心理困境的大学生首先应挖掘一下自己的长处,排列出自己能吸引人的特征,适当地转换一下自己的思维方式,用自己的优点比较别人的缺点,以此来增强自信,学会悦纳自己;其次学会对问题进行辩证思考,看到事物的两面性,问问自己,一个人是否对异性有吸引力,是否一定以大学期间拥有恋人为准,是否意味着你今后的生活、学习需要变化,或许早来的爱会提前消失,迟来的反而才是真爱。最后,在实际生活中,多参加有异性同学参加的集体活动,大胆地、真诚地与异性同学交往,去了解与观察所喜欢的异性的心理,同时认识到自己的恋爱期待心理,缩短理想我与现实我的差距,调节好恋爱心理的外部期待与内部期待之间的矛盾,给自己的恋爱动机与恋爱价值观找好位置。

(二) 坦然面对异性交往

有的大学生错把异性之间的正常交往视为谈情说爱,致使男女生之间不敢往来;有的大学生在恋爱关系确定之后,便干涉甚而限制对方与他人的正常往来和友谊,否则心里就会不悦,无端猜疑,让爱情与友情成为水火不容的东西,这样不仅引起两种不同需要之间的矛盾,更引起同学之间的人际冲突,导致关系紧张;也有一些大学生在与异性交往时,只要对方对自己表示一点好感,便想入非非,自作多情地认为自己是对方的恋人了,害起了"单相思",甚至刻意给彼此关系一般的同学贴上"恋人"的标签;更有一些大学生一直在爱情与友情之间徘徊,将二者混为一谈,以致在异性面前茫然不知所措。这其中有社会变革时期所形成的复杂人际关系对当代大学生的影响以及心理冲击,但引发这种心理困境大多是源于自身,因而更需要大学生自己来调适。当代大学生在爱情与友情的认识上还存在一定的偏差,对于友情和恋情的认识还很肤浅,再加上当代大学生青春期提前,性心理发展滞后于性生理成熟,引发大学生对社会中人际关系的科学认知不足,分不清友情与恋情的区别,这也影响了大学生的行为取向、思维方式。所以,在理论上,大学生应明了两点:一是恋爱具有社会性、自然性和复杂性,因此在恋爱过程中既要主动,也要顺其自然;二是择偶时的从众心理、恋爱错觉心理、逆反心理等因素常常会导致事与愿违的情况,并且极易伤害自己与同学。而在实践上,大学生在与异性交往中要勇于说"不",学会控制感情,不自作多情,更不要把迷恋当作恋情。

(三) 慎重婚前性行为

当代大学生对婚前性行为越来越宽容,贞操观也越来越淡漠。一方面,他们希望自己未来的婚姻纯真,在传统文化的氛围中意识到这些现象的不妥之处;另一方面,他们恋爱时,情感容易战胜理智使恋爱误入歧途,给双方身心带来创伤,给未来留下阴影。这与大学生性生理发育成熟,但性心理发展滞后有关,也与我们学校的性教育薄弱、大众媒体宣传不当有关。面对这种心理困境,大学生应学会处理好恋爱与学业、恋爱与成材、恋爱与人格塑造、恋爱与人生等方面的关系;主动地了解性生理、性心理、性社会等方面的健康知识,积极利用所学专业参与各种社会实践,从中感受为社会服务实现自身价值的成功心理体验。

二、大学生恋爱挫折的自我调适

（一）失恋的自我调适

恋爱是人生开出的美丽之花，人们因为恋爱而美丽，世界因为恋爱而美好，恋爱带给人的美好感受成为生命中刻骨铭心的记忆。但是有恋爱，也就有失恋，失恋时会产生痛苦、消沉、自我怀疑、怨恨等不良情绪，甚至更极端的情绪和行为，这就要求大学生能够处理好失恋时的身心调适，以及与他人、社会的关系。

① 敢于面对失恋的现实。所有的失恋者都有一种难以摆脱的情结，即我的终生幸福没有了。怀有这种情结的失恋者不敢面对失恋的现实与未来，结果陷入越痛苦越思念、越思念越痛苦的怪圈中，不能自拔，从而导致心理疾病的产生。对此，作为一个理智的大学生应勇敢地面对失恋的事实，坚强地承受失恋所带来的伤害，认识到爱情既然有成功的、甜蜜的，那么就有失败的、苦涩的，为什么一定要渴求成功而不能正视失败呢？在这一点上，特别要指出的是对于那些持"爱情至上"观点的大学生，更要认识到爱情并非生命的全部，人生还有事业、亲情和友情；对于那些认为失恋就是失面子，失恋是自我价值贬损的大学生，不敢面对这个严酷的现实是不可取的。只有勇敢地面对事实与未来，才是顺利走出心理阴影的第一步。

② 多为对方着想。要设身处地为对方着想，这样将有助于理解对方提出结束恋爱的原因，有助于平静地接受失恋这一事实。大学生情绪波动较强，感情上易冲动，还不够稳定，这种换位思考对之有较大的益处。既然对方觉得这样更幸福，就让他（她）离开你吧。不然，有一个人觉得不幸福，两个人的生活也是不幸福、不安定的。

③ 加强自我调控，减轻心理压力。失恋后产生痛苦、失落等心理问题，是因为恋爱的大学生所追求的目标与结果产生了冲突而诱发的。对此，大学生应加强心理品质的修养，积极减轻心理压力。如有意识地控制自己波动不安的情绪；积极参加体育锻炼，增加生理上的受挫力；克制因对方提出分手而产生的愤怒，反思对方结束恋情的原因，分析自身的优劣势，将眼光放远些；尤其要消除"我得不到别人也别想得到"的危险想法，以免酿成悲剧；努力保持心理的平衡，以自信、坚强的精神面貌积极投入到学业中去，这有助于大学生及时走出心理的低谷期。

④ 合理化树立自信心。失恋后，认为昔日恋人一切都好，自己一切都很糟，所以他（她）才抛弃自己，失去恋人都是自己的错，或者把失恋看作是一件可怕至极、糟糕透顶的事，认为自己今生再也不能找到如此美好的爱情了，这都源于非理性的信念。因此，针对失恋，个人应在头脑中有意识地强化理性信念，认真分析一下自己失恋的原因，多想想旧日恋人的缺点，多罗列自己的优点，这样也有利于正确地评价自己，避免产生因被恋人抛弃就以为自己一无是处的错误想法，分析自身的优劣势，为自己下一步生活树立自信心。有道是"塞翁失马，焉知非福"，不妨想一想居里夫人的恋爱故事，试想年轻的玛丽如果真的和她任教家庭的

长子初恋成功,她还可能成为后来世人敬仰的居里夫人吗?

⑤ 积极转移情感与情境。对于失恋所带来的痛苦与伤害,失恋者应积极面对,转移情境与情感,及时减轻或消除其影响。这里面一般包括两种转移:其一是进行环境的转移,失恋后即刻换个环境,暂时与能触动恋爱痛苦回忆的景、物、人隔离,主动置身于欢乐、开阔的环境,或者有意识地潜心于自己感兴趣的事情中,用新的乐趣来冲淡、抵消旧的郁闷。这不失为聪明之举。其二是进行情感转移,失恋了就尽快转移自己的感情,寻找新的爱,以此来淡化失恋的痛苦,弥合心灵的创伤,走向新的生活。情感转移的方法有三种:一是重新寻找一位新的恋人;二是投身大自然的怀抱;三是积极参加集体活动、社会实践,付出自己的情和爱,使自己能尽快摆脱失恋后的空虚和痛苦。

⑥ 适当地进行情感宣泄。失恋后不要独自把痛苦长期地埋在心底,更不要时常独自品味,可以寻找合适的渠道适当地宣泄情绪。比如,找朋友倾诉、和父母老师交流、寻求心理咨询,等等。一方面消极情绪能在宣泄过程中得到一定的缓解,另一方面他人的支持可以使自己获得心灵的慰藉。

⑦ 努力使情感得以升华。失恋后,大学生可以把自己的精力投入到新的工作中去,把一些负性情绪引至比较高尚的方向,使之有利于社会,也有助于个人的发展。

总之,失恋并不意味着失去一切,大学生应及时从中挣脱出来,重新去爱人与被爱,重新去规划自己的未来生活、实现自己的人生目标。

(二) 单恋的自我调适

单恋是许多大学生面临的一种感情痛苦,是一种不可能得到回报的情感体验。它常使人自作多情、想入非非,做出一些荒唐可笑的事情来,严重影响了大学生的身心健康发展,那么对于这种"剪不断,理还乱"的单恋,该如何来解决呢?

① 客观、理智地对待恋爱问题。恋爱是男女之间相互爱慕的行为表现,互爱是爱情产生和发展的必要前提,相爱的双方都能给予对方爱的机会和回报。那么当你对某人产生炽热的感情时,可先冷静想想:这是你生理发育成熟的一种需求,还是你的一种暂时的迷恋? 是仅仅爱上一个虚幻的爱情偶像,还是他(她)正符合你心目中恋人的形象? 有些大学生一旦陷入这种情形后,就容易把爱情视为"得不到的是最好的",因而越是得不到的爱,越珍贵,越想得到,越独自在爱中煎熬。其实这种情况中并不存在爱情,一切都是一幕自编自导的独角戏。

② 学会用理智战胜情感。通过加强修养、陶冶性格,培养健康的人格和良好的心理素质;学会用意志的力量驾驭自己的思维和情感,从认识的误区中解脱出来,克服爱情错觉心理。因为单恋往往是单恋者对对方的一往情深,一味地只看到对方的优点,并且常常把对方的言行举止用自己的观点来解释,容易造成一种认知偏差。对此,应客观评价、认识对方的言行,成功地转移自己的感情;同时借助理性,努力从感情上加以调整,时常提醒自己"对方

不爱我,我不应这样做"、"我们彼此毫无瓜葛"等,让理智战胜情感,消除爱情固着心理,摆脱这种无意义的情感羁绊。

③ 及时地移情、移境。这是摆脱单恋苦恼的有效途径。移情就是恰当地转移自己的感情,如多参加集体活动或喜爱的文体娱乐活动以转移注意力,或者将自己已积累的相思之情转化为更广泛的爱,比如说对父母更亲些,与朋友加强联系等;移境则是转换一个新的环境,如从距离或环境上远离痴心所爱的人,以免触景生情,随着时间的推移和新的爱情实现,有可能使自己逐渐淡忘往事。通过移情和移境,逐步把自己的情感和注意力转移到学习、他人身上,经过一段时间的磨砺,个人会逐渐克服单恋的迷惘。

④ 勇于自我表露。单恋困扰的另一方面是当事人不敢表露自己的爱,如一个人过于内向,或者一贯做事都是犹豫不决的,在面临爱情时也这样,顾虑重重、躲躲闪闪的,结果同样给当事人带来很大的困扰。这时应挑选一个合适的场合与时间,用直截了当的方式,向对方表达自己心中的爱意,大胆地说:"我爱你。"

总之,面临恋爱这样重大的问题时,要果断决策,并见诸行动。否则,就有可能陷入单恋之渊,不仅丝毫无助于自己爱情的成功,还可能危及心理健康。

(三) 恋爱纠葛的自我调适

在恋爱纠葛中,三角恋、多角恋是其中最为突出的问题,因为陷入这样的恋情中,不仅他(她)自己痛苦,而且别人也痛苦,伤及双方甚至多方的身心健康,那么该如何解决这种恋爱纠葛呢?

① 认识爱情的选择性与排他性之间的区别。大学生健康的恋爱心理要求彼此尊重各自的选择自由与权利,但爱情的本质又告诉大学生恋爱是专一、排他的,不能进行选择。如果同时与几个对象有了恋爱关系后再进行选择,那就混淆了选择与排他之间的界限。大学生在这种情形下发生多角恋,应当分清二者,重新权衡自己的感情,决定放弃谁、不放弃谁,然后慢慢地、有条有理地淡化自己与他(她)的感情联系和行为接触。

② 重新评价自己与恋爱对象的关系。在这样的恋情中,自己的恋人对他人产生了恋情,作为失利的一方,心情是极其痛苦的,这时最需要的是冷静的思考,面对这样的情形,清晰地分析一下出现这种情况的原因,重审自己与恋人的关系,看看是否因为对方认为第三者比自己强,或者自己某些方面做错了什么,比如自己的言行不得体,对他(她)的关照不够、不够热情,或者是说这段感情经不起考验等原因。进行一番思考后,再与对方坦诚相谈,看能否改变这种局面。假如事情已经到了不可挽回的地步,内心也能较为平静地接受。

③ 明智理性地退避。感情既然已经陷入这种说不清、道不明的境地中,究竟还有多大持续的价值呢? 如果再在上面耗费精力和时间,不仅不会给自己带来幸福和进步,还可能对自己的感情造成更大的伤害。此时一个看似消极实则积极的策略就是退避,而且是理智勇敢

地回避这种关系。因为这种决定的最大心理障碍是"退让即失败"的错觉,其实这种想法的实质才是不敢正视现实和自己真正的立场,才真正是消极的、失败的。

三、加强大学生恋爱心理健康教育

如今恋爱已成为大学校园里的普遍现象,但目前高等院校对此问题大多持"只要不出大问题就不闻不问"的态度,而学生在恋爱问题上是求学无门,摸着石头过河,处于一种开放、无序的状态,从而引发了各种问题,给学生造成严重的心理冲击,带来无尽的悔恨,影响其身心健康发展,甚至酿成悲剧。因此,培养大学生健康的恋爱心理,指导他们处理恋爱过程中的各种问题,应该成为大学生心理健康教育的重要内容。

(一)确立正确的恋爱价值观

这是培养大学生健康恋爱心理的首要问题。爱情作为男女之间一种相互爱慕的、专一持久的情感,深刻影响着人的精神生活及其他方面。一对大学生从正常的交往、友谊的建立、爱情的萌芽到恋爱关系的确立,这段时常伴随风雨的心理历程中总有一种相对稳定的意识活动左右和支配着个体的恋爱与性爱行为,这就是恋爱价值观,不同的恋爱价值观会产生各异的恋爱行为选择与行为方式。对于大学生而言,应树立正确的恋爱价值观,摆正恋爱的位置,理解什么是真正的爱情,把握爱的真谛。第一,帮助学生认识到高尚的恋爱价值观既是社会与时代的要求,也是大学生自身健康成长并获得真正爱情幸福的需要;反之,不良的恋爱价值观将使恋爱中的大学生因恋爱而影响学业,产生浪费、奢侈行为乃至报复行为,给恋爱双方造成不可避免的身心伤害。正确的恋爱价值观是妥善处理好恋爱与婚姻、恋爱与同学、爱情与友情、爱情与道德、感情与理智、爱情与金钱及地位等关系的根本保证。第二,大学期间是学习的黄金时代,圆满完成学业是大学生的第一任务,因此帮助大学生处理好恋爱与学业、人生的关系成为至关重要的问题,对于大学生来说,学业应为第一,掌握过硬的本领,培养各方面的能力,以优异成绩完成学业,既是个人未来事业的基石,也是个人未来生活、家庭幸福的基础,大学生的恋爱应是以事业为基础的爱情。

(二)提高道德修养,增强恋爱的责任感

高尚的道德情操和精神境界,是构成良好个性心理品质的基本要素,修身养性、陶冶情操,不仅可以使人善良、宽容和豁达,而且会使爱情的内涵不断得到深化和升华。帮助青年大学生不断提高自我道德修养水平,是培养大学生健康恋爱心理的有效途径。对大学生的恋爱问题,不能把它看成只是个别人的私事,它自始至终都是一种有意识的社会行为,无可避免地具有道德性,应受到恋爱道德的约束。然而,大学生在恋爱现实中,却常忽略这个问题,做出了很多违反社会公德和恋爱道德的事来,造成不少坏影响。爱情不仅是性欲,还意味着责任,同时它不单

要求相互信任、忠诚,还要求互相帮助、负责,否则两性关系、家庭生活就没有安全感。不负责的游戏爱情,不但会导致当事人情感的堕落,还可能毁灭其一生。因此对大学生进行的恋爱道德教育,应着重让他们明白在对待恋人的关系上,要互尊互爱、纯洁专一和含蓄文明,若彼此恋爱关系确定,就要恪守信义;要培养大学生对爱情、家庭的忠诚品质,增强大学生对未来家庭的道德责任感。此外,帮助大学生正确对待失恋也是进行恋爱道德教育,培养大学生健康恋爱心理的主要方面。不少后果严重的恋爱问题的产生,往往都与失恋有关。对此,教育者要通过教育,引导学生失恋不失志、失恋不失德,要培养乐观豁达的健康心理,帮助他们自觉充当自己感情的主人,努力使自己在恋爱中成为一个高尚的、有道德的、有责任心的人。

(三) 适当地进行性教育

掌握科学的性知识是培养健康恋爱心理的必要条件。性的禁锢和封闭造成大学生的性无知和性神秘,加上他们从大众媒体中所获得的是既不科学又零碎的性知识,往往造成他们用错误的理论去指导错误实践,严重阻碍了其性心理的健康发展。针对此现象,对大学生进行性教育自然很有必要,这样既可以避免大学生耗费时间盲目地进行探索,又可增加他们的性科学、性道德和性法制知识,从而使大学生树立正确、健康、科学的性观念,避免性问题上的好奇、恐惧、焦虑等不良心理的出现,有利于增强大学生对婚恋问题上旧的传统观念的分辨和批判能力,有利于健康恋爱心理的形成。

(四) 积极参加社会实践

创造各种机会让学生积极参加各种社会实践,有助于锻炼大学生的社会适应能力,使大学生了解社会、不断丰富自己的社会阅历,提高大学生的自我认识水平和自我控制能力,使大学生具备健康心理素质,以利于健康恋爱心理的形成。爱情体现着人与人之间的一种特殊的社会人际关系,因而帮助大学生形成良好的人际交往能力是健康恋爱心理形成的必要条件。第一,使大学生懂得怎样与人相处,包括与异性之间的正常友好交往、学会尊重他人和自我尊重。第二,创造条件拓宽大学生异性之间正常交往的渠道,开展一些诸如文娱体育及郊游等健康有益的集体活动,增进学生间的相互了解,融洽关系,建立友情,形成健康人格,以利于健康恋爱心理的形成。

复习思考题

1. 解释:爱情,恋爱动机,恋爱观,恋爱道德,恋爱挫折。
2. 当代大学生恋爱价值取向多元化,你认为原因是什么?
3. 大学生表现出的不良恋爱行为有哪些?你如何看待它们?

4. 结合个人实际,谈谈如何形成健康的恋爱心理。

扩展阅读

1. 李建伟等.大学生爱情心理学:理论·案例·测量[M].杭州:浙江工商大学出版社,2016.
2. [美] 罗伯特·斯腾伯格,[美] 凯琳·斯腾伯格.爱情心理学[M].李朝旭,等,译.北京:世界图书出版公司北京公司,2010.

第十章　性与心理健康

　　某男生,大四,在学校里给人的印象是上进、稳重,各种能力均衡,人际关系良好。他的成绩一直很优秀,大学期间多次荣获奖学金,毕业时以优异成绩考取了研究生。在家里,他是一个孝顺、懂事的儿子,家庭观念极强,只要一放假,便会尽可能多地回到家里与家人共处。从初中开始,他对异性产生好感,表现为捉弄心仪对象。进入高中,有一位相对稳定的女朋友,他们是周围人所认同的一对。但同时,他亦对其他女生表示过好感,但未明确深入发展。成长过程中,他的异性缘和异性关系一直较好,并与当时的女朋友考取同一所大学,成为众多同学钦羡的对象。但入学大半年后,女朋友与他分手了。不久后,他追求到现任女朋友,两人已交往三年时间,互相见过家长,并被对方家庭接纳。在这三年里,他有几次出轨,并且都由他或由其他人告诉了其女友,两人往往在大吵大闹后,仍然保持恋爱关系。两人发生激烈矛盾时,都做过比较极端的事情,如当街互砸手机,当众互扇耳光。两人都曾萌生过彻底分手的念头,但事过以后依然如旧。对于两性关系的问题,该男生有着自己的观点。

　　问:"你如何定义爱?爱是一种在性关系中通过长久努力而得到的东西,还是一开始就有,不晓得是什么缘故的强烈的感受?"

　　答:"爱是两个人完美地结合在一起,首先是源于对性的渴望,然后才是爱。"

　　问:"你认为要延续关系的最好方法是什么?"

　　答:"相爱及性生活的和谐。"

　　问:"你认为在经过几年之后,一个人与同一伴侣的性爱是否会改变?它是变得乏味,还是更令人愉悦?还是要视两人关系的进展而定?"

　　答:"生理的衰老无法抗拒,但心理可以调节。"

　　问:"你认为性爱的热情和较为长期、稳定的关系之间是不是有所矛盾?你必须在两者中择其一吗?日常生活的细节是否与热情的感觉相冲突,是否会使激情不易发生?"

　　答:"没有矛盾,可以共存。"(唐璐嘉、陈国典,2007)

　　"性"是大学生难以启齿,但又备受关注的话题。随着社会变革和文化碰撞,大学生在性问题上的表现也是形形色色:有的十分懵懂,有的相对清楚;有的内心压抑,有的心生向往;

有的遮遮掩掩,有的大大方方;有的矢口否认,有的任意放纵……大学生性生理发育基本成熟,性心理发展却正趋激烈,而又处于多元文化汇集的风暴中心,因此性问题与性健康是大学生心理健康维护过程中必须正视和重视的主题。性的本质是什么？在个体身上会以什么样的形态出现？如何看待、处理自身的性问题？如何与异性相处？这些问题不但直接关系到大学生的心理健康,而且与其一生的生活质量休戚相关。本章将要讨论大学生的性特点及其与心理健康的关系,以及如何开展大学生的性心理健康教育等问题。

第一节　大学生性的一般问题

一、性、性别与性别角色

(一) 什么是性

一谈及"性",很多人首先想到的往往是两性之间的生理构造差别。从遗传学看,决定性别的是人细胞中的性染色体。男性的性染色体为 XY,女性的是 XX。从根本上说是性染色体决定了个体身为男人还是女人。其次是性腺,被称为第一性征,它们决定着男女其他生殖器官和性征的差异。

动物的性行为一般都在发情期进行,主要受到内部性激素和外部性刺激的驱使。然而,人类的性与动物的性并不是完全等同的。性的生物属性是人类自身生存和维系种族繁衍的必要条件,反映了人的自然属性。除此之外,人的性行为还受到个体的情感、意志和价值观等心理因素的调节,也受到所在文化的习俗、道德和法律等多种因素的制约(郑涌,2011)。例如,人类性行为从萌发到完成是私密的,不会像动物一样几乎不考虑其他外在环境条件。这里既有人们对安全感和羞耻感的考虑,也有对社会道德与法律的尊重。在我国传统文化中,"发乎情,止乎礼"规范约束着不少人在两性情感与性欲望方面的表达。在欧洲的封建时期,女性与丈夫发生性关系的时候必须处于被动状态,要表现得冷淡、抗拒,否则就被认为道德不够高尚。性还受到个体心理因素的调节,是动机、态度、情绪、意志和人格的综合表现。个体从出生就被赋予性别角色(被当作"男孩"或"女孩"来对待),自身行为所得到的反馈(比如人们对男性强势、攻击行为的纵容,甚至是赞赏)、性的经历、受到的教育程度等点滴经由沉淀,最终形成个体的性素质。

由此可见,性是在生物进化过程中融贯个体的全部素质,以性器官和性特征为主要标志,以繁衍后代为原始意义,既受风俗、道德、伦理和法律等制约,也受到个体心理因素的调节。

(二) 性别与性别角色

在心理学上,性别是指个体对自己是男性或女性的感知和认同。性别角色是个体与社会通过相互作用而形成的有关自身社会性别的稳定的心理和行为特征。这是在社会化过程中获得的,而不是因为出生时的生理性别自然形成的。个体性别角色的形成还受家庭、社会期望、大众传播媒介和学校教育等外部因素的影响(高可欣,2016)。

20世纪70年代以前,人们普遍认为男性化特征(M)和女性化特征(F)是对立的。如果把性别角色看作一条线段,"男性化"和"女性化"则好比线段的两个端点,一个人的性别角色就是线段上的一个点,离"男性化"近一点,那么离"女性化"就远一点。性别角色观不仅对个体的社会性行为有很大影响,也在很大程度上影响了个体的心理健康状态。一般而言,个体的性别角色行为越符合自身的生理性别,性别角色冲突越小,心理越健康(徐凯,2016)。然而,目前的研究也发现,男性特质的强弱与女性特质的强弱无关(倪薇佳,2018)。比如,一个人可能在男性特质上得分很高,同时在女性特质上得分也很高,也就是所谓的双性化人。反之,也可能在两个维度上得分都比较低,是所谓的未分化人。需要说明的是,双性化既不是两性的混乱错位,也不指向其他性别障碍,而是一种综合的人格类型:即在一个人身上同时具备男性与女性的兴趣、能力和爱好,尤其是在心理气质方面具备男性与女性的特点(周友焕等,2017)。近期的不少研究也表明,双性化类型者在两性亲密关系交往中更加具有优势(高可欣,2016;马青,2016;Eryilmaz & Atak,2011)。

在对全国大学生性别角色观的研究中发现,大学生认为男性的主要特质是阳刚、负责、稳重、成熟和高大;女性的主要特质则是温柔、善良、优雅、细心和漂亮。总体来看,大学生的性别角色观仍趋向于传统,男生和女生对男性、女性主要特质的看法基本一致。例如,不同性别的大学生都认为女性具有的主要特质是温柔和善良的性格特质,以及长发的生理特质,但只有男生认为贤惠属于女生的主要特质。虽然不同的地区对大学生的性别角色观也有不同的影响,但在男生角色正价特质中,大学生都把阳刚放在第一位上,在女生角色正价特质中把温柔放在第一位(郑燕等,2013)。在性别角色分化问题上,男大学生中以男性化、双性化类型居多,女大学生以双性化、未分化类型较多(高可欣,2016);女生的角色倒错现象相对较多(黄顾等,2014)。

二、当代大学生性心理的基本特点

性心理活动是人类所持有的一种感情与心理活动的能力。大学生的心理表现为四个方面:一是本能性与朦胧性,二是性放纵与性压抑,三是性别上的差异,四是性意识的发展。

(一) 本能性与朦胧性

大学生,尤其是低年级大学生的性心理,基本上是生理上剧烈变化的本能作用,缺乏深刻的社会内容,还未对性赋予婚姻、家庭的意义。对异性产生好感,与异性交往的需求变得强烈,喜欢关注、讨论异性。对性知识、性体验充满好奇,以秘密甚至罪恶的心理探索性知识;开始在一定范围内与同龄人讨论性的话题,涉猎性书籍、影视等。关于湖南省大学生的调查发现,大学生性生理知识得分不高,性心理欠成熟(刘勇等,2017)。广东省的调查也表明,大学生性健康教育比较缺失,性知识获取渠道单一,性心理健康有待维护,性观念和性行为有待引导(陈植乔等,2018)。因此,对大学生进行适当的性生理与性心理教育,有利于他们了解科学的性知识,实施安全、健康的性行为,维护自身和他人的心理健康。

(二) 性放纵与性压抑

生理上的成熟使大学生已经有性梦、性幻想等体验,对性行为带来的愉悦感产生向往与追求,加之处境特殊,使大学生成为日本学者所说的"性饥饿"的典型人群。例如,对性知识有强烈的好奇心,会悄悄了解性知识,但有时候对性又过分否定和抑制,致使性能量得不到合理的疏导、升华;甚至少数人还可能以扭曲的方式表现出来,如"厕所文学"、"课桌文学"、偷窥或恋物等。不少研究表明,当代中国大学生对性行为是持开放态度的。例如,刘勇等(2017)的调查发现,在看待恋爱与性行为的关系时,超过94%的大学生认为恋爱双方是可以拥抱和接吻的。从性行为的实际发生看,元分析表明中国大陆地区男大学生性行为发生率为21.1%,女大学生为10.6%。这些结果表明,大学生的内心渴望体验与异性接触的感受,但现实难以满足,往往对萌发的欲望采取压抑的方式。

(三) 性别上的差异

大学生性心理在性别上也存在差异。在对异性感情流露上,男生表现得较为外显和热烈,女生往往表现得含蓄和深沉;在内心体验上,男生更多的是新奇、喜悦和神秘,而女生常常是惊慌、羞涩和不知所措;在表达方式上,一般是男生较主动,女生往往采取暗示的方式。此外,男生的性冲动易被视觉刺激唤起,而女生则易在听觉、触觉的刺激下引起兴奋;男生的兴奋中心集中于性器官,而女生呈弥散性特点;男性的性欲旺盛期在20岁左右,而女性则在30岁左右。如果对这些男女性心理上的差异忽视或无知,就会引起对两性交往和自我认知的不安与困惑。

(四) 性意识的发展

性意识是指对两性间性生理、性心理和性角色的认识和反映。我国的大学生在性意识方面呈现出了一系列的特点。虽然大学生的性观念开放性与保守性并存,但现在也有了对性观念的变化,其表现在对贞操观与婚前性行为的态度更加开放了。大学生的性意识被唤醒时,会由于文化、道德等因素的影响而被压抑,导致性心理与性生理成熟之间出现了矛盾。

比如有的大学生无法将他认为的高尚的爱情与他的性联系起来,产生与年龄不相适应的"性纯洁感";由于自慰行为而产生性罪恶感等。如果这些焦虑、困惑不能及时疏导,对学生的身心都会产生极大的伤害和负面影响。因此,在出现强烈的性意识时,其表现出的隐蔽的、保守的形式,会对大学生发展健康的性心理产生一定的影响。

第二节　大学生的性与心理健康的关系

性适应是指在性发育和发展过程中能愉快地接纳自身的性征变化,自觉地按照社会文化规范的要求,约束和调整自己的性欲望和性行为。虽然大学生的性问题大多只是过渡性、发展性的问题,随着时间的推移能够自然得到解决,但有些问题不会自然消失,而且如果这种矛盾和冲突长期得不到解决,就会导致心理健康问题。

一、大学生性心理的表现

(一) 对性知识的渴求

当前我国大学生的性生理知识得分不高,性知识比较缺乏且需求强烈,但是获取渠道不科学,也不健康(刘勇等,2017;陈植乔等,2018)。具体来看,无论是传统媒体还是数字媒体,都是当代大学生获得性知识的渠道,但新媒体几乎已经取代了传统媒体,并成为大学生获得性知识的第一通道。其中原因有四点:第一,新媒体具有即时前沿性,其内容信息的更新和反应速度很快;第二,新媒体具有灵活性,不易受时间地点的限制;第三,新媒体的性价比具有很大的优势;第四,新媒体在传播性健康知识时,相较于其他传统媒体学校教育等平台,在互动性上更具有保密性(张夔,2015)。令人担忧的是,充斥网络的淫秽影视成为大学男生获得性知识的重要来源,大学生的性行为受到这些不良文化的影响,可能造成不堪设想的后果。目前还没有一个有关性教育的纲要出台,因此各大高校大学生的性知识教育内容并没有统一的标准,性知识的传播与大学生的需求存在脱节的情况(张夔,2015)。

(二) 对异性的爱慕与追求

在不少大学生看来,"恋爱"是大学的必修课;如果没谈过恋爱,大学生活则是不完整的。爱慕与追求异性是青年性心理的主要表现,是青少年性心理发展的必然结果,也是青年恋爱成功与婚姻美满的性心理基础。从过程来看,男生往往表现得更直接、更热烈;女生则表现得矜持、羞涩、执拗。从偏好上看,女大学生对理想伴侣在权力、成就、刺激、自我发展、全球观、仁爱、和顺、安全等方面的要求高于男大学生(陈浩、刘依冉、乐国安,2012)。从动机上看,调查表明,大学生的恋爱动机呈现多样化趋势,有的出于排解空虚寂寞,有的是为了寻求心灵上的安慰,也有为了满足性需求而恋爱的(邵昌玉、胡珍,2013)。总体来讲,大学生的恋爱动机还是健康的,绝大多数大学生恋爱是为了追求美好的爱情和建立家庭(刘晓明、曾天德,2015;邵昌玉、胡珍,2013)。

(三) 正确对待性欲与性行为

性欲(或性需要)是在一定条件下满足机体性需要的一种本能,是性的激发和准备状态。性虽然是一种与生俱来的本能,但与人的饥渴需要相比,却不是维系个人生命延续的本能。性行为是指为了满足自己性需要的固定或不固定的性接触,包括拥抱、接吻、爱抚、性交等,性行为不限于性交。调查发现,男大学生的性行为(性交)发生率(21.1%)明显高于女生(10.6%);曾有性行为者中,有2名以上性伴侣者男生的比例(41.7%)也显著高于女生(28.5%);性行为系被迫发生者中,男生(12.7%)的比例低于女生(18.8%)(杨银梅等,2018)。这些调查数据表明,当代大学生的性行为发生率呈上升趋势,需要了解掌握理性调节性需要的方法,性行为安全教育迫在眉睫。著名性学家金赛(Kinsey,2007)曾指出没有任何证据能证明缺乏性生活会影响到个人的健康。对待性欲一般有压抑、发泄和升华三种策略。压抑是通常采用的策略。人的性冲动应遵从社会道德和法律规范的要求,在不适合发泄性欲的情况下,回避容易引起性冲动的色情影视、书刊和其他性刺激物。发泄就是性冲动的释放,也是性冲动的最终目的。大学生通常采用自慰、性幻想、爱抚等方式发泄性欲,或者与他人发生直接的性行为释放冲动。升华是指将性欲转换为新的动力,指向积极的、具有建设性的方向,比如学习、特长爱好、创造活动等。

二、大学生的性行为

性行为是在心理过程调节下对内外性刺激的反应。广义的性行为可以分为目的性性行为、过程性性行为和边缘性性行为(郑涌,2011)。目的性性行为就是性交,是性行为的直接目的和最高体现。过程性性行为是目的性性行为的准备阶段和辅助行为,如对体表一些性敏感区的刺激爱抚动作等。边缘性性行为是广泛的情爱表示,接吻和拥抱属于这一种,含情脉脉、眉来眼去,也属于边缘性性行为。狭义的性行为仅指性交。潘绥铭将性行为分为独自性行为和人际性行为。大学生常见的性行为有自慰、性幻想、性梦、边缘性性行为、性交。

(一) 自慰

性学研究表明,当个体的性冲动达到一定程度时,个体必然要求以某种适当的行为来满足这种冲动,来到达生理与心理的平衡。一般自慰是比性梦和性幻想更直接的缓解性冲动、宣泄性能量的方式。自慰是一种普遍现象,男女老少不同性别不同年龄皆有,在青少年中尤为普遍。

很多的研究都指出适度自慰不会对身体造成危害,但不可否认,自慰确实可能产生一些其他的危害。一是心理负担,自慰使自己产生自卑、自责心理,担心被别人发现,害怕对身体有不好的影响,想戒除自慰又控制不了,从而出现焦虑情绪。二是过度自慰,沉溺于自慰带来的快感中,可造成一些泌尿生殖系统疾病、性神经衰弱、中枢神经系统及全身症状。大学生对于自慰应当有正确的看法:不以好奇去开始,不以发生而懊恼,将注意力集中在学业上,多参加有益的集体活动,发展正常的人际交往,避免长期封闭独处。

(二) 性幻想

性幻想指在意识状态下,脑海中出现带有性色彩的幻想,又称性白日梦(Kahr 著/耿文秀等译,2016)。性幻想对于大学生来说是一种进行自身性行为的快乐源泉,也是对性行为的一种替代。调查发现,超过 90% 的大学生报告曾有过性幻想,男生的发生率高于女生(石磊等,2003;陈君程等,2016)。青春期男女对异性都有着炽热的爱慕、强烈的渴望,但由于受到种种束缚,并且性知识多来源于书本,没有真正的性体验,对性充满好奇,因此容易产生幻想。性幻想通常是"自编自导自演,自己充当主角,也有很少的人喜欢在性幻想中充当观众"。

性幻想可与性自慰一样获得性满足,且不受时间、空间、现实条件等诸多束缚。但是若沉溺于性幻想,可能影响到正常的学习和休息,甚至导致不应当的行为,则应加以调节克制。对此,大学生第一应科学认识性幻想。当出现正常的性幻想时,不要太把性幻想当回事,也不必为此自责,这反而容易对性幻想淡然面对(跃然,2017)。第二,转移注意力。正所谓:日有所思,夜有所梦。在平常生活中,大学生应尽量把注意力集中到学习和其他大学校园丰富多彩的活动上。拒绝不良性刺激物,特别是淫秽色情的图片、书籍和影视。

(三) 性梦

性梦是指具有性内容的梦,是性要求和性冲动被有意识地压抑后在潜意识中的显露。性梦的具体内容受性冲动强弱、性经验多少、性别以及自身性观念等的影响。青春期女孩性幻想(特别是白日梦)较多,但男生由于性冲动强烈,性梦内容也就更为直接逼真,通常以遗精结束。女孩的性梦则显得凌乱、迷离,以隐喻、象征等方式出现。调查发现,大学生报告曾有性主题的梦的发生率也超过 50%,男生的性梦发生率则高达 86.55%(石磊等,2003;陈君程等,2016)。

性梦是性欲的一种自然宣泄,受到的道德和舆论的非难较少。因此,性梦可以缓和大学生性饥渴积累的性冲动,有利于性器官功能的完善和成熟,是性生理、性心理发育正常的标志。除了本能的冲动之外,性梦直接的诱因通常是外界刺激引起的性兴奋,最常见的是遇到了自己喜欢的异性。从性梦对象看,接近半数的大学生报告自己的性梦对象都是自己喜欢的异性,且女生的这一情况发生率要高于男性(石磊等,2003;陈君程等,2016)。性梦中的内容不一定都是现实生活的反映,例如梦见自己强奸某人或与不希望的对象发生性关系等。上述情况容易导致青少年产生心理上的困扰,认为自己肮脏、道德败坏。虽然性梦与自己平时的经验与思想活动有关,但是其他人生活中故事的积累,也难免在梦中移花接木地发生在自己身上,所以大可不必因为偶有性梦内容有悖道德伦理而自责(徐明、邵佩兰,2005)。但是经常有意地接收有违伦理道德的信息而导致相应的性梦,则应警醒。过于频繁的性梦也可能是某种不适的表现,如过度劳累、内裤太紧、自慰过频等,少数人也可能是生殖系统或泌尿系统有炎症,属这种情况则最好检查、纠正、调整。

(四) 边缘性性行为

边缘性性行为一般是指男女之间的拥抱、接吻、相互抚摸、游戏性接触等性交以外的性行为。边缘性性行为可以根据作用程度分为浅层次的边缘性性行为和深层次的边缘性性行为。浅层次的边缘性性行为较多表现为情侣之间的眉目传情、拥抱、接吻等抒情式的情感表达方式,深层次的边缘性性行为的表现是情侣之间通过对性器官的抚摸、性器官的摩擦等过激性的行为来满足自身欲望的方式(任立忠,2005)。

目前,社会对情侣之间接吻、拥抱等行为越来越宽容,能接受仪式性的接吻和拥抱。调查表明,大学生男生对边缘性性行为的了解程度高于女生,且对边缘性性行为的接受力更强(李奋生等,2014)。值得注意的是,大学生应避免在公共场合进行以满足性需求为目的的爱抚行为,比如较长时间的身体抚摸、接吻。大学生恋爱而产生进一步接触的需要时,受道德规范、经济条件束缚,以及对行为后果的考虑常常使他们不会贸然发生性关系,更多是以牵手、拥抱、接吻等爱抚行为居多。

(五) 性交

近年来大学生性观念、性行为日益开放,发生性交行为的比率一直呈上升趋势。潘绥铭(2007)的调查发现,大学生总体的性交发生率从1991年北京的10.7%到1995年北京的9.4%,再到1997年全国的10.1%,基本持平;到2001年增加为16.9%。近期的研究发现,中国大陆地区大学生性行为的发生率为15.1%,其中男大学生性行为发生率高于20%,是女大学生发生率的两倍,年级越高的大学生性行为发生率越高,大学生的性行为发生率由2005—2009年的14.6%增长到2010—2015年的17.4%(杨银梅等,2018)。总体来看,大学生性交行为的发生率呈上升趋势,男生的发生率高于女生,但女生的增长快于男生。

大学生中的性交行为,男生大多在强烈的性驱力、好奇心和占有欲的驱使下主动产生性交要求和发起性交行为,而女生则更多地出于牺牲或回报心理,被动地接受,以此希望通过满足男性性交要求表示自己的信任、爱慕或感激之情。研究表明大学生回答为什么要发生性交行为的原因,男女大学生的回答不同,女生认为性交首先是为了爱情,其次才是满足生理需求,男生则首先是为了满足生理需求,其次才是因为爱而进行性交行为。在性交的安全方面,男生在性行为中的安全套使用率(48.5%)略低于女生(51.5%),18.6%和20.5%的男、女大学生报告曾使对方或自己怀孕(杨银梅等,2018)。这些特点表明大学生性行为安全教育是一个不可忽视的重要问题。大学生也应了解和清楚自己性行为的风险与后果,不可为了一时的激情,忽视可能或潜在的结果,进而出现伤害自己或他人的情况。

专栏 10-1

婚前性行为的潜在危害

"在你做了那件事后,你的心境就再也不一样了,你面对的事似乎也都和以前迥然不同了。"虽然发生婚前性行为的原因很多,但不管什么原因,婚前性行为都容易对当事人造成伤害。第一,婚前性行为会对性本身造成伤害。婚前性行为往往是在充满内疚、提心吊胆或唯恐别人发现的"犯罪感"的心理状态下进行的,缺乏良好的性生活环境,双方不仅难以从中体验到性快感,反而留下了痛苦的性经验,容易造成性功能障碍。

第二,性关系可能会伤害正常的感情。对于性的尊重是对爱情最大的承诺。在大学生纯洁的感情中掺进性行为之后,就可能使性超乎一切之上。有个年轻人这样描述过去关系温馨的朋友在有了性关系之后的变化:"性成了我们关系的中心之后,我们的关系就发生了变化,愤怒、不耐烦、嫉妒与自私等心态时常困扰我们原本美好的感情。我们无法再交谈了,彼此都感到枯燥乏味。我很想改变这种情况,但又无能为力。"

第三,对心理和人格可能造成伤害。婚前性行为可能使年轻人的人格成长停滞不前。在大学这个人格全面发展的重要时期,陷入性满足的漩涡之中,就等于把心胸完全封闭在两个人的小圈子里,丧失了与他人交朋友、参与文体活动、开发技能、拓展兴趣,并尝试去尽更大的社会责任等向外发展的好机会,女孩所受的危害尤其严重。调查显示,很多大学生的第一次性行为是在冲动的情况下发生的,有很多非理性因素。因此,初次性行为从性生理及心理反应方面来说,男女双方都会比较紧张,有时甚至异常紧张。不太成功的性经历会导致男女双方产生严重的心理负担,尤其是男性可能诱发射精异常甚至出现性冷淡等情况,从而影响将来的婚姻生活质量。而对于女生,容易出现惶恐不安、自责的心理状态。如果没有采取避孕措施,女生会担心意外怀孕,如果处理不好这种剧烈的心理冲突,可能会给未来的婚姻生活带来一定的隐患。另外,有咨询专家发现,一些年轻男子在恐惧与负疚感的背景下发生性关系,后来竟成了性变态者。因为他过去总是在紧张与某种冒险情境下获得性快感,于是结婚之后,安全、自由、合法的性交反而使他感到缺少刺激,因而不能引起性兴奋。

第四,婚前性行为可能会使分手产生更大的破坏力。性是一种很强的力量,一个人对发生过性关系的人会感受到一种强烈的感情联系,而且对其的期待也会高度强化,所以当两人关系终止时会感到心痛欲裂,感到类似离婚那样的痛苦。有时,这种性的关系破裂之后,情绪上的反应可能达到怒不可遏的地步,从而导致对前男友或女友做出暴力行动。近些年,高校发生的危机个案很多都是因为这一问题诱发的。心理损害是最难以修复的,许多人一生都未能从第一次性关系破裂的痛苦中得到完全恢复。性关系破裂之后觉得被利用或遭到背叛的大学生,会在以后的两性交往中经历感情上的困难,即"一朝被蛇咬,十年怕井绳"。正是记忆中遭受背叛的痛苦,阻挡了他们走向依赖和依恋他人的路。

第五,婚前性关系可能导致将来婚姻的困难。性关系是一种能够使两个人结合成一体的强大力量,因此,传统上都主张性关系应当为婚姻而保留。一个人很难把与自己有过性关系的人忘掉。有过婚前性关系的男女会发现,即使在婚床上,过去性搭档的形象仍在脑海中困扰着自己。把过去性搭档与目前配偶相比较的心理反应,不但困扰自己,而且如果被配偶发现,也会非常难堪。结果,夫妇的亲密关系就很难形成。受性解放运动的冲击,眼下美国 60% 的人初次结婚都以离婚而告终。有些年轻人婚前跟不止一人有过性关系,但最终的结果却是关系破裂,轻率分手。有人认为,为了使婚姻能有较好的准备,应当"试婚"多次再做决定。这种论调根本不合情理。研究结果显示,"试"过性关系的妇女比婚前未如此的妇女在婚姻的持久性与满意度上都要低。

最后,婚前性行为也更容易导致怀孕,再者是性病的威胁,其严重后果就更难以预见(Devine,1999)。大多数研究表明,现如今,多数大学生对待婚前性关系的态度较为宽容和开放,但对于性安全保护的意识淡薄。

三、大学生中常见的性心理问题

性心理障碍是指个体满足性欲的行为方式或性质对象明显偏离正常,并以此类性偏离作为性兴奋、性满足的主要或唯一方式的精神障碍(杨民,2006;官大威,2009)。对于如何定义性行为的异常至今还没有达成共识的绝对标准,这是一个难以确切回答的问题。在此,提供以下三个要点供大家参考(夏翠翠,2017):① 凡是符合社会所公认的道德准则或法律规定,且符合生物学需求的,可视作正常性行为,否则可看作是异常的性行为。② 性行为指示性对象受到伤害,且当事人也为这种行为感到痛苦,或在某种程度上蒙受伤害,例如严重的指责、地位或名誉受损,甚至遭受惩罚。带来上述后果的性行为可看作是适应不良的行为。③ 长时间反复、持续发生的一种极端变异方式的性行为。性行为由正常到异常可以看成是一个连续谱,其两端是正常和异常,中间存在的任何正常变异方式属于正常性行为的变异,但是任何明显、极端的变异形式都属于异常性行为。

(一) 性心理障碍的常见类型

1. 性偏好或性指向障碍

性偏好或性指向障碍是指为了获得性满足而对无生命物体或是人体的一部分的依赖,

通常开始于青春期,多见于男性。对物品或异性某一特质的一般偏好是正常的,只有到了痴迷并且必须借助这些物品才能引起性兴奋的程度才算异常。例如,异装癖、恋物癖、恋尸癖、恋兽癖、恋发癖、肛门癖、尿道癖、恋童癖、裸露癖、虐待癖(施虐狂和受虐狂)、摩擦癖、窥视癖、色情癖、性爱狂和幕男狂等。这些人对异性本身或与异性的正常性行为没有兴趣,而把性欲的满足投注在上述特殊的事物上面,他们常常通过对这些物品的抚摸、玩弄、吸吮、嗅闻、接触等方式激起性兴奋或性高潮,同时伴以自慰来获得性满足。

性偏好异常往往会影响正常的异性交往,甚至对正常性爱不感兴趣,这种性变态行为会引发患者不惜用非法手段(如偷窃、抢劫等)去获取性满足刺激物(如异性内衣、丝袜、手帕等),同时可能造成不良的社会认知,甚至违法犯罪,所以需要专业的干预或治疗。需要特别说明的是,在北美、欧洲和亚洲的不少国家,同性恋不再被视作性指向障碍,同性恋婚姻也得到了法律的认可和保护。

专栏 10 - 2

科学认识同性恋

同性恋是指在正常社会生活条件下,对同性成员持续表现性爱倾向,同性成员具有性吸引力。在人类性文化历史中,同性恋现象是普遍存在的一种性行为模式。从古到今,人们对同性恋的看法有过三次改变:第一次是从宗教意义上的罪人和法律上的罪犯改变为病人,这样他们从被诅咒、被镇压的对象变成需要理解和帮助的对象,这是一种人道主义的转变。第二次转变是承认它不是病态,而是一种异于常人的违反社会行为规范的性倾向。随着同性恋运动的发展和在许多国家合法地位的获得,人们对同性恋的看法发生了第三次转变,即认为它不过是一种与众不同的生活方式而已。目前美国大约有600个同性恋者组织及大量同性恋出版物。大多数美国城市都有同性恋社区,这些同性恋社区与其他亚文化社区的区别在于,同性恋社区的居民(同性恋者),全都是自愿搬去那里居住的。

同性恋不仅是一个受到广泛关注的社会现实,还是一个在学术上争议很大的问题。一直以来,同性恋被认为是人格障碍,属于性变态。最新修订的"中国精神障碍分类与诊断标准"中,同性恋不再被划归到性变态的范畴,它只是作为性指向障碍,归于性心理障碍一类。这种做法是为了与世界卫生组织(World Health Organization,简称 WHO)的认定一致。世界卫生组织也认为,同性恋者中具有性心理障碍的人,需要给予医学帮助。

在正常情况下,男性成长为具有男子汉气质的男人,性定向指向女性;女性逐步成为具有女性气质的女人,性定向指向男性。但由于种种原因,在成长过程中,有些人的性定向会偏离主流文化,不能正常地指向异性,而指向同性、两性或其他。造成这种情况的原因很多,一般来说,有以下三点。① 生理原因。生理因素主要有染色体(即性染色体是XX 或 XY)、性腺(即睾丸或卵巢)、激素(即雄性激素和雌孕激素)、内生殖器形态、外生殖器形态、神经系统,特别是大脑内的性别编码。比如,染色体变异为 XYY 或 XXY,具有两种性别的生殖器,雌性或雄性激素分泌不足或比例颠倒,都会影响个人生理的正常发展,进而影响性心理指向。② 成长环境的影响。出生后影响性别及其表现的主要有出生时的指定性别、抚养性别(按照男孩还是按照女孩抚养)、性角色学习、自认性别(即心理性别或性别认同)、性取向、青春期。例如,家庭的教育方式对于促成男性同性恋有密切的联系。有研究发现,父母一方过分严厉、惩罚或者偏爱的教育方式会促成男性同性恋的形成,但父母的教育方式与女性同性恋的形成没有太大关系。③ 替代满足。由于对异性追求的一再碰壁、失败或很难与异性建立和维持长久的关系,导致对异性的不满与失望,从而转向在同性之间得到某种安慰和满足。这种情况在女性中较容易出现。

同性恋者男女都有,以同性作为性对象,采用口淫、肛门性交、自慰、性摩擦等方式。其中扮演男性角色的称为主动型,扮演女性角色的称为被动型。此外,根据对异性的态度可分为:① 绝对型,只对同性有性要求而厌恶异性;② 相对型,对同性和异性均有性要求,此型患者有时和异性通婚后同性恋可得到纠正。同性恋者的自我认识基本会经历四个阶段:第一阶段是同性吸引,第二阶段是确认自己的同性性取向,第三阶段是与同性性接触,第四阶段是告知他人自己的同性恋身份。

公众或同性恋者对同性恋的认识或态度往往是负面的,总体上可分为三种类型:第一类认为同性恋是罪恶,甚至认为他们罪孽深重;第二类认为同性恋是疾病,需要治疗;第三类认为同性恋不过是一种方式,与正常人无异。持第三种观点的同性恋者具有较强的权利意识,较少感到自己内心的压力,一般自我感觉良好,也漠视社会上的压力,强调自己的权利,尤其是性爱的权利,认为社会无权干涉。他们除了为自己的性倾向辩护外,还希望人们消除对同性恋者的误解。

2. 性身份障碍

性身份障碍是心理上具有与自身生物性别相反的性别认同或性别感。诊断必须满足两个标准:对自己生物性别的厌恶和变成另一性别的渴望。要确诊性身份障碍需要有显著的痛苦或者在社会、职业或其他重要功能领域的明显损害。如果个体仅仅热衷于异性装扮或其他异性活动,而没有反复发作的心理痛苦或功能损害,或者个体在躯体上具有两性症状(如先天性肾上腺增生、生殖器分化不良、雄激素失敏综合征),均不能诊断为性身份障碍。

性身份障碍主要包括四种类型:第一类是异性症,患者渴望像异性一样生活,被异性接受为其中一员,通常伴有对自己的解剖性别的苦恼感及不相称感,希望通过激素治疗和外科手术以使自己的身体尽可能地与所偏爱的性别一致。时间至少持续存在 2 年以上,才能确立诊断,且不应是其他精神障碍的症状,也不伴有雌雄同体、遗传或性染色体异常等情况。

第二类是双重易装症,患者在生活中某一时刻穿着异性服装,以暂时享受作为异性成员的体验,但并无永久改变性别的愿望,也不打算以外科手术改变性别。在穿着异性服装时并不伴有性兴奋,这一点可与恋物性易装症相区别。第三类是童年性身份障碍,这一障碍通常最早发生于童年早期(一般在青春期前就已经充分显露),其特征为对本身性别有持续的、强烈的痛苦感,同时渴望成为异性(或坚持本人就是异性)。持续地专注于异性的服装和/或活动,而对本人的性别予以否认。通常认为这类障碍相对少见,只有正常意义上的男性或女性概念出现了全面紊乱时,才可以考虑该诊断,仅有女孩子像"假小子"、男孩子"女孩子气"是不够的。而且如果已经进入青春期,则该诊断便不能成立。第四种是其他性身份障碍。

性身份障碍的形成与幼年成长中对性欲的处理、性别身份的建立、自我形象及两性间的人际关系发展有关。性欲异常可对个人精神造成困扰,亦会影响恋爱婚姻的关系,甚至可能进一步导致刑事行为及伤害自己。一项对大学生异常性心理倾向分布特点的研究表明,诸如恋物癖、异装癖、同性恋、易性癖、露阴癖、摩擦癖、窥阴癖等异常性心理倾向都有约一成的检出率,应引起足够的重视(钟志兵等,2005)。无论是存在上述变态性欲,或者是曾受到过性侵害而存在心理问题的人,都建议主动寻求专业的心理医生或精神科医生协助,走出阴影,摆脱心理困扰。

(二)其他性心理困扰

性认知的偏差是指在与性有关的问题上基于自身认知结构的谬误,包括有关统计、或然率的常见误解以及错误的决策和思维模式。例如,部分大学生认为性是下流的、难以启齿的现象,甚至谈性色变,对性的问题一概回避。有的则无所适从,感到害怕、厌恶或神秘的大学生中绝大多数人至少有一种以上不正确的态度。也有部分学生受到性自由、性解放思想的影响,摒弃所有的性道德观念,放任放纵自身的性欲望和性行为,不分对象、不加选择,轻率随意地与他人发生性关系。无论是压抑还是放纵,都是由对性的曲解造成的。性是人类种族延续的本能,同时又与情爱、婚姻和家庭密不可分。既不把它当成洪水猛兽,也不夸大性本能的作用把人与动物等同起来,学会思考辨别性观念的是非,以正确的态度对待生活中不能避免的性问题,对所有人而言都是必要的(范茂,2008)。

性行为焦虑是对性行为产生焦急、忧虑和不安的情绪状态,同时还伴有心慌、出汗等植物性神经症状和肌肉紧张、运动性不安。性行为焦虑者在性交(甚至只要想到性交)时便会出现身不由己的紧张和焦虑,有时只要与异性接吻、拥抱或被抚摸也会触发焦虑。此时出现的心跳加快、出汗等现象与性行为本身产生的生理反应不同,因为它带有明显的不快与无奈。性心理矛盾、冲突以及各种性适应不良都会引起性焦虑,青春期性焦虑主要表现在对性生理成熟的焦虑,对自我体相和性功能的焦虑。总体来说,大部分性焦虑现象都是因为缺乏正确的性知识引起的,也有因曾受过性骚扰、性侵害而长期对性感到焦虑、排斥。在性焦虑严重的情况下甚至会影响到正常的学习生活。缓解性焦虑的正确做法是寻求帮助,通过正确的途径获得性知识,充分认识性生理与性心理的一般发展过程。

专栏 10-3

大学生如何应对性骚扰

性骚扰是危害大学生身心健康发展的一种社会现象,研究表明大学生对性骚扰尚缺乏正确的识别与应对能力(李佳源、方苏宁,2016)。性骚扰是法律明确规定禁止的行为,但是我国法律目前对性骚扰这一概念还没有明确的界定(汪胜等,2016)。心理学家通过对受害人自身经历的调查研究,认为性骚扰是指不受欢迎的有关性的言论与行为。根据严重程度可分为性别骚扰、挑逗行为、性贿赂、性要挟、性强迫(性攻击)。

从高校发生的性骚扰事件来看,大学中性骚扰的受害者多数是女生,最为常见的性骚扰方式是恶意的性骚扰,即在教室、图书馆、宿舍等场所散布性侵犯的言论、展示性用品或以其他方式制造具有威胁性、冒犯性和敌意的氛围。女性对男性的骚扰较多的是以言语、书信或行为进行挑逗。此外,女生性生理成熟与性骚扰认知滞后的反差、师生关系伦理与师生关系现实之间的反差,以及高校反性骚扰机制缺失与学术性别角色溢出效应盛行的矛盾等多种因素都是导致高校性骚扰事件发生的重要原因(李佳源、方苏宁,2016)。

性骚扰可能导致受害者情绪抑郁、无助、极度忧伤、强烈的恐惧反应、失控、担忧、生活混乱和动机减弱,甚至会出现头痛、睡眠和进食障碍等躯体症状。遭受性骚扰的女性常会自责,认为是自己的形体或言语过失招致性骚扰。无论男性或女性都认为性骚扰是丧失安全感和控制感的经历。性骚扰伴随的后果是人际关系受损、产生自我挫败感、低自尊、对学校的满意度降低,以及与性骚扰相联系的严重的精神紧张。

大学生,尤其是女大学生,应注意出行安全,在易发生此类事件的时间和地点尽量不要单独出行。遭遇性骚扰的时候,清楚、明确、平静地告诉对方你的不悦,请对方尊重你也尊重自己。威胁继续存在的话就冷静寻求周围的帮助,尽快离开。如果不幸遭遇此类事件,当事人应向值得信任的人倾诉,多与家人、朋友在一起,积极寻求法律手段保护自己。当受到要挟、强迫的时候,主动寻求法律的支持援助,防止同类事件的再度发生。此外,性骚扰是违法行为,事情发生以后学校必须进行干预。同样,作为成年人的大学生,一旦对他人构成性骚扰行为,也必须承担相应的民事责任(李佳源、方苏宁,2016;汪胜等,2016)。

第三节　大学生性心理健康教育对策

目前,社会对大学生开展性心理健康教育的必要性没有异议,但在实践中还存在这样或那样的障碍,如无师自通论、封闭保险论、淫秽教唆论,等等。现代性教育起源于 19 世纪末 20 世纪初的美国。国际卫生组织于 1912 年首次使用"性教育"一词(徐震雷、张玫玫,2014)。在大多数国家,性教育的兴起主要是迫于性心理问题、婚前性行为、性疾病和性犯罪发生率不断上升的现实压力。目前,性在大学校园是非常现实的问题,不仅大学生的性行为发生率呈上升趋势,女大学生人工流产的临床人数也出现不少增加(朱小彦,2015)。此外,伴随大学生不安全性行为带来的性病和艾滋病问题也备受社会关注(孔庆滨等,2016)。这些现实问题也开始促使高校重视和落实大学生的性心理健康教育。

一、大学生性心理的自我调适

健康的性心理,应该具有系统的性生理、性心理和性社会知识;能以开放的心态面对自己的性生理和心理变化,消除个体在性发育过程中的恐惧和担心;在男女两性间的关系上有正确的态度和责任感;能抑制性反应和损害性关系的恐惧、羞耻、罪恶感等消极心理因素。

(一) 关于性欲与性压抑

处于青春期的大学生,体内性激素刺激所引起的生理和心理上的感觉是十分明显的。然而由于社会道德、法律和理智的约束,性冲动和性心理往往被限制和压抑着,形成了性本能欲望和社会性要求的矛盾与冲突。大学生自我调适性欲望和性冲动,可以适当采取自慰的方式,来减少性压抑感,也需要积极参与异性间的正常交往来满足心理需要,达到性心理平衡。除此之外,大学生也可以主动进行心理咨询,有针对性地进行心理训练,从而接受和处理各种心理压力,缓解性心理出现时的矛盾冲突。

大学生中存在性压抑,由于男同学的性冲动更普遍和强烈,因此其性压抑较女同学更严重。性压抑对两类人的身心健康影响最大。一类是性冲动强烈而心理素质比较薄弱,且难以找到宣泄、转移、代偿等途径的人。他们焦虑不安、苦闷烦恼,形成压抑情绪,导致心理异常或进而发展为心理变态。另一类是对性抱有反感、厌恶、冷漠态度的人。他们背离正常人的性心理发展规律,可能引起一系列心理健康问题。前者是显性的压抑,容易鉴别;后者则属于隐性压抑,容易为人们所忽视。

性压抑是相当普遍的一种性心理现象,既是合理、必要的,也是有害、应该解除的。说它是合理、必要的,是因为适当地压制性冲动是符合社会安定和发展需要的,是人类和社会进步的前提,不论对社会还是对本人健康都是有益的。说它是有害的、应当解除的原因有三:第一,许多临床资料表明,性压抑可引起躯体性症状,如失眠、噩梦、头痛、头晕、腹泻、腹痛、胃肠不适等,一般认为这是性冲动能量躯体化转换的结果;第二,在心理上压抑性冲动多伴有痛苦体验,其程度与性冲动强度一致,即强烈的性冲动的压抑会引起更明显的感情痛苦;第三,弗洛伊德认为性压抑会阻碍人格的成长、创造力的开发、大无畏精神的发扬和对人生的积极进取,过分的性压抑还会导致性冷淡,是神经症的根源。

(二) 关于性压力的自我调整

对于身心发育而引起的性冲动和性意识,大学生无须持否定、批判和排斥的态度,应理性地看待这种现象,坦然面对自身与异性的关系,合理地缓解这种压力,而一味压抑可能适得其反。如果把大学生在性成熟中的性欲冲动当作一种能量来看待,把伴随性成熟出现的性意识看作是一种自然现象,那么在社会规范允许的前提下,正确认识性冲动和各种性意识,用适当的自我调节方式来疏导、宣泄则是必要的。

1. 提高自身性素质

从生理学和心理学研究的视角看,性兴奋完全是一种正常的生理和心理反应;而在社会日常生活中,引起性兴奋的东西是永远不可能全部扫除和回避的。因此,大学生缓解性压力最根本的办法是提高自身性素质。首先,要对作为一种自然现象的性成熟及其带来的种种生理心理变化有科学的认识,这是性心理健康的首要条件。通过学习性生理、性心理的有关知识,树立科学与健康的性意识观念,有利于消除对性冲动的罪恶感、自卑感和种种自我否定的评价,增强自信心,确立自尊、自爱的独立意识。其次,还要了解自己所处的社会文化环境对性的特定规范的含义。只有理解已形成的社会规范,才可能以社会认可的方式来调节性冲动,适应性的成熟。最后,培养和提高自己的性适应力,建立自觉基础上的性抑制力。为此,大学生应该努力培养正确的道德观念,形成必要的道德情感,加强法制观念,防止自己在两性吸引和性欲冲动中以及偶然诱因影响下的冲动或越轨行为的产生。

2. 健康释放性压力

面对强烈的性冲动及其带来的压力,大学生可采用合理、安全和健康的方式释放自己的性冲动与性压力。① 性升华是指用一种积极的、富有建设性的、能为社会所接受的欲望或方式来取代性欲或转移性欲,即将生理上的性欲冲动转化为较高级的精神活动的进取动力,转化为学习热情和创新创造的动力。一个心理健康、人格健全的人往往能适时适度地升华性欲,而不是被性冲动所奴役。升华是性欲得以满足的间接方式,但也是最有社会价值的调节方式,它可以把满足个人的性心理需求和社会公众利益最大限度地统一起来,因而不失为解除性压抑的一种有益的方法。② 性转移是指通过体育锻炼、娱乐活动、工作兼职和人际交往等多种合理的途径,使性生理能量能得到正当的释放和有效的转移。这是大学生最常用的一种应对性压力的方法。大学生通过参加运动或健身锻炼、艺术表演、文学创作、娱乐等自己感兴趣的活动来转移性能量,分散自己对性的关注,或者通过男女交往等使性情感得以平衡。③ 性代偿是指通过性幻想、性梦、性自慰等途径释放性冲动带来的压力。对于大学生而言,这些形式是可行而正当的。因此,正确看待这些方式,合理采用这些方式来排解性冲动,对大学生保持身心平衡具有重要作用。需要指出的是,虽然适度的性幻想、性梦、性自慰行为对身心无害且不伤害他人,但这并不意味着它们是必须的,因为大学生完全可以通过更积极的性转移或性升华来释放性压力。

(三) 关于性纯洁

在大学生中,性纯洁主要是指只与准备共度一生的人在婚姻关系下发生性关系。就信念而言,性纯洁是自尊、自重和对他人最深敬意的表现;就深度而言,性纯洁包含着付出真诚努力并避开使人动情的情境;就时间而言,性纯洁是一种一直坚持到结婚的决心。对于大学生自身来说,性纯洁有助于大学生摆脱不必要的负担和纠缠,保持情感的纯真与身体的纯洁,享受应有的自由和活力,发展健全的自我与人格,全身心地实现自己的理想目标。从人际关系来讲,性纯洁有利于大学生与更多的人建立人际联结,结交更多的朋友,提升和完善社交技能,并学习自由地表达情感,而不至于沉迷情欲。

由于性关系是体现婚姻家庭本质的独特关系,因此,性纯洁对未来的婚姻和家庭具有深远的积极影响。性纯洁所造就的人格特征与生活习惯,如忠于理想、自律性、坚忍性、原则性等,为整个婚姻家庭生活奠定了良好的基础。一系列研究报告指出:性纯洁的婚姻更稳定,性纯洁给婚姻带来更多的和谐。性纯洁是献给未来配偶最诚挚的礼物和建立彼此信任的最坚实的基础。对于丈夫或妻子,性纯洁是非常宝贵的精神财富,并且性纯洁能使夫妻双方在婚后建立最大程度的信任。此外,性纯洁对子女也大有好处。夫妻性忠诚是向子女提供父母之爱的最稳固基础,子女最大的愿望也是父母彼此相爱,而性纯洁强化了夫妻间的相爱和奉献精神,由此产生的精神能量与财富是对子女最好的滋养。

大学生若想做到性纯洁,可从三个方面准备,即心理条件、生理条件和社会条件。其中,心理条件包括:第一,具有正确的性观点,认为性行为应该是发生在男女间爱情基础上的;第二,应将性行为视作男女之间的最深层的、最有道德意义的事情;第三,不应该把肉体与精神分裂开来,为了达到精神的纯洁,肉体当然必须纯洁。生理条件是指对自己的身体,以及对异性的身体的美好认识,这种美好是由内部产生的对新的生命的原动力。社会条件就是指结婚。只有三个条件同时具备时,才能开始性生活。并且保持性纯洁到某一时期,就意味着可以为婚姻生活做准备了,而且真正幸福的婚姻是男女无论是在精神上还是肉体上都是相互依赖的。

二、大学生性心理健康教育的策略

(一) 以性知识教育为核心内容

科学、健康的性知识教育是性心理健康教育的核心内容。采用多种手段、多种渠道、多种方式开展性知识教育,让大学生懂得必要的性知识。调查表明,大学生的性知识是十分缺乏的,并还存在不少错误的性认识(刘勇等,2017)。大学生通过公开、健康、科学的方式和途径获取有关性的知识,既满足了他们对性知识渴求的心理,也避免了被黄色书刊、盗版光盘、淫秽的网络信息误导和毒害。同时,大学生也才能用科学的性知识正确对待青春期出现的一些性生理、性心理现象,对性欲冲动保持理智的态度,使他们学会保护自己、调节自己、爱护自己、发展和完善自己,更好地防止在成长发育期间产生性生理疾病和性心理障碍,同时为今后的婚姻生活提供必要的知识储备。性学数十年来的研究发现,一个人有没有可能从事某种性活动,要看他知道不知道该活动到底是怎么回事;而是否真的去从事这种行为,却取决于他是否"认同"该活动,以及有没有认同时的安全感。

国际性教育学界从 20 世纪 80 年代开始,把"性的社会知识"作为性知识的重要内容来宣传教育,主要内容有:① 在历史上和现实中,人类各式各样的性活动究竟各占多大比例;② 各种性活动有哪些生物的、社会的和文化的制约或促进因素;③ 人们为什么会对某种性活动产生特定的看法;④ 社会是如何管理人们的性活动的。如果不传授这样的性社会知识,性教育就无法最大程度地发挥它应有的引导作用,性道德教育也就会失去坚实的科学基础(潘绥铭,1998)。

(二) 以健康的爱情教育为实现手段

爱情是大学生感兴趣的重要话题,受到的非议也较少,而且也与性密切相关。结合爱情教育进行性教育,就是要通过培养大学生成熟的爱情观、责任感、恋爱动机和男女平等意识,理顺性心理与恋爱心理之间的关系,进而带动个体性心理的健康发展。大学是恋爱的高发时段,之前的研究也表明大学生对爱情是充满了向往的。大学生的性心理活动常常与恋爱心理联系在一起。爱情不都是柏拉图式的精神恋情,但需要这样一个精神交往过程。爱情对欲望有一种自然抑制力,当一个人仅仅因为害怕得性病而不敢偷越雷池时,可能还会心存侥幸而放纵自己的欲望;但当一个人意识到爱情的神圣和责任时,他就会以审慎的态度去对待自己的欲望,用理性去护卫纯洁的感情。对大学生而言,纯洁的感情是真爱与淫乱的分水岭。如果缺乏真正的爱情,恋爱心理就容易被性欲冲动所主宰,从而影响双方感情的正常发展。

(三) 以健全人格养成为根本途径

对于大学生而言,性心理问题的核心就是自尊、自制和责任心的问题。因此,性心理成熟的过程也是自我完善的过程。培养健全人格正是解决各种性问题的根本途径。人格健全的人才知道自己该干什么,能通过合理的方式表达自己的情感,也能严格地将自己的欲望控制下来,使自己的行为符合外界环境和社会文化背景的要求。在面对性问题时,人格健全的人会自觉抵制各种不良刺激的影响、克制自己的欲望、尊重自己、尊重他人,能够以负责的态度来面对"性"这件事。把性心理健康教育上升到健全人格培养的高度,就是要结合大学生性心理发展的规律,对其进行社会价值观、个人意志品质、心理调节能力和社会适应能力等多方面素质的综合培养教育,以协调性心理发展与人格发展之间的关系,缩小性成熟与人格成熟之间的差距。

(四) 以道德价值观教育为基本前提

人类社会的进步不仅是与自然协调共处的过程,更是与自身本能协调共处的过程。我们不能无视性革命给西方社会带来的巨大危害以及对我国造成的冲击,片面地认为性只是个人私事。性的社会属性也决定了性从来就不是一种个人私事,特别是发生在校园中的性行为。因此,大学生必须按照社会的规则来适当约束自己的性行为。用道德控制人的性欲望和性行为,也是人与动物相区别的标志。第一,在性问题上,应当旗帜鲜明地给学生指出什么是正确的,什么是不提倡的,唯有旗帜鲜明地反对不正确的价值观,性教育才能产生有效的力量。把社会中存在的共同的、基本的、普遍适用的性价值观灌输给大学生,有助于引导他们进行正确的自主选择。第二,强化两性关系中的尊严和名誉心理。维护自己尊严和名誉的心理,是性心理中具有积极能动性的激励机制,它以强烈的情感和情绪激励人们树立正确的善恶观和荣辱观,促使人们形成自尊、自爱、自珍的道德心理,激励人们在任何环境和条件下都能抵御诱惑、坚守节操。第三,注意性道德教育方法的灵活多样性。克服过去"一张嘴"、"一本书"的单一的方法,注意双向沟通,用感化的方法,尽量做到以理服人、以情感人。第四,发挥家庭的性道德教育功能。大学生的性道德教育不能仅仅依靠学校和社会教育,父母的家庭教育同样有着非常重要的作用。由于家庭是学生的第一课堂,因此除了父母在自己行为上的示范以外,还应在孩子特定年龄时给予他们必要的性知识启蒙。

复习思考题

1. 解释:性,性别角色,性心理,性行为,边缘性性行为,性心理障碍,性身份障碍,性指向障碍。

2. 当代大学生性心理的基本特点有哪些?

3. 如何认识大学生的性行为?

4. 有的人认为是"先有性,再有爱",有的则认为"先有爱,再有性"。结合上述观点分析爱情与性的关系。

5. 结合自身的实际,谈谈有哪些方式可以帮助大学生形成健康的性心理。

扩展阅读

1. 江剑平.大学生性健康教育(第三版)[M].北京:科学出版社,2018.

2. 陈昌霞.大学生情感规划与性健康教育[M].北京:清华大学出版社,2018.

3. [美] 凯莉·威尔奇.性:你知道的你不知道的那些你应该知道的事[M].富晓星,史晴,左欣,译.北京:中国人民大学出版社,2014.

第十一章　社团活动与心理健康

案例导入

　　浙江某学院唤青社是一个环保主题社团,2003年成立,拥有4个分会、近千名会员。该社团自2007年加入世界绿地图组织以来迅速发展,在获得世界绿地图总部授权后,成功绘制了中国首张城市绿地图。这张特殊的某市地图由唤青社1000多名社员共同绘制而成,以倡导市民健康、和谐生活为准则,用国际通用的绿地图图例标示出了素食餐厅、有机食品店、无公害农产品售卖处、老人适宜区、儿童适宜区、资源回收站、手机充电站、绿色商业与服务点、心理咨询室、艺术琴行、特色书店、二手店、英语角、老建筑、公共艺术场所、文物古迹、特别的树、钓鱼区以及各类健身场所等40多种类别共400多个"绿点"。以"绿地图"项目为核心,唤青社曾先后发布了该市海曙区绿地图、月湖绿地图、绿地图电子网站、绿地图英文版及第三版中文版、丝绸之路世界文化遗产绿地图、校园节水绿地图等,获得了浙江省大学生环保创意大赛评委会大奖,参加了"第三届中国大学生环保组织论坛"和"绿地图2007上海工作坊训练营"。"绿地图"成为该市的活名片,为北京奥运会和女足世界杯服务,走进社区,为市民的和谐生活服务。"绿地图"还被推广至浙江省,并与世界各地环保组织交流。至此,唤青社也由原来单纯的生态环保社团定位成功转型为人文环保社团。(周宇飞,2010)

　　大学是个体成长成才的关键时期,高校社团从出现之初就为大学生的成长成才做出了重大的贡献,国内外的研究和高等教育经验都表明高校社团培养了大学生的学习兴趣,极大地促进了大学生的成熟和能力的提高,加强了大学生和社会的联系。本章介绍高校社团的特点、分类和功能,高校社团对大学生心理健康的促进作用,以及大学生在参与高校社团时应该注意的一些问题。

第一节　大学生社团活动的一般问题

一、高校社团及其类型

共青团中央、教育部、全国学联(2016)印发的《高校学生社团管理暂行办法》指出,高校学生社团是指由高校学生依据兴趣爱好自愿组成,为实现成员共同意愿,按照其章程自主开展活动的群众性学生组织。而且,该暂行办法还明确提出了高校学生社团的基本任务是遵循和贯彻党的教育方针,坚持立德树人的基本导向,团结和凝聚广大同学,按照自愿、自主、自发的原则,善用网络技术和新媒体,开展主题鲜明、健康有益、丰富多彩的线上和线下课外活动,繁荣校园文化,培养同学的社会责任感、创新精神和实践能力,提升同学综合素质,促进同学成长成才。

在研究和实际工作中大都按照高校社团活动的内容来对高校社团进行分类,但是类别的划分并不一致。不同的研究者将高校社团分为不同的类别,如将高校社团分为文学艺术类、体育类、知识学术类、专业技能类和社会服务类(伍德勤,2011),或者分成信仰、学术、文娱、友谊和服务等类型(于伟、韩丽颖,2002)。在高校的实际工作中,不同的高校也有各自不同的分类。比如,斯坦福大学将高校社团分为学术、体育、公益、文艺、民族、健康、传媒、哲学、社政、娱乐、宗教、实践、交际、自治等类型;哈佛大学将高校社团分为政治、学术与专业、艺术与表演、体育竞技与娱乐休闲、文化与种族、媒体与出版、宗教信仰等七大类(吕春辉,2009)。目前,我国对高校社团类型权威的划分方式是《高校学生社团管理暂行办法》中的分类。该暂行办法将高校学生社团一般分为思想政治类、学术科技类、创新创业类、文化体育类、志愿公益类、自律互助类及其他类等。

二、大学生社团活动的特点

大学生社团活动具有这样一些特点。首先,在高校社团的建立和运行上体现了自治和他治的统一。高校社团是大学生依据兴趣爱好自愿组成的,也就是说大学生可以决定是否组成社团、组成什么类型的社团。大学生可以自行决定是否加入或者退出社团,自行决定是否参与社团组织的活动。高校社团的组织结构、规章制度也是由大学生自行制定的,没有固定的模式,而且高校社团的管理是由其社团成员自主执行的,对社团自身的发展具有自主决定权。在具有高度自治权的同时,高校社团的建立和运行需要在主管部门的指导下进行,接受主管部门的监督和指导是高校社团的责任和义务。高度的自治性体现了大学生自我意识的高度觉醒,是大学生展现自我、锻炼自我的重要动力和方式。但是,自治不是自由散漫、不是破坏规矩。主管部门对高校社团的建立和运行具有监督和指导责任。高校社团有义务遵守法律法规和学校的规章制度,而且高校社团成员作为大学生首先应该先服从学校的管理。所以,高校社团有主动配合高校主管部门进行审查、登记,接受监督、指导和管理的义务和责任。

其次,在高校社团的活动上体现了开放性。高校社团的生命力在于其组织的活动能否有价值、能够满足大学生的某些需要,进而促使大学生持续地积极参与其中。由此,社团活动在方式和内容上具有开放性。大学生大都出于想要满足自己的某一个、某几个需要的原因而参与高校社团组织的活动,或是想要休闲娱乐、满足愉悦精神的需要,或是想要结交朋友、扩大自己的人际关系网络、满足提高人际交往能力的需要,或是想要培养、发展某种兴趣爱好,或是想要促进专业知识的学习和应用、发展某种技能、培养某种能力,或是想要深入了解社会、接触社会现实、增加自己的社会资本。为了促进社团成员加入、参与社团组织的活动,高校社团活动在方式和内容上不拘一格,打破了线上线下、校内校外的限制,但凡可以帮助实现社团成员需要的社团活动方式和内容都可以被高校社团采用。由此,高校社团活动的内容涵盖了政治、科技、创新创业、文化、体育、经济、志愿公益、教育、宗教等领域的内容,在形式上涵盖了培训、比赛、演讲、报告、采访、讨论、竞赛、调研等若干方式。

最后,在高校社团的主体上体现了趋同性和广泛性的统一。高校社团的主体是大学生,他们是出于某些共同的兴趣、目的自愿加入社团、参与社团活动的大学生。共同的目标追求有利于社团成员共同完成社团目标。广泛性体现在高校社团的成员大学生在加入社团、参与活动的过程中突破了专业、学院的局限,不同专业背景的大学生参与了相同的社团。而且,即使是在同一个社团之中,社团成员的生活经历、人格特质、能力等方面也各不相同。由此,学习、生活背景各不相同的大学生为着共同的目标聚集在一起,共同完成相同的目标任务,有利于社团成员相互之间了解、交流、互补受益。

三、大学生社团活动的功能

《高校学生社团管理暂行办法》明确提出,高校学生社团的基本任务是遵循和贯彻党的教育方针,坚持立德树人的基本导向,团结和凝聚广大同学,按照自愿、自主、自发原则,善用网络技术和新媒体,开展主题鲜明、健康有益、丰富多彩的线上和线下课外活动,繁荣校园文化,培养同学的社会责任感、创新精神和实践能力,提升同学综合素质,促进同学成长成才。在基本任务的指导下,高校社团是高校课堂教育的重要补充,起到了第二课堂的作用,具有教育功能、繁荣校园文化功能和服务社会功能。

(一) 教育功能

1. 塑造健全人格,成为幸福的进取者

成为幸福的进取者是健全人格养成教育的目标。想要成为幸福的进取者首先应当具备正确的价值观。价值观是每个人区分好坏、美丑、益损、正确和错误、符合或者违背自己意愿等的信念系统,它不仅引导人们追求自己的理想,而且还决定着人生中的各种选择。价值观是生活的准绳,决定着我们选择怎样的生活方式。其次,幸福的进取者应当具备积极的自我观,以正确的态度看待自己、自己与他人、自己与环境的关系;能够悦纳自己,自己的事自己做主,不依赖他人,对自己的所知所能具有信心,能够反省自己、知错能改、自强不息、勇于担当。最后,幸福的进取者还应当具备热爱学习、追求理想、善于实干、有仁德之心、人际和谐、善于团队合作和心境平和等品格(黄希庭、尹天子,2016)。

在主管部门指导下建立和运行起来的高校社团，了解党和国家的路线、方针、政策，可以获得学校宣传、学生管理、教务、科研等部门对高校社团的建设和发展给予的支持和指导，拥有具有专长和责任心强的教师来指导学生社团建设，以思想过硬、作风正派、素质全面、有社会工作能力的学生来担任社团负责人（共青团中央、教育部，2005），能够指导大学生成员了解什么样的行为是符合社会规范的。那些赞同规范信念的大学生会在学校得到同伴的接纳，随着时间的流逝，这些规范将会被内化，个体赞同这些信念不再是因为需要得到同伴的接纳或者是因为来自拒斥的威胁，由此大学生形成了正确的价值观。

2. 汲取知识，培养能力

知识包括职业知识（从事环境中某些特点的工作所需要的特殊事实信息与技能）、历史或者普通教育知识（普通文化中人类积累起来的科学、美学和哲学的理论知识）、方法和概念知识（掌握知识增加的方法和促进批判性思维和评价能力的发展）等类型（克拉克（Clark）著／王承绪等译，1994）。高校社团打破了专业和院系的限制，大学生社团成员通过加入社团、参与社团活动可以了解、学习到本专业以外的其他领域的知识，有助于完善大学生的知识结构。另一方面，在大学课堂教授专业知识时，由于学生具有兴趣、认知能力、经验、智力水平等方面的个体差异，导致即使是在相同的课堂学习中，不同的大学生也可能有不同的学习效果。参与高校社团的活动可以帮助大学生成员找到自己的兴趣，通过与其他成员的交流可以帮助其找到适合自己的学习方法。

加入、参与高校社团的活动还可以培养大学生成员的多种能力。高校社团组织的活动虽然形式多样，但是大都要求社团成员完成某项工作。在完成某项具体工作的过程中，大学生成员在"做"中学，可以锻炼自己形成目标的能力、问题解决能力等。通过与其他成员的交流沟通可以锻炼自己的语言沟通能力、人际交往能力等。通过组织、运行某个活动还可以锻炼学生的决策能力、领导能力等。通过在社团活动参与和课堂学习之间的时间安排，还可以锻炼大学生的时间管理能力。

（二）繁荣校园文化功能

在主管部门指导下建立和运行起来的高校社团，通过开展主题鲜明、健康有益、丰富多彩的线上和线下课外活动来繁荣校园文化。一方面，从高校社团自身来说，社团的名称、社团成员组成、社团文化宣传、规章制度、机构组成、活动安排等，都在向外传递着独特的文化。比如，思想政治类的高校社团引导、培养社团成员的社会主义核心价值观和中国梦的实现。学术科技类高校社团引导成员树立科技强国、科技兴国的意识。创新创业类高校社团引导社团成员树立创业意识、形成创业知识结构、培养创业能力和养成创业的心理品质。文化体育类高校社团引导社团成员丰富大学生的业余文化生活、传承中华民族的优秀文化传统和中华民族特有的精神气质，培养健康的审美观，养成热爱运动、科学运动的习惯。志愿公益类高校社团引导社团成员了解社会、积极参与社会实践,培养大学生追求社会公平的意识。自律互助类高校社团培养社团成员自我管理、自我约束、同舟共济克服困难的意识。另一方面,高校社团孕育的文化氛围有助于增强大学校园文化的生命力。随着高校社团种类、数量的增多,高校社团文化涵盖的内容越来越多,参与的大学生也愈加增多。形式多样、种类丰富的社团活动成了高校校园文化建设的主要手段和方式之一,为高校校园文化的传承增添了生机和活力,增强了校园文化的生命力。

(三) 服务社会功能

党的十八大报告指出,教育要为社会主义现代化建设服务、为人民服务。一方面,高校社团有助于大学生深入社会实际、了解社会对人才的真实需求,成长为对社会有价值的人才。高校社团通过组织社会实践、调研等形式的活动,深入到社会的各个阶层中去,了解、分析社会现状,体验社会生活,有助于缩小高校人才培养和社会实际需要的人才之间的差距,培养出社会急需的人才。另一方面,高校社团有助于培养大学生的社会责任感。高校社团为大学生提供面对面的、亲身去了解"他人"的机会,了解那些可能在社会经济地位、教育、宗教、民族上有差异的人们,帮助大学生打破对不同人群的刻板印象。通过积极地参与能够深入社会实际、了解社会现实的高校社团活动,有助于社团成员从他人的角度来看待问题,了解到自己的言行对社会的影响,认识到自己应该去帮助那些需要帮助的人和那些依赖我们的人,形成"我为人人、人人为我"的价值观。

第二节　大学生社团活动与心理健康的关系

一、大学生社团活动与行为规范

在高校社团的活动中,大学生通过他们身边的其他人的所言所行,了解了什么是"正确的"言行或者是符合社会规范的。大学生参与社团活动观察到成员们齐心协力地实现团体的目标。在志愿公益类高校社团活动中,他们观察到别人在尽力地帮助那些需要帮助的人们。由此,他们接纳了正确的行为观念或者社会规范,并且把它当成是自己的标准,将这些规范"内化"为他们自己价值观的一部分。研究发现,高校学生社团可以改善大学生的价值观与性别认同(Inkelas,2004；Renn,2007),提高大学生的归属感、改善大学生的生活态度,帮助大学生形成奉献社会的愿望(Buch & Harden,2011)。

二、大学生社团活动与需要满足

加入高校社团是为了满足个人的需要(韩延伦等,2008)。为了打发休闲时间,满足愉悦身心的需要;为了参加体育运动,满足运动的需要;为了结交朋友、拓宽人际面,满足交往需要;为了加深知识、技能的学习,以使自己学有所成,满足成就的需要;为了培养在社会上生存所需要的各种能力,以使自己将来能够更好地融入社会、取得一定的社会地位,满足权利的需要。在正确的价值观体系指导下的高校社团能够帮助大学生正确地认识自己的各种需要,并且采用恰当适宜的方式来满足自己的需要。比如,在相当长的一段时间内,权利的需要被看成是不受欢迎、不被人们肯定的,尤其是女性具有权利的需要更不为社会所欢迎。高校社团在正确的价值观体系指导下,可以帮助大学生形成正确的价值观,认识到权利要为人民所用,权利要为国家、社会的繁荣发展所用。在大学生休闲娱乐、满足愉悦身心的需要时,高校社团通过组织各种高雅音乐舞蹈、优秀传统戏曲等活动,可以帮助大学生抵制娱乐低俗化的影响,进而形成积极健康向上的休闲娱乐追求。

高校社团还有助于帮助大学生发现某些虽然对个体的成长成才非常重要,但是自己没有意识到的需要。在进入高校学习生活之前,大学生的生活学习环境相对单纯、生活轨迹相对单调。在一些错误的观念引导下,大学生可能会形成高中拼命学习,到了大学就可以拼命玩乐的错误认识,认识不到成长成才的必要性,以及社会高速发展对大学生快速成长的迫切需要。高校社团的加入、社团活动的参与有助于大学生开眼看世界,走出舒适区,认识到社会对自己的要求和自己的真实情况之间存在着差距,进而正确地认识自己,正确地看待自己、自己与他人、自己与环境的关系。由此,在形成正确的自我观的基础上,发现新的需要来适应社会发展,尽快地成长成才。

三、大学生社团活动与社会支持

当大学生参加高校社团活动,成为高校社团的一员时,他们结识了其他人。这些人成了大学生"社会网络"的一部分。这些同学、朋友和熟人能够在个人有需要时,成为提供帮助和支持的来源。他们能够通过倾听某人的问题,给予同情和鼓励来提供情感支持,能够成为提供指导和信息的重要来源。高校社团给予参加者以机会与不同背景的同伴交上朋友,拓宽了他们的眼界。仅仅只是成为社会网络中的一员就能够给予人们归属感和认同感。社会支持是决定一个人的幸福感的关键因素。比起那些缺乏这种支持的个人来说,有着更高的社会支持的个人体验到了更好的生理和心理健康,能够更好地承受他们在生活中遇到的压力事件和有压力的环境,甚至能够活得更长久。

四、大学生社团活动与能力提升

高校社团的参与可以帮助大学生学会如何管理他们的时间,和他人进行合作,能够更加清楚地、更加有效地与其他人进行交流,当与其他人发生分歧时能够"管理"自己的情绪,化解冲突,制定决策,以及领导活动。这些能力可以帮助大学生在学校表现得更好,和他们的同伴以及家庭成员更好地相处，在职业生涯中形成更好的关系，获得更多的机会，取得更大的成功和自我实现，并且能够回避那些给他们带来麻烦的情境，增强自信心和幸福感。阿斯廷和萨克斯（Astin & Sax，1998）采用了对美国42所大学的本科生进行的调查中得来的数据，检验了参与社区服务活动的学生和那些没有参与这类活动的大学生在技能获得上的差异。他们发现相比于那些没有参与过服务活动的大学生来说，参与过服务活动的学生对他们自己的领导能力、冲突解决技能、合作能力，以及与具有不同种族、不同文化的人们相处的能力都显得更好。

五、大学生社团活动与同一性和目标感

高校社团为学生提供了尝试各种角色、体验不同生活形态的机会，有利于学生发展自我认同（陈必华，2008；Chickering & Reisser，1993）。高校社团是大学生出于某个共同的目标而自愿组成、建立起来的。它们将人们组织在一起，创造出比个体成员依靠自己能力创造出的多得多的东西。志愿公益类、自律互助类高校社团为实现社会公平而努力。文化体育类高校社团通过在一起表演、训练来改善娱乐生活。学术科技类高校社团帮助大学生发展科研能力、增长学术水平。当大学生开始参与这些社团和它们的活动时，他们常常将目标和宗旨作为他们自己的生活目标的一部分。这些给予了他们同一性，为他们自己的生活提供了意义和方向。比如，对成人志愿者服务的研究发现，在志愿服务和幸福感之间存在着强有力的联系，人们参与志愿者服务的程度越高，他们的健康和幸福感越好。志愿者在生理和心理上更健康，是因为他们感到他们做的事情是很重要的，他们的存在对于其他人和社会来说是很重要的。由此，高校社团的参与可以帮助大学生把自己看成是社团、学校的一部分，并且有能力为社会做贡献，有责任为了社会而奋斗。

第三节 大学生参与社团活动需要注意的问题

一、个人层面的问题

（一）参与的连续性、强度和多样性

参与的连续性或者规律性。在一段较长的时间内定期地参与活动的人们，比那些在较短的时间内零星参与的人们，体验到了更多的受益（Pancer，2015）。在对成年志愿者的纵向研究中发现，参与者进行志愿者服务的时间越长，他们的健康状况和幸福感程度越好（Piliavin & Siegl，2007）。

强度和多样性。大学生参与高校社团的强度采用个体为一个社团贡献的时间来度量，通过确定个人在社团活动中贡献了多少时间或者参与这些活动的频繁程度来测量强度。大

学生为一个高校社团贡献的时间越多、频率越高,参与强度越高。多样性采用大学生参与不同类型高校社团的个数来度量,一个大学生参与的社团个数越多,参与多样性越大。适当地增加参与的强度和多样性可以使参与者受益更多。而且,参与的多样性比参与的强度更能够产生积极的结果(Busseri et al.,2011)。参与的强度和幅度都与更好的适应和更高的幸福感有关,但是它们和多样性之间的联系更强一些。研究发现,如果成年人在更多的组织中提供了志愿者服务,那么他们感知到的健康程度也更高。参与三个组织的个人比只参与了两个组织的个人,体验到了更好的健康程度,而且参与两个组织的人们体验到的健康程度好于那些只在一个组织中进行志愿者服务的人们(Piliavin & Siegl,2007)。研究者认为,在多种活动中的参与能够产生更大的受益的可能原因是,它可以使人们接触到更多的人,拓展社会联系,增加接触到的人们的多样性,有助于打破刻板印象。而且,每个活动都要求参与者具备不同的技能,所以参与到范围广泛的活动中能够帮助个人构建技能和能力。参与多样的活动还容许参与者去发现那些能够引导他们茁壮成长,帮助他们获得幸福感的兴趣和热情(Benson & Scales,2009)。

(二) 参与的积极性

大学生以积极的态度参与高校社团活动,反思和讨论他们在高校社团活动中的经历,主动参与社团活动中的决策制定,能够更好地提高他们的心理健康程度。研究发现,越积极地参与其中的个体,在积极参与的过程中,他们是更多个团体的成员,比那些较少参与或者完全没有参与团队、组织的个体,几乎在每一个方面都有更强的赋权感。越积极参与的个体越能感觉到他们能控制自己的生活,拥有更多的技能和能力去实现他们的目标,并且有更大的力量去影响在他们的生活中发生着的变化(Zimmerman & Rappaport,1988)。

当成员在他们参与其中的活动和组织中,对决策制定有发言权时,他们能够从他们的参与中受益更多。社会工作研究者奥默(Ohmer,2007)在她对匹兹堡邻里组织成员的研究中,要求研究参与者在以下的六条陈述中指出他们在所属组织的决策制定过程中的参与程度:①"我根本没有参与";②"我扮演着被动参与的角色";③"我传递了信息";④"我按照职员和/或董事会的指令完成了各种任务";⑤"我部分地参与了计划和决策的制定以及执行";⑥"我全面地参与了计划和决策的制定以及执行"。她发现,比起那些扮演着消极角色的个人来说,在决策制定中扮演着积极角色的个人感觉到他们从参与中获得了更多的知识和技能,发展出了更强的领导能力、更强的赋权感;他们感到他们自己和他们所属的组织,可以对那些影响着他们邻里生活的政策施加更多的影响。

(三) 合理安排时间、精力

人的时间和精力是有限的。高校社团是高校课堂教育的重要补充,起到了第二课堂的作用。专业课程的学习会占据大学生大量的时间和精力,大学生在参与高校社团的活动时,要合理地安排好时间和精力,避免主次不分、耽误了专业知识的学习。过多地参与高校社团活动不仅会影响大学生专业课程的学习,而且还可能带来消极影响,过多的社团工作可能会使参与者感到过度劳累和不堪重负。一项探讨人们在社区参与中的主观体验的总结性研究发现,当参与者被他们的组织角色期望他们完成的工作总量所压倒时,他们体验到了疲劳的感觉(Attree 等,2011)。

二、社团层面的问题

大学生往往从高校社团在团队合作、职能分工、发展前景、影响力等方面的特点来评价社团(杨帆等,2015)。高校社团自身具有的特点会对参与其中的大学生成员的心理健康产生影响。团队合作程度较高、团队意识较强的社团具有更高的凝聚力和同质性,社团中社长和社员之间关系融洽,在社团活动中能够精诚合作,社团成员对社团有较强的归属感。在职能分工清晰的社团中,社团工作的开展规范化、制度化,社员之间分工明确并具有特定的工作标准,可以避免组织中可能出现的不公平现象。具有发展前景、较高影响力的高校社团更可能具有多样的活动形式,并能明确自身定位、积累文化底蕴,在学校、师生中有较高的知名度和接受度。拥有这些优点的高校社团有助于大学生成员积极参与社团活动、投入较多的时间和精力在社团活动中。学生加入社团的自主意愿越强、在社团中的影响力越大、在社团工作中投入越多、对社团的满意度越高,高校学生社团的教育功能越好(杨帆等,2016),越有利于大学生社团成员的心理健康。

(一) 社团活动的品质

高品质的活动是那些得到了家庭和朋友的支持,能够为个人赢得所在社团的欣赏和承认,为个体提供了发展技能的机会,能够发现新的兴趣,发展友谊,并且做一些重要的、有趣的事情的活动。这样的社团活动能够为参与其中的大学生带来心理健康收益,而且还可以促进社团成员持续地参与社团活动。在对大学生社区服务的研究中,大学生在为期12 周的秋季学期中花费 10 周的时间,每周 2 个小时,在学校、疗养院、多文化中心、社区司法机构,以及其他组织中提供服务。在学期结束前一周,要求学生完成服务经历问卷来评估一个学期当中学生社区服务经历的质量,并且完成评估同一性发展和他们有多么明确将来他们计划追求的职业类型的问卷。研究发现,那些愿意在下一学期继续在相关领域组织中进行志愿者服务的大学生认为他们在上一学期参与的服务活动具有较高的质量,而且他们还展现出更高的同一性发展,他们对自己想要从事的职业类型有着更加明确的想法(Taylor &Pancer,2007)。

在另一项研究中要求一年级的大学生列出他们在过去一年当中参与过的最重要的活

动,并且要求他们评估这些活动对他们的意义和重要性(比如,"参与这个活动对我来说是非常有意义的"),参与这些活动使他们感觉到有多么积极(比如,"参与这个活动让我感到快乐"),以及通过活动的参与,他们体验到的归属感和他们与其他人之间的联系(比如,"我感受到了我与同样参与这个活动的其他人之间的联系")。研究发现,比起那些认为自己参与的活动具有较低的意义和重要性的学生来说,那些认为自己参与的活动具有较高的意义和重要性的学生,对于大学生活适应得更好,体验到了更强的社会支持,有更高的自尊,感受到了较少的压力,并且报告出了更强的社会技能(Tieu & Pancer,2009)。

(二) 活动的组织化程度

社团活动彼此之间在组织性上具有差异。有些活动可能只是要求社团成员相互之间进行简单的社会交际,有些活动则是更好地组织起来的。比如,参加环保团体可能是为了达到某个具体的目标,需要与其他人一起工作,为团体成员分配不同的角色和责任。有组织的活动是有定期计划的,是由某个领导指导或者管理、需要付出努力和发展技能的,是由规则引导的,是需要付出持续注意的,并且是以达到某个长期目标或者近期目标为目的的(Mahoney & Stattin,2000)。研究显示,参加诸如学校管理和社区青年组织等有组织化活动的青年人,更可能发展出社会责任意识,并且更可能像成人一样通过在当地的和全国性的选举中投票,出席政治集会,为政治竞选工作,关心国家发展,参与到政治进程中去(Wood et al.,2009)。

组织化程度较高的活动更可能产生积极的影响力。在一项对本科学生的研究中,要求他们列出在过去一年里参与过的所有活动,并且要求他们用是或者否来回答跟每个活动的组织化程度有关的六个陈述。这些陈述是:"这个活动是由高年级的学生,教职工或者学校管理人员领导/管理的","这个活动是定期举行的","对这个活动的参与是由愿望、长期目标,或者近期目标指导的","参与这个活动可能导致至少一种具体的技能得到发展","参与这个活动需要付出努力和注意",并且"我能得到我在这个活动中做得怎么样的反馈"。结果发现,比起那些参加组织化程度很小的活动的大学生来说,那些参加组织化程度更好的活动的学生有着更高的自尊水平,更多的社会支持,承受着的压力更低,而且普遍对大学生活适应得更好(Tieu et al.,2010)。

专栏 11-1

服 务 型 学 习

服务型学习理念将社会服务和学习的概念结合起来,服务型学习对学生的发展,特别是公民和社会责任感、对社会问题的理解、自我发展能力和批判性思维的发展有重要的积极影响(Gray et al.,2000)。服务型学习理念由杜威(John Dewey)提出的"从做中学"发展而来。杜威提出从做中学,教育即生长、教育即生活,学生参与社团,把学校社会生活化,把学校作为一种社会生活方式,以此发展学生的社会协作精神和参与社会生活的能力。服务型学习在 20 世纪 80 年代融入了许多美国大学的社区服务中,逐渐成为大学课程的一部分,促进了美国高校本科生教育从教学中心向学习中心的转移。服务型学习中对经验的反思和记录是关键点,通过经历具体的经验,采用观察和反思来分享经验,对经验进行抽象概括,最终主动地将收获到的经验应用出去。通过这样的经验循环过程,服务型学习鼓励学生把掌握的知识应用到具体的实际场景中去,为解决实践中发生的问题而使用知识,在运用知识解决问题的同时生成新的知识。服务型学习可以促使大学生在使用知识服务社会的同时,体验到自己在教室学习的意义,促进他们去关注、了解其他人,意识到自己作为一名大学生应该承担的责任。

高校社团包含了生活情境、角色担当、自主体验、民主方式、分享精神、沟通技巧、服务意识、团队协作、冲突解决、榜样带动等经验。在高校社团中利用服务型学习来指导高校社团的建立和运行,指导大学生对社团活动的参与,以此来促进大学生的发展。

复习思考题

1. 解释:高校社团。

2. 高校社团有哪些功能?

3. 结合实际谈谈自己在加入、参与高校社团活动中的收获。

扩展阅读

1. 乐国安.社会心理学(第 3 版)[M].北京:中国人民大学出版社,2017.

2. [美] 艾略特·阿伦森.社会性动物[M].邢占军,译.上海:华东师范大学出版社,2007.

3. [美] 戴维·迈尔斯.社会心理学[M].侯玉波,乐国安,张智勇,等,译.北京:人民邮电出版社,2016.

第十二章　休闲活动与心理健康

和大多数人相比,我的大学生活就比较自由了。

因为学校面积有限,比较小,在市区。所以学校教室并不多,因此我们也没有固定的教室,每次上课都是流动课堂,一直以来我们的课本、书籍资料全都放在宿舍,上什么课就带什么书,去什么教室,从来没有什么固定的教室。总共也才三座教学楼,其实算算就知道了。

我的时间也比较自由,因为很多大学都是有晚自习的,但是我们学校没有晚自习,也没有早自习,也不用晨跑。每天的课就那么多,大学生的主要任务就是学习,上完课以后,剩下的时间就是自由安排。

我大一的时候,课余时间的主要事情就是打游戏,跟宿舍的同学一起玩最火的英雄联盟,昏天黑地地玩,没日没夜地玩,有的时候甚至逃课。大二的时候我就去兼职了,其实大一的时候就有兼职,但那个时候都是比较累的,都是发传单这样的工作,大二的时候我就去了肯德基,在肯德基一做就是三年多。其实在肯德基还是挺好的,里边的氛围挺好,也比较干净,学到了不少东西。那几年收获的东西确实挺多的。

但是我个人感觉,也缺失了很多东西,大学应该是好好学习专业文化知识。我最最遗憾的是,缺席了大学四年的同学情谊。有的时候真的觉得,出去兼职并没什么用,从实践收获的方面来说,可能你见识了世界,见识了社会,但是也错过了很多东西,而且再也没办法回去了。

我从毕业那天就开始怀念大学生活。如果你也是大学生,我希望你大学期间不要去做兼职,好好享受你的四年大学时光,学好专业知识,为未来打好基础。那可能是你一生中最宝贵的四年。

(https://www.wukong.com/question/6538595483093303555/)

关于休闲活动与心理健康的关系,以前的大学生教育中较少提到。这些年来,随着休闲概念越来越深入人心,以及大学生生活观念及生活方式的日益显著的变化,休闲活动与心理健康的关系也理应受到足够的重视。本章将要介绍大学生休闲活动的现状,休闲活动与心理健康的关系,进而探讨大学生休闲活动中的心理健康问题。

第一节　大学生休闲活动的一般问题

一、休闲活动及其功能

（一）休闲与休闲活动

休闲作为一种时间的概念，是指个人生活时间中生理必需时间（如睡眠、饮食等）和社会必需时间（如工作、上课、作业、复习等）之外的那一部分时间。休闲活动则是人们在可以自由支配的休闲时间内为了满足精神生活需要所从事的各种活动。一般认为，人们所从事的活动需要满足三个条件才能称为休闲活动。一是自愿选择的活动。休闲活动多了几分从容性，少了一些强迫感。二是有益身心健康的活动。这些活动能满足自己生理和心理需求，伴随着愉快的心理体验。三是追求自我价值体现的活动。休闲活动中，体验自我实现、自我提升，实现自我价值。

休闲与娱乐虽有共同点，但有本质上的不同。虽然它们都是个体自愿自发的活动，但是娱乐更侧重满足本能需要，追求身心放松和快乐，具有较大的享乐性，休闲则更侧重满足精神需要，追求人格完善和自我实现，包含更多的是自我理想。所以，娱乐可能使人玩物丧志，但休闲可能成就人生。当然，任何休闲活动都是要付出代价的。一是时间代价。从事任何休闲活动都需要花费时间，如果休闲时间太多，必然会导致"不务正业"。二是金钱代价。有些休闲活动花销不太，但也有一些休闲活动成本较高。如果没有节制，就有可能带来经济压力。

可以说，任何一个人的生活都需要兼顾职业行为和休闲活动。关系处理得当，它们会相得益彰；否则，就会互相干扰，影响一个人的职业发展和生活质量。

（二）休闲活动的功能

1. 放松功能

对个体来说，首先必须生存，然后才能发展。为了生存，人们必须去工作。工作除了是一个重要的压力源，还具有一定程度的强迫性，故体力的消耗和精神的疲惫是与劳动过程相伴而生的。因此，人们在完成相应的工作任务以后，就要寻找生理和心理上放松的渠道，形成工作之外特殊的社会活动方式，这种活动方式就是休闲活动。如果没有休闲活动，就不可能有真正意义上的生理和心理疲劳的恢复，从这一点出发，放松就可能是休闲活动的最基本和最必要的功能。放松有积极与消极之分。积极的放松是从事自己喜欢的活动，通过适度的活动，体验愉悦的感觉，从而使困乏的身体和疲惫的精神得到恢复，压力得以释放，是对生活的一种享受。消极放松只是简单的休息、睡眠，虽然可以在一定程度上恢复体力，但精神上的疲惫和厌倦不能得到有效解除。

2.娱乐功能

娱乐是一种体验,也是一种以调节自身生理和心理平衡为目的的活动。人们利用休闲时间,通过参与经常性的娱乐活动,达到保持心情愉快、强身健体的目的。从事谋生的工作,人是被动的,甚至受到压抑;从事放松的娱乐活动,人是主动的,追求的是参与性,体验的是愉悦和满足。娱乐过程是人性自然流露的过程,表现的是人们对现实的一种短暂的忘却,追求的是人们对未来的一种热切的渴望,其实际的含义往往隐喻了人们对焦虑、失望和烦扰的现实世界的一种回避和超越。

3.发展功能

在人的一生中,有很多梦想是难以实现的,一个人也不可能在工作中发挥出所有的潜力,哪怕是一项自己十分喜欢的工作。客观地说,从事任何一项工作只能是部分地发展了人们某些方面的才能,同时也或多或少地限制了其他方面才能的发展。因此,人们希望在工作之余进行某种程度的补偿,以实现隐藏在内心深处的一种模糊却又十分强烈的愿望。从休闲的本质意义上讲,应该积极鼓励和充分肯定职业以外的各种休闲活动带给人们的自我发展。一些具有创造性、想象力和发展空间的休闲活动,经常使人们在活动过程中,不仅得到快乐的满足,而且还获得激活梦想的快慰与感受创造的冲动。

二、当代大学生休闲活动的基本特点

(一)休闲时间充裕

休闲时间是休闲活动的时间基础,没有闲暇时间,就不会有休闲活动。同样,休闲时间是大学生休闲活动的前提条件,它既表现为节假日,也更多地表现为每天工作、学习之余归自己自由支配的课余时间。与中学生整天上课、老师跟班监管相比,大学生自由支配的时间增多,体现出休闲时间充裕这一特点。有调查表明,大学生每周可供个人支配的闲暇时间占有状况为:10—20小时的占60.75%,10小时以下的占17.76%,20—30小时的为16.82%,30小时以上的占4.67%(孙林叶,2018)。另有调查表明,大学生在校期间非"双休日"拥有的日闲暇时间为3.29小时,"双休日"拥有的日闲暇时间为7.77小时(闫大伟等,1999)。最为突出的是大学生有近3个月的寒暑假,不仅时间长,而且是连续的时间。

(二)休闲活动类别丰富

大学生休闲活动的内容丰富多彩,既有追求自我发展和自我完善的知识扩充、能力培养、素质锻炼活动;又有满足精神和生理需要的恢复性消遣、娱乐活动;也有无所事事的消磨时光。有调查发现,大学生平均每月最常参与的前十项休闲活动依序为:上网、游戏(20.23次),听音乐(14.01次),看书自学(13.25次),放松休息(10.16次),聊天会友(9.85次),看电视电影(9.56 次),体育健身(8.86 次),沉思、冥想(7.53 次),练习专业技能(6.98 次),逛街购物(3.21 次)(谭磊、刘玉,2014)。

(三) 休闲活动以积极为主

在大学生休闲活动中起主导作用的动机有以下几种:① 松弛动机。大学生的学习负担一般较重,较长时间的集中学习,就需要一定的放松。② 娱乐动机。大学生的休闲活动,大多为了从中寻找乐趣,娱乐身心。③ 交往动机。大学生参加休闲活动,在活动中与他人交往,可以交流思想,获得理解,获得友谊,满足自己的交往需要和归属于某一个群体或团体的需要。④ 成就动机。现代社会对人才素质的要求更高、更全面。为了适应这一要求,大学生都希望在确立系统专业知识的同时,建立合理的知识结构,同时发展自己的创造能力,把自己培养成为通才基础上的专才,做到博学多识。许多大学生把达到这个目的作为自己休闲活动的动机。他们或从休闲阅读、休闲旅游等活动中收集有用的各种知识,扩大自己的知识面,提高艺术鉴赏力,或从休闲体育、娱乐、交往活动中,获得启发和灵感,提高各方面的能力。而这一切,都是大学生成就动机在休闲活动中的表现。可以发现,大部分大学生参加休闲活动的动机属于内在动机,大学生能通过休闲活动本身获得乐趣、满足需要。

(四) 休闲活动层次较低

斯特宾斯(Stebbins,2015)将休闲分为三类:① 随意的休闲,包括玩、放松、被动娱乐、积极娱乐、聊天、感官刺激、偶然的志愿活动等。② 基于项目的休闲,包括文学艺术、活动参与、志愿活动、艺术项目等。③ 执着的追求,包括执着的休闲和喜爱的工作。执着的休闲包括业余爱好、志愿服务、癖好,喜爱的工作就是做自己喜欢做的事。这三类休闲活动虽然都是自愿参加的,但目的性不同。随意的休闲基本上是不自主的;基于项目的休闲虽然有目的性,但只是完成一个任务;执着的追求,它就会长时间的影响一个人的生活。据此评价大学生的休闲,可以看出,大部分大学生的休闲活动只是随意的休闲和基于项目的休闲,很少有大学生会有执着的追求。缺乏目标,"在自由支配时间中往往无所事事",从而使大学生以一种消极的方式来消磨时间、消遣娱乐,相对而言"能力提升"、社会交往、个人兴趣等还没有成为大学生休闲的主要动因,这导致大学生整体休闲生活质量不高。

(五) 休闲活动中经济支付能力较低

大学生潜在的休闲活动是非常多的,影响大学生休闲活动的主要因素是经济收入。大学生经济没有独立,许多休闲活动需要较大的经济投入,这在一定程度上影响了大学生参与休闲活动的广度和深度。调查显示,从大学生每月休闲消费看,月休闲支出为50—200 元的最多,占被调查者的 62.62%;月休闲支出为 50 元以下的占被调查者的 25.23%;月休闲支出为 200—400 元的占被调查者的 7.48％；月休闲支出为 400 元以上的占被调查者的 2.80％；不花钱的被调查者占 1.87％（孙林叶，2018）。特别是，近年来高校的各种体育娱乐场所、各种社团，均实行收费制度，严重地影响了大学生休闲活动的开展。

（六）休闲活动和学习活动很难区分开

虽然学习和休闲活动都是大学生的基本生活，它们相对独立，但实际上二者是很难截然分开的。从本源上讲，休闲与教育密不可分。休闲活动层次等级的提升离不开学习。正是通过学习活动，人们才获利休闲知识，提升休闲能力，才能感受美、欣赏美和创造美。学习活动也是高级休闲活动之一，在学习的过程中同样能体验到休闲状态。当前，由于工作竞争压力延伸到学校，学校一切运作都是围绕着帮助学生"将来如何工作"进行的，或者说将教育等同于职业训练了。在这种价值取向的指引下，教育过程与内容都没有休闲教育的存在空间。但以后，随着改革的深入，接受高等教育而获利工作技能的人，不但会有更好的人生前景，还会通过教育获得休闲能力，从而能感受到更多的快乐和幸福。

专栏 12-1

休闲活动的层次

休闲是有不同层次的。有些休闲活动是与生俱来的，跟生命相伴而生，如休息；有些休闲活动则可以提高自己的生活品质，甚至对社会做出贡献。戈比（戈比（Godbey）著/张春波等译，2000)把休闲活动分为几个不同层次，详见表 12-1。

表 12-1　人类休闲活动的层次

实现方式	参与程度	休闲活动	身份
提升教育	创造性参与	各类创造活动	创造者、艺术家、作家、发明家
	积极参与	实际从事者、表演者、仿效者(音乐家、学员、艺术工作者、舞者、运动员等)	赞助者、表演者、追随者
	投入参与	经由欣赏而受到感动，心灵得以升华(欣赏音乐、艺术、大自然等)	欣赏者、感受者
	逃避单调	观看或被接受娱乐性节目，化解生活的烦闷，较缺乏积极性的参与(观看电影、电视、运动竞赛等)	观看者
基准线		消磨时间	解闷者
堕落		不知节制、过量从事有损或有害自我的活动(过度放纵、暴饮暴食、赌博、游荡)	放纵者
	行为偏差	从事反社会行为(蓄意损害财产、伤害他人、破坏公物)	
	犯罪	暴力行为(谋杀、强暴、抢劫)	不良行为者

　　休闲是生活中许多领域的一个重要特征。休闲状态是一种崭新的生活方式,充分体现人的价值和生存意义,推动人类社会文明的进程。休闲活动的本质属性是培养人和完善人。在大学阶段,休闲活动也是大学生生活中不可或缺的重要组成部分,是大学生继续社会化的重要组成部分。它对大学生增进自我认识,确立积极的自我概念,建立个人需求、价值、技能与休闲的关系,并体验休闲经验,以及协助个人评价休闲活动与个人生活目标的关系等有着重要意义。

第二节　大学生的休闲活动与心理健康的关系

一、大学生休闲活动对心理健康的促进作用

(一) 提高机体活力

　　如前所述,工作或学习带有强迫性,容易使人产生疲劳。疲劳是一个综合性的病症,与人的生理和心理因素有关。一个人从事活动时情绪消极或当任务的要求超出个人的能力时,生理和心理都会很快产生疲劳。休闲活动(尤其是休闲体育等)能提高诸如最大输氧量和最大肌肉力量等生理功能,这就能够减少疲劳。而且,休闲活动也能减轻应激反应,因为休闲活动可以降低肾上腺素能受体的数目或敏感性(黄伟业,2015)。

(二) 调节情绪,宣泄烦闷

　　俗话说:人生不如意,十有八九。当某事引起不愉快时,如何能尽快把它忘掉,最好的办法就是改变环境,去做或想一些使你高兴的事。休闲活动刚好能达到这一目的。有研究发现,不同休闲活动与大学生心理健康的关系有所不同,运动锻炼、自主学习、听音乐等休闲活动越多,大学生的抑郁水平越低;唱歌跳舞、听音乐等活动越多,大学生的幸福感水平越高(胡炳政,2015)。

(三) 有利于发掘人的潜力

　　休闲活动是一个开放的体系,其目标不在于系统的知识和能力,而在于发掘个体的内在潜力,促进人的自由、和谐全面的发展。大学生是休闲活动的主体,在闲暇时间里,从事自己喜欢的活动,可以增长知识,丰富人生经验,陶冶人的情操,培养良好的行为,发展人的各种技能;能更好地认识、完善自己以及自己与环境或他人的关系。而且,休闲活动完全是一种自我回归,是一种人真正意义上按照自己的方式进行的自由活动。正是在这个人们可以进

行自由选择的领域内,人的主体性能得到充分体现,更有利于培养人的自主、自省、自控、自强的意识,使人的主体性得到进一步的发展。

(四) 对心理疾病有一定的治疗功能

休闲活动除了本身能给人带来从容、惬意、愉快和幸福的感受外,还可以有效调节学习和生活带给我们的焦虑、抑郁等负性情绪和其他问题行为。因此,休闲活动可以帮助我们保持和提高身心的健康。许多参加休闲活动的人从他们自己的经历中感受到活动对他们是有利的,活动过后他们感到放松、平静,更加愉悦、快乐。

(五) 提高生活质量、增强幸福感

休闲与个体健康及幸福的关系十分密切(Henderson,2014)。许多研究显示,休闲对青少年发展与犯罪预防、心理健康维护、主观幸福感提升、抑郁改善及认知损伤干预等方面有明显的积极作用(Long & Wang,2013),然而也有研究发现,休闲可能对个体健康及幸福产生不利影响(Mcdade - Montez et al.,2015;Wennberg et al.,2013)。休闲对个体健康与幸福作用效果的差异可能取决于休闲活动本身的性质,比如有研究显示严肃或有组织休闲、社交互动休闲(Long & Wang,2013)、活跃休闲(Larsson et al.,2013)等更有利于个体健康及幸福。

二、大学生休闲活动中的心理问题

(一) 缺少方向,在休闲时间里迷失

相对于中学生来说,大学生有宽松的学习环境,休闲时间越多,越需要智慧、节制和责任感。部分大学生不知道如何有效利用闲暇时间,也产生了与日俱增的"休闲综合征":无所事事、游手好闲、饱食终日、无所用心。调查显示,91.35%的被调查者的休闲生活是随机而定的,只有8.65%的被调查者的休闲生活是按计划进行的(孙林叶,2018)。对某高校的调查发现,96.12%的大学生选择手机作为休闲娱乐工具,73.79%的大学生宅在宿舍打游戏;排在前三位的休闲方式是整天无所事事,不知道干什么(占52.43%),学习和娱乐时间安排妥当(占43.69%);整天宅在宿舍玩电脑(占35.92%)(薄遵霞等,2017)。对闲暇时间缺乏整体规划,是当代大学生一个非常普遍的问题。他们没有认识到休闲活动在个人事业和生活中的重要意义,挥霍时间,浪费精力。

(二) 缺少自制力,在休闲里沉沦

在学生自由支配的时间里,参加休闲活动的自主性、多样性、不可控制性导致部分自律能力较差的学生长时间陷入睡懒觉、玩网络游戏、谈恋爱、打扑克牌,出入卡拉OK厅、酒店等

游乐场所,沉溺在各种光怪陆离的休闲活动中,心中唯独没有学习。为休闲而休闲,是一种不负责任、精神空虚的表现,极易造成少数学生无聊、空虚、无所事事、生活涣散,甚至出现行为偏差、误入歧途。大学生休闲无聊与感觉寻求、网络依赖两两之间均存在显著的正相关(胡琴,2015)。休闲活动中,大学生做自己喜欢做的事要获得积极结果,就必须合理地控制投入到其中的时间的数量,并进行很好地分配,这样才能避免使它成为一个负担。事实是,厌倦可能只会在长时间的工作后产生。

(三)从休闲活动结构看,层次较低

以斯特宾斯(Stebbins,2015)对休闲的分类来看,大学生的分类主要是随意休闲,基于项目的休闲和执着的追求较少。从戈比(戈比(Godbey)著/张春波等译,2000)对休闲的分类来看,积极参与和创造性休闲较少,上网、玩手机、睡觉、聊天等较为常见。大学生休闲活动层次较低有社会、学校方面等客观原因,也有自我概念不清、缺乏人生规划等主观原因。

(四)休闲消费增多,由经济"危机"导致心理问题

大学生的消费特点是:消费品位高端化和时尚化;消费目的情感化、娱乐化;消费形式电子化和网络化。这些消费特点反映在休闲活动中,肯定会增加大学生的经济压力。部分经济能力有限而又爱面子、讲虚荣的学生会因此造成严重的自卑、忧虑、紧张等精神压力,诱发各种不良行为,如近年出现的网络借贷问题等。

第三节 大学生休闲活动心理健康教育对策

一、大学生休闲活动中的自我调适

(一)安排好学习、生活和休闲时间

正确处理好学习时间、生活时间与休闲时间的关系,保证休闲时间。当然,休闲不仅在休闲时间里能体验到,而且大学生的学习与休闲活动也没有明显的界线。要明确一点:大学生要以学为主,保证学习时间,在完成学习任务的前提下,才能去休闲。同样,只有养成良好的有规律的生活习惯,生理生活时间才能降到最低限度,才不会影响学习和休闲活动。这样,既保证了学习时间,也有足够的休闲时间。千万不要本末倒置,荒废了学业,为休闲而休闲。这样不仅生命没有意义,休闲也会失去物质基础。所以,学习、生活和休闲活动,三者时间安排得当,它们之间会相辅相成、相得益彰。反之,则会相互干扰。

在休闲时间里,还要处理好休息、锻炼、娱乐和发展的关系。对大学生来说,学期中,单

位时间里的休闲时间相对较短暂、零散,更需要一个好的时间安排计划。这样,才能使休闲的功能得到最充分的发挥。

(二) 明确自我概念,建立个性化的休闲活动体系

闲暇时间里可以做的事很多。从事什么活动,要基于自身的条件、兴趣爱好、发展目标来定。其中有些活动具有普适性,如锻炼身体、阅读等。但也有一些个性化的活动,要基于自我认识,根据自己的实际情况做出选择。有些休闲活动可以给自己带来即时的、短期的好处,也有一些休闲活动有利于自己的长远发展。大学生要根据自己的实际情况,分配好它们的时间,计划好休闲活动的内容。

(三) 增长休闲知识,提高休闲能力

有趣的是,埃利斯和威特(Ellis & Witt,1994)认为休闲活动是种能力,而非兴趣。我们常常以我"没空"、"没钱"、"没有伴"作为不参与休闲的借口,认为只要我有时间、有钱,就可以随心所欲地参与我们所喜欢的活动,其实不然。任何一项活动,例如爬山,要脸不红、气不喘、直攻顶峰,需要长时间的锻炼和投入;即使看书,也是一种能力,有些人觉得读书是一件苦差事,有些人却能从中品味出"书中自有颜如玉,书中自有黄金屋"。每项活动几乎都需要一段时间的参与、学习,才能熟练掌握其规则,达到游刃有余的程度,之后才会体验到从容、自主和驾驭感,才会有行云流水、流畅、爽快的感觉。在这种层面上的休闲活动才是真正的休闲。

二、加强大学生休闲活动的心理健康教育

(一) 改变观念,树立正确的休闲观

当前大学生休闲存在四种错误观念:一是休闲是浪费时间。持这种观点的人认为休闲活动是好逸恶劳、玩物丧志等。部分学生认为学生的本职工作就是学习,休闲就是延伸性学习活动。二是休闲就是消磨时间,不需要教育。持这种观点的人认为,休闲只是为了消磨过多的闲暇时间与过剩的精力,认为每个人天生自然就会"玩",不需要教育。三是把休闲等同于高消费。这种观点认为休闲是有钱的人的游戏,学校生活中不能有休闲活动。四是认为休闲的本质就是绝对自由,随心所欲(张国松、庄立臣,2015)。教育工作者和学生应该认识到:休闲是人生活中的重要组成部分,要明确休闲的意义以及正确理解学习、生活、休闲活动之间的辩证关系,创造条件,努力丰富大学生的休闲知识,提高大学生的休闲能力。

(二) 加强休闲教育,丰富休闲知识和提高休闲技能

休闲教育,就是在教育过程中让学生树立正确的休闲价值观,掌握一定的休闲知识和休

闲技能,使休闲时间得到充分的利用,实现大学生充实自我、发展自我的目标。这主要包括三方面的内容(刘海春,2007;毛玲,2010):① 完善自我的目的实施休闲意识教育,引导学生"认识休闲"。休闲并不等同于休息,休息只是一种缓解心理疲劳的方式,而休闲则是人们追求意义世界、寓休息于意义体验的"脱俗"感悟与意蕴把握,是一种文化生活方式,它的最高境界是人的心灵自由和精神愉悦。② 实施休闲技能教育,指导学生"学会休闲"。缺乏休闲技能,人们就不可能实现高层次的休闲,只能停留在聊天、逛街、看电视这类低层次的活动上,甚至表现出一定程度的"反社会型活动",如酗酒、赌博、斗殴、通宵上网等。尤其一些带有创造性的休闲活动,没有技能、技术上的指导,更是无法体味出其中的快乐和意味。③ 实施休闲伦理教育,倡导学生"健康休闲"。休闲的本质是自由的,但自由并不意味着放纵、无约束或无视一个人在闲暇中对自己、对他人和对社会所负的责任。也就是说,人们的休闲方式必须符合社会价值规范,人们的休闲行为选择必须负责任,符合社会道德伦理,做到"休而有节、闲而有礼"。

(三) 创造条件,为休闲活动提供平台

改善大学生休闲的客观条件,也是提高大学生休闲能力的有效途径。首先,改变传统教育观念中重视知识和能力,忽略人的生命意义和生活价值的弊端,强调生命化教育,不仅关注生命的发展,而且基于生命的需求,以尊重生命的完整性、自主性、独特性和创造性为教育的最高价值追求。其次,加强休闲资源建设,包括创建良好的校园学习、生活和休闲环境,组织开展丰富多彩的社团活动,以及增加休闲活动的投入、管理和引导等。最后,加强休闲教育课程建设。增加休闲活动选修课程,增加休闲活动指导、培训。

(四) 开展心理咨询,及时纠正休闲活动偏差

针对个别大学生中出现的休闲过度和休闲不足,以及在休闲活动中的迷失和沉沦,及时开展心理咨询是非常必要的。心理咨询的主要内容包括两个方面:第一,职业或人生规划咨询。帮助学生明确自己的奋斗目标、努力方向和当下应该做些什么。积极充分、有效地利用好休闲时间。第二,休闲咨询。帮助学生明确休闲的意义,分析自己的休闲能力的主客观条件,帮助学生选择与自己休闲能力对应的休闲活动,构建适合自己的休闲活动体系等。

复习思考题

1. 解释:休闲。

2. 联系自己的实际,谈谈休闲活动的功能。

3. 结合你所在的学校,谈谈当前大学生休闲活动存在哪些问题。

4. 针对当前大学生休闲活动存在的问题，你有什么建议。

扩展阅读

1. 李丽梅.休闲社会学[M].上海：上海交通大学出版社,2016.

2. [美] 克雷伯,等.休闲社会心理学(第 2 版)[M].陈美爱,译.杭州：浙江大学出版社,2014.

第十三章　就业与心理健康

案例导入

　　静怡(化名),女,××师范专业大四学生。由于家庭经济状况较差,静怡是全家脱贫致富唯一的期望。她学习十分刻苦,但学习成绩并不理想,性格稍显内向,比较纠结,自信心不足,但有较强的恒心和耐心。受家庭的影响,她努力复习准备参加教师招考。坚持早起晚睡,认真复习,十分刻苦,除了吃饭、睡觉外,不参加任何活动(包括各类招聘会)。即便如此,她的学习效果依然不佳,心情十分低落,开始出现焦虑、不愿与人交流,甚至自我否定,自我效能感低,对自己是否适合当老师产生怀疑,对未来发展感到迷茫、无助。(董浩玉、郑丹,2016)

　　从静怡的自我叙述和对舍友、亲密同学的了解中可以发现,她是在复习备考过程中学习受挫,加之错误的就业观产生过大就业压力导致的一般心理问题。2018年,全国普通高校毕业生人数首次突破800万大关,达到820万人。近十年,全国毕业生人数持续递增,仅仅用了4年时间又增长了100万。一方面,新一线城市成"新宠","抢人大战"持续升温;另一方面,许多大学毕业生就业心理准备不足,心理预期与现实的差距导致了就业困难的局面。当下的就业形势有什么新特点? 就业压力是否会随人数的增加而增加? 求职时,毕业生们最看中什么? 遇到求职困难,又该如何理性应对? 因此,在大学期间,如何为顺利就业做好心理准备,怎样正确看待自己,如何选择职业,如何调适自己的就业心态等问题,是会影响大学生将来的工作与生活质量的重要问题。本章将对大学生的就业心理、大学生就业中的心理健康问题与调节以及大学生的就业心理准备与教育等问题加以探讨。

第一节　大学生就业心理的一般问题

一、大学生就业心理与职业生涯规划

大学生的就业心理就是指大学生在考虑就业问题、为获得职业做准备及在寻求职业的

过程中产生的各种心理现象。就业是大学生活中的重要内容,也是大学生的主要活动之一,多数大学生从进入大学起就开始考虑自己的前途问题,并为未来的就业做准备。概言之,就业心理也就是如何规划自己的职业生涯和大学生涯的心理现象。舒伯(Super,1953)比较了工作、职业与生涯的不同:工作(job)是在某一行业中的具体职位,是有目的、有结果、需要投入时间和精力并持续一定长时间的活动。生涯(career)则是个人一生中所经历的一系列职业与角色的总称,即个人终身发展的历程。职业(occupation)是介于"工作"和"生涯"之间的概念,是一系列的工作。

大学生职业生涯规划是指大学生根据自身情况,结合发展机遇,对决定个人职业生涯的主客观因素进行分析、测评和总结,确定其事业奋斗目标,选择合适的职业,制定相应的教育和培训计划,并对每一步骤的时间、顺序和方向做出合理的安排,通过自我认识,进行自我肯定并自我成长,最终达到自我实现的个人发展过程(班兰美等,2013)。在校大学生大学的毕业定位,即毕业后的选择是继续学习?就业?还是自主创业?不同的目标就要有不同的要求和准备。如,直接就业就需要学业成绩、社会工作能力和职业意识等方面的准备;继续深造就需要外语语言能力、专业知识和科研能力等方面的准备;个人创业就需要资金、技术、人才、经验和市场等方面的准备。就业心理也与大学生的其他心理特点(如人格、需要、学习心理等)有着密切的联系,大学生学习心理中的"辅修热"、课外活动中的"打工热"等都或多或少地与未来的就业准备有关。因此,大学生的就业心理是以就业为大学生涯目标,在其他心理的共同作用下形成的,它的产生、变化与发展过程是很复杂的。知己、知彼、职业决策、确定目标、求职行动是职业生涯规划的五个基本步骤,这五个方面的心理现象共同构成了大学生的就业心理。

二、影响大学生就业的因素

(一)客观因素

1. 经济转型时期,就业供需矛盾突显

改革开放40年,我国在各领域取得了很大的成绩。尽管如此,我国仍处于经济转型时期,下岗失业人员、城乡新增劳动力以及农村富余劳动力直接冲击着高校毕业生的就业。而且,当前我国的产业发展并不平衡,第三产业发展的不充分也大大缩减了就业机会。另一方面,为了适应经济发展的需要,我国推出了高等教育大众化的战略,高等教育招生人数逐年增加,这也意味着毕业生的就业人数也在逐年增加,需要更多的就业机会和岗位。比如,从2014年国内大学毕业生人数首次突破700万,到2018年毕业生人数达到820万,仅4年时间就新增毕业生人数100多万。除此以外,由于大城市经济发展速度较快,所以大学毕业生在进行择业时会优先考虑发达地区,但是与大城市的吸收能力相比,大学毕业生数量明显过多,这也直接导致了学生就业心理压力的增大。

2. 就业市场化,但就业市场不完善

"自主择业,双向选择"是高校毕业生就业的主要形式,也是就业市场化的具体表现。而用人单位的择人机制、用人观念及其工作环境都会对大学生的就业产生重要影响。大学生的职业选择关系到其社会地位、经济待遇和将来人生的发展,所以对毕业生及其家庭来说,职业选择是一件非常重大的事情。在择业过程中,大家都想选择社会地位高、收入高的职业岗位,这也是市场经济条件下的普遍特征。同时,社会的不良风气也对大学生就业市场产生了强烈干扰,用人单位的"近亲结构"导致的就业排外性,不仅对公平的双向选择产生了干扰,还助长了不正之风,一些专业技术能力缺乏、无法胜任本职工作的关系户反而有稳定工作,这些不得不承认的现实直接增加了就业困难,大学毕业生的就业心理压力也越来越严重。

3. 高校在生涯指导、办学理念等方面依然存在一些未解决的问题

虽然高等教育改革一直在进行,但是高校人才培养长期偏重学术导向,职业生涯导向薄弱,忽视对大学生的就业竞争能力、职业发展潜力培养,一味地强调招生,而忽略了就业。这样不健全的职业生涯指导体系很容易使得大学生的就业心理逐渐变得矛盾。高校的专业设置与市场经济需求并不契合,目前我国高校的专业设置不能将社会对专业人才的需求状况作出灵活、及时的反应,仍然是遵循计划经济模式而运行的,这导致大学生所学的专业知识陈旧,相应的技能得不到训练,人才积压现象变得愈发严重。另外,高校地域存在不均衡分布的问题,这使得大学生就业地点的选择受到严重影响。因此,高校通过开设就业指导课、职业生涯规划、就业咨询、讲座等方式对毕业生进行指导,能够使毕业生全面了解就业政策、正确把握就业形势、掌握一定的择业技巧等,对毕业生的顺利就业会有很大帮助。与此同时,学校与用人单位广泛联系,通过为毕业生提供就业信息、组织招聘会等具体的就业工作,也能使毕业生获得更多的就业机会。

专栏 13-1

舒伯的生涯彩虹图

"生涯彩虹图"是著名职业生涯管理专家舒伯(D. E. Super)在拓宽和修改了他的终身职业生涯发展理论后的一项最主要的贡献。其理论核心是提出了一个更为广阔的新观念——生活广度、生活空间的生涯发展观(Super,1980)。舒伯加入了角色理论,并将生涯发展阶段与角色彼此间交互影响的状况,描绘成了一个多重角色生涯发展的综合图形。对于这个生活广度、生活空间的生涯发展图形,舒伯将它命名为"一生生涯的彩虹图"(图 13-1),它形象地展现了生涯发展的时空关系,更好地诠释了生涯的定义。

在一生生涯彩虹图中,最外的层面代表横跨一生的"生活广度",又称为"大周期",包括成长阶段、探索阶段、建立阶段、维持阶段和退出阶段。纵向层面代表的是纵观上下的"生活空间",由一组职位和角色所组成,分成子女、学生、休闲者、公民、工作者、持家者等六个不同的角色,它们交互影响,交织出个人独特的生涯类型。他认为在个人发展历

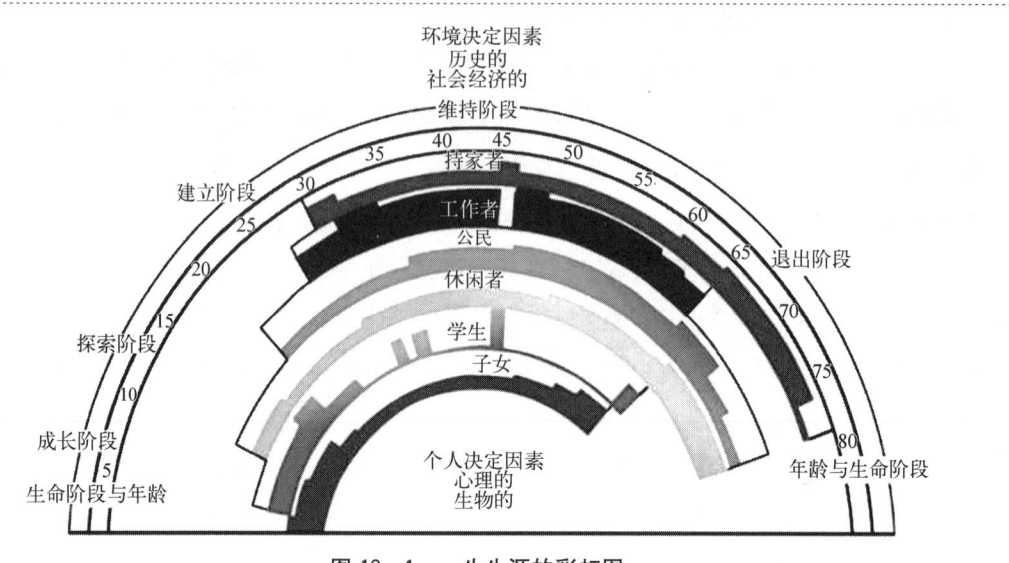

图 13-1 一生生涯的彩虹图

程中,个体随年龄的增长而扮演不同的角色,图的外圈为主要发展阶段,内圈阴暗部分的范围,长短不一,表示在该年龄阶段各种角色的分量;在同一年龄阶段可能同时扮演数种角色,因此彼此会有所重叠,但其所占比例分量则有所不同。

根据舒伯的看法,一个人一生中扮演的许许多多角色就像彩虹,同时具有许多色带。舒伯将显著角色的概念引入了生涯彩虹图。他认为角色除与年龄及社会期望有关外,与个人所涉入的时间及情绪程度都有关联,因此每一阶段都有显著角色。

(二) 毕业生自身因素

1. 就业心理准备不足

每一位大学生心中都描绘着今后生活的蓝图,构想着事业的前景。对将来从事的职业各有不同的理想,都想找到一份称心如意的职业。但是,社会生活现实往往与人们的主观愿望之间存在着一定的差距,大学生普遍存在着客观上不能全面认识自己的问题,同时缺乏科学的方法和手段,对自己的职业兴趣、气质类型、性格特点和就业能力并不了解。由相对单纯的校园迈入瞬息万变、竞争激烈的职场,大学生在就业之初心态纷呈,难免具有幼稚的冲动、盲目的激情、过分的自信,甚至由于自身缺乏明确信念的导向性,导致他们往往不能客观地把握个体就业的恰当坐标,以致产生心理问题和操作失误。

2. 对就业的影响因素认识不足

大学生受年龄和阅历的局限,对社会的了解没有全面、实际的体验,存在着较多的想象成分,在就业的思维认识过程中,对社会的就业形势、就业环境、就业政策等缺乏全面、正确的了解。有的学生把社会想象得过于美好和单纯,对社会的复杂性,即影响就业的因素知之甚少,因而个人的就业期望值往往偏高,脱离社会的实际需求;有的学生对职业的认识存在着局限性和片面性,因此什么职业"热"就向往什么职业;有的学生把社会不利于就业的因素看得太重,并且以点看面、以偏概全,进而认为社会太复杂,就业很困难。

3. 人格发展不健全

人格健全与否是保障大学生就业心理健康的重要因素,拥有健全人格的大学生可以顺利解决在就业中遇到的心理问题,保持健康的就业心态。不健全的人格容易导致心理困扰的出现,特别是在就业中遇到挫折的时候,一些大学生所存在的挫折耐受力低、缺乏自信、过于敏感、社会适应能力差、人际交往障碍、虚荣、贪图享受等人格缺陷,是导致他们产生就业心理问题的重要原因。

三、当代大学生就业心理的基本特点

大学生的就业心理很复杂,不同类型、学校、年级、性别的大学生的就业心理也会表现出不同的特点。这里不妨从职业生涯规划过程的知己、知彼、职业决策、确定目标、求职行动这五个方面分别加以分析。

(一) 知己

知己也即自我探索,其内容主要包括大学生的职业需要、动机、兴趣、价值观、人格等成分。第一,多元化与一致性。不同的择业标准都得到了大学生一定程度的认可与宽容,价值标准的多元化凸显。同时,不同类型的大学生的总体择业观念差异不大。第二,务实性。大学生把"地位"、"声望"等东西看得比较淡,而更重视个人发展、经济收入等实际的功利化的因素。第三,变化性。虽然重视经济收入、个人发展是近几年来大学生的主要就业心理倾向,但是目前对稳定、福利好的工作又开始重视起来。然而,以上三个方面具体到大学生就业个体,他们各自在自我探索方面还做得不够好,还没有真正做到所谓"知己"。这固然有主客观方面的原因,尤其是"职业生涯规划"的理念还没有真正普及,从而容易导致大学毕业生在就业过程中的从众心理。

(二) 知彼

知彼即探索工作世界。大学生对外围环境缺少认识。生活中,我们有不少大学生,他们对家庭的希望、社会的需求、组织的需求、国家政策以及社会经济的发展等情况没有较多的了解,这些也是制约大学生职业生涯规划的主要因素之一。大学生业务能力的获得是一个长期的过程,主要是通过学习、训练与实践得来的,而且一旦形成就比较稳定,与人的智商、动手能力等心理因素密切相关。因此,大学毕业生对自己将从事什么职业和岗位的探索和思考太少,没有积极地做好业务能力的准备,导致许多学生求职过程中盲目性大和成功率不高的状况。

(三) 职业决策

职业决策是指个体一生中必然要面临的重要决策,是指个体对自己将要从事的职业做出的选择。有效的职业决策不仅有益于个体,而且也有益于整个社会。而大学生职业决策中还是存在不少问题的。第一,大学毕业生的就业期望值过高、择业观落后。高等教育已经大众化,但一些大学生的思想意识里仍然保留着"天之骄子"的优越感,对理想职业的选择要求是待遇好、工资高、地位好等条件,盲目攀比现象较为严重。第二,有不少毕业生及家长仍然停留在"就业定终身"的传统就业观念上,总想去所谓的正规单位、正式单位工作等,导致他们选择职业的面很窄,增加了求职的失败率和困难。

(四) 确定目标

一部分大学生习惯了老师、父母为自己安排一切。然而,这个时代发展太快,我们的父母和老师已经来不及教我们太多。因此什么都可以是别人的,但职业目标一定要是自己的,要由自己树立和确定,而不能由别人代劳。然而,目标缺失是大学生的集体无意识。有学者把这部分大学生的现状归纳为"六不"状态:不知道自己喜欢什么,也不知道自己不喜欢什么;不知道自己想做什么,也不知道自己不想做什么;不知道自己能做什么,也不知道自己不能做什么。跟着感觉走,是一部分大学生就业的心理状态。

(五) 求职行动

尽管在大学生的就业过程中前面的四个因素很重要,但它们毕竟还属于认知的部分,就业最终要落实在求职的行动上。但是,大学生忽视前四个环节的行动和准备,以为就业就是制作简历、求职信、投递材料、接受面试、签约等,这也是当前许多大学生毕业生面临就业时惊慌失措的原因。一般来说,如果大学生能清醒地认识自己的心理特点,并对自己的心理特点及自己对职业的要求进行合理而科学的匹配,做出职业选择,并采取可行的措施去获得职业,那么其职业成熟度就高,反之就低。这里所谓大学生的"职业成熟度"主要是指与求职密切相关的职业心理能力和活动的发展水平。

第二节　大学生的就业与心理健康的关系

一、应激与大学生就业

择业和就业是大学生的重要生活事件,也是大学毕业生面临的一个主要的应激源或压力源。对北京市四所高校大学生的调查显示,大多数大学生面临比较大的就业压力,部分大学生甚至觉得就业压力非常大。大学生就业压力的主要类型为社会环境压力、个人环境压力、时间压力和个人条件压力,其中社会环境带来的压力最大,个人环境的压力较大,个人条件的压力一般,时间压力不大(李胜强等,2011)。有资料显示,心理咨询专科门诊人数增加,其中学生患抑郁症的人数呈增长之势,原因不乏因就业压力过大而造成的心理焦虑、失眠、情绪低落,甚至自杀等。

大学生的就业压力与认知评价、心理控制源、社会支持等很多因素有关,这些因素会影响大学生的应激水平及应对方式。研究显示,积极的认知评价、内在性的心理控制源和良好的社会支持有助于缓解大学生的就业压力;女生对社会支持的寻求显著高于男生(王德强,2007)。大学生的就业压力与社会支持关系密切:学校的不同、家庭经济地位水平,以及是否担任学生干部都会影响大学生的就业压力与社会支持状况(邱慧燕、戴斌荣,2014)。另有研究显示,大学生感知到的就业压力越大,对职业的要求越低;就业压力除了直接影响择业取向外,还通过人格特质影响个体的择业取向(卢富荣等,2016)。

二、大学毕业生"就业综合征"

(一) 情绪表现

1. 焦虑

面临毕业,不少大学生的心理问题表现为过度焦虑。这种焦虑,使大学生毕业时精神上负担沉重、紧张烦躁、心神不宁、萎靡不振;学习上得过且过、穷于应付、反应迟钝;生活中意志消沉、长吁短叹、食不甘味、寝不安席。有些学生在屡遭挫折之后,甚至产生了恐惧感,一提择业就心理紧张。一项对大学生的就业焦虑状况的调查显示,大学毕业生的焦虑水平得分显著高于全国常模,且文科生的就业焦虑水平显著高于理科生,非师范类大学生的焦虑水平显著高于师范生(刘颖,2012)。

2. 冷漠

冷漠是遇到挫折后的一种消极心理反应,是逃避现实、缺乏斗志的表现。当一些大学生在择业中因受到挫折而感到无能为力、失去信心时,会出现不思进取、情绪低落、沮丧失落、意志麻木等反应。他们自认为看破红尘、心灰意冷,决定听天由命、任凭发落。冷漠心理的一种特殊表现是逃避,他们对前途失去信心,不再想主动争取择业机会,去什么单位都无所谓,这种心理与就业竞争机制和社会环境是不相适应的。

3. 问题行为

毕业前一些大学生在激烈的就业竞争中因某些主体需要不能满足而受到强度较大的挫折,加之平日缺乏应有的品德与个性修养,可能发生各种各样的问题行为。常见的有故意旷课、夜归、喝酒、起哄、闹事、损坏东西、打架对抗、进行不良交往、行为怪异、过度消费等,严重时还可能导致严重违纪与违法行为的出现。

4．抑郁消沉

毕业前的大学生由于心理应激水平高、心理冲突强度大、挫折体验多，加之一部分大学生人格本来就不够健全，容易导致某些躯体化症状，如头痛、头昏、血压不正常、消化紊乱、背痛、肌肉酸痛、口干、心慌、尿频、饮食障碍或睡眠障碍等，同时对前途悲观失望。一些大学生在择业中受到挫折后会感到无能为力、失去信心，表现为失落抑郁、不思进取、情绪低落、意志消沉。

（二）自我认知缺失

1．自卑

就业中的自卑一般产生于以下一些情况，首先是一些冷门专业的学生看到就业市场寻求自己专业的单位少、待遇差或在求职中遭冷遇，就容易悲观失望；其次，一些性格比较内向，不善言辞的大学生看到其他应聘者口若悬河，自己什么也说不出来也会自惭形秽；再次，一些在校成绩与表现一般的大学生看到别人的自荐书上奖励、证书、成果一大堆，自己什么也没有，也容易自我贬低；最后，一些女大学生在就业遭受到用人单位的歧视后也会自怨自艾。总之，自卑的大学生不敢正视现实，对自己的长处估计不够，怀疑自己的能力，不善于发现适合自己的职业岗位，在对自己的抱怨、贬低中失去了求职的勇气。

2．孤傲

在求职择业中，一部分大学生对自己估价过高，好高骛远，看不上这单位，瞧不起那种职业，横挑鼻子竖挑眼，没有自己满意的。孤傲心理是缺乏客观的自我分析和自我评价的表现，也是对就业市场、职业生活缺乏了解，一切都凭自己的主观想象。

（三）人际交往困难

1．缺乏人际沟通技能

大学生渴望交往，希望能与周围的人包括用人单位建立起和谐融洽的人际关系。但由于多方面的原因，他们往往不能做到这一点，体验不到择业成功的快乐。有些大学生缺乏基本的人际交往能力，有的在求职过程中不会察言观色，不懂得照顾别人的感受，不懂人际交往的礼貌礼仪等。对此，他们很苦恼并渴望改变这种状况，但又找不到有效的方法。

2．怯懦

有些大学生在求职择业过程中过于怯懦，有的在面试官面前不是面红耳赤，就是语无伦次，把早已准备好的"台词"、腹稿忘得一干二净。有的谨小慎微，生怕一句话说错、一个问题答不好就会影响自己在用人单位代表心目中的形象，以致不敢放开说话，没有办法把自己的特点和优势表现出来。怯懦心理多见于一些女生和性格内向的大学生。

三、与就业有关的人格缺陷

(一) 自我同一性混乱

有许多大学生尚未达成自我同一性,对自己的职业目标、需要、价值观及自身特点等没有明确的认识。在就业时不能正视自己的能力、素质和择业的客观环境,不能对自己有一个客观、清醒、全面的评价。因此在职业选择时常常表现出茫然、犹豫不决、反复无常、见异思迁、躁动不安,不能主动而独立地获取职业消息、筛选目标、规划职业生涯,也不能解决就业中的问题,做出正确的决策。自我同一性混乱在就业中的两个突出表现就是盲目从众与依赖。

(二) 就业挫折承受力差

不少大学生在求职时只想成功,一旦遭受挫折就会像泄了气的皮球,一蹶不振,陷入苦闷、焦虑、失望的情绪之中不能自拔。他们对求职中的挫折既缺乏估计也缺乏承受能力,不能很好调节自己的心态,也不会通过总结求职中的经验教训来追求下一次的成功。

(三) 偏执心理

大学生就业中的偏执心理有不同的表现。首先是追求公平的偏执。大学生要求公平的竞争环境,对一些不良的社会风气感到气愤是正常的,但有一些大学生表现为对公平的过分偏执,将自己求职中遇到的一切问题都归结于就业市场不公平,以至于给自己的整个求职过程都笼罩上了心理阴影。其次是高择业标准的偏执。大多数大学生对求职都有过高的期望,不过多数大学生都能通过在就业市场的体验,客观地认识和接受当前的就业现状并调整自己的择业标准。但仍有部分大学生固执己见,偏执地坚持自己原来的择业标准,甚至宁愿不就业也不改变。最后是对专业对口的偏执。一些大学生在就业时过分追求专业对口,不顾社会需要,无视专业的伸缩性、适应性,只要是与专业有一定出入的工作就不问津,只要不能干本专业就不签约,这样就人为地减少了自己就业的机会。

第三节 大学生就业心理健康教育对策

一、转变就业观念,充分认识职业价值

(一) 转变就业观念

现在的大学毕业生并不是找不到工作,而是找不到自己满意的工作,在就业市场上的用人单位找不到人、大量的毕业生无处去的"错位"现象普遍存在,这是大学生的就业期望普遍

较高的缘故。按照工作岗位数和毕业生人数的配比,每名学生可以拥有三个以上的岗位。因此,现在大学生的主要问题是选择去哪儿,而非没有岗位可选。那么,为何会出现择业难的现象?一方面本地学生的就业观念急需改变,许多省外企业来学校招聘,这些企业的薪资待遇等条件非常可观,可本地学生不愿离开家乡,不想到外地工作,这不光是学生的原因,更多的是家长的观念直接影响到了学生的选择。另一方面,毕业生慢就业、缓就业、不就业已经成为一种社会现象。因此,要顺利就业就必须首先根据自己的实际情况和就业形势,调整自己的就业期望值。调整就业期望值不是对单位没有选择,而是要树立长远的职业发展的观念,放弃"一步到位"的观念。在当前获得一个理想的职业的时机还不成熟时,应采取"先就业,后择业,再创业"的办法。也就是说在择业时不要求全责备、期望太高,可以先选择一个职业,不断提高自己的社会生存能力、增加工作经验,然后再凭借自己的努力,通过正当的职业流动,来逐步实现自我价值。

(二) 树立正确的职业价值观,减低择业焦虑

大学生择业焦虑主要包括就业竞争压力、缺乏就业支持、自信心不足和对就业前景担忧(王翔艳等,2015)。这在很大程度上是由于职业价值观混乱、择业盲从所致。毕业生不能只考虑工作的经济收入、工作条件、地点等因素,更要考虑职业对自我一生发展的影响与作用。对于那些虽然现在工作条件不怎么样,但发展空间大,能让自己充分发挥作用的单位要优先考虑;对于那些现在经济发展水平不太高,但发展潜力大,创业机会多的工作地点也要重视。如果盲目去一些表面上看来不错,但不适合自己,自己的才能不能得到有效发挥的单位工作,是不会令自己满意的。与其将来后悔,不如现在就改变自己,树立适应我国当前市场经济发展、人才需求规律的合理的职业价值观,以指导自己正确择业,减低择业焦虑。

(三) 正确评估自己的能力,提高择业效能感

大学生应该树立正确的自我概念,准确地评估自己的能力,增强自己在择业过程中的自信心。我们可以采取科学的方法和手段,对自己的职业兴趣、气质类型、性格特点和就业能力进行了解,同时,大学生尤其是女大学生要拓宽自己的信息渠道,增强自己搜集职业信息的能力。另外,要积极参加社会实践活动,更好地了解自己的职业兴趣,积累职业技能,为走上工作岗位做好充足准备。

专栏 13- 2

霍兰德的职业兴趣理论

在众多职业兴趣理论中,对现代职业兴趣研究影响最大的是著名职业指导专家霍兰德(J. L. Holland)提出的职业人格与工作环境理论。霍兰德(Holland,1973)认为,"职业兴

趣就是人格的体现",将职业的选择看成人格特征的表现,并提出了实际型、研究型、艺术型、社会型、企业型和常规型等六种人格类型,以及与之相应的职业环境。

实际型:偏好从事有规则的具体劳动和需要基本操作技能的工作,喜欢摆弄和操作工具、机械、电子设备等具体有形的物体;不喜欢与人打交道的活动,厌恶从事教育性活动,与实际型职业兴趣相关的工作有一般劳工、技工、修理工、制图员、机械装配工等。

研究型:喜欢对各种现象进行观察、分析和推理,并进行系统的和创造性的探究;他们不喜欢组织、领导方面的活动,厌恶要求劝说和机械重复的活动。具有研究型职业兴趣倾向的人乐意从事自然科学研究、教师、工程师等工作。

艺术型:喜欢从事文学创作、美术、音乐、演员、艺术设计等工作,偏好模糊、自由和非系统化的活动,并在这些活动中创造艺术作品,完成自我表现;他们厌恶明确、秩序和系统化、有规律的活动。

社会型:喜欢从事社会工作、教师、咨询、公关和护士等工作,偏好对他人进行传授、培训、教导、治疗和咨询等方面的社会服务活动,不喜欢与材料、工具、机械等实物打交道,社会型的人表现出重视社会和伦理道德问题的价值观。

企业型:喜欢从事领导他人实现组织目标或获取经济效益的活动,对领导角色和冒险活动感兴趣,企业型的人看中政治和经济方面的成就,如企业经理、政府官员、销售等工作。

常规型:喜欢从事工作程序较明确的工作,偏好对数据进行明确、有序和系统化的整理工作,如按既定的计划规程保管纪录,填写整理书面和数字的数据,使用文字和数字符处理设备等协助实现组织目标或获取经济效益;厌恶模糊、不正规、非程序化的或探究性的活动。具有常规型职业兴趣的人更愿意从事秘书、办公室人员、会计、行政助理、统计员等工作。

经多年的研究,这种六边形的职业人格结构模型,被认为是具有相当的跨时代的稳定性和跨国家民族的一致性的。国内的研究也证实了这一点(方俐洛等,1996)。该理论迄今仍是影响最大的一个职业心理理论。

二、大学生就业心理的自我调适

(一) 认识与悦纳职业自我,主动捕捉机遇

大学生就业中的许多心理困扰都与大学生不能正确认识和悦纳职业自我有关,因此正确地认识自我的职业心理特点并悦纳自我是调节就业心理的重要途径,并可以帮助自己找到适合自己的职业的方向。你要知道自己喜欢什么样的职业、需要什么样的职业、自己的择业标准以及依自己目前的能力能干什么样的工作,这样才能知道什么样的工作更适合自己。一些大学生通过亲身的求职活动后就会发现自己的能力与水平并不像自己以前想象的那么

高,并容易出现各种失望、悲观、不满的情绪。因此在认识自我特点后还要悦纳自我,对自我当前存在的问题不能一味抱怨,也没有必要自卑,因为自己当前的特点是客观现实,在毕业期间要有大的改变是不可能的,因此应承认自己的现状,学会扬长避短。另外,要用发展的观点来看待自己,要知道有些缺点并不可怕,还可以先就业,然后在工作岗位上不断发展自己。

大学生就业中的机遇因素也是非常重要的,因此了解并悦纳了自我特点以后,你还要学会抓住属于自己的机遇,这样才能保证以后的求职能顺利。要抓住机遇,首先必须要多收集有关的职业信息,多参加一些招聘会,并根据已定的择业标准进行选择。需要注意的是机遇并不是对任何人都适用的,一个工作的好与坏是相对的,因此你一定不能盲从,要时时记住,只有合适自己的才是最好的。最后要注意机遇的时效性,因此在发现就业机会时要主动出击,不能犹豫,也不要害怕失败,应有敢试敢闯的精神。

(二) 坦然面对就业挫折,提高心理承受力

面对市场竞争、就业压力,大学生的求职总会遇到许多困难、挫折甚至是委屈,如有些专业"热门",有些则"冷门",女大学生找工作容易受到歧视,等等。面对这些问题仅抱怨是没有用的,更重要的是调整自我心态,提高自己对各种突发事件的心理承受能力。其实,就业的过程也是大学生重新认识自我、认识社会,并主动调整自我适应社会的过程。可以说,如果能通过求职而增强自我心理调节与承受能力,对大学生今后的职业生活都是非常有用的。

在求职中遇到挫折要用冷静和坦然的态度待之,客观地分析自己失败的原因,进行正确的归因。第一,在就业市场化、需求形势不佳、就业竞争激烈的条件下,出现求职失败是在所难免的,不能期望自己每次求职都能成功,要对可能出现的求职挫折有充分的心理准备。同时,应把就业看作是一个很好的认识社会、认识职业生活、适应社会的机会,应通过求职活动来发展自己,促进自我成熟,因此要"不以成败论英雄"。第二,自己求职失败并不一定就是因为自己的能力不行。出现求职失败有许多原因,可能是因为你选择求职单位的方向不对,也可能是因为你的价值观与单位的企业文化不符合,还有可能是其他一些偶然因素。总之,要正确分析自己失败的原因,调整自己的求职策略,学会安慰自己,以便在下次的求职中获得成功。

(三) 树立职业理想,实现人生价值

职业理想,指求职者在一定的社会历史条件下,对某种职业岗位的向往、追求和价值取向,即个人渴望达到的职业境界。每个人在走上工作岗位之前,心中都有一个职业理想。它与社会理想、道德理想、生活理想等相互联系、相互作用,并指导人们的择业行为,体现出人

们的就业价值观。职业理想是人们对职业活动和职业成就的超前反映,与人的价值观、职业期待、职业目标密切相关,与世界观、人生观密切相关。

理想是前进的方向,是心中的目标。人生发展的目标是通过职业理想来确立的,并最终通过职业理想来实现。托尔斯泰曾说过,理想是指路的明灯,没有理想,就没有坚定的方向,就没有生活。一个人只有树立正确的职业理想,无论是在顺境或者是在逆境,都会奋发进取,勇往直前。职业理想在现实生活中具有参照物的作用,它指导并调整着我们的职业活动。当一个人在工作中偏离了理想目标时,职业理想就会发挥纠偏作用,尤其是在实践中遇到困难和阻力时,如果没有职业理想的支撑,人就会心灰意冷,丧失斗志。因此,树立职业理想可以激励我们将美好的未来和宏伟的憧憬变成现实,以坚韧不拔的毅力和顽强拼搏的精神去为之努力奋斗。

三、促进大学生就业心理健康

毕业生的就业心理是在大学生活中不断形成的,只对毕业生进行教育,不仅会使教育工作变得繁重、困难,而且很难解决一些本来可以预防的心理问题。因此大学生的就业心理健康教育应该成为大学生心理健康教育的重要组成部分,并体现在日常的心理健康教育中。

(一)贯彻职业生涯发展与规划理念,提高职业素质

首先,要通过介绍就业形势、职业生活特点、我国经济发展特点、当前就业市场特点等内容,帮助大学生认识社会、认识职业,开阔他们的视野,让他们从一进校就能对未来的就业问题有一个清醒的认识,并对职业的价值、意义有一个正确的认识,并能根据有关要求,不断提高自己的业务能力和心理素质。

其次,要让大学生正确认识职业与专业的关系,帮助大学生跳出专业一定要对口的误区。鼓励大学生学习多种知识,发展各种职业技能,以成为职业适应范围广的复合型人才。

最后,要帮助大学生进行职业生涯规划,从一生的职业发展角度来看待当前的学习与就业准备。帮助大学生制定有关的学习与社会实践计划,以使他们的就业准备能有的放矢、按部就班。如,做好大学四年的有序安排。一年级——试探期:转变和适应;参加各项社会和学校的活动;了解自己的特点、价值观、兴趣。二年级——定向期:考虑清楚未来是否深造或就业,了解相关要求;对与自己意向相关的能力和素质做深入的准备;通过学校规定的英语和计算机等级考试;有选择地辅修其他专业的知识充实自己。三年级——发展期:根据自己的发展进行具体项目的准备。四年级——实现期:完成计划后积极地面对就业问题;积极获得信息、了解国家政策、利用大学提供的各种平台;准备就业的资料和参加就业招聘。总之,应帮助大学生从更多更广的角度来认识职业与就业问题,以形成正确的就业心理,并激励他们不断地提高自己的职业素质。

（二）开展职业心理教育，正视就业问题

在就业心理健康教育中必须包含职业心理的知识，让大学生了解有关职业兴趣、职业能力、职业价值观、职业道德、职业成熟度、职业发展、职业生涯、职业设计等方面的基本知识与方法。在就业与求职中还有许多技能与方法是需要大学生学习的，因此还应加强这方面的教育。比如，为大学生提供职业信息，分析当下的就业政策，引导学生学习如何进行职业生涯规划，了解职业自我特点，进行就业决策以及公关礼仪、求职技巧、面试艺术、制作自荐书、制作网页等方面的指导、培训或讲座。

但大学生的就业心理健康教育不应该也不可能包办包揽，而应该通过有关技能与方法的指导，帮助大学生提高自己的就业能力和社会适应能力，使他们能自立，让他们学会自主地获取信息、分析与解决问题、应对就业中的困难与挫折、做出职业选择。有关技能与方法的指导目的主要是帮助大学生形成积极的择业态度，使他们善于准确地认知自我、理智地分析职业状况、积极地进行职业生涯规划，并学会进行职业选择的基本方法。这样大学生们就能自己去获得较为理想的职业，也才能有较好的职业发展前途。

（三）开展职业心理咨询与测量，体现发展性原则

就业心理咨询就是要为大学生的就业提供心理学的帮助与辅导，它主要包括心理测量、就业心理困扰辅导等方面，以提高大学生的职业成熟度与心理承受能力，帮助大学生准确地认识自我、调适自我，克服不健康的就业心态。在进行就业心理咨询与测量时，应注意咨询的目的不只是帮助大学生排解当前的烦恼，顺利找到一份工作，更要能帮助大学生们认识自我、发展自我。

研究表明，心理资本的积累对就业能力的提升有积极作用（王尧骏，2013）。作为即将进入职场的年轻大学生，在学好专业知识的同时，要学会认清外部形势，做好自我评估，培养自我效能感；设置合理目标，及时调整方案，培育和保持希望；明确内外需求，强化积极情绪，保持乐观精神；正确看待挫折，消除消极心理，增强韧性素质；常怀感恩和回报之心，克服功利和索取心态，这将使他们更富有成长性和就业竞争力。同时，学校方面也应该以培养学生自我效能感、抗压能力和乐观精神为核心，采取各种积极措施提高大学生的心理资本，使其就业能力不断提升。

复习思考题

1. 解释：工作，职业，生涯规划，职业成熟度。

2. 如何获取职业信息、进行职业选择？

3. 联系实际，分析大学生应该有怎样的就业观念？

4.大学生如何进行就业心理的自我调适？

5.设想一下你五年以后的生涯发展目标,并提出从现在起需要做哪些努力？

扩展阅读

1. 贡力,王娜,凌翔.大学生职业生涯规划与就业指导[M].北京：中国水利水电出版社,2019.

2. 罗伯特·里尔登,等.职业生涯发展与规划(第4版)[M].侯志瑾,等,译.北京：中国人民大学出版社,2010.

第十四章 压力应对与幸福感

案例导入

　　李某是一名大二的女生,学习努力,成绩优秀。上学期期末,学生会改选,由于大一时工作积极出色,学习成绩好,李某被选为学院的体育部部长。虽然在竞选之前她也相信自己会成功,但是真的成功之后,她感到的更多是责任和压力,她心中要求自己一定要做好。大一新生开学不久,李某就选拔了一批篮球打得好的新生,组建了男生篮球队和女生篮球队,大家利用中午和晚上的时间训练,为了一个共同的目标,每个人都付出了很多。"自己的工作得到了许多同学的认可,心里感到很高兴。但不久前的新生篮球赛我却没做好。"李某说道,"在最后我们院和体育学院争夺冠亚军的比赛中,刚开始两队的比分咬得很紧,第一次暂停之后,对方换上了两个个子特别高的女生。后来我才知道她们是研究生。自从她们上场之后,比分拉得越来越大,结果我们就输掉了,自己感到非常懊恼。"

　　除了社团工作的不顺利,李某在学习上也遇到了问题。虽然工作很忙,但在学习上李某也从未放松,起得比别人早,睡得比别人晚,争取一切可以利用的时间学习。虽然李某自己觉得学习应该没问题,但前几天的心理学考试却让她很失望,心里很不平衡,觉得非常委屈。现在四级考试快到了,最近做了几套题,李某却发现成绩很不理想,更加觉得心情焦躁烦闷。"这一个多月以来,我感到头昏脑涨,做什么事都提不起精神,觉得自己很失败。总是觉得头昏脑涨,情绪低落,心绪不宁,注意力也不集中,对学习没有信心,内心又非常着急。"李某担心这样下去会影响今后的学习和社团工作,很想快点摆脱现在的心理状态。(马亚静,2008)

　　大学生有压力吗?如果在大学校园里做个现场调查,他们可能会说有时候比较轻松,没有压力;有时候体验到紧张、担忧、悲伤等消极情绪。而提到压力有时是具体的,有时是模糊的,比如会莫名其妙地担心未来、担心学习,莫名其妙地忧伤、自我否定,等等,这样的压力会让许多学生不知所措。这是大学生中常见的一些压力状态。面对压力,是选择逃避还是选择积极寻求资源迎战困境,还是仅仅发泄情绪?案例中的李某面对各种负性生活事件,感到难以承受,无法应对。大学生由于生活阅历缺乏,对社会的感受敏锐,思想不成熟,在压力应对方面常常欠成熟,从而影响到心理健康。本章拟探讨压力与应对的一般问题,分析大学生的压力来源、应对压力的方式及其对心理健康和幸福感的影响,并就大学生如何积极应对压力、维护好自我心理健康提供帮助。

第一节　压力与大学生的压力源

一、压力与身心健康

压力,也称应激或精神压力,是一种内部的精神紧张状态。个体在面对难以适应的环境要求或威胁时会产生压力。人们都讨厌、逃避压力,但没有压力生活是否就完美了呢? 较早的研究发现,压力对身心健康的影响具有两面性。压力对人的积极影响在于压力引起适度的紧张,有利于人们更清醒地认识自己及所处的环境,能不断调整自己、磨炼意志,使人更加成熟、坚强,从而有更好的发展。但是,研究结果同样也发现持续时间过长、强度过大的压力对身心具有破坏性作用。

(一) 压力的反应模型

压力的反应模型由加拿大病理生理学家塞里(H. Selye)提出,该模型将压力看成是个体对刺激事件做出的反应。塞里用一般适应综合征来解释这一过程,包括警觉反应阶段、抗拒阶段和衰竭阶段等三个阶段(Selye,1976)(图 14 - 1)。警觉反应阶段是比较短暂的生理唤醒期,让躯体调动能量做好应对准备。如果压力持续下去,躯体就会进入抗拒阶段,在这一时期,机体可以抵抗并忍耐长时间的压力带来的影响。但如果压力持续的时间很长或强度过大,躯体的资源就会耗尽,机体会进入衰竭阶段。在衰竭阶段,人体会面临许多危险,因为长时间的压力会造成应激激素分泌过多,导致个体产生焦虑、恐惧、愤怒等不良情绪反应或粗暴的消极对抗行为,这些负性情绪或行为如果持续时间过长或强度过大,会使人储备的能量消耗殆尽而产生衰竭,从而引起各种疾病比如癌症等,甚至使人死亡。一般适应综合征对我

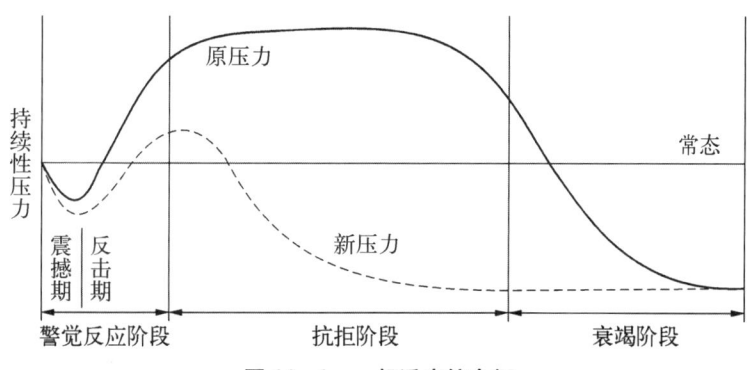

图 14 - 1　一般适应综合征

们理解压力、应对压力具有很好的指导作用,它指出在衰竭阶段如果采取有效的调节策略,就能够缓解压力,度过危险期;如果在衰竭阶段的应对策略无效,则易引发心身疾病。这个模型把人看作是对外界刺激的被动的反应,强调人的生理反应,忽视了心理反应。

(二) 压力的心身模型

压力的心身模型由亚历山大(F. Alexander)等提出。该模型从心理生理学的角度强调了心理功能与生理功能之间的相互联系、相互作用。该模型认为,压力源在身体的一个系统内所造成的"应变"可以影响到其他系统,甚至导致其他系统的病变。个体的生理活动可以受到心理或情绪因素的严重影响,这种严重的心理生理反应在某些情况下也可以造成躯体性疾病。这个应激模型强调压力状况下的心理反应先于生理反应,情绪状态的变化导致了生理上的变化。近年来的研究也支持了心身模型的观点。心身疾病实际上是由心理、情绪和生理障碍的交互作用产生的医学问题,广义的心身疾病包括如高血压、胃溃疡、精神紊乱等严重问题,同时也包括头疼、背疼、皮疹、消化不良、便秘、失眠等轻微问题,这就是压力的消极作用。

二、大学生的压力源

压力源也就是压力的来源,指能够引发压力产生的刺激或环境需求。压力源并非都是消极事件,某些人期望发生的积极事件也会让个体产生压力,比如竞选上学生干部本身是一件好事,但如何胜任工作角色需要我们花时间和精力去适应它,这仍然会导致个体产生压力。王道阳和姚本先(2012)的研究认为,我国大学生的压力源主要来自学习、生活、发展、环境、社交以及婚恋等方面。

(一) 外部环境压力源

外部环境压力源指外部环境中突然发生或变化的事情,通常指消极事件或灾难性事件,既包括重大突发事件,如汶川大地震、印度洋海啸等巨大的自然灾害,也包括来自校园环境中的突发事件,如亲眼看见有人坠楼身亡等,还包括环境中长期存在的慢性问题,比如学校因校园建设导致的噪音。不管环境中有何种压力源存在,都需要个体对其作出一定的适应性反应。外部环境压力源一般不会给个体造成强烈而持久的压力,因为人们清楚自然灾害及其他环境中的消极事件所带来的问题都是可以解决的,灾难过后,不会再有更大的压力。

(二) 个人压力源

个人压力源指个体所遇到的特殊压力事件。大学生在日常生活中可能遭遇到各式各样的压力,如家庭变故、失恋、考试不及格、面试失败等。大学生的压力源主要分为三类:重大生活事件、日常生活压力源和慢性压力源。

1. 重大生活事件

重大生活事件指的是大学生在与自己关系密切或影响个人前途发展的问题上遭受的挫折,如亲人亡故、家庭悲剧、失恋、重要考试失败等。面对重大生活事件,个体需要有一个逐步接受的过程。个体一般在当时会产生强烈的反应,然后逐渐消退。例如,因考试作弊受处分的学生产生的压力在当时最为强烈,会出现高强度的焦虑、抑郁情绪,但是随着时间流逝,当事人所体会的压力会逐渐减少并能慢慢适应,直至思想上觉悟并认识到对自己的教育意义。

2. 日常生活压力源

日常生活压力源指的是在对自己而言不太重要的事情上遭受的挫折,也就是日常生活中的"小事"或"不愉快",比如对所学专业不满意、老师讲课乏味、因小事与同学关系紧张、去图书馆学习总是占不到位子、上课迟到、作业拖沓、害怕不被朋友接受等。这些事件的共同特点是:它们发生时会对自己产生一些消极的影响,如心里不痛快、情绪冲动等,持续时间一般较短。如果采取有效的应对策略,它们的影响会明显降低,而且还能增强对其他事件的应对能力。一般而言,大学生重大生活事件发生的概率较小,更多情况下是遭受一些日常烦恼的困扰。

3. 慢性压力源

慢性压力源是长期存在的、与自身相关的、短期内难以实现或解决的某一类问题。这些压力源(如经济问题、自信心问题、个人发展问题等)并不是具体发生的事件,而是可能在很长一段时期内一直存在于个体身上的问题。比如,有的大学生自卑心理严重,这种自卑心理就会泛化影响到生活的其他方面,使其在生活中不能自如应对,导致产生很大的心理压力;也有相当一部分大学生对未来发展问题感到迷茫和焦虑,如果他们对未来职业生涯没有明确的规划,那么其学习生活就会处于无目标状态,表面上看起来很轻松、无所事事,但实际上,这类学生却承受着不确定感和模糊状态带来的巨大压力。经济问题也是慢性压力源中比较典型的一种,部分经济困难的学生在日常生活相差悬殊的对比中产生自卑心理。他们总担心别人瞧不起自己,同学间不经意的一个玩笑或行为都会深深刺伤他们的心灵,甚至影响了正常的人际交往。

专栏 14-1

测测你的生活压力

下面是美国学者编制的学生压力量表,它是霍姆斯和拉希(Holmes & Rahe,1967)的社会再适应量表的修订版。量表针对每个事件都给出了一个分值,用以表征一个人面对生活上的改变时所需的再适应的总量。分数等于或高于300的人存在健康风险;分数在150到300之间的人在两年内有一半的概率发生严重的健康问题;得分低于150的人有三分之一的概率会健康恶化。在本学期内分三次计算一下你的生活变化单位(LCUs)的总值,然后将这些分数同你健康状况的任何变化求一下相关。当然,考虑到文化差异,该表仅供参考。

事　　件	生活变化单位	事　　件	生活变化单位
亲密家庭成员的死亡	100	学校工作负担的加重	37
亲密朋友的死亡	73	出众的个人成就	36
父母离异	65	在大学的第一学期	35
服刑	63	生活条件的改变	31
个人严重的受伤或疾病	63	和教师的激烈争论	30
结婚	58	低于期望的分数	29
被解雇	50	睡眠习惯的改变	29
重要课程不及格	47	社会活动的改变	29
家庭成员健康上的变故	45	饮食习惯的改变	28
怀孕	45	长期的汽车麻烦	26
性问题	44	家庭聚会次数的改变	26
和亲密朋友严重的争吵	40	缺课过多	25
改换专业	39	更换学校	24
和父母的冲突	39	一门或更多的课程跟不上	23
你有女友或男友	38	轻微的交通违章	20
		我第 1 次的总分_____	日期:
		我第 2 次的总分_____	日期:
		我第 3 次的总分_____	日期:

第二节　大学生的压力应对

一、应对与应对方式分类

　　应对,是指个体在面临压力时为减轻其负面影响而做出的认知和行为的努力过程。从本质上看,应对是个人在压力状态下进行自我调节的努力,作为压力和健康的中介机制,对身心健康的保护起重要作用。应对方式是个体在压力情境中为减轻压力所采取的特定行为模式。在日常生活中,人们常常不自觉地运用某种特定的应对方式来对付压力,既有意识层面的,也有无意识层面的。一般倾向于把应对的方式归为问题取向、情绪取向、逃避等三类。

（一）问题取向应对

问题取向应对即当事人的应对策略是着眼于问题解决的,通过直接的行为或问题解决行为来改变压力源或任何其他关系。常见的表现有寻求解决问题的办法、向他人求助、逃跑（使自己脱离危险）、预先应对（避免未来的压力）等。问题取向应对所关注的是所要解决的问题和产生压力的事件,应付可控压力源产生的影响通常有效。比如,学生由于学习不够努力导致英语六级不及格,在这种情境下,如果先理性地分析问题产生的原因,清楚地认识到自己的缺点,然后制定改善的计划并坚决执行,那么这就是问题取向的应对策略。

（二）情绪取向应对

情绪取向应对即当事人采取的应对策略主要是尝试缓解抑郁、焦虑等消极情绪,而非处理引起压力的问题情境。情绪取向应对包括放松、寻求他人情绪支持、抒写有关自己内心深处情感的东西、合理化认知、抱怨等。在应付那些由不可控的压力源产生的影响时比较有效。比如,亲人因病去世是不可改变的事实,在这种情况下,需要改变对这一事件的情绪体验,可以做一些放松的活动,如外出旅游、向亲密的朋友倾诉、进行合理化思考等,采取情绪取向的应对策略,可以暂时转移注意力,帮助自己脱离压力情境。

（三）逃避应对

逃避应对即个体在面对压力时,放弃对问题的任何努力。个体可能通过幻想、否认、自我分心等方式减少压力或采取酗酒、暴食等直接的逃避方法。例如,有的学生多门功课不及格,他放弃了解决问题的努力,而是采取上网、酗酒等方式麻醉自己、逃避问题。逃避应对虽然会暂时延缓压力情境的解决,但经常会使问题变得更糟糕。

在大部分的压力事件应对中,人们会同时采用情绪取向应对和问题取向应对模式,但在面对不可控压力时,个体倾向于采用情绪取向应对,且效果较好;面对相对可控的事件时,个体倾向于采用问题取向应对。不管个体倾向于采用哪种应对方式,都与个体的人格特征密切相关,尤其与人格的核心——自我的特点密切相关。一个自立、自信、自尊、自强的个体更有可能采用积极的应对方式。所以,要有效地应对压力,除了加强压力管理技能的学习之外,更重要的是加强自我修养,特别是加强自立、自信、自尊、自强方面的修养。只有这样,才能在人生的道路上有效地应对各种困难。

二、当代大学生应对方式的特点

（一）既有传统性,又具现代性

大学生应对方式的特点与我国的传统文化密切相关。研究发现,大学生各项应对方式的使用顺序依次为问题解决、忍耐、转移、求助、压抑、逃避、幻想、抱怨、退缩（黄希庭,2006）。

其中,忍耐居第二位,仅次于问题解决,表明忍耐是大学生在面临困境时较常采用的一种应对方式。在中国传统文化的为人处世之道中,"忍"占据重要地位。元朝的吴亮、许名奎曾收集经史语句编著《忍经》(亦名《劝忍百箴》),流传后世,意在告诫人们生活中不如意常在,务必要顾全大局从长远利益出发,学会忍耐。所以忍耐在某些情况下是一种比较成熟的应对方式,这正说明大学生随着年龄的增长,对生活认识的逐步加深,其应对方式逐渐走向成熟。另外,压抑、逃避是大学生消极应对中较常采用的应对方式。这也能在中国的传统文化中找到根源。就压抑而言,可能与中国人的面子观念有关。中国人的"面子"观念一向很重,"不愿让人知道自己的遭遇"背后可能就是怕别人知道了有损自己的脸面。就逃避而言,无论是"顺其自然",还是"听天由命",实际上都是与外界妥协的一种态度,对中国人维持心理和谐起着很大作用,但过度的压抑和逃避不仅不会解决问题,还会有损身心健康。

(二) 大学生以积极应对方式为主

我国大学生在选择压力应对方式时,更倾向于采用积极、健康、具有适应性的应对方式,而较少使用消极、非适应性的方式,对个别非适应性应对方式的使用接近中等水平,这已获得多项研究支持。如黄希庭(2006)的研究指出,大学生在应对压力时以问题解决、忍耐、转移和求助等积极的应对方式为主,而较少采用压抑、逃避、幻想等消极的应对方式。这与现实情况是相符的。但值得注意的是大学生的应对方式仍不尽乐观,有的受多种因素影响(如缺乏有效社会支持、人格缺陷等),应对方式消极,甚至导致中途退学、自伤、自杀等悲剧。

(三) 大学生应对方式存在年级差异

张林等(2006)的研究结果发现,总体上高年级大学生比低年级大学生更多采用逃避、抱怨等防御应对。逃避、抱怨都属于不成熟的防御机制。之所以出现这种特点可能有两方面原因。一方面随着年龄增长,个体的防御机制在慢慢增强,无论"听天由命"或"运气不好"都是在找各种各样的借口推卸责任,以维护受到威胁的自尊;另一方面可能与大学生目前所面临的压力有关。个人防御机制的应用,除与其成熟程度有关外,还与其所遭受的刺激、人际关系、社会支持等因素有关。目前大学生与以前相比面临着更多的社会问题,其不同程度地影响着大学生防御机制的应用。

三、大学生常见的消极应对方式

由于日常生活中的压力情境具有很大的差异,所以难以遵循一些基本的原则去对抗或减轻压力所产生的影响。事实上,不管消极应对还是积极应对,各项应对策略在用于日常的挫折时都能缓解当时的消极情绪。但从长远来看,某些应对方式的效果确实会好一些,其中积极主动的应对策略如问题解决、求助、转移等对个体的身心健康是最有利的。由于受生活经验的限制,大学生在面对压力或挫折时不可避免地会产生一些消极的应对反应。这些消极反应具有明显的冲动性,可能会引发一些不良后果,一方面对大学生个体的身心发展不利,另一方面也可能危害社会和他人。

(一) 攻击

攻击是大学生面临压力或受挫后通常产生的最直接、最简单的行为反应,可分为直接攻击和转向攻击。直接攻击指攻击行为直接指向引起挫折的对象,多以动作、表情、语言、文字等表达出来,如对使自己受挫的人采取嘲笑、谩骂、殴打等行为,由于缺乏理智,往往容易造成严重的后果。直接攻击行为,多发生在那些缺乏生活经验、比较简单、鲁莽、易冲动的学生身上。转向攻击指受挫者由于种种原因不能攻击受挫的对象,于是把愤怒的情绪指向自己(如轻生、自我折磨、自我虐待等)或与其挫折情境无关的对象(一般以"替罪羊"的形式出现,如背后抱怨、发牢骚、摔物、向别人发泄怨气等)。转向攻击行为造成的后果同样严重。转向攻击行为多发生在自制力较弱、自信心比较差的大学生身上。受挫的大学生通过攻击行为可以暂时发泄心中的愤懑和不快,但并不能消除原有的挫折感,甚至会引发新的挫折,并危害他人和社会。这一点应引起足够的关注,尽量避免攻击行为的发生,以免造成难以弥补的恶果。

(二) 冷漠

有些大学生由于压力过大或屡次遭受挫折,无法排遣消极情绪,就将不良情绪压抑在心中,作出无动于衷、对什么都漠不关心的行为反应,其内心却相当痛苦。例如,部分学习困难的大学生,虽然尽了相当大的努力,但学习上依然无进展,达不到自己或家长期望的目标,从而内心承受着越来越大的压力,对大学生活、同学关系、社会活动反应淡漠,表现为情绪低落,缺乏活力和责任感。

(三) 退化

指个人在遭受挫折后出现与自身年龄、身份很不相称的幼稚行为,如像孩子那样哭泣、耍赖、任性,做事没有主见,蒙头大睡等。这实际上是一种防御应对。因为当人们遇到挫折后,如果以成人的应对方式面对挫折,就会产生心理上的紧张、焦虑和不安,受挫者为了避免出现这种情况,往往会放弃已经习得的成人的正常行为方式,而恢复早期幼儿的方式加以应对,从而减轻心理压力。

(四) 压抑

在日常的学习生活中,大学生常常把不愉快的经历不知不觉地压抑到潜意识中,不再想起、不再回忆,由于压抑,痛苦的经历似乎被遗忘,使人在现实意识中感受不到焦虑和恐惧。压抑不同于自然遗忘,它是行为主体的一种"主动遗忘"。但是这些被压抑的痛苦经历并没有消失,它在日常生活中会不自觉地影响人们的心理和行为,并且一旦出现相近的情境,被压抑的东西就会冒出来,对个体造成更大的威胁和危害,严重者会引发心理疾病。例如某大学生因一念之差偷了宿舍同学的钱,事后他羞愧难当,内疚不已,可又没勇气向同学认错。过了一段时间,他似乎把这不光彩的事忘了,内心恢复了平静。实际上这并非真正的遗忘,而是压抑起了作用。以后每遇到同学丢东西,他就怕被怀疑,甚至在同学面前词不达意、举止失常,以致发展为怕见同学,怕见任何人,把自己封闭起来过不正常的生活。

(五) 固执

有些大学生在受挫后不能适应已经变化了的情况,不分析失败原因,反而盲目重复导致其挫折的无效行为,不接受他人的建议,一意孤行。这就是固执的行为反应。在高校中,固执行为一般发生在一些性格内向、倔强、看问题片面的大学生身上。固执行为的最大特点是非理智性,企图通过重复无效动作对抗挫折。它不等于习惯,因为如果习惯性的行为不能满足需要,人们就会改变它;也不等于意志坚强,因为意志坚强的人如果知道某种行为不能达到预定的目标,就会改变策略,再作努力。所以,固执是一种不明智的消极对抗行为,是一种不健康的、非理性的反应。

(六) 轻生

轻生是人遭受挫折后的极端情绪反应,也是针对自身的转向攻击行为。想到轻生的人往往处于万念俱灰、生不如死的情绪状态。通常,轻生是在挫折的打击大大超出受挫者对挫折的承受力的情况下发生的。特别是当受挫者将受挫的原因归结在自己身上,并对自己丧失信心,将自己作为迁怒的对象时,更易导致自杀行为。一方面,大学生是同龄人中的佼佼者,成长过程都比较顺利,很少遇到大的挫折,他们对挫折的承受力普遍较低;另一方面,大学生又自视很高,自尊心强,所以当受到挫折打击时,容易产生自杀行为。

四、在压力中成长

压力虽然对人们造成了消极的影响,同时也带来了挑战和机会。实际上,"危机"一词有"危险"加"机会"的意思。压力是我们成长的一个机会。

(一) 改变对压力的看法

认知因素在压力管理中有着关键性的意义。近年来,认知评估在压力应对中的作用也得到了一些研究的支持。很多年以来,人们都坚定地认为压力有害健康,特别是持续时间过长、强度过大的压力对身心会具有破坏性作用。但是近年来的一项研究却有完全不同的发现。研究者在 1998 年对 3 万名美国成年人过去一年承受的压力状况进行了调查,同时问他们:你认为压力有碍健康吗?然后,他们持续追踪这 3 万个被调查者长达 8 年,来了解他们的死亡率。结果发现,高压力确实提高了死亡风险,那些在过去一年中经历较多压力的人死亡风险增加了 43%。但死亡率提升的只是"那些相信压力对健康有害的人们",那些虽然遭受压力,但并不认为压力会有碍身体健康的人,他们的死亡率是被调查者中最低的 (McGonigal,2015)。由此可见,压力之所以对健康有害,压力本身并不是决定性的,而怎么看待压力才是关键。对压力的看法不仅影响我们产生压力时怎么理解压力事件,同时也会对我们的行为产生影响,认为压力有益的人更可能主动积极地应对压力。对压力的不同认识导致不同的压力处理方式,结果也往往截然不同。面对困难迎头而上能强化应对压力的资源,逐渐建立处理压力情境的信心,也会因此建立更强大的社会支持,就不会因为恶性循环而失去控制,压力情境就变成了成长机会。

(二) 选择适合的压力应对策略

前面提到,人们在不同的压力情境下可能存在倾向性的、相对稳定的处理压力的方法,而以情绪为中心的策略、以问题解决为中心的策略以及逃避策略等不同策略可以说是各有优劣。要有效地应对压力,需要大学生改变消极的应对方式,选择积极的应对方法,比如计划、升华、幽默、转移、放松,以及适度的合理化、倾诉等,将生活事件对自身的影响降到最低,甚至转化为积极因素。

(三) 培养在群体中的归属感

亲人和朋友是降低心理压力的重要的社会支持。好的社会支持能够给我们提供情感支持,增强我们承受压力的能力。大学生遇到压力时,父母、同学或朋友都是可以求助的对象,都能协助自己学习从不同的角度理解问题,从而得到解决问题的方案。但很多同学到新环境里甚至在旧的环境里,都会面临归属感的问题。而很多压力的产生与在群体中缺乏归属感有关。这种缺乏归属感会影响到人们的认知,并导致糟糕的体验,进而产生消极的行为。如经常有一些大学生认为他们自己是唯一不属于那个宿舍的人,带着这种认知,会寻找一切自己不属于那个宿舍的证据,比如冲突、误解、不被重视等。这些证据又会引发很多没有根据的消极想法,比如每个人都盼着我失败,为什么还要徒劳尝试,他们都不喜欢我,我讨人嫌……这些看法会引发一些破坏性的行为,比如逃避解决问题、回避沟通、无视积极因素,也因此导致人际关系更加疏离,增加了被孤立的风险,无法建立支持性的关系。培养在群体中的归属感,个体需要花一些时间和精力与群体中的成员相处,并用心体会其中的乐趣和善意。

(四) 培养压力抵抗者人格

人格变量是个体内在的核心中介调节变量，个体应对方式的使用、社会支持的获得以及认知方式等最终是需要通过潜在人格特质功能的激活才能发挥其作用的。那么，是不是某些人格特质具有更有效的压力应对的功能？有研究基于压力应对过程的分析，发现压力应对人格结构由自我效能、控制感、乐观倾向、自我控制、自我弹性、挑战、承诺等七种核心成分构成(陈建文、王滔，2008)。人格的培养很难一蹴而就，需要长期的自我提醒、自我锻炼，在人生实践中不断加以完善。

(五) 调节抱负水平

研究发现，恰当的奋斗目标，一定是符合自己的智力程度、知识积累厚度、所从事领域的人才密度和兴趣浓度的。恰当的抱负水平能使人长久地保持旺盛的进取的热情；过高的抱负水平则会给当事人带来压力。所以，确定适当的抱负水平，是避免挫折、获得成功与自信的重要问题。国外有人做过一个投环实验：投掷距离由被试自己决定；距离越远，投中的得分越高。实验结果表明，凡是抱负水平高的人，多选择在中等距离投掷；而抱负水平较低的人，则多选择很近或很远的距离投掷。可见，真正具有较高抱负水平的人，他自己定的目标总是适度的，既有足够的把握，又要经过一定努力才能达到。

(六) 必要时求助专业人员

当压力强度比较大或持续时间比较长时，个体往往会出现一些心身反应症状，比如焦虑、抑郁、失眠等。这种情况应采取措施及时加以化解，不要听之任之不加理会。除了上面提到的认知调整、积极应对、建立社会支持、放松调节等心理行为措施外，还包括寻求专业人员的帮助，比如寻求心理咨询师或精神科医生的帮助，接受必要的心理咨询或药物治疗。

第三节　大学生的应对方式与幸福感

"没有好成绩，争不到第一，就业压力大，大学生们还能有幸福感吗？"这是在某高校心理健康节上大学生对心理专家提出的问题。幸福感，心理学上也称主观幸福感，是个人根据自定的标准对生活质量所作的整体性评估，反映着特定个体或群体对生活状况的满意程度。幸福感具有三个重要的特点：主观性，即以评价者内定的标准而非他人标准来评估。稳定性，即主观幸福感是一个相对稳定的值。对某个人而言，不管他身上发生什么事情，都可能不会使他比以前更幸福或更不幸福。虽然某些生活事件可以暂时改变一个人的情绪，但是最后都会恢复到原来的幸福水平，这与影响主观幸福感的因素密切相关。整体性，即综合评价,包括对情感反应的评估和认知判断。

一、大学生主观幸福感现状

大学生对幸福的理解是考察其幸福观的一个重要的基本问题。一个人幸福观不正确,受享乐主义、拜金主义的影响,势必会导致心理不健康,产生这样那样的不良情绪与行为。在一项对大学生幸福感的调查中,大学生被问到"你对幸福生活的理解",被访者通过罗列方式回答问题,结果发现最强的五个选项是家庭幸福(92.86%)、事业有成(75.56%)、身体健康(92.86%)、有相爱的人陪伴(77.1%)、有知心朋友(82.7%),可见大多数大学生对幸福的理解是健康积极的,对幸福的追求是有价值的。当然也有少数大学生对幸福的认识有偏颇,如认为手握权力(16.92%)、吃喝玩乐混日子(11.65%)就是幸福(黄建榕、刘茜,2012)。

幸福感是衡量大学生心理状态和生活质量的重要指标。严标宾等(2003)对主观幸福感的跨文化研究发现,大学生的主观幸福感体验处于中等偏上的水平,同时他们有比较积极的情感体验和比较高的生活满意感。周末等(2007)的调查显示:高年级学生相对于低年级学生、低收入家庭学生相对于高收入家庭学生幸福感水平偏低,负性生活事件能降低大学生的主观幸福感,而较多社会支持会产生较高的主观幸福感。多数调查显示,大学生对幸福的理解和感受较为积极但不容乐观。这可能和他们的年龄特点和知识经验、生存状态有关:一方面,大学生正处于激情澎湃的阶段,他们充满热情,对未来满怀希望;他们的生活环境与社会相比更为和谐也更文明,因此他们对自我以及他人的看法也更加乐观和开朗;另一方面,虽然当前大学生的经济、物质条件较之前有很大改善,但在快速变革的时代,他们也面临着更大的竞争压力,且个人发展压力取代生存压力,这些压力不可避免地会影响学生的幸福体验。

二、压力应对、健康与幸福感

压力应对与幸福感、健康密切相关。已有研究发现,积极的应对方式有利于青少年主观幸福感和良好心理健康的发展。傅俏俏等(2012)以青少年为研究对象探讨了应对方式在青少年压力性生活事件与主观幸福感之间的影响作用,结果发现消极的应对方式,尤其是消极情绪关注的应对方式不利于青少年的主观幸福感和心理健康的发展。余丽(2017)的研究发现,压力性生活事件是青少年网络游戏成瘾的风险因素,而消极应对方式是其重要的内在中介机制之一。

按照德西和瑞安(Deci & Ryan,2010)的自我决定理论,人类有三种基本心理需要:自主需要、能力需要及关系需要。自主需要是在一定活动或行为上个体自我决定程度高的需要;能力需要是能胜任一定活动或任务的需要;关系需要是个体对来自周围环境或他人支持、关爱和理解的需要。实现心理需要的满足是行为的基本动力,如果基本心理需要不能得到满足,个体将产生满足基本心理需要的强烈渴望,如果基本心理需要长期不能得到满足,个体会将目标转向其他的环境。遇到较多或较严重压力性事件时,大学生的基本心理需要不能得到满足,若较少采取积极应对方式(建设性补偿)而较多采取消极应对方式(病理性补偿),大学生会出现烟酒使用、网络成瘾等行为,出现发展偏差。很多研究也证实了应对方式在压力性生活事件与消极行为间的影响作用(夏扉、叶宝娟,2014;喻承甫等,2012)。

达尔文有一句名言:"能够生存下来的,不是最健壮的,也不是最聪明的,而是最能够适应变化的物种。"这实际上是一种很朴素的压力应对方式,人们可以尝试改变自己对待压力的方式,尝试一些适合的压力应对方式,以削弱压力对健康的影响。

复习思考题

1. 解释:压力,压力源,应对,应对方式,主观幸福感。
2. 结合个人实际,分析大学生的主要压力源。
3. 结合个人实际,谈谈大学生应对方式的特点。
4. 既然压力是不可避免的,可以从哪些方面着手增强压力应对的能力?
5. 结合个人的未来规划,谈谈如何做一个幸福的人。

扩展阅读

1. 李虹.压力应对与大学生心理健康[M].北京:北京师范大学出版社,2004.
2. 郑日昌.情绪管理压力应对[M].北京:机械工业出版社,2008.
3. [美] 理查德·布鲁纳.多变世界中的压力应对(第三版)[M].石林,译.北京:高等教育出版社出版,2008.
4. [英] 妮可拉·摩根.成长的烦恼:青少年压力应对指南[M].王思睿,吴慧中,译.北京:电子工业出版社,2015.

第十五章 焦虑与调节

案例导入

案例一：张某，女，20岁，某大学二年级学生。她自幼学习上进，记忆力较强，老师也很喜欢她。当有一些学科竞赛时，大家都推荐她参加，这让她的精神压力很大。她本人对数学兴趣不浓，但是老师仍然很看中她，她认为这是一种荣誉，是大家对自己的信任，也不好违背。考前一夜她难以入睡，走进考场时她心跳加速，呼吸急促，脑子里一片空白。越是着急脑子越不听使唤，以致思维无法正常进行。走出考场，一切恢复正常，然而为时已晚。从此以后，每到期末复习考试临近期间，她就紧张焦虑，还伴有严重的睡眠障碍。

案例二：王同学，女，23岁，大四。毕业前两个月的一天，第一次在一场大型的招聘会上递交了几十份个人简历，全都是投向大企业、大公司。招聘单位说：过一个星期会通知面试，当时她心里还挺兴奋的，心想总会有一两家大公司录用她。过了两天，有一家公司通知她去面试。面试当天她还精心打扮了一番；面试时，因为紧张而说话有点发抖。结束后被告之若通过第一次面试，会有复试。可是两个星期过去了，没人通知她第二次面试，也没有其他公司通知她去面试。马上就要毕业了，工作还是没有着落。她总在想：这是为什么？是不是因为我的学校不是名牌大学？看到同学们陆续找到了工作，她觉得自己没用，是个废物，同学们一定都很看不起自己，在他们眼里自己肯定"一无是处"，感觉对不起母亲。为此，她的情绪更加低落，更加烦躁，又不愿意和同学们说，内心十分痛苦。

随着社会竞争意识的加强，自我实现愿望的提高，大学生越来越多地受到了焦虑情绪的困扰，焦虑像挥之不去的梦魇如影随形。我们为紧张忙碌的学习考试而担忧，为人际交往的复杂而忐忑，为恋爱的不确定而迷茫，为毕业就业的压力而惶恐……"焦虑"似乎无处不在，我们的生活竟然被这些担忧弄得心绪慌乱。从某种程度上看，适当的焦虑水平是必要的，可以帮助我们鼓起勇气面对生活中的困难和挑战；但焦虑处理不好，则会使人感到无所适从，长期心理负担沉重，甚至有的同学因焦虑而产生抑郁症，严重的还会产生轻生的念头乃至采取一些极端的行为。那么，如何才能摆脱焦虑？如何才能找到通向光明生活的绿洲？本章将介绍焦虑的一般理论、大学生的焦虑表现以及如何应对焦虑并加以调节。

第一节　焦虑及其理论

一、焦虑及其种类

（一）焦虑的性质

焦虑是一种复杂的、综合性的、负性的情绪，是人们在社会生活中对于可能造成心理冲突或挫折的某种事物或情境进行反应时的一种不愉快的情绪体验，即预期到一些可怕的、可能会造成危险或需要付出努力的事物和情境将要来临，而又感到对此无法采取有效措施加以预防和解决时，心理上产生的紧张期待情绪或不明原因的忧虑和不安。

它可以是正常的情绪反应。例如个体发现自己很容易紧张，并且知道这种轻微的紧张能提高注意力集中的程度，个体能够把紧张转化为专注，这是适当焦虑的积极意义。但它也可以是病理情绪反应。例如，随着个体在考场上紧张程度的加剧，焦虑很容易变得令人不快，这时个体说自己感到紧张和害怕，甚而痉挛。这种令人不愉快的焦虑可能升级成明显的焦虑，甚而升级为惊恐，成为焦虑障碍（症状有轻有重，可以是急性发作性的，也可以是慢性持续的）。

总之，焦虑是一种常见的情绪反应，是由模糊的危险刺激所引起的一种强烈的、持久的不愉快情绪体验或心理状态，主要伴以紧张、恐怖的情绪，并引起相应的生理变化。它既可以是一种正常的、具有适应意义的负性情感状态，又可以发展到一定严重程度而成为病态的焦虑症。

（二）焦虑的种类

研究者从不同的角度对焦虑进行分类。从紧张程度的维度，可以将焦虑大体分成三种情况。① 期望的轻度焦虑，即我们通常所说的"有点紧张"。这时个体一般有较弱的紧张感，并且往往不知道紧张的原因，如感到心情不好就属于这一情况。这种焦虑持续的时间一般较长，但它对个体的工作和生活负面影响不太明显。这种焦虑反而是普遍存在的，对我们的学习和工作具有一定的促进作用。② 中度焦虑，即太紧张。这种焦虑在生活中的表现较多，主要是由于个体对自己缺乏自信引起的。个体表现的心理状态以紧张为主，如生活中出现的人群焦虑、考试焦虑、异性焦虑或社交焦虑等。这种焦虑，必然威胁个体的身心健康。③ 重度焦虑，即过度紧张。个体常常感到内心有说不出的紧张与恐惧，并伴有明显的自主神经系统功能紊乱，这是个体强焦虑的一种表现，突如其来的天灾人祸造成的焦虑和焦虑症一般属于此类。在生活中，这样的焦虑相对较少。

从焦虑持续时间的维度,可以将焦虑分成下述两类。① 状态焦虑,描述的是一种不愉快的情绪体验,如紧张、忧虑和神经质,伴有自主神经系统的功能亢进,是指焦虑的短暂性的波动状态。② 特质焦虑,被用来描述相对稳定的,作为一种人格特质且具有个体差异的焦虑倾向。这种差异主要表现在感到危险或威胁刺激以及感受这些刺激的状态焦虑的反应倾向方向有所不同。此时焦虑作为一种人格特质,更像一种动机或习得的行为倾向:体验焦虑的高倾向性或一种对危险情境的预先反应倾向。

除上述分类外,还可以根据焦虑紧张程度和恐怖程度这两个维度,分为高紧张度—高恐怖度、高紧张度—低恐怖度、低紧张度—低恐怖度、低紧张度—高恐怖度这样四种;根据焦虑的场景分为考试焦虑、学习焦虑、就业焦虑、社交焦虑等;根据焦虑对行为的作用,分为促进行为型和减低行为型焦虑;从表达焦虑水平的概念,分为焦虑症状、焦虑综合征和焦虑障碍,等等。

二、焦虑的有关理论

(一) 精神分析的观点

精神分析是最早研究焦虑的心理理论(焦虑是其核心概念之一),对焦虑的研究也最为系统深入。其中较有代表性的理论观点有:弗洛伊德(S. Freud)从本能决定论的观点出发,先后提出过两种焦虑理论。他的早期焦虑理论认为,焦虑是由被压抑的力比多转化而来的,本我是焦虑的根源;后来,弗洛伊德在本我、自我、超我的人格结构说的基础上,提出了后期焦虑理论,即焦虑的信号说,认为焦虑的根源不在本我,而在自我,只有自我才能产生并感受焦虑。霍妮(K. D. Horney)进一步阐释和修正了弗洛伊德的焦虑论,提出了基本焦虑论。她把环境的作用提高到首要地位,强调应从宏观的社会文化环境和微观的个体环境中去追寻焦虑的根源。在霍妮看来,个体人际关系的失调,尤其是亲子关系的失调是产生基本焦虑的直接原因,而文化环境则是最终的根源。焦虑是一种存在于富有敌意的世界里,一个人所体验到的孤独感和无助感。沙利文(H. S. Suilivan)从人际关系入手,阐述了焦虑的社会文化根源。他认为,焦虑是人际关系分裂的表现,随着个体自尊的发展,焦虑也必然与自尊有关,自尊在焦虑发生过程中起着核心作用。雅各布森(E. Jacobson)认为焦虑的实质是自我不能选用个体喜爱的行为方式来释放本能。在她看来,焦虑是由自我和本我之间的张力所引起的,即是当自我被迫通过非选择性释放途径释放多余能量时产生的一种情绪。

(二) 行为主义的观点

行为主义认为,人的焦虑起源于过去失败经验形成的条件反射。如果这种经验导致人有完全无助的感觉,那么焦虑症便不可避免了。巴甫洛夫曾做过一项著名的试验——"实验性神经症",以证实动物由于这个原因而焦躁不安。行为主义学派认为,焦虑是学习中得来的。一种刺激或情境引起焦虑和恐惧体验后,日后类似刺激或情境出现时将再次激起焦虑和恐惧反应,并伴随相应的生理、生化改变。例如,"一朝被蛇咬,十年怕草绳",就是一个典型的例子。按行为主义学派的观点,个体的任何习惯,不论是适应性的还是非适应性的,都是通过学习而获得的,焦虑也一样。人不仅通过直接的亲身经历感受到焦虑,也可以通过观察、模仿别人(社会学习)而学会焦虑。

(三) 人本主义的观点

人本主义心理学家罗杰斯认为,一个人自我概念与自我期待之间的不一致最终将引发焦虑。许多知识分子感叹书读得越多越烦恼,这是他们的自我期待值过高的缘故。例如,一位自以为天才的人,处处以"才子"自诩,当遇到解决不了的难题时,决不肯屈就于他人的帮助,结果内心产生强烈的焦虑。同样,处处以"自己无用"的态度对待生活,放弃了生活的自主性,处处乞求他人帮助的人,虽然暂时避开了解决问题的困难,但整日对自己会遭人遗弃的担心也可引起强烈的焦虑。

(四) 认知心理学的观点

认知心理学派认为,情绪与行为的发生,一定要通过认知的中介作用,而不是通过环境刺激直接产生。如一个人在山上遇见老虎,感到恐惧,但在动物园见到笼中之虎,则不会害怕。所以认知心理学家提出焦虑的认知理论,认为人们对事件的认知评价是焦虑发生的中介,同身体或心理社会危险有关的认知评价能自动地激活人的"焦虑程序"。如果人们对危险做出过度估计,焦虑反应与客观情境不相称,则将形成病理性焦虑反应。对焦虑时心身症状的错误理解、警觉过度、重复检查、回避行为、应对失败,又会加强危险的认知评价,加剧焦虑程度,形成恶性循环。

(五) 生理学的观点

近年来神经生物学研究发现焦虑的产生与许多神经递质有关。有关焦虑的神经生物学研究着重于去甲肾上腺素能、多巴胺能、5-羟色胺能和 γ-氨基丁酸四种神经递质系统。肾上腺素能系统,特别是蓝斑核,起警戒作用,可引起对危险的警惕和期待心情。中脑皮层的多巴胺能系统与情感行为和情感表达有关。5-羟色胺能系统,特别是背侧中缝核,能抑制焦虑特有的适应性行为;中枢性5-羟色胺活动具有重要的保持警觉和控制焦虑的作用。γ-氨基丁酸则为主要的抑制性神经递质。这四种神经递质系统在脑的不同部位和不同水平相互作用。这种复杂的细胞间信号的相互作用,借助于第二信使,环磷酸腺苷(cAMP)和钙离子(Ca^{2+}),在亚细胞水平加以整合,并在脑和身体的各部位引起不同的变化,形成广泛性焦虑的各种临床表现。

对目前焦虑研究有重大影响的理论主要是罗洛·梅(R. May)的观点、爱普斯坦(D. Epstein)与斯皮尔伯格(C. D. Spielberger)提出的理论。罗洛·梅认为我们生活在一个剧烈变迁的时代,旧的生活观、伦理观、价值观逐渐崩溃。人们的独立性丧失了,对自我产生了一种陌生感,因而增加了人们的焦虑。他认为只要主观上认为某个价值受到威胁,人就足以产生极度的焦虑体验。爱普斯坦的理论建立在对伞兵的研究上。他发现焦虑是在知觉到危险后所产生的无方向的唤醒状态。他把这种状态描绘为极端有害的,并往往导致直接的动机(恐惧),以至出现行动的可能性。这是一种适应性作用,当情境(威胁)恶化时,直接行动的可能性就会提高。斯皮尔伯格详细论证、完善了由卡特尔(R. B. Cattell)提出的状态焦虑和特征焦虑的概念,把焦虑分为特征性焦虑和状态性焦虑,其理论不仅可以对焦虑做定性研究,而且可做定量探讨,从而结束了仅在理论上定性研究焦虑的历史,开拓了焦虑研究的新领域。

专栏 15-1

焦虑自评量表(SAS)

要求:① 独立的、不受任何人影响的自我评定。② 请仔细阅读每一条,把意思弄明白,然后根据您最近一星期的实际感觉,选择最适合您的答案(A. 没有或很少时间,B. 小部分时间,C. 相当多时间,D. 绝大部分或全部时间)。③ 评定一般可在十分钟内完成。

	A B C D	症 状
1. 我觉得平常容易紧张和着急		焦虑
2. 我无缘无故地感到害怕		害怕
3. 我容易心里烦乱或觉得惊恐		惊恐
4. 我觉得我可能要发疯		怕发疯
*5. 我觉得一切都好,也不会发生什么不幸		不幸预感
6. 我手脚发抖打战		手足颤抖
7. 我因为头痛、颈痛和背痛而苦恼		头痛
8. 我感觉容易衰弱和疲乏		乏力
*9. 我觉得心平气和,并且容易安静地坐着		静坐不能
10. 我觉得心跳得很快		心悸
11. 我因为一阵阵头晕而苦恼		头昏
12. 我晕倒发作或觉得要晕倒似的		晕厥感
*13. 我吸气呼气都感到很容易		呼吸困难
14. 我的手脚麻木和刺痛		手足刺痛
15. 我因为胃痛和消化不良而苦恼		胃痛或消化不良

(续表)

	A B C D	症 状
16. 我常常要小便		尿意频繁
*17. 我的手脚常常是干燥温暖的		多汗
18. 我脸红发热		面部潮红
*19. 我容易入睡并且睡得很好		睡眠障碍
20. 我做噩梦		噩梦

评分依次 A 记为 1 分,B 记为 2 分,C 记为 3 分,D 记为 4 分,打"＊"为反向评分,即 4、3、2、1 分。

将 20 条题项的得分相加算出总分"Z"。根据 Y= 1.25×Z,取整数和部分得标准分。

Y< 35 分,心理健康,无焦虑症状;

35≤Y< 55,偶有焦虑,症状轻微;

55≤Y< 65,经常有焦虑,中度症状;

65≤Y,有重度焦虑,必要时请教医生。

注意:SAS 的评定结果可以反映受测者的焦虑程度,但不能作为诊断焦虑症的依据。

第二节　大学生的焦虑表现

一、大学生焦虑的特点

(一) 以轻度焦虑为主

在焦虑成因的作用下,大学生一般经常性地表现出轻度焦虑,这时,他们一般有较弱的恐怖感,但往往不知道恐怖的原因,一般反应为心情烦闷、焦躁不安、无所事事、不能静下心来从事学习等。经常出现这种焦虑行为也会形成焦虑症。在较强的刺激环境下,个性敏感或对自己缺乏自信的大学生容易出现高紧张度的焦虑,此时的心理状态以紧张为主,并没有多少恐怖感,表现最多的是社交焦虑、人群焦虑、考试焦虑、异性焦虑或性焦虑等,不同的大学生在不同的生活阶段都会有此种焦虑心理的存在。

(二) 有一定的弥漫性

大学生的心理焦虑具有某种社会焦虑的特征,这在大学生中是一种普遍存在的心理状态。起初,大学生中可能只是较少地存在着某些不安的心理倾向,如果引起这些不安心理倾向的环境因素没有被及时消除,反而有所增多、强化,再加上大学生在生活环境上的高度同质性以及心理的互相感染,就会引发群体成员的普遍焦虑。这时,焦虑如果还不被及时地遏制住,再进一步扩大,便极有可能由于大学生之间的相互感染,从而使得焦虑从总体上呈现出一种指数型的扩张状态,达到高潮。

(三) 表现形式多种多样

对于具有不同人格特征的大学生来说,焦虑的表现是不尽相同的。在出现焦虑心理后,性格内敛的大学生倾向于压抑自己,他们往往变得神思恍惚、烦闷不安、思想迟钝、唉声叹气,总是说"烦透了"这样的话,他们上课时本能性地选择靠角落的位置并盯着书本发呆,注意力不集中而易分散,在人际交往中表现为退缩、宁愿独处。但是,性格以指向外界为特征的大学生就会有较强烈的行为反应,他们会无缘无故地在同学面前发脾气,或者突然打断别人的谈话、学习等活动,他们行事匆匆,但又不知道自己在做些什么,在宿舍里会气愤地拍桌子、扔书本或突然大喊大叫,以此来释放焦虑产生的能量。可见,大学生由于个体性格等各种差异以及接受外界刺激程度的不同,焦虑的表现形式也会多种多样。

(四) 既有显性焦虑,也有隐性焦虑

大学生的心理焦虑经常是以显性状态存在的,就是说,大部分学生的焦虑往往可以被直接观察或感受到,但不应忽视的是,焦虑有时也以隐性的状态存在着,一时难以被直接认识到。这种隐性的焦虑往往深藏于大学生心理的潜意识层面,一旦转换为显性焦虑,其强度是很大的。由于对隐性焦虑的识别和社会控制存在一定的难度,而且多是在社会缺乏必要准备的情形之下突然而至的,因此会对社会造成很大的冲击。

(五) 存在一定的性别和年级差异

大学生的焦虑程度分别与性别、年级、专业、是否独生子女、家庭结构、专业兴趣、身体状况及父母文化程度有关。对不同性别大学生的比较发现:男生产生焦虑症状的概率高于女生,且表现出较多的攻击性(朱丽娜等,2017)。不同专业大学生的比较发现:工科学生出现焦虑症状的概率高于文科专业的学生;对不同年级大学生的比较发现:一年级和四年级出现焦虑症状的概率高于其他年级(刘晓芸、李雪松,2013)。

二、大学生焦虑的原因及常见的几种焦虑障碍

引起大学生焦虑的原因有很多,走进大学校园,成就与失落共存、轻松与紧张相伴、渴求知识与厌恶学习交织、希望与失望相随、自豪与自卑共生、空虚与恐惧同在、独立与依赖共

振、归属与孤独共融,所有这些,都可能引发焦虑。大学生远离家乡和亲朋好友,异地求学读书,失去了父母亲友的直接呵护和疼爱,原来的依赖心理一下子受到了强烈的冲击,同时还要面临一种对当地文化适应的问题,家庭条件、父母文化程度、人际关系失调、身体健康状况等都可能引发大学生产生焦虑,从而影响学习、生活。以下介绍几种大学生常见的焦虑障碍。

(一) 考试焦虑障碍

考试焦虑是大学生中较常见、较特殊的焦虑情绪表现,是指由于担心考试失败或渴望获得更好的分数而产生的一种忧虑、紧张的心理状态。考试焦虑障碍是一种过度的考试焦虑,是在一定的应试情境激发下,以过分担忧为基本特征,以防御或者逃避为行为方式,通过不同程度的情绪反应所表现出来的一种心理障碍或行为困扰。它将导致个体不能发挥正常的认知功能,对人的评价缺乏客观标准,同时情绪变得不稳定,自制力下降,社会适应能力下降。从对躯体的影响来看,考试焦虑症对神经、心血管、消化、呼吸以及内分泌系统均会产生影响,对疾病的抵抗能力下降,使体质下降,对个体的身心健康造成潜在的威胁。研究认为,大学生出现考试焦虑主要有三方面的原因:① 担心考试不及格,要面临重修甚至退学的危险;② 担心考试分数较低影响到奖助学金和评优等;③ 等级考试证书与毕业证和学位证挂钩,增大学习压力。而过高的焦虑会让部分同学因考试时的不良反应而得不到理性的考试成绩,不理想的成绩又会增加个体的考试焦虑,陷入恶性循环,考试焦虑愈加严重(赵碧玫、谭怡,2013)。

(二) 社交焦虑障碍

社交焦虑障碍是一种常见的、损害社会功能的、影响相当数量人口的慢性疾病,是继抑郁症、酒精依赖之后第三种常见的精神障碍。社交焦虑障碍个体的头脑被一些典型的关于自己和他人的负性信念占据着,其认知模式的核心是个体对自己在社交场合中的表现持有负性的认知。这些负性认知加剧了个体的焦虑水平,使得个体更加感觉自己成为所有人的聚焦中心,从而进一步引发行为、认知和生理上的焦虑症状,这些症状又会导致社交焦虑个体对自己的表现有更加负性的评价,进一步导致更高的焦虑和恶性循环。社交焦虑障碍是大学生常见的心理问题之一,主要源于以下几个方面:一是自我评价;二是社交技能;三是被孤立的焦虑(兰桂萍,2014)。

(三) 恋爱和性焦虑障碍

大学生恋爱焦虑心理源于对待性爱问题深刻的矛盾心情和冲突心理。他们不知该如何处理性生理成熟与心理需求增长之间的矛盾,不知该如何对待情爱发展与经济尚未独立、求学成才之间的矛盾,表现为苦恼、烦躁不安、厌恶感和紧张感。大学生恋爱焦虑心理的主要引发因素是:第一,性意识的困扰;第二,陷入婚恋认识误区;第三,面临情感问题的困难选择。在恋爱动机和需要、理想与现实选择的情境下,他们不知如何才能做出一种比较理想的选择而顾虑重重。如有的同学因没有异性朋友、无人赏识而产生心理压力;有的同学有异性朋友,但又担心恋爱影响学业或不被学校、家庭认可而焦虑不安。

处在青春期的大学生都有过不同程度的性爱焦虑心理,但并非所有的焦虑都是病理性的。有的焦虑随着时间推移与认知提高而自动消失或转移;有的焦虑在一定的家庭、社会、教育管理者的引导下也能得到自控与转移,不会对大学生身心造成太大的伤害,但比较严重和持久的焦虑,对大学生学习生活造成的影响往往是深刻的,应积极寻求解决。当代大学生性焦虑障碍问题较突出,有调查发现,超过60%的大学生都出现了不同程度的性焦虑问题,包括由对性知识缺乏、性体相、性行为、性观念和由此产生的消极性心理而引发的焦虑情绪;在性别方面,男生对性知识获取的需求和性焦虑多于女生(王军、罗文萍,2015)。

(四)择业焦虑障碍

大学生的择业焦虑主要源于四个方面:就业竞争压力、缺乏就业支持、对就业前景担忧、自信心不足等。研究表明,大学生的职业成熟度越低,择业焦虑越高。心理控制源也影响择业焦虑,当外控型大学生面对择业问题时,会将事情的结果归于不可抗拒的外部力量,觉得自己的努力不会改变事情的结果,消极应对,进而增加自己的择业焦虑程度(张玉柱,2012)。

第三节 大学生焦虑的调节

一、大学生焦虑的自我调节

(一)改变价值观念

1. 认识焦虑表现

焦虑是心理压力最直接的表现之一,是每个人都试图去避免的情绪。人们总是不喜欢面对焦虑情绪的现实,趋向于逃避现实。然而,这样对解决焦虑是毫无益处的。我们必须面对现实,认识焦虑的表现,越早认识自己的焦虑状态,就越容易解决问题。

2. 寻找焦虑来源

对于许多人来说,我们似乎无法知道"我们真正的痛苦"是什么,能体验焦虑,却并不知道焦虑的来源。这就要求我们善于内省,养成内省的好习惯。我们可以自己记"心理自我治疗日记",这样不但可以预防焦虑的产生,而且也可以阻止焦虑的扩散(Kennerley,2000)。

3. 避免不合理认知

避免不合理认知,就是克服不合理的信念使我们产生的焦虑。如"一切都完了"这一类的在不合理的基础上产生的不合理认知,表达着一种非理性的心态,预示着一个消极的未来,似乎整个世界都走到了尽头,看不见前途的光明。避免不合理认知的一种方式就是把不合理的情感陈述转变为集中于"此时此地"的、就事论事的客观评价。

4. 调整个体期望

有焦虑情绪的大学生往往有较高的成就动机和社会期望,而过高的期望则会导致情绪上的紊乱和行为上的异常。因此,大学生要调整对自己、对社会的过高期望,既不盲目乐观,也不要低估自己,进而合理地确定活动目标,激发自己向上努力,使自己处于自信而不自满、自尊而不自负、自善而不自弃的心理状态。

(二)缓解焦虑情绪

焦虑本身是一种消极的情绪体验。焦虑的大学生,其情绪悲观失望,对任何事情都无兴趣,甚至参加什么活动都不能给他们带来快乐,由于受固定思维模式的限制,容易陷入抑郁状态。因此,培养积极向上的健康情绪,可以抑制或消除抑郁的情绪体验。学生应经常用"我能成功"、"我一定有办法"等积极信念来激励自己,学会调节、控制自己的消极情绪,理智地克服"情绪应激",正确地使用理智、转移、宣泄、升华等调节情绪的方法。另外,学生也要学会增加自己的积极性情绪体验的方法,比如用"快乐预测单"来检验自己做事无用的想法,所谓"快乐预测单"是指在每天要做的事情的基础上,对每一项活动进行预测,估计每项活动完成时的满足程度,并写下做每一项活动时真正体验到的满足程度,许多焦虑的大学生会惊奇地发现,他所做的事比他想象的更加令人愉快和满足,从而体会成功的喜悦,消除焦虑情绪。

(三)采取积极行动

1. 培养良好的人际关系

少独处,多和他人交流,是拥有健康的非焦虑心态的一个积极策略。个体在烦躁忧郁、焦虑不安时,多走走、多看看、多玩玩、多活动,同时和自己亲近的人、要好的朋友倾吐内心的忧虑和苦闷,一方面可以宣泄自己的不良情绪,减轻心理压力;另一方面还可以获得他人的开导、指点,"旁观者清,当局者迷",通常别人的寥寥数语,会使你如拨开九重阴霾,心中豁然开朗。

2. 少空想、多行动

如果一个人对危险有一系列的解决方法,那他在面临危险时只要从容地按已准备好的方法去处理就可以了。事实上若个体一开始就少点空想,多积极主动进行准备,则会使事情向好的方向发展,有一个好的结局,最终会减轻或消除焦虑。

3. 采用调整技术

当心理处于焦虑状态时,个体还可以采取行动,运用放松训练等技术来调适自己的焦虑。

二、大学生焦虑的社会调节

（一）学校方面

大学生在学业、就业、人际关系等方面都存在较为严重的焦虑。因此，高等学校应该切实重视大学生的焦虑问题。第一，要重视大学生心理健康教育，减轻其焦虑状况。通过咨询、教学、心理讲座、野外拓展、网络互动等方式对大学生心理健康、大学生焦虑进行有效地干预。第二，加强大学生心理特点与心理问题的研究，这是有效防止和降低大学生焦虑的主要路径。具体来说，学业焦虑可通过合理引导，由大学生通过自我调整来消除和调节；人际关系等方面的问题，不仅要增加人际关系的理论讲座，更重要的是加强人际关系的训练；对于大学生非常关注就业的焦虑问题，学校应该从一年级开始就加强大学生职业生涯规划的意识，二年级进一步强化，到三年级进行职业生涯的指导、管理与拓展训练。

（二）社会支持系统

大学生是国家宝贵的人才资源，是现代化建设的主力军，全社会都在密切关注着大学生。比如现在各高校都成立了心理咨询中心，班级设置了心理信息员等。再比如，对于大家关注的大学生就业问题，2019 年教育部与有关部门出台四项措施，努力实现高校毕业生更高质量和更充分就业：一是拓宽就业领域，着力促进高校毕业生多渠道就业；二是推动双创升级，着力促进高校毕业生自主创业；三是强化服务保障，着力提高就业创业指导服务水平；四是加强组织领导，着力深化思想教育和宣传引导。

（三）焦虑的心理治疗

大学生焦虑是一种非正常的情绪反应，大多数情况下，这种情绪反应往往具有阶段性、短期性、非疾病性和自我恢复性等特征。但也有少部分学生有渐进性加重趋势，最终有发生焦虑症的可能。对于焦虑症状严重的患者，可以寻求专门的心理治疗。

复习思考题

1. 解释：焦虑，状态焦虑，特质焦虑。

2. 举例说明焦虑的积极意义和消极影响。

3. 谈谈大学生焦虑的特点。

4. 大学生焦虑的原因有哪些？简述几种常见的焦虑障碍。

5. 大学生面对焦虑可以采用哪些自我调节的方式？

扩展阅读

1. [美] 理查德·康纳.走出抑郁：让药物和心理治疗更有效[M].张荣华,译.北京：中国轻工业出版社,2014.

2. [美] 李·科尔曼.战胜抑郁症：写给抑郁症患者及其家人的自救指南[M].董小冬,译.北京：中国人民大学出版社,2019.

第十六章 抑郁与调适

小宁是一名大三女生,专升本来到目前的大学,她在大专期间成绩优秀,上了本科后,发现自己的优势一下消失了,很有压力,感到各方面都不如其他同学,和同学几乎没有什么往来,也融入不进现在的班级。在宿舍里,室友聊天感觉自己插不进话,担心自己说话没人理或者别人认为很无聊,因此在宿舍也不想说话。最近一个多月,小宁每天都高兴不起来,学习提不起劲,上课注意力无法集中,思维跟不上老师讲课的进度,常常反应不过来,记忆力也严重下降,同时常常出现浑身关节疼痛,但去医院检查后没有发现器质性问题。过去小宁喜欢跳舞,现在也觉得没什么意思,一学期都没有跳过了。每天都对自己的颓废感到自责和痛苦,觉得自己在浪费父母给的学费,认为自己彻底变成了学渣;每天凌晨三四点钟就会醒来,之后一直瞪着眼睛到天亮,每天头昏沉沉的。独处时,会忍不住流泪,觉得大学生活越来越无聊,甚至感觉暗无天日,看不到出路,找不到活着的意义,常常想到死亡,每当想到死时会沉浸其中。

小宁1岁时被送到爷爷奶奶家,从此和爷爷奶奶一起生活,6岁前父母每周来看自己,6岁以后,父母到外地工作,就很少来看自己了,上学后,每次见到父母,父亲都会问自己的成绩怎么样,考得好的话,父亲就说:不要骄傲,要反思自己错的地方。考得不好的话,父亲就会发脾气,小宁很害怕父亲生气时对自己的大声呵斥。爷爷奶奶常常对小宁说:"你爸妈不要你了。"上初中后,小宁转学到父母所在的城市,每天回家和父母生活在一起,但小宁和父母亲近不起来,父母也发现小宁的很多生活习惯不符合他们的要求,每天都会监督小宁做出改变。父母在家里几乎每天都会吵架,小宁从刚开始的很烦躁到后来变得很麻木,父母一吵架,她就躲到自己房间里去了,与父母几乎没有情感交流,小宁初中成绩很好,考入重点中学,住校,高二前成绩都处于中上水平,高三时经历和室友吵架、被孤立以及爷爷去世,因此高三大部分时候都未去学校,高考只上了专科线。专科学习期间成绩优秀,在老师的鼓励下考上本科,刚进入本科,奶奶就去世了。小宁觉得世界上和自己最亲的两个人都走了,情绪极度低落。小宁平时几乎不会主动联系父母,每次寒暑假都会以实习为借口不回家,但在学校又感到孤独难耐,很压抑。小宁说:"我一直都觉得自己很糟糕,担心未来能否去面对生活。我对自己感到失望,对自己没有能力改变现状感到沮丧。"

小宁这种状况是大学生中较为常见的抑郁情绪障碍,抑郁的表现是多种多样的,引起大学生抑郁的原因也有很多。本章将介绍抑郁的理论,大学生的抑郁特点及成因,以及怎样对抑郁状态加以调适。

第一节　抑郁及其理论

一、抑郁及其形态

抑郁是负面情感增强的表现,患者自觉情绪低沉,对自我才智能力估计过低,对周围困难估计过高。了解抑郁,需要理解抑郁情绪、抑郁人格及抑郁症的区别。

(一) 抑郁情绪

人们常常把情绪作为评鉴一个人心理健康与否的指标,当我们处于开心、积极的情绪体验中时,我们会认为这是正常的,而若体验到愤怒、抑郁、恐惧等就会紧张,担心自己是否出问题了。其实,一个人正常的情绪包括了正性情绪(如高兴、快乐等)和负性情绪(悲伤、焦虑、抑郁等)。其中负性情绪又可以分为健康的负性情绪和不健康的负性情绪:通常健康的负性情绪是我们对环境刺激的正常的适应性的反应,如遭遇丧失会悲伤、做了不该做的事或未做该做的事会后悔、经过多次尝试而未达到期望的结果会沮丧,以及受到攻击时会恐惧或盛怒,这些情绪的出现正说明在面对外部刺激时情感可以自然流动,这对我们的心理健康有着积极的作用。同时,这些负性情绪会帮助我们远离危险、痛苦,帮助我们的身体应对可能的伤害,所以负性情绪也有正性意义;但是如果这些健康的负性情绪不能应对过强的外部刺激,或者由于个体歪曲的认知、不良的人格特征,正常的适应性的反应也会转换成非适应性的反应(如恐慌、抑郁、狂怒、自怜等),瓦解人们的正常应对能力,对心理健康起着消极的影响。

(二) 抑郁人格

抑郁型人格具有特定的内心体验,甚至在发展为抑郁状态之前就已经存在。抑郁型人格的形成一方面有遗传因素的影响,比如抑郁质气质类型受先天神经类型影响,是特征性的。抑郁质的内向、柔弱、多愁善感等气质特征导致个体遇到刺激容易体验到抑郁情绪,可能是抑郁症的易感人群。另一方面,抑郁型人格的形成更与早期遭受创伤经历而形成难以愈合的悲痛有关,特别是早年无法避免的分离使儿童难以体会到父母的爱意和保护,儿童被迫用抑制情感来抵御分离,逐渐形成抑郁人格,其认知、情感体验、感觉等都会表现出抑郁的特征。

（三）抑郁症

抑郁症又称抑郁障碍，是由各种原因引起的以抑郁为主要症状的一组心境障碍或情感性障碍，包括破坏性心境失调障碍、重性抑郁障碍、恶劣心境、经前期烦躁障碍、物质/药物所致的抑郁障碍。它们的共同特点是存在悲哀、空虚或易激惹心境，并伴有躯体和认知改变，个体功能明显受影响。临床可见心境低落与其处境不相称，情绪的消沉可以从闷闷不乐到悲痛欲绝，自卑抑郁，甚至悲观厌世，可有自杀企图或行为；甚至发生木僵；部分病例有明显的焦虑和运动性激越；严重者可出现幻觉、妄想等精神病性症状。每次发作持续至少 2 周以上，多数病例有反复发作的倾向，会引起认知、情感以及自主神经功能的明显改变。

二、抑郁的理论解释

（一）抑郁是一种适应机制

从生物进化的角度看，机体进化的核心目标是进化与繁殖。人类抑郁的适应机制表现在：抑郁的症状，比如低落的心境和情绪是对负性的情景和生存风险的应激反应，如遭遇亲人去世、事业、学业失败、重要关系的丧失等。轻中度的抑郁是有适应价值的，在面对无能为力的境况时，情绪低落会使我们聚焦于现实的威胁与障碍方面，并约束行动，不再继续投入情感与精力到那些无益于进化的活动中去，即避免做水中捞月的无谓消耗，避免毫无成功希望的奋斗以及帮助我们应对损失。情绪系统的受损使个体自然地关闭一些行为动机，从而保存机体生存的能量。其适应性功能表现在它帮助我们放弃不大可能实现的追求，因为抑郁情绪减少了我们从某类事件中获得的快乐，所以我们更容易放弃。如果没有东西（如情绪低落）阻止我们追求那些不可能达到的目标，我们很可能徒然浪费大量的时间和精力。重度抑郁症则是当情况进一步恶化、严重地威胁到个体生存时，压力激素过度释放，个体在躯体、认知、情感、行动等方面出现扭曲与破坏，并可能导向自毁性行为。

（二）精神分析的观点

精神分析论认为，抑郁是一种丧失反应，是个体生活中的重大丧失，引发了隐藏在潜意识中童年生活丧失经验的痛苦；两者交互作用，使当事人陷入了抑郁的困境。抑郁症患者的童年生活中有较多丧失的痛苦经验，诸如自幼丧失父母、得不到父母爱护、在同伴中受欺凌等。心理学研究表明，自幼父母双亡者成年后抑郁症的患病率比一般人高（Barnes & Prosen，1985）。这在一定程度上支持了精神分析论对抑郁症的解释。按精神分析论的解释，现实情境中的挫折，并非抑郁的真正原因；引起个体抑郁的真正原因，是童年生活中丧失的痛苦。

（三）行为主义的观点

行为主义认为，抑郁是个体长期缺乏正增强作用，在生活中学习到的一种消极性的退缩反应。正增强作用指个体只要表现出适当的行为,就会受到奖励或赞赏。如果生活经验中受到奖励的机会极少,而受到惩罚的机会太多,就会对个体生活适应产生不利的影响。因失败经验远远多于成功经验,个体不能从生活经验中获得快乐,也不能从生活经验中建立自信心与自尊心。而且,因为生活经验中没有奖励与赞赏,个体不能学习到应付困境的能力,于是导致了抑郁症的发生。抑郁症患者一般既缺乏应付生活困境的能力,也缺少待人处事的社交技巧。

(四) 认知论的观点

认知学说关注我们理解、认识世界的方式,认为认知因素对抑郁的产生起着关键作用。当个体对环境变化完全无法控制,或对将来完全无法预测时,个体将因为无法克服焦虑、恐惧、痛苦的压力而丧失求生斗志,放弃一切追求,进而陷入绝望的心理困境。这种以习得性无助感为基础的生活态度,使这一类个体倾向于在认知上特别夸大失败经验,因此自责自卑,觉得自己一无是处,完全忽略了个人在其他方面的优点与生存的价值。认知论还用动机理论中的自我归因论来解释抑郁。人们对于成败的归因有稳定性、内外控及可控性等三大特征,如果个体倾向于采取稳定与内在的维度来为自己的失败归因,如失败了就自认缺乏能力,就会导致消极的自我观念,以及对生活的悲观态度,最后陷入抑郁。

专栏 16-1 　　抑郁自评量表(self-rating depression scale,简称 SDS)

请根据你"现在或过去一周"的情况,在不受任何人影响的情况下独立地完成下列问题的回答,答案在 A、B、C、D 中选择一个最符合自己情况的,一般在十分钟内完成。

A:没有或很少时间(过去一周内,出现这类情况的日子不超过一天)

B:小部分时间(过去一周内,有 1—2 天有过这类情况)

C:相当多时间(过去一周内,有 3—4 天有过这类情况)

D:绝大部分或全部时间(过去一周内,有 5—7 天有过这类情况)

	A	B	C	D
1. 我觉得闷闷不乐,情绪低沉				
2. 一天中,我觉得早晨的心情最好				
3. 我一阵阵哭出来或觉得想哭				
4. 我晚上睡眠不好(睡眠障碍)				
5. 我吃得跟平常一样多				
6. 我与异性密切接触时和平常一样感到愉快				

(续表)

	A	B	C	D
7. 我发觉我的体重在下降				
8. 我有便秘的苦恼				
9. 我心跳比平常快				
10. 我无缘无故地感到疲乏				
11. 我的头脑跟平常一样清楚				
12. 我做我熟悉的事情没有困难				
13. 我觉得心情不安,难以平静				
14. 我对将来抱有希望				
15. 我比平常容易生气和激动				
16. 我觉得做出决定是容易的				
17. 我觉得自己是个有用的人,有人需要我				
18. 我的生活过得很有意义				
19. 我认为如果我死了,别人会生活得好些				
20. 平常感兴趣的事我仍然感兴趣				

评分标准：A 记为 1 分,B 记为 2 分,C 记为 3 分,D 记为 4 分。其中,题项 2、5、6、11、12、14、16、17、18、20 为反向记分。主要统计指标：

总分标准分：总粗分= 所有问题得分总和(把 20 题的得分相加为粗分),标准分= 总粗分乘以 1.25,四舍五入取整数。

按照中国常模结果,判断结果为,53 分是界值分：

53—62 分为轻度抑郁；

63—72 分为中度抑郁；

72 分以上为重度抑郁。

抑郁严重度指数= 总粗分/80(最高得分),判断结果为,指数范围为 0.25—1.0：

0.5 以下者为正常范围(无抑郁症状)；

0.5—0.59 为轻微至轻度抑郁,建议适度放松,调整心态,也可咨询心理医生；

0.6—0.69 为中至重度,建议寻求心理医生的帮助与治疗；

0.7 以上为重度抑郁,建议立刻去心理与精神医院救治。

注意：抑郁自评量表的评定结果可以反映受测者的抑郁程度,但不能作为诊断抑郁症的依据。

第二节 大学生的抑郁特点及成因

一、大学生抑郁状况的流行病学特点

一项对 2003—2012 年间采用抑郁自评量表(SDS)开展的有关大学生抑郁的 61 篇研究报告的元分析发现,十年来大学生的抑郁人数随着年份呈逐渐上升的趋势(吴洪辉、廖友国,2013)。对 2002—2011 年间的我国大学生的抑郁情绪筛查的元分析发现,我国大学生合并抑郁情绪检出率为 29.3%(唐慧等,2013)。最近周晶晶等(2018)对北京市 5 所大学的 1 864 名在校大学生进行抑郁症状的筛查,结果阳性率为 21.36%。屈智勇和张秀兰(2008)采用美国流调中心抑郁量表中文修订版对我国中西部 10 省 17 所本科院校 9 641 名大学生进行问卷调查,发现在调查前一周约有 24% 的人存在抑郁症状。发生抑郁症状比例较高的人群特征是:学习上,对所学专业不感兴趣,每学期旷课在 20 节以上,课后从不和老师沟通;人际行为上,几乎没有知心朋友,不向任何人倾诉,不向他人求助;很少或从不参加社团活动。可见,目前我国高校大学生抑郁状况相当普遍,其危害不容忽视。

二、大学生抑郁的主要表现

(一) 认知表现

抑郁会导致大学生难以集中注意力,上课时常常走神,精神涣散。而且他们发现自己思维抑制,反应迟缓,记忆力严重下降,在日常生活中常常丢三落四,非常健忘,学习成绩因为记忆力的下降也不断下滑。更为严重的是,这些大学生会对自己和世界充满了消极的观念,他们认为自己什么都比不上身边的同学,并且会认为身边的同学对自己缺乏友爱,因此常常对他们怀着敌意。他们用消极和悲观来面对生活和他人,并且常常由于自己在学业、人际关系上遇到的困难而更加消极和悲观。最坏的结果是抑郁可能导致绝望。感到绝望的大学生会产生自杀的念头,并且很有可能导致自杀行为。

(二) 情绪表现

大学生正处在人生的黄金时期,但抑郁却会像乌云一样,挡住生活中的阳光。他们发现生活中不再有乐趣,没有什么值得追求的目标。甚至对以前非常喜欢的活动,也会感到缺乏兴致,索然无味。学业和工作上的目标对他们也丧失了意义,一切在他们看来都是空虚的,都带上了灰色的基调。他们会变得失去耐心,极端敏感,常对身边的人大发脾气。而人际关系因此可能会越来越糟,这又会作为一种恶性的刺激加重抑郁对情绪的危害。这一切最终

可能导致抑郁患者的绝望感和无助感。

（三）行为表现

抑郁导致的消极情绪必然会导致他们行为方式上的改变，正如他们感觉到的每件事都没有意义，在行动上也会表现出对任何事都缺乏激情，显得被动封闭。对学习表现出冷漠的态度，常常逃课，这必然导致他们的学业成绩越来越差。与人交往缺乏主动性，不愿参加集体活动，不愿与人交流思想。由于情绪容易失控，使他们跟其他人在一起时常常非常不愉快，其结果是他们更加表现出社交退缩。抑郁的人可能在饮食行为上也变得跟以前不同，他们或者吃得很少，或者吃得很多。由于消极的观念和情绪，抑郁的人总是对每一件事或人抱怨，并且通过发脾气来宣泄他们不断积累的愤怒。抑郁也会使他们变得懒散，如完全忽视自己的个人仪表，忽视最基本的个人卫生，即使是以前很爱美的女大学生也不再打扮自己，常常给人很邋遢的印象。

（四）躯体症状

抑郁常常导致大学生许多难以克服的睡眠障碍，他们常常不能入眠，即使入眠，也容易惊醒，非常小的刺激都可能使他们从睡眠中醒来。特别是早醒，这是抑郁的特征性症状，醒后再也无法入睡。长期的缺乏睡眠必然导致他们许多身体上的问题，比如免疫系统功能的降低，因此很容易生病。相反，另有一些患者会出现每天昏睡的情况，一天中的大部分时间他们都躺在床上，可是尽管睡了很多，他们仍然觉得精疲力竭。饮食方面，有的人因为抑郁失去胃口，常常不吃东西，有的人则吃得很多，从而导致过度肥胖。

（五）隐匿性抑郁

1. 微笑型抑郁

这类患者虽有抑郁的主观体验，但在旁人面前却总是有说有笑，隐匿性很强，旁人很难察觉到他是在"强颜欢笑"。无论他们内心深处有多痛苦，外在表现总是若无其事，面带"微笑"，如同在抑郁的心境表面蒙上了一层微笑的面纱。但是，这种"微笑"不是发自内心深处的真实感受，而是出于各种需要，如面子、礼节、尊严和责任的需要等，其实"微笑"过后是更深刻的孤独和寂寞。微笑型抑郁的人在人际互动中常常会讨好取悦于他人，通过迎合他人与环境来获得认可，但他却忽视了自己最真切的感受。

2. 勤勉型抑郁

典型的抑郁症患者往往做事提不起精神、不愿动、工作效率低，而有些患者却表现为"工作狂"。他们的生活中充满了学习的、工作的、应酬的、家庭的事务，他们全身心地投入其中，整日忙得团团转。跟正常的勤勉不同，其"勤勉"其实和"微笑"一样，也是一种掩饰和逃避。

患者无法与挫败的自己或痛苦的经历相处，于是不停地做事，可以避免自己体验抑郁的情绪，挡住那个害怕面对的"自我"。但勤勉的最终结果也和微笑一样，不但不能解决问题，反而会使人麻痹大意，不能及时发现病情。

3. 躯体型抑郁

躯体型抑郁在临床上普遍易见，但很容易被误诊。抑郁主要表现为各种躯体症状，如头痛、头晕、胸闷、心悸、背痛、四肢麻木、胃肠道的各种不适、恶心、呕吐、便秘、排尿障碍，等等，但又查不出任何器质性病变，结果人们常年在医院各个科室就诊，但总是不见好转，而这实际上是抑郁症的表现，是患者的负性情绪能量不能正常流动而置换为躯体化症状的结果。

三、大学生抑郁的影响因素

（一）易感因素

1. 生理因素

从遗传因素看，与许多其他疾病一样，抑郁症往往在家族中集中出现。若父母中有一人患抑郁症，则孩子患该病的机会增加 10％—13％；异卵双生子同病率为 19.7％，自由分开抚养的同卵双生子后期同病率高达 66.7％。神经生化方面，已有研究发现抑郁症患者大脑中某些被称为神经递质的化学物质往往出现减少，如 5-羟色胺和去甲肾上腺素减少就常常导致情绪低落、动力下降以及食欲和性欲改变。在大脑神经功能层面上，抑郁症患者在多个与情绪加工相关的脑区出现了结构和功能上的异常，如杏仁核、前扣带、内侧前额叶、背外侧前额叶以及海马、丘脑等皮层下区域（蒙杰等，2016）。

2. 人格因素

许多研究发现，抑郁的个体具有一些共同的易感性人格特征，比如悲观、敏感、偏内向、情绪不稳定、较少采用积极的应付方式等。研究发现，高神经质、低外向性、低责任心以及其他相关特质（沉浸、自我批判、依赖性等）与抑郁症有着中到强的相关关系。其中神经质最受关注，在一定程度上可以预示抑郁症的发作，影响抑郁症的病程和治疗情况（李彧等，2019）。高神经质水平的大学生在日常生活中遇到应激事件时，其抑郁水平会快速上升（席畅，2016）。大学生的情绪状态和主观生存质量与人格特质中的神经质存在相关性，神经质程度高的个体易产生负面情绪，主观生存质量评价降低（张文悦等，2015）。还有研究发现，大学第一年是抑郁症状的高发时期，其中对所学专业不感兴趣、高神经质、低自尊、高焦虑水平、白天嗜睡和生活事件可能是导致抑郁症状的危险因素（宋煜青等，2018）。

（二）维持因素

1. 认知因素

有抑郁症状者对自我、现实世界以及未来的解释通常使用一种扭曲的思维方式，他们看自己总是无价值的、不完善的、没有人爱的和充满缺点的;看周围环境是灾难性的、无法掌控的,常常预期别人会伤害、羞辱、欺骗和控制自己;看未来总是预期自己会经历失败。而他们总是相信即使自己努力也无法改变失败的现实,由此体验到强烈的无望和无助感。

2. 自尊与自我效能感

自尊是大学生心理健康的重要影响因素,尤其对大学生抑郁、焦虑和人际敏感具有显著的预测性。研究提示,自尊与抑郁因子相关最高,自尊水平越低,抑郁水平越高(高爽等,2015)。自尊水平、自我效能感与抑郁得分呈显著负相关,自尊水平越低和自我效能感越差时,抑郁得分越高(戴琴、冯正直,2008)。

3. 应对方式

研究发现,消极应对方式与抑郁呈显著正相关(万伦等,2017)。抑郁症状得分高的人,他们越少采用问题解决和求助的应对方式,而越多采用合理化、自责、幻想、退避的应对方式(丁建飞,2018)。已有研究表明,抑郁症患者所选择的应付方式主要是自责、退避和幻想,而相对较少使用解决问题、合理化和求助方式(刘利等,2005)。

4. 家庭因素

家庭因素对大学生抑郁的产生有着十分重要的影响,父母的教养方式中尤其是父亲的教养方式对大学生的影响很大。研究也表明:父母情感表达少、家庭成员沟通少冲突多、父母关系紧张及亲子关系紧张、父母抑郁(特别是母亲抑郁)、家庭环境的亲密度低、父亲的拒绝否定、父亲的温暖少、父亲过度保护太多、母亲过度的严厉惩罚,以及感知家庭经济一般或较差是导致大学生抑郁症状的危险因素(曾庆萌,2018;侯艳飞等,2018;张静,2015;赵郝锐,2017)。

5. 社会支持

良好的社会支持对抑郁有缓解作用,社会支持受损会导致持续、严重的抑郁,缺乏社会支持的青少年受抑郁情绪影响会明显增多。一项对2002—2015年间关于社会支持与抑郁的90篇文献的元分析发现:大学生社会支持越好,抑郁状况越少;受社会支持类型的影响,感知到的社会支持与抑郁的关系比提供的实际社会支持与抑郁的关系更紧密,在实际社会支持中,主观支持与抑郁的相关高于客观支持、支持利用度与抑郁的相关;在领悟社会支持来源中,朋友支持与抑郁的相关高于家庭支持、其他人支持与抑郁的相关;社会支持状况对女生的抑郁得分影响大于男生(杨春潇等,2016)。

(三) 促发因素

大学生抑郁的促发因素主要源于生活应激事件。一些研究提示,大学生的不良生活事件,如学习压力、失恋、人际冲突、就业困难、躯体疾病等都可能增加患抑郁症的风险(兰杰等,2017;李晓敏等,2017)。

第三节　大学生抑郁的调适

一、大学生抑郁的自我调适

（一）调整自己的行为

行动是抑郁的天敌。抑郁的时候往往会对日常活动感到力不从心，只想待在家里或躺在床上，但是，躺着使抑郁的人因为没有做事而更加内疚，也使他们有更多的时间沉溺于思考自己的困境，却总是没有行动，结果形成恶性循环，越是不想动，就越自责自己什么都没有做，越是不做事就越是反复思考、自责和自我贬低，最后越是相信自己什么都做不了，抑郁越来越严重。带着抑郁的症状生活，是克服抑郁的一条必经之路。因此抑郁的人要做的第一件事就是行动。

1. 安排一些积极有趣的活动，尝试改变原有的生活模式

抑郁的时候，人们常常会觉得自己不得不去做一些痛苦和烦恼的事，甚至认为自己几乎不可能按照自己内心的愿望做事，他们似乎丧失了平衡生活的能力，几乎把所有时间都用在思考和体验痛苦以及无效的挣扎中，凡是能让自己快乐的事情都会觉得内疚并加以批判。面对这种状况可以试着从下面两个方面进行调适：① 将生活的平衡看成是银行的收支平衡。凡是做了让自己快乐的、符合自己内心愿望的事（或积极的活动），都看成是自己在账户上存款，而那些凡是需要耗费精力却让自己感觉不愉快的事（或消极的活动）则犹如取款，如果总是不断地取款却从不存款，那么账户很快就会出现赤字。所以每当做了一项积极的活动时，哪怕只有一点点快乐，都要在心里对自己说"我的存款又增加了"。② 尝试改变原有的生活模式。试着体验新的生活，如去参加一个自己喜欢但又从没接触过的社团，或者故意打破过去一成不变的生活规律，了解别人的生活模式和学习习惯。

2. 分解任务，逐步完成

抑郁的人通常有强烈的畏难情绪，总是在做事之前设想会遇到许多困难，会设想很多糟糕的结局，这会导致他们失去有条不紊做事的能力，结果什么也做不了。因此，可以试着将每个任务都分解成一个个小步骤，每个步骤都有一个小目标，一旦达到一个目标就给自己一个奖励。比如想到操场上打打篮球，那么第一步就是先换上球鞋，走出宿舍，尽量别想自己可能会遇到什么麻烦。这时无论如何也算达到了自己的一个目标——走出了宿舍。第二步就是跑到操场，同样尽量别想自己打球打得好不好，别人会不会笑话自己，只管往操场上跑，那么第二个目标又达到了。第三步是全身心投入到打球中，避免思考自己的动作是否会被别人笑话等，打球目标便最终达到了。上述分解步骤的目的是避免我们被自己思维中的"太

麻烦了,我肯定应付不了,肯定做不好"等观念所困住。

3. 积极运动

人在抑郁时,满脑子都是一些负性思维,总会想起生活中一些不好的事情,结果要么很压抑,要么很愤怒,如果任由自己陷于消极思维状态中的话,抑郁的情况会变得越来越糟糕。而运动不仅可以很好地分散注意力,而且,中等以上强度的运动可以激活大脑多巴胺等神经递质的分泌,增强愉悦的感觉,从而达到对抗抑郁的目的。如跑步、爬山、游泳、跳健美操、打球等,最好找几个人一起运动,可以强迫自己坚持下去。当自己身体的活动水平提高了,注意力分散了,负性思维出现的概率也会降低。

4. 承认自己的局限性

抑郁的人因为自我评价低、又追求完美,希望得到他人的认可,于是总是极力迎合、讨好身边的每个人,不能表达自己的需要,也不能按照自己内心的愿望行事,否则就会有强烈的内疚感,结果常常是忙于考虑和照顾别人的需要而失去了自己的个人空间和时间,这样的结果更强化了抑郁者对自己的不满和强烈的想逃避所有人和事的状况。每个人的能力都是有限的,我们必须了解和面对自己的能力界限,在内心设置恰当的能力空间和时间限制,不要把自己当成超人,承认自己有局限,才能去享受生活的过程,而不会被其他的人和事控制。

(二) 关照自己的身体

把自己的身体当作需要精心耕耘的花园,悉心照料,常常松土、浇水、施肥、除草,这样才能枝繁叶茂。抑郁的时候,关照自己的身体也是使自己从抑郁中走出来的重要方面。

1. 排除躯体疾病引发抑郁的可能

有些疾病会导致抑郁,如甲状腺功能低下、维生素 B_{12} 缺乏、流感病人在发热期或恢复期,可出现抑郁症状;脑器质性疾病等均可伴发抑郁;女性在经前期,因激素水平的改变等也会周期性的出现经前期心绪不良障碍,因此最好到医院去作排查,然后再有针对性地进行治疗。

2. 改变自己的生活方式

有的抑郁者因情绪压抑和痛苦体验会大量喝酒,甚至酗酒,结果常常适得其反,酗酒后更容易情绪低落、抑郁;还有的人因为睡眠问题长期大量服用安眠药,结果失眠更加严重;还有的人说自己晚上睡不着,白天没精神,于是,白天要靠咖啡提神,晚上则要靠安眠药入睡,形成恶性循环。因此,改变抑郁的生活方式十分重要。强迫自己去做一些要调动自己的身体、感官和情绪的活动,如舞蹈、瑜伽、唱歌、插花、绘画、涂鸦、游戏活动、朗诵等。

3. 学习放松自己的身体

抑郁的人通常伴有焦虑、紧张和担忧,所以学会自我监控和自我放松是十分重要的。

（三）改变惯有的负性思维

生活中，人们都会逐步形成很多自动化思维，具有即时性、可意识性，无须努力就会产生，而且一般听起来似乎很合理。抑郁的时候思维方式会发生重大变化，负性思维、负性记忆占据大脑，过去盼望与朋友聚会、外出旅游，现在则将此看作是痛苦的事；过去很高兴与家人在一起，现在却不能确定自己是否爱家人，会发现自己变得很冷漠。抑郁时的自动化负性思维会将人带入思维——情绪——行为的恶性循环中。如抑郁时，人们常常不想做事，而一旦真的什么都没有做，就会认为自己没用，这种无用感会使我们变得更加抑郁。因此，要设法改变或摆脱习惯化的负性思维。

二、大学生抑郁的社会调适

（一）建立良好的社会支持网络

抑郁的人主观体验到的社会支持往往十分贫乏，他们通常都觉得自己没有办法得到他人的认可，也感觉不到自己与他人的连接，因此遇到问题时只能独自忍受和承担。事实上，良好的社会支持本身对抑郁就有很好的治疗和缓解作用。

（二）抑郁的心理治疗

对于抑郁症状严重的患者，可以寻求专门的心理治疗。目前对抑郁症的心理疗法很多，但由于生活无意义感和绝望感，抑郁症患者可能会隐藏寻求专业帮助的意向，也拒绝接受心理治疗，这一点需要引起警惕。

复习思考题

1. 解释：抑郁，抑郁人格，抑郁症。
2. 试用心理学理论解释抑郁。
3. 举例说明大学生抑郁的主要表现。
4. 阐述大学生抑郁的影响因素。
5. 根据自己的实际情况，谈谈大学生该如何来调适自己的抑郁情绪。

扩展阅读

1. 徐汉明.抑郁症：治疗与研究[M].北京：人民卫生出版社，2012.
2. [美] 安德鲁·所罗门.走出忧郁[M].李凤翔，译.重庆：重庆出版社，2010.

第十七章 危机的觉察与干预

2014年4月16日晚，中山大学历史学系文物与博物馆专业2012级硕士研究生蔡某某在宿舍内自缢身亡，死者在遗书中称，毕业论文、找工作困难重重，无颜面对家人。

17日上午，中山大学官方微博确认称，16日晚，该校历史学系一学生于校内身亡，学校相关老师第一时间前往现场，并通知了学生家长，目前警方已初步排除他杀。有中山大学的学生表示，目前正是提交论文的阶段，事件可能与毕业事宜有关。还有学生说，研究生大家一般都很忙，见面时间都很少，更别谈互相交流了。记者也了解到，死者在遗书中自称，毕业论文、找工作困难重重，无颜面对家人。

学生轻率自杀来逃避"毕业季"压力，这已经不是第一例。据公开报道，2003年4月，北京师范大学历史系研究生刘某跳楼死亡，遗书称硕士毕业论文的开题做得不理想，学习压力太大；2006年10月，华中农业大学一研究生在学校公共浴室内割颈动脉自杀，原因系其导师在国外不能参加他的答辩等一些程序上的工作，被学校研究生处延迟毕业而想不开；2009年6月，北大新闻学院研究生贾昊跳楼殒命，工作机会频繁被各种"关系"奇怪刷掉，贾昊对读博和工作前途很失望。

本应头顶光环的学子，却在心灵的困厄下不幸陨落，不少网友对此唏嘘感叹。有网友愤慨道，富有人文传统的文史之学都无力滋养生命，反而认同面子比活着更重要，悲与痛，问教育还是问社会?(新华社"中国网事"记者冯璐、廖婷婷，2014年4月18日)

蔡同学的离去不禁让我们扼腕叹息，一个年轻的生命就这样消失了。同时这起事件也再次给教育界敲响了警钟，也给高校心理健康工作者提出了一个严峻的课题。危机伴随着人生发展的各个阶段，谁也不能避免。并且，不同阶段可能会遇到不同的压力事件和危机事件。青年人一般会遇到恋爱和学业等方面的危机，中年人一般会遇到职务升降和社会关系等方面的危机，而老年人则会出现以精神和身体疾病为主的危机。随着时代的发展，生活节奏的加快，各种新生事物的不断出现，社会环境的急剧变化，人们的物质生活和精神生活受到巨大的冲击。那些天性脆弱、心理承受能力较差的人，在巨大的压力面前，就可能出现认知扭曲、情感混乱、行为怪异、意志薄弱甚至自杀等情况。危机的含义丰富，不同的学科领域对此有不同的认识，本章介绍的危机是指心理危机。本章将要介绍危机的一般理论，大学生的危机表现,以及危机干预的技术,最后还将特别讨论与自杀相关的问题。

第一节 危机及其理论

一、危机及其特征

危机是当事人的一个认知或体验,即将某一事件或生活境遇认知或体验为远远超出自己当下资源及应对机制无法忍受的困难。除非当事人得到某种解脱,否则,危机将有可能导致他严重的情感、行为及认知功能障碍。危机是指转折点,即在事件过程中的任何一个曲折变化点。转折点既可以是事情的突然改进,也可能是突然变坏。在医学上常被用来描述疾病的转折点,也常被用来特指个体生活或社会事件的正常进程突然中断,这时必须对个体的行为方式和思维方式加以重新评估。这种日常活动的正常基础的丧失就是危机这一术语的主要含义,并且得到了广泛的应用。危机具有下列特征。

(一) 危险与机遇并存

危机具有两面性,它包含着危险和机遇两层含义。如果危机严重威胁到一个人的日常生活和其家庭的其他成员,而个体又无法找到合适的解决办法,就有可能导致个体精神崩溃甚至自杀,这种危机是危险的;但是如果一个人在危机阶段及时得到适当有效的治疗性干预,往往不仅能防止危机的进一步发展,而且可以帮助个体学到新的应对技巧,从而使个体心理恢复平衡。

(二) 普遍性与特殊性

危机是普遍存在的,每个人都会遇到危机,并且在特定事态的特定组合中,危机一定会发生。危机又是特殊的,说危机是特殊的,是因为即使是面对完全相同的环境事态,不同人的表现也不同。有些人能够成功地解决这一事态,有些人则会无法应对。想稳妥、冷静地处理所有危机不太容易,但是通过努力,把握机会、设定目标、形成计划,去处理问题还是能够做到的。

(三) 冲击性与心理弹性

危机通常不是单一的事件,它往往错综复杂而难于把握。突发性危机事件发生的同时,不同症状开始涌现,这些症状会冲击到个体生活的方方面面。但也正是危机状态下的焦虑情绪引起的不安为变化提供了动力,事实上往往当焦虑水平比较高时,个体才会意识到问题的严重性,进而开始着手并最终解决问题。美国国家共病调查(national comorbidity survey,简称 NCS)结果表明,无论是男性还是女性,有 50％以上的个体遭遇过创伤性事件,但只有5％的个体患创伤后应激障碍(post-traumatic stress disorder,简称 PTSD)。危机干预的重点之一是将支持系统和应对机制成功地结合起来,使其成为可以积蓄心理弹性的行动计划,让大多数人可以因此而走出危机。

二、危机历程

危机的发生不是突然的,而是一个动态发展的过程,在危机的不同阶段,个体会有不同的心理和行为表现。

(一) 前危机期

个体处于平衡状态,能够应付日常生活的应激事件。但个体可能会遭遇应激强度很大的事件,个体运用解决问题的常规技术不足以摆脱困境,在这种情况下,个体就开始产生不安感。

(二) 冲击期

高强度生活事件发生前的几个小时,个体表现为不合理思维,焦虑、惊恐,个别人出现意识不清。在这个时期,个体会将情境视为一种威胁,也可能视为一种丧失或挑战。如果在这个时期问题无法得到解决,紧张还会继续加重。

(三) 危机期

冲击期的表现持续下来,表现为不能解决面临的困难,退缩,否认问题的存在、将其合理化,或者形成不适当的投射。在这个时期,个体的紧张和焦虑达到难以忍受的程度,处于一种渴求解脱的状态。一般说来,危机期的个体会感到巨大的痛苦,有强烈的求助愿望,容易接受别人的帮助。

(四) 适应期

用积极的办法接受现实,成功地解决问题,焦虑减轻,自我评价上升,社会功能恢复。处于适应期的个体在自身或外界的帮助下采取了一些方式来应对危机,并取得了一定的干预效果,个体能逐渐地适应社会生活。

(五) 危机后期

有些人变得更成熟,获得更多的积极应对技巧;有些人则出现人格改变或表现出敌意、抑郁、滥用酒精药物和食物、神经症、精神病或慢性躯体不适,甚至有可能自杀。

三、危机的有关理论

(一) 基本危机理论

林德曼(Lindemann,1944)发现很多失去亲人的人表现出类似疾病的症状,在临床上却诊断不出疾病,他为此开始对此类个体进行干预和研究。他发现悲哀的行为是正常的、暂时的,并且可通过短期危机干预技术进行治疗。这些"正常"的悲哀行为反应包括总是想起死去的亲人、认同于死去的亲人、表现出内疚和敌意、日常生活出现某种程度的紊乱以及某些躯体症状的诉述等。林德曼(Lindemann,1956)由此提出基本危机理论,反对把求助者所表现的危机反应当作异常或病态进行治疗的观点。在基本危机理论中,林德曼主要关心的是悲哀反应的即时解决,在对创伤进行危机干预时,采用了平衡/失衡模式。这一模式分为紊乱的平衡、短期治疗或悲哀反应起作用、求助者试图解决问题或产生悲哀反应、恢复平衡情况等四个时期。

(二) 扩展危机理论

随着危机理论和干预实践的发展,人们越来越认识到,在发展、社会、心理、环境和情境的共同作用下,任何人都可能出现暂时的病理症状。但基本危机理论没有适当地考虑使一个事件成为危机的社会、环境和境遇因素,却将个体自身的素质因素作为危机的唯一或主要因素,这显然是不够的。例如,人们遭遇印度洋海啸、汶川大地震等突如其来的自然灾害时,一般都会表现出无助和恐慌。扩展危机理论就是在这种基础上建立起来的,这一理论主要是从精神分析理论、一般系统理论、适应理论和人际关系理论中汲取了有用的成分。

(三) 应用危机理论

布拉默(Brammer,1985)提出应用危机理论包括发展性危机、境遇性危机和存在性危机三个方面。发展性危机是指在个体正常成长和发展过程中,急剧的变化或转变所导致的异常反应。例如,小孩出生、大学毕业、中年生活改变或退休都可能导致发展性危机。发展性危机被认为是正常的,但是,所有的人和所有的发展性危机都是独特的,因此必须以独特的方式进行评价和处理。境遇性危机是指出现了罕见或超常事件,且个人无法预测和控制时出现的危机,如交通意外、被绑架、被强奸、罢工和失业、突然的疾病和死亡都可能导致境遇性危机。区分境遇性危机和其他危机的关键在于它是否是随机的、突然的、震撼性的、强烈的和灾难性的。存在性危机是指伴随着重要的人生问题,如关于人生目的、责任、独立性、自由和承诺等出现的内部冲突和焦虑。存在性危机可以是基于现实的,如一个40岁的人从未做过什么有意义的事,从未对自己所从事的专业或所在的组织产生过独特的影响;也可以是基于后悔的,如一个50岁的人从未结过婚,从未离开过父母,从没有过独立的生活,而到现在却永远丧失了机会;也可以是基于一种压倒性的、持续的感觉,如一个 60 岁的老人觉得自己的生活是毫无意义的,这种空虚无法用有意义的事物来填补。

第二节　大学生的危机表现与干预

大学生群体具有独特性,一方面,他们拥有良好的教育背景与资源,是家庭、社会、民族的希望;另一方面,由于其成长环境相对单纯,缺少应对危机的经验与心智,容易陷入危机之中。调查发现,虽然大学生心理危机状况总体上较为乐观,但可能有 8.4% 的大学生处于心理危机状态(吴平,2018)。

一、大学生常见的危机

(一) 成长危机

一方面,大学生已经进入青年中期,正处于生理发育的基本成熟和部分心理发展相对滞后的特殊时期,人生观和世界观逐渐形成,心理状态不稳定,容易受到外界的各种影响而产生心理危机;另一方面,大学生性生理已经基本成熟,性意识增强,渴望异性的友谊和爱情,但由于大学生性心理还没有完全成熟,生活经验缺乏,常会产生一些不正当的行为,给身心带来严重影响。

(二) 人际关系危机

和谐的人际关系既是大学生心理健康的一个组成部分,也是大学生获得心理健康的重要途径。他们的人际交往危机主要是指在校大学生在与他人相处和交往的过程中表现出的不适、自闭、逃避、自恋、自负,以及难以调和与他人关系的不良心理状态和行为表现。一方面,从中学到大学,大学生面临着一种全新的人际关系,在中学时代,他们或许能够凭借出色的成绩赢得同学和老师的青睐,但在大学,成绩好不一定就能获得好的人际关系。好人缘需要一定的技巧,同时还要懂得在出现矛盾时怎么来解决。另一方面,大学的同学来自五湖四海,大家的家庭背景、生活方式、价值观、性格、兴趣爱好可能会千差万别,这些差异会不可避免地带来摩擦和冲突,如果得不到及时的解决,就会产生人际关系上的危机,给大学生的心理健康带来严重影响。

(三) 就业危机

近几年来,由于社会竞争的加剧,高校扩招,就业市场的不景气,大学生找工作或找比较理想的工作越来越困难,一些同学表现出严重的危机感,同时一些同学为了缓解就业带来的压力,不断给自己施压,长期处于紧张状态。一部分大学生看不到自己的前途在哪里,特别是那些学习成绩不好、能力又不出众的学生,就业就像一座大山压在他们的身上。他们努力增强自己日后的就业实力,给自己设置一些不合实际的目标,花费大量的财力和时间来学习热门实用的课程,使自己处于长期的紧张状态和高负荷压力下,一旦失败就会体验到严重的挫折感和失败感。

(四) 学业危机

大学阶段的学习方式、学习内容等与高中时期大相径庭。高中时期的学习有明确的学习目标与任务,教师也会对学生投入更多的关注与管理,帮助他们养成良好的学习习惯,提高学习效率。但是大学阶段的学习完全不一样,学习的内容并不仅限于专业,学习方式也不仅限于书本。而是可以根据自己的兴趣、未来职业发展方向自主选择学习内容,在学习方式上也可以通过实践等方式学习。如果学生在高中时期对老师过于依赖,进入大学后就会出现茫然、不知所措的情况。并且大学学习要求学生有一定的自控能力,如果大学生的自控能力较低,可能会出现沉迷游戏等情况,这将严重影响大学生的学习。

(五) 经济危机

目前,我国高校在校生中约有20%是贫困生,而这其中5%—7%是特困生。家庭的困难可能会让大学生形成较强的自尊,以及敏感、自卑。同时,在大学这个环境中,不同学生的情况千差万别,可能会有虚荣心比较强的学生与条件好的学生进行攀比,购买奢侈品。当家庭给予的生活费无法满足部分学生的需要时,也可能出现一些扭曲的心理。为了满足自己的虚荣心,他们还可能通过网贷的形式获取金钱,在利滚利之后,还可能出现自杀的现象。

(六) 情感危机

当前,大学生对情感方面的问题能否正确认识与处理,已直接影响到大学生的心理健康。情感危机是指一个人在感情中遭到突然的打击,使其无法控制和驱使自己的感情,从而严重地干扰他的正常思维和对事物的判断处理能力,甚至使工作学习无法进行。在极度的悲痛、恐惧、紧张、抑郁、焦虑、烦躁下,极易导致精神崩溃,做出莽撞的事来,甚至引起自杀。在大学生中最常见的情感危机莫过于失恋,这是诱发大学生心理问题的重要因素,恋爱失败往往导致大学生心理变异,有的人因此而走向极端,甚至造成悲剧。

二、危机干预的自我支持技术

危机干预是对处于困境和挫折中的个体予以关怀和支持,使之恢复心理平衡的过程。

主要针对心理适应陷入危机状态者,给予适时救援,助其度过危机,然后再从长计议;并且视情况轻重转介有关机构接受治疗。处于危机中的当事人,注意力明显不集中,可能会忽略一些明显的事情,包括对自身可利用的资源的忽略。自我支持技术的目的在于从自身的角度出发来解决危机,调整情绪,使自身的功能水平恢复到危机前。

(一) 寻求滋养性的环境,搜集充分的信息

改变境况的第一步就是要充分了解问题之所在。虽然个体在危机中会陷于莫名其妙的恐惧和不知所措的境地,不知道发生了什么事,也不知道将可能发生什么事,但可以肯定的是,那些过去有类似经历的人能够从其经验中得到帮助。人们还可以向有经验的人和处理危机的专家请教,或者从有关书籍中寻找解决问题的办法。环境对人的心情会有很大的影响,处于危机中的个体一般把握不住周围所处的环境。

(二) 积极调整情绪

危机的出现显然会使人们极度地紧张和沮丧。调整情绪的中心环节,就是要培养承受这些痛苦的感受能力。通过调整情绪,将使诸如焦虑导致恐慌、沮丧导致失望等情绪的恶性循环得到控制。当危机超出我们的控制以及我们无力改变外部事物时,把握自己的情绪尤为重要。此时,将注意力集中在努力调整自己的情绪上,将会取得很好的效果,尽管这样做在同样的情境下不一定有同样的效果。

(三) 建立良好的人际关系

孤立无援的个体很希望能够得到别人的帮助。在危机期间和危机过后,个体都需要与周围的人保持这种良好的人际关系,不一定是要求他们提供强烈的情感支持,而是与他们保持日常的联系,共同分享经验,共同面对事物。这有助于遭受危机的个体重新适应社会,还可以分散他们的注意力,使得他们不再为消极紧张情绪所困扰。这种良好的关系可以表现为与自己的朋友一起散步、听音乐或是静静地坐一会儿。从心理学的角度来说,每个人在与朋友的交往动机中都包含着肯定自我的成分,人们在交往中倾向于选择能肯定其自我感的人。

(四) 面对现实,正视危机

在危机的前期,人们习惯于采取积极的态度来应对危机,利用一切可以利用的资源来避免危机带来的损害;但到了危机的中后期,当个体积极应对危机的策略失败,个体感到绝望的时候,他们就会消极地逃避现实,采取退缩的策略来应对危机,他们不愿意承认现实情境,常常歪曲现实情境,以此来避免危机带来的损失。面对现实,正视危机,有利于个体激发自

身潜在的力量,动员一切资源来寻求危机的解决办法。

(五)暂时避免作重大的决定

处于危机中的个体处理问题的能力比平时要低,由于个体受到问题和情感的双重困扰,搜集信息和处理信息的能力受到一定的限制。也就是说,这时个体对面临的问题不能进行深入的分析,掌握的信息量又太少,无法做出正确的决策,个体虽然在这时很想摆脱危机,努力去寻求一切解决问题的办法,但危机的无法控制往往使得个体无功而返,甚至造成更大的伤害。在危机时期,避免做重大的决定,有利于个体的自我保护,以免再次受到伤害。

专栏 17-1   **紧急心理危机干预的常用干预技术**

(一)普通人群

普通人群是指目标人群中经过评估没有严重应激症状的人群。对普通人群采用心理危机管理技术开展心理危机管理。从灾难当时的救援,到整个事件的善后安置处理,都需要有心理危机管理的意识与措施,以便为整个灾难救援工作提供心理保障。具体包括以下几方面。

① 对灾难中的普通人群进行妥善安置,避免过于集中。在集中安置的情况下实施分组管理,最好由相互熟悉的灾民组成小组,并在每个小组中选派小组长,作为与心理救援协调组的联络人。对各小组长进行必要的危机管理培训,负责本小组的心理危机管理,以建立起新的社区心理社会互助网络,及时发现可能出现严重应激症状的人员。

② 依靠各方力量参与。建立与当地民政部门、学校、社区工作者或志愿者组织等负责灾民安置与服务的部门或组织的联系,并对他们开展必要的培训,让他们协助参与、支持心理危机管理工作。

③ 利用大众媒体向灾民宣传心理应激和心理健康知识,宣传应对灾难的有效方法。

④ 心理救援协调组应该积极与救灾指挥部保持密切联系与沟通,协调好与各个救灾部门的关系,保证心理危机管理工作顺利进行。对在心理危机管理中发现的问题,应及时向救灾指挥部汇报并提出对策,以使问题得到及时化解。

(二)重点人群

重点人群是指目标人群中经过评估有严重应激症状的人群。对重点人群采用稳定情绪、放松训练、心理辅导等技术开展心理危机救助。

1. 稳定情绪技术要点

① 倾听与理解。目标:以理解的心态接触重点人群,给予倾听和理解,并作适度回应,不要将自身的想法强加给对方。

② 增强安全感。目标：减少重点人群对当前和今后的不确定感，使其情绪稳定。

③ 适度的情绪释放。目标：运用语言及行为上的支持，帮助重点人群适当释放情绪，恢复心理平静。

④ 释疑解惑。目标：对于重点人群提出的问题给予关注、解释及确认，减轻疑惑。

⑤ 实际协助。目标：给重点人群提供实际的帮助，协助重点人群调整和接受因灾难改变了的生活环境及状态，尽可能地协助重点人群解决面临的困难。

⑥ 重建支持系统。目标：帮助重点人群与主要的支持者或其他的支持来源(包括家庭成员、朋友、社区的帮助资源等)建立联系，获得帮助。

⑦ 提供心理健康教育。目标：提供灾难后常见心理问题的识别与应对知识，帮助重点人群积极应对，恢复正常生活。

⑧ 联系其他服务部门。目标：帮助重点人群联系可能得到的其他部门的服务。

2. 放松训练要点

包括呼吸放松、肌肉放松、想象放松。分离反应明显者不适合学习放松技术。(分离反应表现为：对过去的记忆、对身份的觉察、即刻的感觉乃至身体运动控制之间的正常的整合出现部分或完全丧失。)

3. 心理辅导要点

通过交谈来减轻灾难对重点人群造成精神伤害的方法，个别或者集体进行，自愿参加。开展集体心理辅导时，应按不同的人群分组进行，如：住院轻伤员、医护人员、救援人员等。

(卫生部疾控局印发的《紧急心理危机干预指导原则》)

第三节　自杀干预

一、自杀及其原因

自杀是个体有意识地采取各种手段自愿结束自己生命的异常行为。它是一种复杂现象，并且导致了很多的社会问题。从心理学角度分析，自杀者多数是由于生活中遭遇困境而产生激烈的内心冲突，陷入危机状态不能自拔，难以承受或心理异常而产生自毁行为。世界卫生组织在 2014 年的《世界青少年健康报告》中指出：2012 年全球有大约 130 万青少年死亡，15—19 岁为高风险阶段；自杀是全球青少年死亡的第三大死因；在 10—19 岁的青少年中，抑郁症是致病和致残的主要原因。

在美国，有 500 万人尝试过自杀行为，每十七分钟就有一个自杀完成，有 350 万人经历过家人自杀。大学生中自杀是第二死因。每年死于自杀的年轻人数量多于机动车事故，大于死于癌症、心脏病、艾滋病、先天疾病、中风、肺炎和肺癌的总和。

导致自杀的原因很复杂，与环境和个人等诸多因素有关。国内对青少年的企图自杀所作的研究显示，自杀诱因以人际间的冲突为首，特别是亲子间或男女感情的冲突。自杀者大半无精神疾病，其诊断多为适应障碍症，由此可见生活压力事件在诱发自杀上扮演了重要的角色。心理障碍、生理疾患、学习和就业压力、情感挫折、经济困难和家庭变故，是导致大学生自杀的几个主要原因。南京市"大学生心理危机干预中心"的一份调查显示：恋爱挫折和学习压力这两项，分别占了大学生自杀原因的 44.2％ 和 29.8％。此外，对大学生自伤行为及其与自杀心理行为的关联研究发现，2 713 名大学生中近 1/3 最近半年内有过自伤行为，且多具有反复性；抑郁得分和情感辨别不能得分增高是多种类型自伤行为的危险因素，而自尊得分增高则是多种类型自伤行为的保护因素；青少年自伤行为与自杀心理行为关系密切（苏普玉等，2010）。

二、学校自杀干预措施

自杀干预也叫自杀管理，是针对诱发自杀的种种因素，采取不同的干预策略，对自杀进行干预的最终目的是预防自杀。近年来我国高校学生自杀问题已引起社会和媒体的广泛关注，并已成为高校学生非正常死亡的重要原因。虽然我国大学生的自杀率远低于我国社会的自杀率，也低于美国高校的自杀率，但大学生自杀不仅是个人和家庭的惨痛事件，而且社会危害大，足以引起全社会的高度关注。最近一项对中国大陆大学生自杀计划检出率的元分析显示，18 项研究总样本量 47 071 人的自杀计划检出率为 4.4％，且在性别、所属区域、研究时段、发生时限之间均未发现统计学差异（茹福霞等，2019）。而在一项对自杀未遂大学生进行的危机干预实验研究中，筛查出自杀未遂大学生 92 人，随机分为实验组和对照组。对实验组实施快速、主动危机干预工作。结果实验组学生 SCL - 90（症状自评量表 SCL90，简称 SCL - 90）总分及躯体化、抑郁、焦虑、恐怖多个因子分均低于对照组，实验组干预后与干预前相比，SCL - 90 总分除强迫因子外各因子分均比干预前减少（赵正中等，2009）。可见，危机干预对自杀未遂大学生十分必要。学校自杀干预要从下列几方面入手。

（一）提高心理素质

心理素质差是导致自杀的最直接的内在动因。为此，大学生心理素质的培养要特别注意挫折容忍力和情绪调控能力的培养。一方面，从知识上掌握挫折的各种应付方式和情绪的各种调控技术；另一方面，在实际生活中有意识地加以运用，甚至可以主动地给自己创造一些挫折的环境，培养自己的容忍力和调控能力。

（二）设置危机干预机构

如建立危机干预中心、自杀预防中心、生命热线、希望热线，使处于危机之中的人知道有求助的机构。许多高校设置的热线心理咨询电话，能有效地为处于危机状态的人提供及时的帮助。自杀者在自杀前犹豫不决、万分痛苦时打了电话，咨询员立刻介入，采取紧急对策，可以有效地避免自杀行为的发生。

（三）在心理健康教育中增加自杀预防知识宣传

第一，对大学生进行宣传，正确引导他们认识社会、适应社会，热爱生活、钟爱生命，提高对挫折的应对能力与康复能力，增强遇挫不气馁以及重新开始的勇气和自信，学会以积极乐观的生活态度面对困境。第二，对学生工作干部、班级辅导员、教师进行宣传，使他们了解什么是心理危机，大学生哪些方面的问题容易出现心理危机，哪类个性特点的学生容易出现心理危机，哪些言语和行为表现可能是自杀的前兆，对出现自杀预兆的学生如何干预及处理，怎样救助他们并教会他们自救。从许多高校的情况来看，这种宣传是十分必要的，因为自杀言行的表露多是由同学或学生管理干部发现并及时干预和挽救的。

专栏 17-2

学校自杀干预中的"要"与"不要"

要	不要
要认识自杀的前兆：沮丧，无助，威胁或者警告命令，退行，孤立，过多压力，放弃自制，等等。 和一个"麻烦"学生的家长谈话时，要注意保留互相交流的记录。 听从并了解交谈后的感觉，要掌握学生明确表达的每种情绪。 要相信自己的判断，确认某某同学有自杀征兆。 要告诉其他人，立即向负责人、顾问或危机团体成员报告你觉得会自杀的学生。 要提醒学生自杀是对问题暂时的不可逆的解答方式，还有其他更好的解决问题的办法。 要请求学生推迟一会儿做决定，作为奖励，可以提议陪伴他们去找支柱或者帮助。 要接受那些有时候你没能阻止一个学生自杀的事实。	不要担心破坏信誉，如果一个人暴露自杀的计划给你，你就应该说出这个秘密来挽救这个人的生命。 不要设法赢得关于自杀的辩论，他们可能不会被战胜。 不要试图让自杀的威胁离开或者向一个要自杀的学生挑战。 不要让自杀的学生独处，如果你认为可能有直接的危险。 不要试图靠自己一个人的力量来援救要自杀的学生。 不要忽视征兆，忽视使学生认为他没有被爱或他被误解。 不要给出虚假的甚至错误的保证，如"一切将会变得很好"。 不要被学生的解释误导，认为情绪危机已经结束。 不要假定好斗的孩子自杀的可能性大于慈善的、安静的或者服从的孩子。

（王卫红，2006）

复习思考题

1. 解释：危机，危机干预，自杀干预。

2. 各种危机理论的要点是什么？

3. 大学生面临的危机有哪些特殊性？

4. 个体面临危机时有哪些自我支持技术可用？

5. 结合你身边的实际情况，对预防大学生自杀提出自己的建议。

扩展阅读

1. 季建林，赵静波.自杀预防与危机干预[M].上海：华东师范大学出版社，2007.

2. 刘国华.大学生自杀预测与防范[M].北京：中国书籍出版社，2015.

3. 张宏宇，马慧.自杀心理的解读与危机评鉴[M].北京：科学出版社，2018.

4. [美] 理查德·詹姆斯，[美] 伯尔·吉利兰.危机干预策略（第七版）[M].肖水源，周亮，等，译校.北京：中国轻工业出版社，2017.

主要参考文献

中文文献

1. 班兰美,黎志健,张玉.大学生职业生涯规划现状及其影响因素[J].中国健康心理学杂志,2013(03):460-462.

2. 蔡厚德.强迫症的脑功能障碍[J].心理科学进展,2006,14(03):401-407.

3. 曹砚辉.当前高校师生关系存在的问题及解决对策[J].教育探索,2012(03):99-100.

4. 曹钰,吴洁清,陶嵘.人际关系亲密度对大学生妒忌程度及类型的影响[J].中国临床心理学杂志,2018,26(01):56-59+34.

5. 曾立华,李其华,刘利民,雷春华,曹小妹.情绪反应与胺类化学物质[J].科技视界,2018,256(34):151-152.

6. 曾庆萌.农村大学生家庭环境和心理健康的关系研究[D].南昌:南昌大学,2018.

7. 畅远鹏.当代大学生婚恋观研究[D].太原:山西财经大学,2017.

8. 巢传宣,周志鹏.大学生学习投入水平与心理健康自杀意念的关系[J].中国学校卫生,2019,40(01):138-140.

9. 陈必华.论教育认同理论下的高校学生社团教育功能[J].思想教育研究,2008(10):53-55.

10. 陈浩,刘依冉,乐国安.中美大学生理想伴侣相对偏好的性别与文化比较[J].应用心理学,2012,18(03):195-203.

11. 陈建文,王滔.压力应对人格:一种有价值的人格结构[J].西南大学学报(社会科学版),2008(05):133-138.

12. 陈君程,景志明,郭雪花,何建秀,陈新宇,艾莉.藏族大学生性幻想、性梦的性别差异分析[J].现代预防医学,2016,43(12):2209-2212.

13. 陈兰,布仁门德,许纯玲.转型期大学生学习心理分析与研究[J].教育与职业,2015(11):46-48.

14. 陈敏,刘协和,霍克钧,张伟,李焱,张金响.333例交通事故所致颅脑损伤患者的MMPI测试分析[J].中华行为医学与脑科学杂志,2003(01):57-59.

15. 陈淑惠,翁俪祯,苏逸人.中文网络成瘾量表之编制与心理计量特性研究[J].中华心理学刊,2003(03).

16. 陈雯,陈新,王国平,廖力.贫困大学生心理健康状况的调查与分析[J].中国健康心理学杂志,2008(06):631-634.

17. 陈侠,崔红,王登峰,张洪.对青少年的期望:质化研究与量化研究的结合[J].西南大学学报(社会科学版),2009,35(01):7-11.

18. 陈植乔,曾晓秋,袁年英,吴宇婷,余书淇,黄尔敬,许达琳.90 后大学生性健康教育实证研究——基于广东地区高校的调查[J].嘉应学院学报,2018,36(03):94-97.

19. 崔政坤.大学生性认知和性行为的调查研究[J].中国性科学,2018,27(01):137-140.

20. 戴琴,冯正直.抑郁与自尊水平、自我效能感的关系研究[J].中国临床心理学杂志,2008(03):283-285.

21. 丁建飞.生活事件和应对方式与医学生抑郁症状的关系[J].石家庄学院学报,2018,20(03):132-136.

22. 董浩玉,郑丹.陪你打开另一道就业之门——大学生就业迷茫及心理调适案例分析[J].海峡科学,2016(08):79-80+86.

23. 董焕敏,李智军,陈张壮.大学生学习倦怠的团体动力学分析[J].山西青年职业学院学报,2017,30(03):32-34.

24. 董圣鸿,张璟,熊红星.大学生学业成就与人际关系成败归因的特点研究[J].心理科学,2002(03):375-376.

25. 樊富珉,王冰.优化大学生心理素质 培养全面发展的人才——大学生心理素质优化的实验研究[J].清华大学教育研究,1999(02):3-5.

26. 范蕾,樊葳葳.中国大学生"个人主义"文化价值观调查——以华中科技大学为例[J].外语教育,2016(00):15-26.

27. 方俐洛,白利刚,凌文辁.HOLLAND 式中国职业兴趣量表的建构[J].心理学报,1996(02):113-119.

28. 冯廷勇,苏缇,胡兴旺,李红.大学生学习适应量表的编制[J].心理学报,2006(05):762-769.

29. 冯宗侠.大学生人际交往能力现状调查研究[J].北京理工大学学报(社会科学版),2004(04):57-59.

30. 傅俏俏,叶宝娟,温忠麟.压力性生活事件对青少年主观幸福感的影响机制[J].心理发展与教育,2012,28(05):516-523.

31. 高可欣.大学生性别角色发展对其人际困扰的影响[D].石家庄:河北师范大学,2016.

32. 高爽,张向葵,徐晓林.大学生自尊与心理健康的元分析——以中国大学生为样本[J].心理科学进展,2015,23(09):1499-1507.

33. 弓静.当代大学生中的享乐主义现象研究[D].杭州:杭州电子科技大学,2014.

34. 龚云.一次性电击引起大鼠脑内突触结构可塑性变化的定量观察[J].动物学杂志,2000(01):21-24+65.

35. 共青团中央,教育部.关于加强和改进大学生社团工作的意见.2005-1-13.

36. 共青团中央,教育部,全国学联.高校学生社团管理暂行办法.2016-1-10.

37. 官大威.法医学辞典[M].北京:化学工业出版社,2009.

38. 郭永玉.人格心理学:人性及其差异的研究[M].北京:中国社会科学出版社,2005.

39. 韩国玲,刘桂兰,王玉超,阿怀红.强迫症患者脑内神经递质活动的超慢涨落图分析 [J].临床荟萃,2007(01):20-21.

40. 韩延伦,张惠娟,张万波.学校管理问题、理论及模式[M].青岛:中国海洋大学出版社,2008.

41. 侯艳飞,陈瑜,张小远.大学生抑郁症状及其家庭影响因素分析[J].现代预防医学, 2018,45(03):471-475.

42. 胡炳政.大学生休闲活动与应激、抑郁、幸福感的关系研究[J].中国全科医学,2015, 18(19):2341-2345.

43. 胡琴.大学生休闲无聊与感觉寻求、网络依赖的关系研究[D].福州:福建师范大学,2015.

44. 黄慧绮.当代大学生婚恋教育研究[D].广州:华南理工大学,2015.

45. 黄建榕,刘茜.关于大学生幸福感问题的调查与分析[J].华南理工大学学报(社会科学版),2012,14(06):121-124.

46. 黄婕.大学生偏执型人格障碍的心理辅导案例报告[J].青岛职业技术学院学报,2010, 23(05):46-48.

47. 黄利会.从网上聊天看大学生的网络人际关系——对武汉地区七所高校的调查[J].华中农业大学学报(社会科学版),2008(03):99-102.

48. 黄倩,潘晓阳,陈练.大学生自卑心理现状调查与分析——以贵州师范大学为案例[J].现代交际,2018(13):29-30.

49. 黄伟业.休闲生活方式对男大学生健康的影响研究[J].通化师范学院学报,2015, 36(06):139-142.

50. 黄希庭.人格心理学[M].杭州:浙江教育出版社,2002.

51. 黄希庭.压力、应对与幸福进取者[J].西南大学学报(人文社会科学版),2006(03): 1-6.

52. 黄希庭.人格研究中国化之我见[J].心理科学,2017,40(06):1518-1523.

53. 黄希庭,尹天子.做幸福进取者[M].南京:江苏人民出版社,2016.

54. 黄希庭,郑涌.当代中国大学生心理特点与教育[M].上海:上海教育出版社,1999.

55. 黄希庭,郑涌.大学生心理健康与咨询(第2版)[M].北京:高等教育出版社,2007.

56. 纪宏.高师院校大学生心理素质调查研究及自杀危机干预[J].北京师范大学学报(社会科学版),1999(01):3-5.

57. 姜玉飞,黄恩,邵海燕,朱跃华,胡纪明,张载福,尹浩冰.大学生人际关系敏感与归因风格及相关因素的研究[J].中国行为医学科学,2005(02):56-57.

58. 蒋建国.网络化生存、网络孤独症蔓延与心理危机[J].探索与争鸣,2013(10):81-85.

59. 焦玲艳,张华伟,陈景武.医科大学生的心理健康状况和个性特征分析[J].中国健康心理学杂志,2007(03):231-234.

60. 金鑫,李岩梅,李小舒,杨立谦,劳煜晨.网络社交态度、网络信任、人际信任与社交焦虑、孤独感之间的关系[J].中国临床心理学杂志,2017,25(01):185-187+16.

61. 景怀斌.传统中国文化处理心理健康问题的三种思路[J].心理学报,2002(03):327-332.

62. 孔庆滨,王云,张晓璐,石越.大学生对艾滋病认知及性行为调查[J].中国公共卫生,2016,32(09):1252-1254.

63. 兰桂萍.大学生焦虑情绪的表现及对策[J].教育探索,2014(01):149-150.

64. 兰杰,朱焱,焦传家,蒋红梅.贵阳市大学生抑郁现况及其与生活事件的关系[J].中国学校卫生,2017,38(10):1520-1523.

65. 李彩娜,周伟,张曼.大学生人际关系困扰与依恋的自我—他人工作模型的关系[J].心理发展与教育,2010,26(05):509-514.

66. 李奋生,徐亚兰,李盛冬,刘予舒,熊浩,谢锐.当代大学生边缘性性行为现状调查及教育对策[J].科技创业月刊,2014,27(06):97-99.

67. 李红娇,陈世民,范韶维.某高校大学生心理健康水平4年跟踪分析[J].中国学校卫生,2017,38(09):1348-1351.

68. 李宏.人格特质差异的神经元关联:基于大脑皮层形态学和功能一致性的证据[D].太原:山西医科大学,2017.

69. 李宏翰,赵崇莲.大学生的人际关系:基于心理健康的分析[J].广西师范大学学报(哲学社会科学版),2004(01):116-121.

70. 李宏利,宋耀武.青少年攻击行为干预研究的新进展[J].心理科学,2004(04):1005-1009.

71. 李佳源,方苏宁.高校性骚扰:特征、现状、成因与应对机制——以女研究生为重点的实证分析[J].广州大学学报(社会科学版),2016,15(08):91-97.

72. 李立,荆秀萍,路鹏,路畅,齐晓东.大学生生命观异化分析——基于校园贷引发的心理咨询案例[J].课程教育研究,2018(39):18+22.

73. 李琴义.大学生学习心理问题的个案分析[J].现代交际,2018(11):135+134.

74. 李胜强,李虹,金蕾莅.大学生就业压力的类型及分析[J].清华大学教育研究,2011,32(02):71-76+82.

75. 李晓敏,代嘉幸,魏翠娟,辛铁钢,杨光,刘海宁.河北高校农村留守经历大学生的生活事件与抑郁的关系[J].卫生研究,2017,46(01):57-61+69.

76. 李晓萍,孟祥昕.大学生人际交往的心理问题及其矫治[J].河北青年管理干部学院学报,2000(04):45-47.

77. 李晓彧,王有智,王文霞.大学新生适应状况及影响因素分析[J].中国健康心理学杂志,2009,17(11):1354-1356.

78. 李栩,侯志瑾,冯缦.大学生父母生涯发展期望、主动性人格、生涯适应力和生涯决策困难的关系[J].中国临床心理学杂志,2013,21(02):263-267+2.

79. 李永鑫,谭亚梅.大学生学习倦怠的初步研究[J].中国健康心理学杂志,2007(08)：730-732.

80. 李宇鹏,赵东煜,张鹏,孙涛,齐汝霞,李晓桐,孔开元.茶多酚对血管性痴呆大鼠学习记忆功能的影响[J].解剖学研究,2018,40(05)：394-397.

81. 李彧,位东涛,孙江洲,蒙杰,任芷葶,何李,庄恺祥,邱江.人格和抑郁症：理论模型与行为—脑研究综述[J].生理学报,2019,71(01)：163-172.

82. 连榕,杨丽娴,吴兰花.大学生的专业承诺、学习倦怠的关系与量表编制[J].心理学报,2005(05)：632-636.

83. 连榕,杨丽娴,吴兰花.大学生专业承诺、学习倦怠的状况及其关系[J].心理科学,2006(01)：47-51.

84. 梁韬.苗、汉两族精神分裂症妄想杀人的跨文化研究[J].中华神经精神科杂志,1995(02)：103-105.

85. 梁耀坚,钟杰.用"代际—脑—经验模型"理解边缘性人格障碍的病理机制[J].中国临床心理学杂志,2006(03)：258-262.

86. 林文娟,王东林,潘玉芹.抑郁症的心理神经免疫学研究：细胞因子的作用[J].心理科学进展,2008(03)：404-410.

87. 凌辉,黄希庭,窦刚,陈有国,王晓刚.中国大学生人格障碍的现状调查[J].心理科学,2008(02)：277-281.

88. 刘晨."90后"大学生婚恋观现状调查与教育对策研究[D].杭州：杭州师范大学,2015.

89. 刘海春.休闲教育的失位、错位与归位[J].自然辩证法研究,2007(04)：67-70.

90. 刘惠星,杨娜.大学生网络成瘾、时间管理倾向与焦虑形态的关系研究[J].社会心理科学,2012,27(12)：92-95.

91. 刘利,苟伟,谢雯,陈丽,雷晓梅.不同强度运动训练对青春期大鼠学习记忆能力的影响及其机制研究[J].中国儿童保健杂志,2019,27(01)：42-45.

92. 刘利,尹周敏,李素平.抑郁症患者应付方式特点研究[J].临床精神医学杂志,2005(06)：346-347.

93. 刘莉.当代中国大学生性行为问题研究[D].济南：山东大学,2008.

94. 刘文俐,周世杰.大学生网络过度使用的后果及与幸福感的关系[J].中国临床心理学杂志,2014,22(02)：288-290+245.

95. 刘翔平.积极心理学(第二版)[M].北京：中国人民大学出版社,2018.

96. [汉]刘向.说苑全译[M].王瑛,王天海,译注.贵阳：贵州人民出版社,1992.

97. 刘晓明,曾天德.大学生恋爱观研究述评[J].教育评论,2015(01)：90-93.

98. 刘耀中,柳昀哲,林碗君,何振宏,张丹丹,关青,罗跃嘉.抑郁障碍的核心脑机制——基于fMRI元分析的证据[J].中国科学：生命科学,2015,45(12)：1214-1223.

99. 刘颖.河南省大学毕业生就业焦虑状况调查[J].中国健康教育,2012,28(07)：558-560.

100. 刘勇,戴爱平,李艳琼,余纯,何美娟.湖南省大学生性知识与性健康教育的调查分析[J].中国妇幼卫生杂志,2017,8(05):19-22.

101. 刘志翔,毛丹.当代大学生恋爱挫折的新变化及预防对策[J].黑龙江高教研究,2010(04):37-39.

102. 卢富荣,师吉红,石雅绮.大学生就业压力、人格特质与择业取向的关系[J].中国健康心理学杂志,2016,24(09):1397-1402.

103. 罗杰,任芬,袁方舟,乌云特娜,七十三.大学新生心理韧性的潜类别与入学适应[J].中国心理卫生杂志,2018,32(08):695-699.

104. 罗炯,欧阳一毅.健身运动对工作记忆的影响研究评述[J].山东体育学院学报,2018,34(06):70-77.

105. 罗贤,蒋柯.大学生的嫉妒体验及与依恋的关系[J].中国心理卫生杂志,2016,30(03):231-236.

106. 罗香群.高等专科新生心理健康状况及其影响因素的调查分析[J].校园心理,2016,14(02):89-92.

107. 吕春辉.西方大学学生社团的发展变迁及启示[J].现代教育科学,2009(01):12-17.

108. 马光瑜,张秦初,陈培纯.颅脑损伤与人格障碍的关系研究[J].法律与医学杂志,1999(04):3-5.

109. 马青.大学生性别角色类型、应对方式与亲密关系质量的关系研究[D].杭州:杭州师范大学,2016.

110. 马亚静.一般心理问题的心理咨询案例报告[J].社会心理科学,2008,23(06):62-66.

111. 马震祥,刘玉局.广泛性焦虑遗传效应和遗传方式研究[J].临床精神医学杂志,2006(06):336-337.

112. 毛玲.大学生休闲教育的哲学思考[J].西华师范大学学报(哲学社会科学版),2010(06):105-108.

113. 毛雪晨.三类运动干预法对男大学生状态焦虑和特质焦虑的作用[J].吉林体育学院学报,2018,34(05):53-58.

114. 蒙杰,位东涛,王康程,邱江.抑郁症的影像遗传学研究:探索基因与环境的交互作用[J].心理科学,2016,39(02):490-496.

115. 孟晓梅,张海钟.西方新兴的性格优势理论与青少年积极成长[J].中小学心理健康教育,2011(24):8-10.

116. 倪薇佳.青春期双性化教育的理论研究与课程实践[J].中小学心理健康教育,2018(13):29-31.

117. 牛丽丽.浅析大学生婚恋观教育[J].湖北函授大学学报,2010,23(03):51-52.

118. 欧贤才.网络对青少年自我同一性发展的影响及其对策[J].青少年研究(山东省团校

学报),2011(03):31-35.

119. 潘露莹.大学生恋爱观的伦理探析[D].沈阳:沈阳师范大学,2015.

120. 潘啸.大学生恋爱胜任力问卷编制及应用[D].石家庄:河北师范大学,2017.

121. 钱铭怡.变态心理学[M].北京:北京大学出版社,2006.

122. 乔木.现代网络社交工具对大学生人际关系的影响及对策研究[D].成都:成都理工大学,2012.

123. 秦士德.非正常自慰的危害[J].中国性科学,2008(02):34+40.

124. 秦永亭,李立胜,肖丽娟,孟辉辉,潘馨,秦双立.不同运动项目对高职护生抑郁情绪的干预作用[J].齐齐哈尔医学院学报,2018,39(23):2792-2794.

125. 邱慧燕,戴斌荣.大学生就业压力与社会支持之间的关系[J].中国健康心理学杂志,2014,22(01):102-105.

126. 屈智勇,张秀兰.中西部大学生抑郁现状、人群特征及干预效果[J].清华大学学报(哲学社会科学版),2008(02):120-134+160.

127. 任立忠.边缘性行为的积极意义[J].中国性科学,2005(01):40-41.

128. 茹福霞,黄秀萍,詹文韵,饶裕莲,陈小龙,胡旺,黄鹏.中国大陆大学生自杀计划检出率 Meta 分析[J].中国学校卫生,2019,40(01):42-45+50.

129. 邵昌玉,胡珍.当代大学生恋爱观现状及对策研究[J].教育与教学研究,2013,27(05):58-60+78.

130. 沈汪兵,袁媛,罗劲,刘昌.智慧中创造性核心的神经基础[J].科学通报,2015,60(Z2):2726-2738.

131. 沈政.什么是性倾向的生物学根源?[J].科学通报,2016,61(16):1733-1747.

132. 石磊,马景芳,吴敏.郑州市 1 259 名青少年性幻想及性梦发生情况[J].中国学校卫生,2003(05):535.

133. 宋逸,季成叶,星一,胡佩瑾,陈天娇,张琳.中国大学生性行为现况分析[J].中国学校卫生,2009,30(02):116-117+121.

134. 宋有明,丁凤琴,石文典,陈晓惠.文化差异视角下个体合作行为的产生、影响机制建构及认知神经基础[J].心理科学,2018,41(05):1227-1232.

135. 宋煜青,邓兆华,郭琦,刘肇瑞,陈红光,黄悦勤.大学生抑郁症状的自然变化及影响因素的 2 年随访研究[J].中国心理卫生杂志,2018,32(01):64-71.

136. 苏丹,黄希庭.中国成年人多维度健康信念量表的编制[J].西南大学学报(社会科学版),2015,41(06):115-121+192.

137. 苏普玉,郝加虎,黄朝辉,陶芳标.2 713 名大学生自伤行为及其与自杀心理行为的关联研究[J].中华流行病学杂志,2010(11):1267-1271.

138. 苏旭东.大学生宿舍人际关系危机的个案分析与启示[J].教书育人,2011(03):36-37.

139. 孙林叶.大学生休闲:数据与分析[J].洛阳师范学院学报,2018,37(03):14-22.

140. 谭磊,刘玉.大学生休闲活动参与对幸福感影响的研究[J].长春工业大学学报(高教研究版),2014,35(03):86-90.

141. 汤艳,袁海艳,张晓丽,涂白杰.噪声对幼鼠学习记忆行为及海马区 Glu 阳性神经元表达的影响[J].现代预防医学,2008(04):668-670.

142. 唐慧,丁伶灵,宋秀丽,黄志伟,祁秦,贺连平,姚应水.2002—2011 年中国大学生抑郁情绪检出率的 Meta 分析[J].吉林大学学报(医学版),2013,39(05):965-969.

143. 唐璐嘉,陈国典.当代大学生的性观念:一项个案研究[J].理论界,2007(07):102-105.

144. 唐文清,黄献,王恩界.大学生手机成瘾倾向与人际关系困扰和孤独感的关系[J].中国心理卫生杂志,2018,32(12):1045-1049.

145. 陶塑,张丽瑞,何瑾.大学生人际关系适应与外向性和自我控制的关系[J].中国心理卫生杂志,2019,33(02):153-157.

146. 滕兆玮.大学生人际交往状况及其与家庭教养方式的关系研究[D].南京:南京师范大学,2005.

147. 万伦,顾昭明,李晓妍.硕士新生的自我效能感对应对方式和抑郁的中介效应[J].中国健康心理学杂志,2017,25(08):1243-1245.

148. 汪凤炎,郑红.中国文化心理学(第五版)[M].广州:暨南大学出版社,2015.

149. 汪胜,韩明慧,陈洁.大学生面对性骚扰的现状与认知研究——大学生性健康教育系列研究之二[J].时代教育,2016(13):14-15.

150. 汪一鸣,王静,习爱清.跨世纪的大学生学习特点——兼论对工科教学改革的一点看法[J].高等理科教育,1998(04).

151. 王道阳,姚本先.当代大学生压力源调查分析[J].中国卫生事业管理,2012,29(06):468-470+476.

152. 王德强.认知评价、心理控制源、社会支持与大学生就业压力关系的研究[J].中国健康心理学杂志,2007(12):1142-1145.

153. 王等等,袁梨清.十年来国内高校师生关系研究述评[J].黑龙江高教研究,2016(02):97-100.

154. 王东林,林文娟.细胞因子与抑郁症发病机制研究进展[J].中国神经精神疾病杂志,2007(09):572-574.

155. 王飞英,倪钰飞,胡鹏.运动干预对 258 例中老年患者焦虑抑郁情绪改善的影响分析[J].中国处方药,2018,16(12):159-160.

156. 王河.某工科院校大学生心理健康状况及调适对策[J].中国学校卫生,2005(07):583-584.

157. 王加鹏,杨宁,杨曼.不同强度的运动对儿童工作记忆的影响研究[J].体育科技文献通报,2018,26(09):110-112.

158. 王建中,樊富珉.北京市大学生心理卫生状况调研[J].中国心理卫生杂志,2002(05)：331－333.

159. 王军,罗文萍.多元文化背景下大学生性焦虑状况研究——以四川省高校为例[J].现代预防医学,2015,42(23)：4314－4316＋4321.

160. 王君,张洪波,许娟,曹秀菁,许韶君.安徽省大学生心身症状调查[J].中国心理卫生杂志,2006(07)：481.

161. 王丽丽."95后"大学生恋爱观探析[D].武汉：武汉纺织大学,2018.

162. 王璐,欧维东,董惠娟,汤晓璇,田恬,黄冰雪,戴江红.新疆大学生性行为与性观念和艾滋病知识的关系[J].中国学校卫生,2017,38(06)：860－862＋865.

163. 王启晨,王翔,段永.大学生不同类型网络成瘾与社交回避的相关性研究[J].中国健康心理学杂志,2012,20(02)：300－302.

164. 王卫红.抑郁症、自杀与危机干预[M].重庆：重庆出版社,2006.

165. 王翔艳,唐本钰,司继伟.大学生职业价值观、择业焦虑与择业效能感的关系[J].中国健康心理学杂志,2015,23(10)：1512－1515.

166. 王尧骏.心理资本对大学生就业能力的影响[J].应用心理学,2013,19(01)：65－71＋79.

167. 王瑶.小组辅导提高大学生人际交往水平的实验研究[J].心理科学,2004(05)：1254－1256.

168. 王奕智,刘利.高糖饮食对幼鼠学习记忆能力和情绪活动的影响[J].中国儿童保健杂志,2016,24(10)：1048－1051.

169. 王颖,欧阳文珍.论全脑意识与创造性思维[J].阜阳师范学院学报(社会科学版),2007(03)：120－122.

170. 王钊.婚恋交友节目对大学生婚恋观的影响及对策研究[D].西安：西安科技大学,2018.

171. 王哲,孟宪锋,任金涛,王金环,王明涛,贡军,谢守付,张卫东,马志勇,魏雪峰,克纳新,李宁,马文斌.辽宁省成人精神障碍流行病学调查[J].中国公共卫生,2017,33(12)：1677－1684.

172. 王振,江三多,肖泽萍.强迫症的遗传学研究[J].国外医学.精神病学分册,2003(01)：41－44.

173. 魏华,周宗奎,张永欣,丁倩.压力与网络成瘾的关系：家庭支持和朋友支持的调节作用[J].心理与行为研究,2018,16(02)：266－271.

174. 闻明晶.大学生的性别角色类型与心理健康的关系研究[D].长春：东北师范大学,2006.

175. 吴洪辉,廖友国.近十年大学生自评抑郁量表(SDS)调查结果的元分析[J].宁波大学学报(教育科学版),2013,35(06)：9－12.

176. 吴洪艳,赵玉芳.贫困大学生自我价值感的特点[J].西南大学学报(社会科学版),2007(03):6-9.

177. 吴金昌,刘毅玮,李志军.大学生学习心理障碍成因、负效应与对策[J].中国高教研究,2010(05):81-82.

178. 吴磊.铅和高脂饮食暴露对中枢神经系统炎性微环境的影响及其机制研究[D].唐山:华北理工大学,2017.

179. 吴平.大学生心理危机筛查问卷的编制及调查分析[D].昆明:云南师范大学,2018.

180. 伍德勤.大学生社团活动的理论与实践[M].合肥工业大学出版社,2011.

181. 武慧新.不同神经类型个体在ATC任务中技能习得特点研究[D].苏州:苏州大学,2016.

182. 席畅,凌宇,钟明天,刘莹,周琦,姚树桥,蚁金瑶.神经质在大学生应激与抑郁关系中的调节作用[J].中国临床心理学杂志,2016,24(04):636-639.

183. 夏翠翠.大学生心理健康教育[M].北京:人民邮电出版社,2017.

184. 夏扉,叶宝娟.压力性生活事件对青少年烟酒使用的影响:基本心理需要和应对方式的链式中介作用[J].心理科学,2014,37(06):1385-1391.

185. 谢光辉,张庆林.中国大学生实用科技发明大奖赛获奖者人格特征的研究[J].心理科学,1995(01):50-51.

186. 辛自强,张梅,何琳.大学生心理健康变迁的横断历史研究[J].心理学报,2012,44(05):664-679.

187. 邢秀茶,王欣.团体心理辅导对大学生人际交往影响的长期效果的研究[J].心理发展与教育,2003(02):74-80.

188. 熊莹.大学生休闲动机、无聊感和生活满意度的关系研究[D].保定:河北大学,2017.

189. 徐凯.性别角色冲突对中学生心理健康发展的影响[J].中国学校卫生,2016,37(07):1046-1050.

190. 徐明,邵佩兰.宁夏大学908名学生性幻想及性梦情况分析[J].中国学校卫生,2005(07):554-557.

191. 徐世勇,彭聃龄,金真,刘宏艳,杨洁.人格与脑内神经化学物质:一项磁共振氢谱的初步研究[J].科学通报,2005(18):41-45.

192. 徐震雷,张玫玫.性教育学[M].北京:人民卫生出版社,2014.

193. 许传新.大学生宿舍人际关系质量研究[J].当代青年研究,2005(04):6-9.

194. 许佩卿,叶瑞祥.新形势下大学生学习心理问题的若干思考[J].黑龙江教育学院学报,2008(06):87-89.

195. 许学华,麻丽丽,李菲.大学生人际信任在成人依恋和人际困扰间的中介作用[J].中国心理卫生杂志,2016,30(11):864-868.

196. 闫大伟,任守军,高开军.关于大学生闲暇状况的调查[J].广西青年干部学院学报,

1999(01)：3－5.

197. 闫东利,毕日生.高校网络舆论事件对大学生群体情绪的影响及应对策略探析[J].首都师范大学学报(社会科学版),2017(01)：173－180.

198. 严标宾,郑雪,邱林.大学生主观幸福感的跨文化研究：来自48个国家和地区的调查报告[J].心理科学,2003(05)：851－855.

199. 燕国材.《周易》的心理学思想及其在先秦的发展[J].心理学报,1994(03)：312－318.

200. 杨邦林,林媛媛,林谷洋,林惠茹.社交网络使用对大学生孤独感的影响[J].信阳师范学院学报(哲学社会科学版),2018,38(02)：52－57.

201. 杨春潇,张大均,梁英豪,胡天强.大学生社会支持与抑郁情绪关系的meta分析[J].中国心理卫生杂志,2016,30(12)：939－945.

202. 杨帆,李朝阳,许庆豫.高校学生社团的学生评价与影响因素[J].教育研究,2015,36(12)：43－51.

203. 杨帆,夏之晨,许庆豫.高校学生社团教育功能的优化路径[J].高等教育研究,2016,37(12)：71－79.

204. 杨莉,胡竹菁.上大学前、后生活事件与大学生心理健康的关系研究[C].中国心理学会.第十届全国心理学学术大会论文摘要集.中国心理学会,2005：254－255.

205. 杨眉.大学生健康人格塑造——一种促进心理健康的模式[M].北京：中国青年出版社,1999.

206. 杨民.心理咨询中几种少见的性心理障碍诊断探讨[J].中国性科学,2006(03)：36－37.

207. 杨银梅,沈雅利,李十月,燕虹.中国大陆地区大学生性行为发生情况meta分析[J].中国公共卫生,2018,34(01)：142－147.

208. 杨渝川,王卫红,张庆林.中国大学生学习动机的因素结构研究[J].南京师大学报(社会科学版),1996(02)：67－72.

209. 姚坚,阮冶,李四新,刘蔼迎.30年基诺族跨文化精神病学随访研究[J].中国健康心理学杂志,2015,23(09)：1437－1440.

210. 叶思娟,林思仁.某医学院校学生记忆力水平及其影响因素[J].职业与健康,2015,31(16)：2253－2256.

211. 易艳红,薛志敏.精神分裂症内侧颞叶MRI研究进展[J].国际精神病学杂志,2006(01)：53－56.

212. 于伟,韩丽颖.中美高校学生社团文化建设若干问题比较研究[J].外国教育研究,2002(10)：57－60.

213. 余丽.应对方式在青少年压力性生活事件与网络游戏成瘾中的中介作用[J].中国儿童保健杂志,2017,25(03)：227－229＋233.

214. 俞少华,张亚林.我国大学生心理辅导现状[J].中国心理卫生杂志,2002(02)：

131－132.

215. 喻承甫,张卫,曾毅茵,叶婷,胡谏萍,李丹黎.青少年感恩、基本心理需要与病理性网络使用的关系[J].心理发展与教育,2012,28(01)：83－90.

216. 跃然.青少年不必为"性幻想"自责[J].青春期健康,2017(11)：38.

217. 张炳兰.论网络时代大学生社会适应能力的提升[J].河南师范大学学报(哲学社会科学版),2013,40(06)：185－188.

218. 张翠莲.当代大学生婚恋道德教育研究[D].长沙:湖南师范大学,2015.

219. 张国松,庄立臣.大学生休闲观误区及解决对策[J].教育教学论坛,2015(09)：53－54.

220. 朱敏丽,恽晓平.脑损伤患者的注意维持和警觉功能研究[J].中国康复理论与实践,2007(10)：907－909.

221. 毛小玲,李宏翰,张建梅.大学生宿舍人际关系的特点[J].中国心理卫生杂志,2005(07)：41－43.

222. 张睫,周延欣.网络礼仪的构建原则[J].新闻爱好者,2010(13)：32－33.

223. 张劲梅,陈斌.文化、种族、民族与心理健康——美国卫生部部长补充报告解读[J].国外社会科学,2008(05)：110－113.

224. 张静.不同抑郁状况下大学生家庭环境与父母教养方式的差异比较[J].华南师范大学学报(社会科学版),2015(05)：64－69＋191.

225. 张黎,李亮,袁小钧,王梦静,孙鹏.大学新生宿舍人际关系团体辅导效果分析[J].中国学校卫生,2018,39(07)：1095－1097.

226. 张林,车文博,黎兵,张旭东.中国13所大学本科生心理压力现状的流行病学调查[J].中华流行病学杂志,2006(05)：387－391.

227. 张灵,郑雪,严标宾,温娟娟,石艳彩.大学生人际关系困扰与主观幸福感的关系研究[J].心理发展与教育,2007(02)：116－121.

228. 张朋艳.大学生网络负面情绪分析及对策研究[D].漳州:闽南师范大学,2013.

229. 张奇勇,卢家楣,闫志英.有人际关系困扰的大学生的内隐心理活动[J].中国心理卫生杂志,2013,27(09)：698－702.

230. 张庆林,谢光辉.25名国家科技发明奖获得者的个性特点分析[J].西南师范大学学报(人文社会科学版),1993(03)：22－27.

231. 张文悦,郭天蔚,郭卓,马文昊,马学红,杨学琴,胡凌娟,陈捷,杨昕婧,图娅.大学生的抑郁状态及生存质量与人格特质的关系[J].中国心理卫生杂志,2015,29(08)：635－640.

232. 张玉柱.职业成熟度、心理控制源对大学生择业焦虑的影响[J].中国临床心理学杂志,2012,20(01)：99－101.

233. 张煜,孟冬丽,杨磊,张伟,卜勇军,吴辉,石如玲.高饱和脂肪饮食对老年大鼠学习记忆和脑 Aβ 生成的影响及机制[J].中国老年学杂志,2017,37(19)：4705－4707.

234. 张运生,王国英.论当代大学生学习心理的特点[J].开封医专学报,1996(04)：52-56.

235. 赵碧玫,谭怡.当前大学生焦虑情绪探析[J].教育探索,2013(04)：126-127.

236. 赵崇莲,郑涌.大学生人际关系质量的影响因素研究[J].心理科学,2009,32(04)：983-985.

237. 赵崇莲,郑涌,李宏翰,张建梅.影响大学生人际关系主观因素的初步研究[J].心理科学,2006(06)：1431-1433.

238. 赵郝锐.大学生心理适应：原生家庭的影响[D].苏州：苏州大学,2017.

239. 赵燕鹰,张东生,白波,吉如河.大学新生学校适应与家庭环境关系研究[J].中国学校卫生,2005(02)：147-148.

240. 赵毅,曹克广,陈宪吉.对大学生学习动机与心理特点的探讨[J].承德石油高等专科学校学报,2001(03)：48-50.

241. 赵正中,况利,艾明,李大奇,高新学,刘婉婷,楼丹丹.重庆市92例自杀未遂大学生危机干预的研究[J].重庆医科大学学报,2009,34(06)：798-800.

242. 郑剑虹,黄希庭.当代大学生自强意识特点及影响因素研究[J].西南大学学报(社会科学版),2007(04)：15-18.

243. 郑世梅,张光谋,张光明.精神分裂症的遗传率及发病相关因素研究[J].中国优生与遗传杂志,2000(05)：103-104.

244. 郑晓星.试论笔迹特征形成的生理、心理原因[J].深圳大学学报(人文社会科学版),1995(01)：92-96.

245. 郑雪.人格心理学[M].广州：暨南大学出版社,2001.

246. 郑妍妍.环境噪音对新生大鼠体格生长及学习记忆的影响[D].重庆：第三军医大学,2012.

247. 郑燕,魏祝晓娜,葛列众.全国大学生性别角色观及其影响因素的调查研究[J].应用心理学,2013,19(04)：339-347.

248. 郑涌.青少年学生的性心理健康问题[M].北京：知识产权出版社,2011.

249. 中国大百科全书编委.中国大百科全书(教育卷)[M].北京：中国大百科全书出版社,1985.

250. 钟向阳,张莉.大学新生心理适应及其与心理健康的相关研究[J].高教探索,2009(04)：128-132.

251. 周晶晶,朱雪泉,周佳,杨健.北京高校大学生人群抑郁症筛查研究[J].中国医刊,2018,53(07)：815-818.

252. 周末,杨鑫辉,谢芳芳.江西省8所大学1348名大学生主观幸福感影响因素的调查[J].中国组织工程研究与临床康复,2007(17)：3288-3290.

253. 周友焕,盛建军,张标,李春兰.性别角色新视角：双性化人格——对儿童家庭教育的启示[J].教育教学论坛,2017(04):97-98.

254. 周宇飞.高校学生社团开放性建设之微案例[J].科技传播,2010(06):163-164.

255. 朱丽娜,张增国,郑德伟,孙宏伟,解应平,陈新岗.大学生焦虑与功能失调性态度在应激生活事件与攻击性间的中介和调节作用[J].中国学校卫生,2017,38(08):1187-1190.

256. 朱敏.早期噪声暴露对大鼠海马LTP的影响[D].上海:华东师范大学,2018.

257. 朱小彦.大学生性现状及对策建议[D].成都:西南交通大学,2015.

258. 朱智贤.心理学大辞典[M].北京:北京师范大学出版社,1989.

259. 邹然.首发未用药精神分裂症患者脑灰质密度、白质完整性的比较研究[D].长沙:中南大学,2007.

译文文献

1. [美]克拉克.高等教育系统——学术组织的跨国研究[M].王承绪,等,译.杭州:杭州大学出版社,1994.

2. [美]丹尼斯·库恩,[美]约翰·米特俄.心理学导论——思维与行为的认识之路[M].郑钢,等,译.北京:中国轻工业出版社,2007.

3. [美]杰弗瑞·戈比.21世纪的休闲与休闲服务[M].张春波,等,译.昆明:云南人民出版社,2000.

4. [英]布雷特·卡尔.人类性幻想[M].耿文秀,等,译.上海:华东师范大学出版社,2016.

5. [英]海伦·肯纳利.战胜焦虑[M].施承孙,等,译.北京:中国轻工业出版社,2000.

6. [美]墨菲,[美]柯瓦奇.近代心理学历史导引[M].林方,王景和,译.北京:商务印书馆,1980.

7. [德]鲍利克,[美]罗森茨维格.国际心理学手册[M].张厚粲,等,译.上海:华东师范大学出版社,2002.

8. [英]泰勒.原始文化[M].连树声,译.桂林:广西师范大学出版社,2005.

9. [日]国分康孝.婚姻心理分析[M].王铁钧,译.福州:福建人民出版社,1990.

英文文献

1. Astin, A. W., & Sax, L. J. How undergraduates are affected by service participation [J]. Journal of College Student Development, 1998, 39(3).

2. Attree, P., French, B., Milton, B., Povall, S., Whitehead, M., & Popay, J. The experience of community engagement for individuals: A rapid review of evidence [J]. Health & Social Care in the Community, 2011, 19(3).

3. Bailey, J. M., & Bell, A. P. Familiality of female and male homosexuality [J].

Behavior Genetics, 1993, 23(4).

4. Bailey, J. M., & Pillard, R. C. A genetic study of male sexual orientation [J].
Archives of General Psychiatry, 1991, 48(12).

5. Balcetis, E., Dunning, D., & Miller, R. L. Do collectivists know themselves better
than individualist? Cross-cultural studies of the holier than thou phenomenon [J].
Journal of Personality and Social Psychology, 2008, 95(6).

6. Balchin Ross, Linde Jani, Blackhurst Dee, Rauch Hg Laurie, Schönbächler Georg.
Sweating away depression? The impact of intensive exercise on depression [J].
Journal of affective disorders, 2016, 200.

7. Barnes, G. E. & Prosen, H. Parent death and depression [J]. Journal of Abnormal
Psychology, 1985, 94(1).

8. Benson, P. L., & Scales, P. C. The definition and preliminary measurement of
thriving in adolescence [J]. Journal of Positive Psychology, 2009, 4(1).

9. Bouchard, T., Lykken, D., McGue, M., Segal, N., & Tellegen, A. Sources of
human psychological differences: The Minnesota study of twins reared apart [J].
Science, 1990, 250(4978).

10. Brammer, L. M. The helping relationship: Process and skill (3nd ed.) [M].
Englewood cliffs, NT: Prentice-Hall, 1985.

11. Buch, K., & Harden, S. The impact of a service-learning project on student
awareness of homelessness, civic attitudes, and stereotype toward the homeless [J].
Journal of Higher Education Outreach & Engagement, 2011, 15(3).

12. Buss, D. M. Human mate selection: opposites are sometimes said to attract, but in
fact we are likely to marry someone who is similar to us in almost every variable [J].
American Scientist, 1985, 73(1).

13. Busseri, M. A., Rose-Krasnor, L., Pancer, S. M., Adams, G., Birnie-Lefcovitch,
S., Polivy, J., et al. A longitudinal study of breadth and intensity of activity
involvement and the transition to university [J]. Journal of Research on
Adolescence, 2011, 21(2).

14. Carver, C. S., & Scheier, M. F. Optimism. In C. R. Snyder (Ed.), Coping: The
psychology of what works [M]. New York: Oxford University Press, 1999.

15. Cattell, R. B., & Butcher, H. J. The prediction of achivment and creativity [M].
New York: Bodds Mderrill, 1968.

16. Cattell, R. B., & Drevdahl, J. E. A comparison of the personality profile (16PF) of
eminent researchers with that of eminent teachers and administrators, and of the
general population [J]. British Journal of Psychology, 1955, 46(4).

17. Chickering, A. W. & Reisser, L. Education and identity (2nd ed)［M］. San Francisco: Jossey Bass, 1993.

18. Dabbs, J. M., Frady, R L, Carr, T S, & Besch, N F. Saliva testosterone and criminal violence in young adult prison inmates［J］. Psychosomatic Medicine, 1987, 49(2).

19. Damasio, A. R. Descartes' error: Emotion, reason, and the human brain［M］. New York: G. P. Putnam's Sons, 1994.

20. Davidson, R. J., Jackson, D. C., & Kalin, N. H. Emotion plasticity context and regulations: Perspectives from affective neuroscience［J］. Psychological Bulletin, 2000, 126(6).

21. Deci, E. L., & Ryan, R. M. The general causality orientations scale: Self-determination in personality［J］. Journal of Research in Personality, 1985, 19(2).

22. Dolan, M., Anderson, I., & Deakin, J. Relationship between 5-HT function and impulsivity and aggression in male offenders with personality disorders［J］. The British Journal of Psychiatry, 2001, 178(4), 352 - 359. doi: 10. 1192/bjp. 178. 4. 352.

23. Eisenberger, N. I., Lieberman, M. D., & Williams, K. D. Does rejection hurt? An fMRI study of social exclusion［J］. Science, 2003, 302(5643).

24. Ellis, G. D., & Witt, P. A. Perceived freedom in leisure and satisfaction: exploring the factor structure of the perceived freedom components of the leisure diagnostic battery［J］. Leisure Sciences, 1994, 16(4).

25. Engel, G. L. The need for a new medical model: A challenge for biomedicine［J］. Science, 1977, 196(4285).

26. Erikson, E. H. Identity: Youth and crisis［M］. New York: Norton, 1968.

27. Eryilmaz, A., & Atak, H. Investigation of starting romantic intimacy in emerging adulthood in terms of self-esteem, gender and gender roles［J］. Educational Sciences: Theory and Practice, 2011, 11(2).

28. Festinger, L., Schachter, S., & Back, K. Social pressure in informal group［M］. New York: Haper & Brother, 1950.

29. Franzek, E., & Beckmann, H. Different genetic background of schizophrenia spectrum psychoses: A twin study［J］. American Journal of Psychiatry, 1998, 155(1).

30. Gray, M. J., Ondaatje, E. H., Fricker, R. D., Geschwind, S. A. Assessing service-learning: results from a survey of "learn and serve America higher education"［J］. Journal of higher education, 2000, 32(2).

31. Griffiths, M. Internet addiction: Fact or fiction?［J］. Psychologist, 1999, 12(5).

32. Guilford, J. P. The structure of intellect [M]. Elsevier Ltd, 1966.

33. Hamer, D., Hu, S, Magnuson, V., Hu, N, & Pattatucci, A. A linkage between DNA markers on the X chromosome and male sexual orientation [J]. Science, 1993, 261(5119).

34. Henderson, K. A. Special issue: Promotion health and well-being through leisure [J]. World Leisure Journal, 2014, 56(2).

35. Heo, S., Diering, G. H., Na, C. H., Nirujogi, R. S., Bachman, J. L., & Pandey, A., et al. Identification of long-lived synaptic proteins by proteomic analysis of synaptosome protein turnover [J]. Proceedings of the National Academy of Sciences, 2018, 115(16).

36. Holland, J. L. Making vocational choices: A theory of careers [M]. Englewood Cliffs, NJ: Prentice-Hall, 1973.

37. Holmes, T. H., & Rahe, R. H. The social readjustment rating scale [J]. Journal of Psychosomatic Research, 1967, 11(2).

38. Inkelas, K. K. Does participation in ethnic cocurricular activities facilitate a sense of ethnic awreness and understanding? A study of Asian pacific American undergraduates [J]. Journal of college student development, 2004, 45(3).

39. Jenkins, R., Lewis, G., Bebbington, P., Brugha, T., Farrell, M., Gill, B., & Meltzer, H. The national psychiatric morbidity surveys of Great Britain — initial findings from the household survey [J]. Psychology and Medicine, 1997, 27(4).

40. Jetten, J., McAuliffe, B. J., Hornsey, M. J., & Hogg, M. A. Differentiation between and within groups: The influence of individualist and collectivist group norms [J]. European Journal of Social Psychology, 2006, 36(6).

41. Kroeber, A. L., & Kluckhohn, C. Culture: A critical review of concepts and definitions [M]. Cambridge, MA: Harvard University Press, 1963.

42. Larsson, E., Nilsson, I., & Larsson-Lund, M. Participation in social internet-based activities: Five seniors' intervention processes [J]. Scandinavian Journal of Occupational Therapy, 2013, 20(6).

43. Lee, J. A. A typology of styles of loving [J]. Personality & Social Psychology Bulletin, 1977, 3(2).

44. Levinger, G., & Snoek, J. G. Attraction in relationship [M]. Morristown, NJ: General Learning Press, 1972.

45. Li, H., & Lin, C. College stress and psychological well-being of Chinese college students [J]. Acta Psychologica Sinica, 2003, 35(2).

46. Li, Y., Liu, R., & Schachtman, T. R. Cultural differences in revaluative

attributions [J]. Journal of Cross-Cultural Psychology, 2015, 47(1).

47. Lindemann, E. Symptomatology and management of acute grief [J]. American Journal of Psychiatry, 1944, 101(2).

48. Lindemann, E. The meaning of crisis in individual and family [J]. Teachers College Record, 1956, 57(3).

49. Loehlin, J. C., Willerman, L., & Horn, J. M. Personality resemblances in adoptive families when children are lateadolescent or adult [J]. Journal of Personality & Social Psychology, 1985, 48(2).

50. Long, J. Z., Wang, S. Serious leisure and happy life: a localization study based on Chinese senior group [J]. Tourism Tribune, 2013, 28(2).

51. Maguire, E. A., Gadian, D. G., Johnsrude, I. S., Good, C. D., Ashburner, J., Frackowiak, R. S. J., et al Navigation-related structural change in the hippocampi of taxi drivers [J]. Proceedings of the National Academy of Sciences of the USA, 2000, 97(8).

52. Maguire, E. A., Woollett, K., & Spiers, H. J. London taxi drivers and bus drivers: a structural MRI and neuropsychological analysis [J]. Hippocampus, 2010, 16(12).

53. Mahoney, J. L., & Stattin, H. Leisure activities and adolescent antisocial behavior: The role of structure and social context [J]. Journal of Adolescence, 2000, 23(2).

54. Maslow, A. H. Self-actualizing people: A study of psychological health. In C. E. Moustakas (Ed.), The self: Explorations in personal growth [M]. New York: Harper & Row, 1956.

55. Mcdade-Montez, E., Wallander, J., Elliott, M., Grunbaum, J. A. Tortolero, S., & Cuccaro, P., et al. TV viewing, perceived similarity, coviewing, and mental well-being among African American, Latino, and White children [J]. The Journal of Early Adolescence, 2015, 35(3).

56. McGonigal, K. The upside of stress: Why stress is good for you [M]. New York: Penguin/Random House, 2015.

57. Mesquita, B. Emotions in collectivist and individualist contexts [J]. Journal of Personality and Social Psychology, 2001, 80(1).

58. Morris, M., & Peng, K. Culture and cause: American and Chinese attributions for social and physical events [J]. Journal of Personality and Social Psychology, 1994, 67(6).

59. Motl, R. W., Sandroff, B. M., & Benedict, R. H. Cognitive dysfunction and multiple sclerosis: developing a rationale for considering the efficacy of exercise training [J]. Multiple Sclerosis Journal, 2011, 17(9).

60. Nestler, E. J., Gould, E., & Manji, H. Preclinical models: Status of basic research in depression [J]. Biological Psychiatry, 2002, 52(6).

61. Newcomb, T. M. The acquaintance process [M]. New York: Holt, Rinehart and Winston, 1961.

62. Nisbett, R. E., Peng, K., Choi, I., & Norenzayan, A. Culture and systems of thought: Holistic vs. analytic cognition [J]. Psychological Review, 2001, 108(2).

63. Ohmer, M. L. Organizations and its relationship to volunteers' self- and collective efficacy and sense of community [J]. Social Work Research, 2007, 31(2).

64. Pancer, S. M. The psychology of citizen ship and civic engagement [M]. New York: Oxford University Press, 2015.

65. Piliavin, J. A., & Siegl, E. Health benefits of volunteering in the Wisconsin longitudinal study [J]. Journal of Health and Social Behavior, 2007, 48(4).

66. Raine, A., Lencz, T., Bihrle, S. LaCasse, L., & Colletti, P. Reduced prefrontal gray matter volume and reduced autonomic activity in antisocial personality disorder [J]. Arch Gen Psychiatry, 2000, 57(2).

67. Renn, K. A. LGBT student leaders and queer activists: Identities of lesbian, gay, bisexual, transgender, and queer idnetified college student leaders and activists [J]. Journal of College Student Development, 2007, 48(3).

68. Riley, B. P., & Mcguffin, P. Linkage and associated studies of schizophrenia [J]. American Journal of Medical Genetics, 2010, 97(1).

69. Rosenzweig, M. R., Bennett, E. L., & Diamond, M. C. Brain changes in response to experience [J]. Scientific American, 1972, 226(2).

70. Rushton, J. P. Genetic similarity, mate choice, and fecundity in humans [J]. Ethology & Sociobiology, 1988, 9(6).

71. Rushton, J. P., Littlefield, C. H., & Lumsden, C. J. Gene-culture coevolution of complex social behavior: human altruism and mate choice [J]. Proceedings of the National Academy of Sciences, 1986, 83(19).

72. Selye, H. The stress of life (2nd ed.) [M]. New York: McGraw-Hill, 1976.

73. Stebbins, R. A. Leisure and positive psychology: Linking activities with positiveness [M]. New York: Palgrave Macmillan, 2015.

74. Sternberg, R. J. Triangulating love. In R. J. Sternberg & M. L. Barnes (Eds.), The psychology of love [M]. New Haven: Yale University Press, 1988.

75. Super, D. E. A theory of vocational development [J]. American Psychologist, 1953, 8(5).

76. Super, D. E. A life-span, life-space approach to career development [J]. Journal of

Vocational Behavior，1980，16(3).

77. Tavris，C.，& Wade，C. Psychology in perspective [M]. New York：Addison-Wesley Educational Publishers Inc，1997.

78. Taylor，S. E.，Kemeny，M. E.，Reed，G. M.，Bower，J. E.，& Gruenewald，T. L. Psychological resources, positive illusions, and health [J]. American Psychologist，2000，55(1).

79. Taylor，T. P.，& Pancer，S. M. Community service experiences and commitment to volunteering [J]. Journal of Applied Social Psychology，2007，37(2).

80. Tieu，T. T.，& Pancer，S. M. Youth involvement and first-year students' transition to university [J]. Journal of the First-Year Experience and Students in Transition，2009，21(1).

81. Tieu，T. T.，Pancer，S. M.，Pratt，M. W.，Wintre，M. G.，Birnie-Lefcovitch，S.，Polivy，J.，et al. Helping out or hanging out：the features of involvement and how it relates to university adjustment [J]. Higher Education，2010，60(3).

82. Van Dongen，E. V.，Kersten，I. H. P.，Wagner，I. C.，Morris，R. G. M.，& Fernández，G. Physical exercise performed four hours after learning improves memory retention and increases hippocampal pattern similarity during retrieval [J]. Current Biology，2016，26(13).

83. Weinberger. D. R.，Torrey，E. F.，Neophytides，A. N.，& Wyatt，R. J. Structural abnormalities in the cerebral cortex of chronic schizophrenic patients [J]. Archives of General Psychiatry，1979，36(9).

84. Wennberg，P.，Gustafsson，P. E.，Dunstan，D. W.，Wennberg，M.，& Hammarstrom，A. Television viewing and low leisure-time physical activity in adolescence independently predict the metabolic syndrome in mid-adulthood [J]. Diabetes Care，2013，36(7).

85. Wiebe，D. J.，& Smith，T. W. Personality and health：Progress and problems in psychosomatics. In Hogan，R.，Johnson，J.，& Briggs，S. R. (Eds，)，Handbook of personality psychology (pp. 891 – 918) [M]. San Diego：Academic Press，1997.

86. Wood，D.，Larson，R. W.，& Brown，J. R. How adolescents come to see themselves as more responsible through participation in youth programs [J]. Child Development，2009，80(1).

87. Zhu，Y.，Zhang，L.，Fan，J.，& Han，S. Neural basis of cultural influence on self-representation [J]. Neuroimage，2007，34(3).

88. Zimmerman，M. A.，& Rappaport，J. Citizen participation, perceived control, and psychological empowerment [J]. American Journal of Community Psychology，1988，16(5).